中国古典名著精华

韩非子（上）

〔战国〕韩非 著 〔清〕王先慎 译注

刘枫 主编

黄河出版传媒集团
阳光出版社

图书在版编目（CIP）数据

韩非子：全2册 / 刘枫主编 .—— 银川：阳光出版社，2016.10（2022.05重印）
（中国古典名著精华）
ISBN 978-7-5525-3020-9

Ⅰ.①韩… Ⅱ.①刘… Ⅲ.①法家 Ⅳ.B226.5

中国版本图书馆CIP数据核字（2016）第229566号

中国古典名著精华
韩非子：全2册 〔战国〕韩非 著 〔清〕王先慎 译注 刘枫 主编

责任编辑　贾　莉
封面设计　瑞知堂文化
责任印制　岳建宁

黄河出版传媒集团
阳 光 出 版 社　出版发行

地　　　址	宁夏银川市北京东路139号出版大厦（750001）
网　　　址	http://www.ygchbs.com
网上书店	http://shop129132959.taobao.com
电子信箱	yangguangchubanshe@163.com
邮购电话	0951-5047283
经　　　销	全国新华书店
印刷装订	天津兴湘印务有限公司
印刷委托书号	（宁）0020190

开　　本	710 mm × 1000 mm　1/16
印　　张	27
字　　数	324千字
版　　次	2016年11月第1版
印　　次	2022年5月第2次印刷
书　　号	ISBN 978-7-5525-3020-9
定　　价	66.00元（全2册）

版权所有　翻印必究

目 录

存韩第一 1

难言第二 7

爱臣第三 10

主道第五 12

有度第六 16

二柄第七 22

扬权第八 25

八奸第九 31

十过第十 35

孤愤第十一 50

说难第十二 56

和氏第十三 61

奸劫弑臣第十四 64

亡征第十五 75

三守第十六 79

备内第十七 81

南面第十八 85

饰邪第十九 89

解老第二十 97

喻老第二十一 119

说林上第二十二 130

说林下第二十三 …………………………………………………… 143
观行第二十四 …………………………………………………… 155
安危第二十五 …………………………………………………… 157
守道第二十六 …………………………………………………… 161
用人第二十七 …………………………………………………… 165
功名第二十八 …………………………………………………… 170
大体第二十九 …………………………………………………… 173
内储说上七术第三十 …………………………………………… 175
内储说下六微第三十一 ………………………………………… 199

存韩第一

【原文】

韩事秦三十余年,出则为扞蔽,入则为席荐,秦特出锐师取韩地,而随之怨悬于天下,功归于强秦。且夫韩入贡职,与郡县无异也。今臣窃闻贵臣之计,举兵将伐韩。夫赵氏聚士卒,养从徒,欲赘天下之兵,明秦不弱,则诸侯必灭宗庙,欲西面行其意,非一日之计也。今释赵之患,而攘内臣之韩,则天下明赵氏之计矣。夫韩,小国也,而以应天下四击,主辱臣苦,上下相与同忧久矣。修守备,戒强敌,有蓄积、筑城池以守固。

【译文】

韩国侍奉秦国三十多年了,出门就像常用的袖套和车帷,进屋就像常坐的席子和垫子。秦国只要派出精兵攻取别国,韩国总是追随它,怨恨结于诸侯,利益归于强秦。而且韩国进贡尽职,与秦国的郡县没有不同。如今我听说陛下贵臣的计谋,将要发兵伐韩。赵国聚集士兵,收养主张合纵的人,准备联合各国军队,说明不削弱秦国则诸侯必定灭亡,打算西向攻秦来实现它的意图,这已不是一朝一夕的计划了。如今丢下赵国这个祸患,而要除掉像内臣一般的韩国,那么各国就明白赵国计谋不错的了。韩是小国,而要对付四面八方的攻击,君主受辱、臣子受苦,上下相互同忧共患很久了。修筑防御工事,警戒强大敌人,积极储备物资,筑城墙,挖城河以便固守。

【原文】

今伐韩未可一年而灭,拔一城而退,则权轻于天下,天下摧我兵矣。韩叛则魏应之,赵据齐以为原,如此,则以韩、魏资赵假齐以固其从,而以与争强,赵之福而秦之祸也。夫进而击赵不能取,退而攻韩弗能拔,则陷锐之卒,憋于野战,负任之旅,罢于内攻,则合群苦弱以敌而共二万乘,非所以亡赵之心也。

【译文】

今若伐韩,不能一年就灭国。攻克一城便要退兵,力量就被各国看轻,各国就将打垮秦军。韩国背叛,魏就会响应,赵靠齐作后盾,如果这样,就是用韩、魏助赵,赵再借齐来巩固合纵,从而与秦争强,这是赵国的福气,秦国的祸害。进而击赵不能取胜,退而击韩不能攻克,那么冲锋陷阵的士兵疲于野战,运输队伍疲于军内消耗,那就是集合困苦疲劳的军队来对付赵、齐两个大国,这是不合灭韩本意的。

【原文】

均如贵臣之计,则秦必为天下兵质矣。陛下虽以金石相弊,则兼天下之日未也。

【译文】

全按贵臣的计策行事,那秦国必定成为各国的攻击目标了。陛下即使同金石一般的长寿,那兼并天下的日子也不会到来的。

【原文】

今贱臣之愚计:使人使荆,重弊用事之臣,明赵之所以欺秦者;与魏质以安其心,从韩而伐赵,赵虽与齐为一,不足患也。二国事毕,则韩可以移书定也。是我一举,二国有亡形,则荆、魏又必自服矣。故曰:"兵者,凶器也",不可不审用也。以秦与赵敌,衡加以齐,今又背韩,而未有以坚荆、魏之心。夫一战而不胜,则祸构矣。计者、所以定事也,不可不察也。韩、秦强弱在今年耳。且赵与诸侯阴谋久矣。夫一动而弱于诸侯,危事也;为计而使诸侯有意我之心,至殆也;见二疏,非所以强于诸侯也。臣窃愿陛下之幸熟图之。夫攻伐而使从者闲焉,不可悔也。

【译文】

如今我的计策是:派人出使楚国,厚赂执政大臣,宣扬赵国欺骗秦国的情况,给魏国送去人质使其心安,率韩伐赵。即使赵与齐联合,也是不值得担忧的。攻打赵、齐的事完了后,韩国发一道文书就可以平定的。这样,秦一举而两国成灭亡之势,而楚、魏也一定自动顺服了。所以说"武器是凶残的东西",是不可不慎用的。拿秦和赵抗衡,加上齐国为敌,今又排斥韩国;而没有用来坚定楚、魏联秦之心的措施,这一仗如果打不胜,就会构成大祸了。计谋是用来决定事情的,是不能不深察的。究竟赵、秦谁强谁弱,不出今年就分明了。

再说赵国和其他诸侯暗地谋划好久了。一次行动就示弱于诸侯,是危险的事;定计而使诸侯起心算计秦国,是最大的危险。出现两种漏洞,不是强过诸侯的办法。我希望陛下周密考虑这种情形!攻伐韩国而使合纵者钻了空子,后悔是来不及的。

【原文】

李斯上秦王书诏以韩客之所上书,书言韩子之未可举,下臣斯,臣斯甚以为不然。秦之有韩,若人之有腹心之病也,虚处则(惔)然,若居湿地,着而不去,以极走则发矣。夫韩虽臣于秦,未尝不为秦病,今若有卒报之事,韩不可信也。秦与赵为难,荆苏使齐,未知何如?以臣观之,则齐、赵之交未必以荆苏绝也;若不绝,是悉赵而应二万乘也。夫韩不服秦之义,而服于强也。

【译文】

诏令把韩非的上书——书中说韩国不可攻取——下达给臣子李斯,臣子李斯认为他的说法非常不对。秦让韩存在,就像人得了心腹之病一样,平时就难受,假若住在潮湿地方,痼而不治,快跑起来,病就犯了。韩虽已臣服于秦,未必不是秦的心病,一旦有突然上报的事,韩是不可信的。秦与赵为敌,荆苏出使齐国,不知结果如何。在我看来,齐、赵两国的关系不一定因荆苏而断绝;如不绝交,这是要倾动全秦来对付两国兵力。韩并非顺服秦的道义,而是顺服强大的。

【原文】

今专于齐、赵,则韩必为腹心之病而发矣。韩与荆有谋,诸侯应之,则秦必复见崤塞之患。

【译文】

现在集中对付齐、赵,韩就一定会成为心腹之病而发作起来。韩与楚如果谋划攻秦,诸侯响应,那么秦国必定再次看到兵败崤塞的祸患。

【原文】

非之来也,未必不以其能存韩也,为重于韩也。辩说属辞,饰非诈谋,以钓利于秦,而以韩利窥陛下。夫秦、韩之交亲,则非重矣,此自便之计也。

【译文】

韩非的到来,未必不是想用他能存韩来求得韩的重用。巧语连篇,掩饰真意,计谋欺诈,来从秦国捞取好处,用韩国利益窥探陛下。秦、韩关系亲密，韩非就重要起来了，这是便利他自己的计谋。

【原文】

臣视非之言，文其淫说，靡辩才甚。臣恐陛下淫非之辩而听其盗心，因不详察事情。今以臣愚议：秦发兵而未名所伐，则韩之用事者，以事秦为计矣。臣斯请往见韩王，使来入见，大王见、因内其身而勿遣，稍召其社稷之臣，以与韩人为市，则韩可深割也。因令象武发东郡之卒，窥兵于境上而未名所之，则齐人惧而从苏之计，是我兵未出而劲韩以威擒，强齐以义从矣。闻于诸侯也，赵氏破胆，荆人狐疑，必有忠计。荆人不动，魏不足患也，则诸侯可蚕食而尽，赵氏可得与敌矣。愿陛下幸察愚臣之计，无忽。秦遂遣斯使韩也。

【译文】

我看韩非的言论能够文饰他的混说狡辩，很有才华。我担心陛下受韩非辩说的迷惑而听从他的野心，因而不详察事务的实情。现在按我的愚见：秦国发兵但不说明讨伐对象，那么韩国的执政者将会采取侍奉秦国的计策。请允许我去见韩王，让他来晋见，大王接见时，趁机扣留他，不要遣返，随后召见韩国大臣，用韩王和韩人交易，就可大量割取韩地。接着命令蒙武征发东郡的士卒，在国境上陈兵窥伺但不说明去哪儿，齐人就会害怕而听从荆苏的主张，这样，秦兵不出境，劲韩就会慑于威势而就范，强齐就会由于道义而服从了。其他诸侯听说后，赵人胆战心惊，楚人犹豫不决，必定产生忠秦的打算。楚人不动，魏不值得忧虑，各国就可逐渐侵占完毕，就可以和赵国较量了。希望陛下仔细考虑我的计谋，不要忽视。于是秦国派李斯出使韩国。

【原文】

李斯往诏韩王，未得见，因上书曰："昔秦、韩戮力一意以不相侵，天下莫敢犯，如此者数世矣。前时五诸侯尝相与共伐韩，秦发兵以救之。韩居中国，地不能满千里，而所以得与诸侯班位于天下、君臣相保者，以世世相教事秦之力也。先时五诸侯共伐秦，韩反与诸侯先为雁行以向秦军于关下矣。诸侯兵困力极，无奈何，诸侯兵罢。"杜仓相秦，起兵发将以报天下之怨而先攻荆，荆令尹患之曰："夫韩以秦为不义，而与秦兄弟共苦天下。已又背秦，先为雁行以攻关。韩则居中国，展转不可知。"天下共割韩上地十城以谢秦，解其兵。夫韩尝一背秦而国迫地侵，兵弱至今；所以然者，听奸臣之浮说，不权事实,故虽杀戮奸臣不能使韩复强。

【译文】

李斯前往告谕韩王,没能见到,就上书说:"过去秦、韩同心协力,因此互不侵扰,天下没有一个国家敢来进犯,像这样有几十年了。前段时间五国诸侯曾相互联合共同讨伐韩国,秦国出兵前来解救。韩位于中原地带,领土不满千里,之所以能和诸侯并列于天下,君臣两全,是因为代代相教侍奉秦国的作用。先前五国诸侯共同讨伐秦国,韩国反而联合诸侯,并充当先锋,在函谷关下来和秦军对阵。诸侯士兵困乏力量耗尽,没办法,只好退兵。"杜仓任秦相时,派兵遣将,来向诸侯报仇,而先攻楚。楚国令尹以此为患,说:"韩国认为秦国不义,却与秦结成兄弟共同荼毒天下。不久又背叛秦国,充当先锋去攻秦关。韩既居于中原,反复无常,不可料知。"诸侯共同割取韩上党地区十个城去向秦国谢罪,解除了秦军威胁。韩曾一次背秦而国迫地削,兵力衰弱至今,之所以会这样,是因为听从奸臣的浮说,不权衡事实,所以即使杀掉奸臣,也不能使韩国重新强大。

【原文】

今赵欲聚兵士卒,以秦为事,使人来借道,言欲伐秦,其势必先韩而后秦。且臣闻之:"唇亡则齿寒。"夫秦、韩不得无同忧,其形可见。魏欲发兵以攻韩,秦使人将使者于韩。

【译文】

如今赵国想集合士兵,突然进攻秦国,派人来韩借路,说是想伐秦。它的趋势必定先击韩而后击秦。况且我听说:"唇亡则齿寒。"秦、韩不能没有共同忧患,这种情形显而易见。魏想发兵来攻韩,秦国派人把魏国使者带到了韩国。

【原文】

今秦王使臣斯来而不得见,恐左右袭曩奸臣之计,使韩复有亡地之患。臣斯不得见,请归报,秦、韩之交必绝矣。斯之来使,以奉秦王之欢心,愿效便计,岂陛下所以逆贱臣者邪?臣斯愿得一见,前进道愚计,退就葅戮,愿陛下有意焉。今杀臣于韩,则大王不足以强,若不听臣之计,则祸必构矣。秦发兵不留行,而韩之社稷忧矣。臣斯暴身于韩之市,则虽欲察贱臣愚忠之计,不可得已。边鄙残,国固守,鼓铎之声于耳,而乃用臣斯之计晚矣。且夫韩之兵于天下可知也,今又背强秦。夫弃城而败军,则反掖之寇必袭城矣。城尽则聚散,聚散则无军矣。城固守,则秦必兴兵而围王一都,道不通,则难必谋,其势不救,左右计之者不用,愿陛下熟图之。若臣斯之所言有不应事实者,愿大王幸使得毕辞于前,乃就吏诛不晚也。秦王饮食不甘,游观不乐,意专在图赵,使臣斯来言,愿得身见,因急与陛下有计也。今使臣不通,则韩之信未可知也。夫秦必释赵之患而移兵于韩,愿陛下幸复察图之,而赐臣报决。

【译文】

如今秦王派我来却得不到召见,我们大王重演过去奸臣之计,使韩又有丧失领土的忧患。我得不到召见,请让我回国报告,秦韩关系必将断绝。我来出使,奉着秦王使两国交欢的心意,希望进献有利韩国的计谋,难道陛下就这样来接待我吗?我希望见大王一面,上前陈说愚计,然后接受死刑,希望陛下多加关注!现在即使把我杀死在韩国,大王也不足以强大;但如不听我的计策,那必将构成灾祸。秦出兵不停地前进,韩国国家就可忧虑了。假如我在韩暴尸街市,那么大王即使想考虑我向您效忠的计策,也不可能了。边境残破,国都死守,杀声贯耳,那时才想到用我的计策,就晚了。再说韩国兵力几何是天下都清楚的,如今又背叛强大的秦国。如果城失兵败,内寇必将袭击城邑;城邑丧失完,百姓就散了;百姓一散,军队就没了。要是死守都城,秦国必将兴兵把大王包围在孤城中,道路一旦不通,谋划就难确定,这种形势无法挽救,左右近臣的计策没有用场,希望陛下好好想想吧。假如我所说有不符合事实的,希望大王能让我上前把话说完,再受刑杀也不迟。秦王饮食不甘,游玩不乐,心意全在谋取赵国,派我前来通知,希望能得到亲自接见,为的是急于和大王商量计策。如今使臣不通,韩国的诚信就无法弄清。秦国必将放弃赵国的祸患而移兵到韩,希望陛下再一次认真考虑这种情形,并把决定告诉我。

难言第二

【原文】

臣非非难言也,所以难言者:言顺比滑泽,洋洋纚纚然,则见以为华而不实。敦祗恭厚,鲠固慎完,则见以为掘而不伦。多言繁称,连模拟物,则见以为虚而无用。摠微说约,径省而不饰,则见以为刿而不辩。激急亲近,探知人情,则见以为僭而不让。闳大广博,妙远不测,则见以为夸而无用。家计小谈,以具数言,则见以为陋。言而近世,辞不悖逆,则见以为贪生而谀上。言而远俗,诡躁人间,则见以为诞。捷敏辩给,繁于文采,则见以为史。殊释文学,以质信言,则见以为鄙。时称诗书,道法往古,则见以为诵。此臣非之所以难言而重患也。

【译文】

我韩非不是认为进言本身困难,所以难于进言的情况是:言辞和顺流畅,洋洋洒洒,就被认为是华而不实;恭敬诚恳,耿直周全,就被认为是笨拙而不成条理;广征博引,类推旁比,就被认为是空而无用;义微言约,直率简略而不加修饰,就被认为是出口伤人而不善辩说;激烈明快而无所顾忌,触及他人隐情,就被认为是中伤别人而不加谦让;宏大广博,高深莫测,就被认为是浮夸无用;谈论日常小事,琐碎陈说,就被认为是浅薄;言辞切近世俗,遵循常规,就被认为是贪生而奉承君主;言辞异于世俗,怪异不同众人,就被认为是荒唐;口才敏捷,富于文采,就被认为是不质朴;弃绝文献,诚朴陈说,就被认为是粗俗;动辄援引《诗》《书》,称道效法古代,就被认为是死记硬背。这些就是我难于进言并深感忧虑的原因。

【原文】

故度量虽正,未必听也;义理虽全,未必用也。大王若以此不信,则小者以为毁訾诽谤,大者患祸灾害死亡及其身。故子胥善谋而吴戮之,仲尼善说而匡围之,管夷吾实贤而鲁囚之。

【译文】

所以法则虽然正确,未必被听取;道理虽然完美,未必被采用。大王若认为这些话不可信,轻则看成是说毁诽谤,重则使进言者遭到灾祸、死亡。所以伍子胥善于谋划而吴王杀了他,孔子善于游说而匡人围攻他,管仲确实贤能而鲁国囚禁他。

【原文】

故此三大夫岂不贤哉?而三君不明也。上古有汤至圣也,伊尹至智也;夫至智说至圣,然且七十说而不受,身执鼎俎为庖宰,昵近习亲,而汤乃仅知其贤而用之。故曰以至智说至圣,未必至而见受,伊尹说汤是也;以智说愚必不听,文王说纣是也。故文王说纣而纣囚之,翼侯炙,鬼侯腊,比干剖心,梅伯醢,夷吾束缚,而曹羁奔陈,伯里子道乞,傅说转鬻,孙子膑脚于魏,吴起收泣于岸门、痛西河之为秦、卒枝解于楚,公叔痤言国器、反为悖,公孙鞅奔秦,关龙逢斩,苌宏分胣,尹子阱于棘,司马子期死而浮于江,田明辜射,宓子贱、西门豹不斗而死人手,董安于死而陈于市,宰予不免于田常,范雎折胁于魏。

【译文】

这三个大夫难道不贤吗?但三处的君主不明智。上古有商汤,极其圣明;有伊尹,极其聪明。极其聪明的去进说极其圣明的,这样尚且多次进说不被采纳,还要亲自拿着炊具做厨师,亲近熟悉后,汤才知道他贤并重用了他。所以说:用最聪明的去进说最圣明的,未必一到就被接受,伊尹说汤就是这种情况;用聪明的去进说愚蠢的必定不被接受,周文王进说殷纣就是这种情况。所以文王进说纣而纣囚禁了他;翼侯被烤死;鬼侯被做成肉干;比干被剖心;梅伯被剁成肉酱;管仲被捆绑;曹羁逃奔陈国;伯里子沿路乞讨;傅说被转卖;孙子在魏遭受膑刑;吴起在岸门拭泪,痛心西河将成为秦地,最后在楚国被肢解;公叔瘦推荐国中杰出人才反被认作糊涂,公孙鞅出奔到秦;关龙逢被斩;苌弘被剖腹;尹子陷入牢狱;司马子期死后尸首浮在江上;田明被分尸;宓子贱、西门豹不斗而被人杀害;董安于死后被陈尸市中;宰予不能逃避田常政变;范雎在魏被打断肋骨。

【原文】

此十数人者,皆世之仁贤忠良有道术之士也,不幸而遇悖乱闇惑之主而死,然则虽贤圣不能逃死亡避戮辱者何也？则愚者难说也,故君子不少也。且至言忤于耳而倒于心,非贤圣莫能听,愿大王熟察之也。

【译文】

这十几个人,都是仁义、贤能、忠良而有本领的人,不幸遇到荒谬昏庸的君主而死去。那么即使贤圣也不能逃避死亡和刑辱,为什么呢？就是昏君难以劝谏,所以君子难以进言。况且合情合理的话是逆耳冲撞的,除非贤圣没人能听进去。希望大王仔细考虑。

爱臣第三

【原文】

爱臣太亲,必危其身;人臣太贵,必易主位;主妾无等,必危嫡子;兄弟不服,必危社稷。臣闻千乘之君无备,必有百乘之臣在其侧,以徙其民而倾其国;万乘之君无备,必有千乘之家在其侧,以徙其威而倾其国。是以奸臣蕃息,主道衰亡。

【译文】

宠臣过于亲近,必定危及君身;臣子地位太高,必定取代君位;妻妾不分等级,必定危及嫡子;君主兄弟不服,必定危害国家。我听说千乘小国的国君没有防备,必定有拥有百乘兵车的臣子窥视在侧,准备夺取他的百姓,颠覆他的国家;万乘大国的国君没有防备,必定有千乘之国的大夫窥视在侧,准备夺取他的权势,颠覆他的国家。因此奸臣势力扩张,君主权势就会消亡。

【原文】

是故诸侯之博大,天子之害也;群臣之太富,君主之败也。将相之管主而隆国家,此君人者所外也。万物莫如身之至贵也,位之至尊也,主威之重也,主势之隆也,此四美者不求诸外,不请于人,议之而得之矣。故曰:人主不能用其富,则终于外也。此君人者之所识也。

【译文】

因此诸侯强大是天子的祸害,群臣太富是君主的失败。将相控制君主使私家兴盛,这是君主应排斥的。万事万物中,没有比君身更高贵、比君位更尊崇、比君威更强大、比君权更隆盛的。这四种美好的东西,不借助于外界,不求助于别人,处理恰当就都得到了。所以说:君主不能使用他的财富,最终将会被排斥在外,这是统治者要牢记的。

【原文】

昔者纣之亡,周之卑,皆从诸侯之博大也;晋之分也,齐之夺也,皆以群臣之太富也。夫燕、宋之所以弑其君者,皆以类也。故上比之殷、周,中比之燕、宋,莫不从此术也。是故明君之蓄其臣也,尽之以法,质之以备。故不赦死,不宥刑,赦死宥刑,是谓威淫,社稷将危,国家偏威。是故大臣之禄虽大,不得藉威城市;党与虽众,不得臣士卒。故人臣处国无私朝,居军无私交,其府库不得私贷于家,此明君之所以禁其邪。是故不得四从;不载奇兵;非传非遽,载奇兵革,罪死不赦。此明君之所以备不虞者也。

【译文】

过去商纣的灭亡,周朝的衰微,都因诸侯的强大;晋国被三分,齐国被篡权,都因群臣太富有。燕、宋臣子杀掉国君的原因,都属这一类。所以在上对照商、周,中间对照燕、宋,没有一个不是用的这种方法。因此高明的君主蓄养他的臣下,完全依照法律办事,立足于防备,所以不赦免死囚,不宽宥罪犯,赦免死囚,宽宥罪犯,这叫作威势散失。国家将危,君权旁落。因此大臣的俸禄即使很多,也不能凭借城市建立自己的威势;党羽即使很多,也不能拥有私人武装。所以臣子在国内不准有私人朝会,在军中不准有私人外交,个人的财物不能私自借给私家。这是明君用来禁止奸邪的办法。因此大臣出外不准有许多人马随从,不准在车上携带任何兵器;如果不是传递紧急文件,车上带有一件兵器的,判处死刑,决不赦免。这是明君用来防备意外的办法。

主道第五

【原文】

道者万物之始,是非之纪也。是以明君守始以知万物之源,治纪以知善败之端。故虚静以待令,令名自命也,令事自定也。虚则知实之情,静则知动者正。有言者自为名,有事者自为形,形名参同,君乃无事焉,归之其情。故曰:君无见其所欲,君见其所欲,臣自将雕琢;君无见其意,君见其意,臣将自表异。故曰:去好去恶,臣乃见素,去旧去智,臣乃自备。

【译文】

道是万物的本原,是非的准则。因此英明的君主把握本原来了解万物的起源,研究准则来了解成败的起因。所以虚无冷静地对待一切,让名称自然命定,让事情自然确定。虚无了,才知道实在的真相;冷静了,才知道行动的准则。进言者自会形成主张,办事者自会形成效果,效果和主张验证相合,君主就无所事事,而使事物呈现出真相。所以说:君主不要显露他的欲望,君主显露他的欲望,臣下将自我粉饰;君主不要显露他的意图,君主显露他的意图,臣下将自我伪装。所以说:除去爱好,除去厌恶,臣下就表现实情;除去成见,除去智慧,臣下就戒饬自己。

【原文】

故有智而不以虑,使万物知其处;有行而不以贤,观臣下之所因;有勇而不以怒,使群臣尽其武。是故去智而有明,去贤而有功,去勇而有强。群臣守职,百官有常,因能而使之,是谓习常。故曰:寂乎其无位而处,漻乎莫得其所。明君无为于上,群臣竦惧乎下。明君之道,使智者尽其虑,而君因以断事,故君不穷于智;贤者救其材,君因而任之,故君不穷于能;有功则君有其贤,有过则臣任其罪,故君不穷于名。是故不贤而为贤者师,不智而为智者正。臣有其劳,君有其成功,此之谓贤主之经也。

【译文】

所以君主有智慧也不用来思考,使万物处在它适当的位置上;存贤就也不表现为行动,以便察看臣下依据什么;有勇力也不用来逞威风,使臣下充分发挥他们的勇武。因此君主离开智慧却仍有明察,离开贤能却仍有功绩,离开勇力却仍有强力。群臣恪守职责,百官都有常法,君主根据才能使用他们,这叫遵循常规。所以说:寂静啊!君主好像没有处在君位上;廖廓啊!臣下不知道君主在哪里。明君在上面无为而治,群臣在下面诚惶诚恐。明君的原则是,使聪明人竭尽思虑,君主据此决断事情,所以君主的智力不会穷尽;鼓励贤者发挥才干,君主据此任用他们,所以君主的能力不会穷尽;有功劳则君主占有贤名,有过失则臣下承担罪责,所以君主的名声不会穷尽。因此不贤的却是贤人的老师,不智的却是智者的君长。臣下承担劳苦,君主享受成功,这就叫贤明君主的常法。

【原文】

道在不可见,用在不可知。虚静无事,以闇见疵。见而不见,闻而不闻,知而不知。知其言以往勿变勿更,以参合阅焉。官有一人,勿令通言,则万物皆尽。函;掩其迹,匿其端,下不能原;去其智,绝其能,下不能意。保吾所以往而稽同之,谨执其柄而固握之。绝其能望,破其意,毋使人欲之。不谨其闭,不固其门,虎乃将存。不慎其事,不掩其情,贼乃将生。

【译文】

君主原则在于不能被臣下看透,君主作用在于不能被臣下了解;君主虚静无为,在暗中观察臣下的过失。看见好像没看见,听到好像没听到,知道好像不知道。了解臣下主张以后,不要变更,用验证办法来考察它。每个官职只有一人,不要让他们相互通气,那么万事万物的真相都会显露出来。君主掩盖行迹,隐藏念头,臣下就无法探测;去掉智慧,不用才能,臣下就无法揣度。保守自我意图而验证臣下,谨慎地抓住权柄而牢固地掌握它。杜绝臣下的窥探,破除臣下的揣测,不要让人贪求君位。不小心门窗,不紧闭门户,老虎就将闯入。不慎重从事,不掩盖真情,贼子就将产生。

【原文】

弑其主,代其所,人莫不与,故谓之虎。处其主之侧,为奸臣,闻其主之忒,故谓之贼。散其党,收其余,闭其门,夺其辅,国乃无虎。大不可量,深不可测,同合刑名,审验法式,擅为者诛,国乃无贼。是故人主有五壅:臣闭其主曰壅,臣制财利曰壅,臣擅行令曰壅,臣得行义曰壅,臣得树人曰壅。臣闭其主则主失位,臣制财利则主失德,臣擅行令则主失制,臣得行义则主失明,臣得树人则主失党。此人主之所以独擅也,非人臣之所以得操也。

【译文】

杀死君主,篡夺君位,人们没有不归附的,所以称他为老虎。在君主身边做奸臣,知晓君主过失,所以称他为贼子。解散他的朋党,收拾他的余孽,封闭他的门户,铲除他的帮凶,国家就没有老虎了。君道大不可量,深不可测,同符合名实,检验法度,擅自行动的诛灭,国家就没有贼子了。因此君主有五种受蒙蔽的情况:臣下使君主闭塞是蒙蔽,臣下控制财利是蒙蔽,臣下擅自发令是蒙蔽,臣下私自给人好处是蒙蔽,臣下得以扶植党羽是蒙蔽。臣下使君主闭塞,君主就失去君位;臣下控制财利,君主就失去恩德;臣下擅自发令,君主就失去控制权;臣下私自给人好处,君主就失去英明;臣下得以扶植党羽,君主就失去支持者。这就是君主要独据、不能让臣下把持的原因。

【原文】

人主之道,静退以为宝。不自操事而知拙与巧,不自计虑而知福与咎。是以不言而善应,不约而善增。言已应则执其契,事已增则操其符。符契之所合,赏罚之所生也。故群臣陈其言,君以其言授其事,事以责其功。功当其事,事当其言则赏;功不当其事,事不当其言则诛。明君之道,臣不陈言而不当。是故明君之行赏也,暖乎如时雨,百姓利其泽;其行罚也,畏乎如雷霆,神圣不能解也。故明君无偷赏,无赦罚。赏偷则功臣堕其业,赦罚则奸臣易为非。是故诚有功则虽疏贱必赏,诚有过则虽近爱必诛。近爱必诛,则疏贱者不怠,而近爱者不骄也。

【译文】

君主的原则,以静退为贵。不亲自操持事务而知道臣下办事的拙和巧,不亲自考虑事情而知道臣下谋事的福和祸。因此君主不多说话而臣下就要很好地谋事,不作规定而臣下就要很好地办事。臣下已经提出主张,君主就拿来作为凭证;臣下已经作出事情,君主就拿来作为凭证。拿了凭证进行验核,就是赏罚产生的根据。所以群臣陈述他们的主张,君主根据他们的主张授予他们职事,依照职事责求他们的功效。功效符合职事,职事符合主张,就赏;功效不符合职事,职事不符合主张,就罚。明君的原则,要求臣下不能说话不算数。因此明君行赏,像及时雨那么温润,百姓都能受到他的恩惠;君主行罚,像雷霆那么可怕,就是神圣也不能解脱。所以明君不随便赏赐,不赦免惩罚。赏赐随便了,功臣就懈怠他的事业;惩罚赦免了,奸臣就容易于坏事。因此确实有功,即使疏远卑贱的人也一定赏赐;确实有罪,即使亲近喜爱的人也一定惩罚。疏贱必赏,近爱必罚,那么疏远卑贱的人就不会懈怠,而亲近喜爱的人就不会骄横了。

有度第六

【原文】

国无常强,无常弱。奉法者强则国强,奉法者弱则国弱。荆庄王并国二十六,开地三千里,庄王之岷社稷也,而荆以亡。齐桓公并国三十,启地三千里,桓公之岷社稷也,而齐以亡。燕襄王以河为境,以蓟为国,袭涿、方城,残齐,平中山,有燕者重,无燕者轻,襄王之岷社稷也,而燕以亡。魏安厘王攻赵救燕,取地河东;攻尽陶、魏之地;加兵于齐,私平陆之都;攻韩拔管,胜于淇下;睢阳之事,荆军老而走;蔡、召陵之事,荆军破;兵四布于天下,威行于冠带之国;安厘死而魏以亡。故有荆庄、齐桓则荆、齐可以霸,有燕襄、魏安厘则燕、魏可以强。今皆亡国者,其群臣官吏皆务所以乱,而不务所以治也。

【译文】

国家没有永久的强、也没有永久的弱。执法者强国家就强,执法者弱国家就弱。楚庄王并吞国家二十六个,开拓疆土三千里;庄王灭了他国,楚也就衰弱了。齐桓公吞并国家三十个,开辟疆土三千里;桓公灭了他国,齐也就衰弱了。燕昭襄王把黄河作为国界,把蓟城作为国都,外围有涿和方城,攻破齐国,平定中山,有燕国支持的就被人重视,无燕国支持的就被人看轻;昭襄王灭了他国,燕也就衰弱了。魏安釐王攻打燕国,救援赵国,夺取河东地,全部攻占陶、卫领土;对齐用兵,占领平陆;攻韩,拿下管地,一直打到淇水岸边;睢阳交战,楚军疲敝而退;上蔡、召陵之战,楚军败;魏军遍布天下,威震于中原各国;安釐王死,魏随即衰弱。所以有庄王、桓公在,楚、齐就可以称霸;有昭襄王、安釐王在,燕、魏就可以强盛。如今这些国家都成了弱国,是因为它们的群臣官吏都专干乱国的事,而不干治国的事。

【原文】

其国乱弱矣,又皆释国法而私其外,则是负薪而救火也,乱弱甚矣。

【译文】

这些国家混乱衰弱了,又都丢掉国法去营私舞弊,这好比背着干柴去救火,混乱衰弱只会加剧。

【原文】

故当今之时,能去私曲就公法者,民安而国治;能去私行行公法者,则兵强而敌弱。故审得失有法度之制者加以群臣之上,则主不可欺以诈伪;审得失有权衡之称者以听远事,则主不可欺以天下之轻重。今若以誉进能,则臣离上而下比周;若以党举官,则民务交而不求用于法。故官之失能者其国乱。以誉为赏,以毁为罚也,则好赏恶罚之人,释公行、行私术、比周以相为也。忘主外交,以进其与,则其下所以为上者薄矣。

【译文】

所以当今之时,能除私欲趋国法的就会民安而国治;能除私行行国法的,就会兵强而敌弱。所以明察得失有法律制度的,加在群臣头上,君主就不会被狡诈虚伪所欺骗;明察得失有衡量标准的,用来判断远方事情,君主就不会被天下轻重不一所欺骗。现在若按声誉选用人才,臣下就会背离君主而在下面联络勾结;若凭朋党关系举用官吏,臣民就会营求交结而不求依法办事。所以官吏不称职的,国家就会混乱。凭好名声行赏,凭坏名声处罚,那么好赏恶罚的人,就会弃公务,行私术,紧密勾结来互相包庇利用,忘记君主在外搞私人交情,引进他的同党,那么这些人为君主出力就少了。

【原文】

交众与多,外内朋党,虽有大过,其蔽多矣。故忠臣危死于非罪,奸邪之臣安利于无功。忠臣危死而不以其罪,则良臣伏矣;奸邪之臣安利不以功,则奸臣进矣;此亡之本也。若是、则群臣废法而行私重,轻公法矣。数至能人之门,不壹至主之廷;百虑私家之便,不壹图主之国。属数虽多,非所以尊君也;百官虽具,非所以任国也。然则主有人主之名,而实托于群臣之家也。故臣曰:亡国之廷无人焉。廷无人者,非朝廷之衰也。

【译文】

交情广,党羽多,内外结成死党,即使犯了大罪,为他掩饰的人却很多。所以忠臣无罪却遭难而死,奸臣无功却安然得利。忠臣遭难而死,并不因为有罪,他们就会隐退;奸臣安然得利并不凭功,他们就会进用。这是国家衰亡的根源。像这样下去,群臣就会废弃法治而注重私利、轻视国法了。他们多次奔走奸臣门下,一次也不去君主朝廷;千方百计考虑私家的利益,一点也不为君主的国家着想。属臣数目虽多,不能用来侍奉君主;百官虽备,不能用来担当国事。这样,君主就徒有君主虚名,而实际上是依附于群臣礼家的。所以我说:衰弱国家的朝廷没有人在里边。朝廷里边没有人,不是指朝廷里边臣子少。

【原文】

家务相益,不务厚国;大臣务相尊,而不务尊君;小臣奉禄养交,不以官为事。此其所以然者,由主之不上断于法,而信下为之也。故明主使法择人,不自举也;使法量功,不自度也。

【译文】

私家致力于互谋私利,不致力于利国;大臣致力于互相推崇,不致力于尊奉君主;小臣拿俸禄供养私交,不把官职当回事。造成这种情况的原因,是由于君主在上不依法断事,而听凭臣下任意去干。所以明君用法选人,不用己意推举;用法定功,不用己意测度。

【原文】

能者不可弊,败者不可饰,誉者不能进,非者弗能退,则君臣之间明辨而易治,故主雠法则可也。

【译文】

能干的人不可能埋没,败事的人不可能掩饰,徒有声誉的人不可能升官,备受非议的人不可能斥退,那么君主对臣下就辨得清楚而易于控制了,所以君主依法办事就可以了。

【原文】

贤者之为人臣,北面委质,无有二心,朝廷不敢辞贱,军旅不敢辞难,顺上之为,从主之法,虚心以待令而无是非也。

【译文】

品德高的人做臣子,面北献礼,效忠君主,没有二心。在朝廷不敢推辞贱事,在军队不敢推辞难事;顺从君主的行为,遵从君主的法令,虚心等待命令,不挑弄是非。

【原文】

故有口不以私言,有目不以私视,而上尽制之。为人臣者,譬之若手,上以修头,下以修足,清暖寒热,不得不救,镆邪傅体,不敢弗搏。无私贤哲之臣,无私事能之士。故民不越乡而交,无百里之戚。贵贱不相踰,愚智提衡而立,治之至也。

【译文】

所以有嘴不因私事而说,有眼不因私事而看,君主控制着他们的一切。做臣子的,如同双手,上用来理头,下用来理脚;冷暖寒暑,不能不管;刀剑近身,不敢不拼。不要因私使用贤明臣子,不要因私使用智能之士。所以百姓不离乡私交,没有远道奔走的忧虑。贵贱不相越,愚智各得其所,这是治的最高境界。

【原文】

今夫轻爵禄,易去亡,以择其主,臣不谓廉。诈说逆法,倍主强谏,臣不谓忠。行惠施利,收下为名,臣不谓仁。离俗隐居,而以作非上,臣不谓义。外使诸侯,内耗其国,伺其危崄之陂以恐其主曰:"交非我不亲,怨非我不解",而主乃信之,以国听之,卑主之名以显其身,毁国之厚以利其家,臣不谓智。

【译文】

对现今那种轻视爵禄,轻易流亡,去选择他的主子的,我不认为是廉。谎言抗法,违背君主而强行进谏,我不认为是忠。施行恩惠,收买人心来抬高自己的声望,我不认为是仁。避世隐居,而用谎言非议君主,我不认为是义。出使他国,损害祖国,候着祖国陷入危境,便恐吓君主说:"交往没有他就不能亲近,积怨没有他就不能解除";而君主也便相信他,把国家托付给他;这样,贬低君主名声来抬高自己,损害国家利益来便利私家,我不认为是智。

【原文】

此数物者,险世之说也,而先王之法所简也。先王之法曰:"臣毋或作威,毋或作利,从王之指;无或作恶,从王之路。"古者世治之民,奉公法,废私术,专意一行,具以待任。

【译文】

这几种行为,是乱世君主喜欢的,先王法治看轻的。先王法令说:"臣下不要逞威,不要牟利,顺从君主旨意;不要作恶,跟随君主脚步。"古代太平社会的百姓,奉行公法,废止私术,一心一意为君主办事,准备条件来等待任用。

【原文】

夫为人主而身察百官,则日不足,力不给。且上用目则下饰观,上用耳则下饰声,上用虑则下繁辞。先王以三者为不足,故舍己能,而因法数,审赏罚。先王之所守要,故法省而不侵。

【译文】

做君主的亲自考察百官,就会时间不够,精力不足。而且君主用眼睛看,臣子就修饰外表;君主用耳朵听,臣子就修饰言辞;君主用脑子想,臣子就夸夸其谈。先王认为这三种器官不够,所以放弃自己的才能而依赖法术,严明赏罚。先王掌握着关键,所以法令简明而君权不受侵害。

【原文】

独制四海之内,聪智不得用其诈,险躁不得关其佞,奸邪无所依。远在千里外,不敢易其辞;势在郎中,不敢蔽善饰非。朝廷群下,直凑单微,不敢相踰越。故治不足而日有余,上之任势使然也。

【译文】

独自控制四海之内,聪明多智的人不能使用欺诈手段,阴险浮躁的人不能使用花言巧语,奸邪的人就没有什么可依赖。臣子远在千里之外,不敢改变说辞;地位处在侍从官中,不敢隐善饰非;朝廷的群臣,集中的或单独的,不敢相互逾越职守。所以政事不多而时间有余,是君主运用权势所得来的。

【原文】

夫人臣之侵其主也,如地形焉,即渐以往,使人主失端、东西易面而不自知。故先王立司南以端朝夕。故明主使其群臣不游意于法之外,不为惠于法之内,动无非法。法所以凌过游外私也,严刑所以遂令惩下也。威不贷错,制不共门。威制共则众邪彰矣,法不信则君行危矣,刑不断则邪不胜矣。故曰:巧匠目意中绳,然必先以规矩为度;上智捷举中事,必以先王之法为比。故绳直而枉木斲,准夷而高科削,权衡县而重益轻,斗石设而多益少。故以法治国,举措而已矣。法不阿贵,绳不挠曲。法之所加,智者弗能辞,勇者弗敢争。刑过不避大臣,赏善不遗匹夫。故矫上之失,诘下之邪,治乱决缪,绌羡齐非,一民之轨,莫如法。属官威民,退淫殆,止诈伪,莫如刑。刑重则不敢以贵易贱,法审则上尊而不侵,上尊而不侵则主强,而守要,故先王贵之而传之。人主释法用私,则上下不别矣。

【译文】

　　臣子侵害君主,就像行路时的地形一样,由近及远,地形渐变,使君主失去方向,东西方向改变了,自己却不知道。所以先王设置指南仪器来判断东西方向。所以明君不让他的群臣在法律之外乱打主意,在法令规定的范围内谋求利益,举动没有不合法的。严峻的法令是用来禁止犯罪、排除私欲的,严厉的刑法是用来贯彻法令、惩办臣下的。威势不能分置,权力不能同享。威势权力与别人同享,奸臣就会公然活动;法令不坚定,君主的行为就危险了;刑罚不果断,就不能战胜奸邪。所以说:巧匠目测合乎墨线,但必定先用规矩作标准;智商高者办事敏捷合乎要求,必定用先王的法度作依据。所以墨线直了,曲木就要砍直;测准器平了,高坛挞就要削平;称具拎起,就要减重补轻;量具设好,就要减多补少。所以用法令治国,不过是制定出来、推行下去罢了。法令不偏袒权贵,墨绳不迁就弯曲。法令该制裁的,智者不能逃避,勇者不敢抗争。惩罚罪过不回避大臣,奖赏功劳不漏掉平民。所以矫正上面的过失,追究下面的奸邪,治理纷乱,判断谬误,削减多余,纠正错误,统一民众的规范,没有比得上法的。整治官吏,威慑民众,除去淫乱怠惰,禁止欺诈虚伪,没有比得上刑的。刑罚重了,就不敢因地位高轻视地位低的;法令严明,君主就尊贵不受侵害。尊贵不受侵害,君主就强劲而掌握要害。所以先王重法并传授下来。君主弃法用私,君臣之间就没有区别了。

二柄第七

【原文】

明主之所导制其臣者,二柄而已矣。二柄者,刑、德也。

【译文】

明君用来控制臣下的,不过是两种权柄罢了。两种权柄就是刑和德。

【原文】

何谓刑德?曰:杀戮之谓刑,庆赏之谓德。为人臣者畏诛罚而利庆赏,故人主自用其刑德,则群臣畏其威而归其利矣。故世之奸臣则不然,所恶则能得之其主而罪之,所爱则能得之其主而赏之。今人主非使赏罚之威利出于己也,听其臣而行其赏罚,则一国之人皆畏其臣而易其君,归其臣而去其君矣,此人主失刑德之患也。夫虎之所以能服狗者、爪牙也,使虎释其爪牙而使狗用之,则虎反服于狗矣。人主者、以刑德制臣者也,今君人者、释其刑德而使臣用之,则君反制于臣矣。故田常上请爵禄而行之群臣,下大斗斛而施于百姓,此简公失德而田常用之也,故简公见弑。子罕谓宋君曰:"夫庆赏赐予者,民之所喜也,君自行之;杀戮刑罚者,民之所恶也,臣请当之。"于是宋君失刑而子罕用之,故宋君见劫。田常徒用德而简公弑,子罕徒用刑而宋君劫。故今世为人臣者兼刑德而用之,则是世主之危甚于简公、宋君也。故劫杀拥蔽之主,非失刑德而使臣用之而不危亡者,则未尝有也。

【译文】

什么叫刑、德?回答是:杀戮叫作刑,奖赏叫作德。做臣子的害怕刑罚而贪图奖赏,所以君主亲自掌握刑赏权力,群臣就会害怕他的威势而追求他的奖励。而现在的奸臣却不是这样。他们对所憎恶的人,能够从君主那里取得权力予以惩罚;对所喜爱的人,能够从君主那里取得权力予以奖赏。假如君主不是让赏罚的威严和利益掌握在自己手里,而是听任他的臣下去施行赏罚,那么全国的人就都会害怕权臣而轻视君主,就都会归附权臣而背离君主了。这是君主失去刑赏大权的祸害。老虎能制服狗,靠的是爪牙;假使老虎去掉它的爪牙而让狗使用,那么老虎反而会被狗所制服。君主是要靠刑德来制服臣下的,如果做君主的丢掉刑赏大权而让臣下使用,那么君主反而会被臣下所控制了。所以田常向君主请求爵禄而赐给群臣,对下用大斗出小斗进的办法把粮食施舍给百姓,这就是齐简公失去奖赏大权而由田常掌握,简公因而遭到杀害。子罕告诉宋桓侯说:"奖赏恩赐是百姓喜欢的,君王自己施行;杀戮刑罚是百姓憎恶的,请让我来掌管。"于是宋桓侯失去刑罚大权而由子罕掌握。宋桓侯因而遭到挟制。田常仅仅掌握了奖赏大权,齐简公就遭到了杀害;子罕仅仅掌握了刑罚大权,宋桓侯就遭到了挟制。所以当代做臣下的如果统摄了刑赏大权,那么这代君主将会遭受到比齐简公、宋桓侯更大的危险。所以被劫杀被蒙蔽的君主,一旦同时失去刑赏大权而由臣下执掌,这样还不导致危亡的情况,是从来没有过的。

【原文】

人主将欲禁奸,则审合形名者,言异事也。为人臣者陈而言,君以其言授之事,专以其事责其功。功当其事,事当其言,则赏;功不当其事,事不当其言,则罚。故群臣其言大而功小者则罚,非罚小功也,罚功不当名也。群臣其言小而功大者亦罚,非不说于大功也,以为不当名也害甚于有大功,故罚。昔者韩昭侯醉而寝,典冠者见君之寒也,故加衣于君之上,觉寝而说,问左右曰:"谁加衣者?"左右对曰:"典冠。"君因兼罪典衣与典冠。其罪典衣、以为失其事也,其罪典冠,以为越其职也。非不恶寒也,以为侵官之害甚于寒。故明主之畜臣,臣不得越官而有功,不得陈言而不当。越官则死,不当则罪,守业其官所言者贞也,则群臣不得朋党相为矣。

【译文】

君主要想禁止奸邪,就要去审核形名。形名是指言论和职事。做臣下的发表一定的言论,君主根据他的言论授予相应的职事,专就他的职事责求他的功效。功效符合职事,职事符合言论,就赏;功效不符合职事,职事不符合言论,就罚。所以群臣言大功小的要罚,这不是要罚小功,而是要罚功效不符合言论。群臣言小功大的也要罚,这不是对大功不喜欢。而是认为功效不符合言论的危害超过了所建大功,所以要罚。从前韩昭侯喝醉酒睡着了,掌帽官见他冷,就给他身上盖了衣服。韩昭侯睡醒后很高兴,问近侍说:"盖衣服的是谁?"近侍回答说:"掌帽官。"昭侯便同时处罚了掌衣官和掌帽官。他处罚掌衣官,是认为掌衣官失职;他处罚掌帽官,是认为掌帽官越权。

不是不担心寒冷,而是认为越权的危害超过了寒冷。所以明君驾驭臣下,臣下不能越权去立功,不能说话不恰当。超越职权就该处死,言行不一就该治罪。司守本职,言而有信,群臣就不可能结党营私了。

【原文】

人主有二患:任贤,则臣将乘于贤以劫其君;妄举,则事沮不胜。故人主好贤,则群臣饰行以要君欲,则是群臣之情不效;群臣之情不效,则人主无以异其臣矣。故越王好勇,而民多轻死;楚灵王好细腰,而国中多饿人;齐桓公妒而好内,故竖刁自宫以治内,桓公好味,易牙蒸其子首而进之;燕子哙好贤,故子之明不受国。故君见恶则群臣匿端,君见好则群臣诬能。人主欲见,则群臣之情态得其资矣。故子之托于贤以夺其君者也,竖刁、易牙因君之欲以侵其君者也,其卒子哙以乱死,桓公虫流出户而不葬。此其故何也?人君以情借臣之患也。人臣之情非必能爱其君也,为重利之故也。今人主不掩其情,不匿其端,而使人臣有缘以侵其主,则群臣为子之、田常不难矣。故曰:去好去恶,群臣见素。群臣见素,则大君不蔽矣。

【译文】

君主有两种祸患:任用贤人,臣下就会依仗贤能来威逼君主;随便推举,就会败坏事情而不能成功。所以君主喜好贤能,群臣就粉饰行为来迎合君主的欲望,这样群臣的实情便不会显露;群臣的实情不显露,君主便无法识别他的臣下了。所以越王喜好勇敢,以致民众大都轻视死亡。楚灵王喜爱细腰,结果国内有许多甘愿挨饿的人。齐桓公心性妒忌而爱好女色,所以竖刁自行阉割以便掌管内宫。齐桓公爱好美味,易牙蒸了自己儿子的脑袋去进献。燕王子哙喜欢贤名,所以子之表面上不接受君位。所以君主流露出厌恶情绪的,群臣就会迅速掩盖;君主流露出喜好情绪的,群臣就会假装能力行。君主的欲望表现出来,群臣的情态表示就有了依托。所以子之假托贤名来篡夺君位,竖刁易牙借着君主的欲望来侵害君主。其结果,子哙因兵舌而死,齐桓公死后直到蛆虫爬出门外也得不到安葬。这是什么原因呢?是君主把真情流露给了臣下招致的祸害。臣下的真情不一定就是爱戴他的君主,而是为了重利的缘故。如今君主要是不掩盖自己的真情,不隐藏自己的意图,而使臣下有机会来侵害自己,那么群臣充当子之、田常这样的角色就不难了。所以说:去掉喜好厌恶,群臣暴露本色。群臣暴露本色,国君就不会受蒙蔽了。

杨权第八

【原文】

天有大命,人有大命。夫香美脆味,厚酒肥肉,甘口而病形;曼理皓齿,说情而捐精。故去甚去泰,身乃无害。权不欲见,素无为也。事在四方,要在中央。圣人执要,四方来效。

【译文】

天有自然法则,人也有自然法则。美妙香脆的味道,醇酒肥肉,甜适可口但有害身体;皮肤细嫩、牙齿洁白的美女,令人衷情但耗人精力。所以去掉太过分的吃喝玩乐,身体才会不受损害。权势不应表露无遗,而应保持本色,无为而治。政事在地方,要害在中央。圣明君主执掌着要害。四方臣民都会来效劳。

【原文】

虚而待之,彼自以之。四海既藏,道阴见阳。左右既立,开门而当。勿变勿易,与二俱行,行之不已,是谓履理也。夫物者有所宜,材者有所施,各处其宜,故上下无为。使鸡司夜,令狸执鼠,皆用其能,上乃无事。上有所长,事乃不方。矜而好能,下之所欺。辩惠好生,下因其材。上下易用,国故不治。

【译文】

只用冷静地对待臣下,臣下自会办好事情。天下既已平安无事,君主就可以从静态中观察动态。文武官员既经设置,君主就可以广开言路接待他们。不要变更,不要改动,按照自然和人类法则去行动,不停顿地做下去,这就叫遵循事理。事物有它适宜的用处,才能有它施展的地方,各得其所,所以上下无为而治。让公鸡掌夜报晓,让猫来捕捉老鼠,如果都像这样各展其才,君主就能够无为而治了。君主显示自己的特长,政事就不能办成。君主喜欢自夸逞能,正是臣下进行欺骗的凭借;君主喜欢惹是生非,卖弄口才和智力,正是臣下加以利用的依托。君臣职能颠倒着使用,国家因此得不到治理。

韩非子(上)

【原文】

用一之道,以名为首。名正物定,名倚物徙。故圣人执一以静,使名自命,令事自定。不见其采,下故素正。因而任之,使自事之。因而予之,彼将自举之。正与处之,使皆自定之。

【译文】

运用道的方法,要把确定名分放在首位。名分恰当,事情就能确定;名分偏颇,事情就会走样。所以圣人按照统一规律而采取虚静态度,使名分自然形成,让事情自然确定。既然不事雕琢,下面也就纯正了。据此加以任用,使他们自行办事;据此给予任务,他们将会自行完成;恰当地安排他们,使他们都能自动地尽职尽责。

【原文】

上以名举之,不知其名,复修其形。形名参同,用其所生。二者诚信,下乃贡情。谨修所事,待命于天。毋失其要,乃为圣人。圣人之道,去智与巧,智巧不去,难以为常。民人用之,其身多殃,主上用之,其国危亡。因天之道,反形之理,督参鞠之,终则有始。虚以静后,未尝用己。凡上之患,必同其端。信而勿同,万民一从。

【译文】

君主根据臣下的主张用人,如果不清楚臣下的主张是否恰当,那就再考察臣下的行动。言行既经综合审定,然后酌情给予赏罚。赏罚确实可信,臣下就会献上真心。谨慎地处理政事,等待自然规律去起作用。不要丧失治国纲领,才有可能成为圣人。圣人之道,要排除智和巧;如果智巧不能排除,就难以维持正常秩序。平民使用智巧,自身多有灾殃;君主使用智巧,国家就会危亡。遵循自然的普遍规律,返回到事物的具体道理,深入观察,交互验证,寻根究底,终而复始。虚静之后,不会再用到主观意愿。凡是君主的祸患,一定是有着相同的起因,真要是能不让它们发生,全国民众就会一致服从。

【原文】

夫道者,弘大而无形,德者,核理而普至。至于群生,斟酌用之,万物皆盛,而不与其宁。道者、下周于事,因稽而命,与时生死。参名异事,通一同情。故曰:道不同于万物,德不同于阴阳,衡不同于轻重,绳不同于出入,和不同于燥湿,君不同于群臣。凡此六者,道之出也。道无双,故曰:一。是故明君贵独道之容。君臣不同道,下以名祷,君操其名,臣效其形,形名参同,上下和调也。

【译文】

道,是弘博广大而没有形状的;德,是内含道理而普遍存在的。至于万事万物,都会自然而然地汲取一定量的道和德,都会发展兴盛而不能像道和德一样安温寂静。道普遍存在于事物之中,通过潜化渗透而命定事物;特定事物有着特定的生死周期。虽然名称交验,事物各异,但却无不贯通着同一的普遍规律。所以说:道和它所生成的万物不相同,德和它所包含的阴阳不相同,衡器和它所衡量的轻重不相同,墨线和它所矫正的弯曲不相同,定音器与影响声音的干湿不相同,君主和他所任用的臣子不相同。所有这六神情况都是道衍化出来的。道是独一无二的,所以说它是一。因此,明君尊重道的独一模样。君臣不同道,臣下用主张向君主祈求。君主执掌着臣下的主张,臣下贡献出一定的事功。事功和主张交验相符,君臣上下的关系就协调了。

【原文】

凡听之道,以其所出,反以为之入。故审名以定位,明分以辩类。听言之道,溶若甚醉。唇乎齿乎,吾不为始乎,齿乎唇乎,愈惛惛乎。彼自离之,吾因以知之。是非辐凑,上不与构。虚静无为,道之情也;参伍比物,事之形也。参之以比物,伍之以合虚。根干不革,则动泄不失矣。动之溶之,无为而改之。喜之则多事,恶之则生怨。故去喜去恶,虚心以为道舍。

【译文】

君主听察的方法是,根据臣下发表的言论,反过来作为他们应该做出的实效。所以要审核言论来确定职位,弄清是非来辨析类别。听察言论的一般原则,就像大醉一样模模糊糊。群臣纷纷动嘴动舌,我总也不先开口;群臣纷纷动嘴动舌,我越发装得糊糊涂涂,让他们自己去条分缕析,我从而加以了解;是非一起集中上来,君主并不卷入。虚静无为是规律的固有属性,交叉连结,是事物的本来面貌。从联系中检验事物,从联系中发现规律。根本规律不加变更的话,任凭事物怎样运动也不会出现失误。动荡吧,纷扰吧,君主仍旧要用无为原则加以处理。表示喜悦,就会惹事;表示厌恶,就会生怨。所以要排除爱憎,空下心来,作为道所。

【原文】

上不与共之,民乃宠之。上不与义之,使独为之。上固闭内扃,从室视庭,参咫尺已具,皆之其处。以赏者赏,以刑者刑。因其所为,各以自成。善恶必及,孰敢不信!规矩既设,三隅乃列。

【译文】

君主不和臣民共事,臣民才会尊敬君主;君主不和臣民议事,要让他们自己去干。君主关闭起门户,从室内观察庭院,近在咫尺,全在眼前。该赏的赏,该罚的罚,根据他们的所作所为,各自受到相应的处置。善恶一定受到赏罚,谁还敢不诚实?规章制度既经设置,其他方面从而确定。

【原文】

主上不神,下将有因。其事不当,下考其常。若天若地,是谓累解。若地若天,孰疏孰亲?能象天地,是谓圣人。欲治其内,置而勿亲;欲治其外,官置一人;不使自恣,安得移并。

【译文】

君主不能神秘莫测,臣下就会有所凭借;君主行事不能得当,臣下将会引为成例。如天如地,该赏就赏,该罚就罚;如地如天,哪个疏远,哪个亲近?能像天地一样,才能称为圣人。想治好官中,要设置官员但不可亲近;想治好官外,要每个官职只设置一人。不让他们肆意妄为,他们怎能越职侵权。

【原文】

大臣之门,唯恐多人。凡治之极,下不能得。周合刑名,民乃守职。去此更求,是谓大惑。猾民愈众,奸邪满侧。故曰:毋富人而贷焉,毋贵人而逼焉,毋专信一人而失其都国焉。腓大于股,难以趣走。主失其神,虎随其后。主上不知,虎将为狗。

【译文】

大臣的门下,就怕人多势大。凡是极佳的治理状态,就是臣下不能得到;名实切合,臣民才会安守本分。丢掉这些另寻出路,就是最大的迷惑;刁民就会越来越多,奸臣就会遍布君侧。所以说,不要使人大富裕自己反而去借贷;不要使人太显贵自己反而受逼迫;不要专门信任一个人自己反而丧失国家。小腿比大腿粗,难以快跑。君主失去神秘莫测,老虎就会跟随其后。君主仍不察觉,老虎就会伪装成狗。

【原文】

主不蚤止,狗益无已。虎成其群,以弒其母。为主而无臣,奚国之有!主施其法,大虎将怯;主施其刑,大虎自宁。法刑狗信,虎化为人,复反其真。

【译文】

君主不能及早制止,狗就会不断增加。等到老虎成了群,就会共同杀掉君主。做君主的没有忠臣,还有什么国家可言?君主施行他的法令,大虎就会害怕;君主施行他的刑罚,大虎自会服贴。法令刑罚如果坚决执行,老虎就会重新变成人,恢复他的本来面目。

【原文】

欲为其国,必伐其聚,不伐其聚,彼将聚众。欲为其地,必适其赐,不适其赐,乱人求益。彼求我予,假仇人斧,假之不可,彼将用之以伐我。黄帝有言曰:"上下一日百战。"下匿其私,用试其上;上操度量,以割其下。故度量之立,主之宝也;党与之具,臣之宝也。臣之所不弒其君者,党与不具也。

【译文】

想治理国家,必须除掉朋党;不除掉朋党,他们将越聚越多。想治理国家,必须赏赐适当;赏赐不当,乱臣就会要求更多。他要什么我就给什么,是借给仇人斧头;借给仇人是不行的,他将用斧头来砍我。黄帝说过这样的话:"君臣之间一天内就有上百次冲突。"臣下隐藏私情,用来试探君主;君主掌握法度,用来制裁臣下。所以律令的设立是君主的法宝;朋党的形成是臣下的法宝。臣下不杀君主的原因,是朋党还未形成。

【原文】

故上失扶寸,下得寻常。有国之君,不大其都。有道之臣,不贵其家。有道之君,不贵其臣。贵之富之,备将代之。备危恐殆,急置太子,祸乃无从起。内索出圉,必身自执其度量。厚者亏之,薄者靡之。亏靡有量,毋使民比周,同欺其上。亏之若月,靡之若热。简令谨诛,必尽其罚。

【译文】

所以君主失掉一尺,臣下就得到一丈。统治国家的君主,不使他的城邑扩大;服从法治的大臣,不使属下的私家显贵。懂得治国之道的君主,不使他的臣下显贵;如让他们贵了富了,他们将取代君主。防备危险,怕出乱子,赶紧设立太子,祸患就无从发生。宫内搜索坏人,宫外防备奸臣,君主必须亲自掌握法度。对爵高禄厚的人要加以削减,对爵低禄薄的人要予以增加;减少和增加都要有分寸。不要使臣民紧密勾结,共同欺侮君主。减少爵禄像月亮般逐渐亏蚀,增加爵禄像物体受热般逐渐增大。简明法令,谨慎诛罚,该罚的都一定要罚。

【原文】

毋弛而弓,一栖两雄。一栖两雄,其斗谚谚。豺狼在牢,其羊不繁。一家二贵,事乃无功。夫妻持政,子无适从。

【译文】

不要放松你的弓,防止一个窝里有两只雄鸟。一窝栖居双雄,必然大事争斗。豺狼在羊圈里,羊就不会增多。一家有两个尊贵的,事情就会没有成效。夫妻共同当家,孩子就无所适从。

【原文】

为人君者,数披其木,毋使木枝扶疏;木枝扶疏,将塞公间,私门将实,公庭将虚,主将壅围。数披其木,无使木枝外拒;木枝外拒,将逼主处。数披其木,毋使枝大本小,枝大本小,将不胜春风,不胜春风,枝将害心。公子既众,宗室忧吟。止之之道,数披其木,毋使枝茂。木数披,党与乃离。掘其根本,木乃不神。填其汹渊,毋使水清。探其怀,夺之威。主上用之,若电若雷。

【译文】

做君主的,要像经常劈削树木一样整治臣下,不要使树木枝叶茂盛;树木枝叶茂盛,将会充塞官府;私门将会富实,公门将会空虚,君主将受蒙蔽。经常劈削树木,不要使树枝向外伸展;树枝向外伸展,将会威逼君位。经常劈削树木,不要使枝粗干细;枝粗干细,将会经不住春风;经不住春风,树枝将会损害树心。公既多,大宗忧叹。制止的办法,就是经常劈削树木,不要使枝叶茂盛。树木经常劈削,朋党才会离散。掘掉树根,树木就没有生气了。填塞汹涌深渊,不要让水奔腾。探测臣下的阴谋,剥夺臣下的威势。君主使用起威势来,要像电闪雷鸣一般。

八奸第九

【原文】

凡人臣之所道成奸者有八术：一曰在同床。何谓同床？曰：贵夫人，爱孺子，便僻好色，此人主之所惑也。托于燕处之虞，乘醉饱之时，而求其所欲，此必听之术也。为人臣者内事之以金玉，使惑其主，此之谓同床。二曰在旁。何谓在旁？曰：优笑侏儒，左右近习，此人主未命而唯唯，未使而诺诺，先意承旨，观貌察色以先主心者也。此皆俱进俱退，皆应皆对，一辞同轨以移主心者也。为人臣者内事之以金玉玩好，外为之行不法，使之化其主，此之谓在旁。三曰父兄。何谓父兄？曰：侧室公子，人主之所亲爱也，大臣廷吏，人主之所与度计也，此皆尽力毕议，人主之所必听也。为人臣者事公子侧室以音声子女，收大臣廷吏以辞言，处约言事事成则进爵益禄，以劝其心使犯其主，此之谓父兄。四曰养殃。何谓养殃？曰：人主乐美宫室台池、好饰子女狗马以娱其心，此人主之殃也。为人臣者尽民力以美宫室台池，重赋敛以饰子女狗马，以娱其主而乱其心、从其所欲，而树私利其间，此谓养殃。五曰民萌。何谓民萌？曰：为人臣者散公财以说民人，行小惠以取百姓，使朝廷市井皆劝誉己，以塞其主而成其所欲，此之谓民萌。

【译文】

臣下得以实现奸谋的途径有八种：一是同床。什么叫同床？即，尊贵夫人，受宠宫妾，谄媚便巧，姿色美丽，正是君主所迷恋的。趁着君主在安居快乐、酒醉饭饱的机会，来央求她们想要得到的东西，这是让君主一定听从的手段。做臣子的通过内线用金玉财宝贿赂她们，叫她们蛊惑君主，这就叫"同床"。二是在旁。什么叫在旁？即，倡优侏儒，亲信侍从。这些君主没下令就应承，没支使就应承，事先领会君主的意图，察言观色来预先摸到君主的心意。这些人都是一致行动、一个腔调，统一口径和行动来改变君主心意的人。做臣子的通过内线用金玉珍宝贿赂他们，在外帮他们干不法之事，叫他们影响君主，这就叫"在旁"。三是父兄。什么叫父兄？即，叔伯、兄弟，是君主亲近爱护的人;大臣廷吏,是君主咨议谋划的人。这些人都竭尽全力参与议政,是君主必然听取的。做臣子的用音乐倩女来侍奉君主的叔伯、兄弟,又用花言巧语来笼络大臣廷吏,处在关键时刻进言,事成之后就进爵加禄,这样来耸恿他们,使他们干扰君主,这就叫"父兄"。四是养殃。什么叫养殃?即,君主喜欢修饰宫室台池,喜欢打扮倩女狗马来赏心悦目,这是君主的灾殃。做臣子的用尽民力来修饰宫室台池,加重赋敛来打扮倩女狗马,这样来娱乐君主而扰乱他的心事,顺从他的欲望,而在其中夹杂私利,这就叫"养殃"。五是民萌。什么叫民萌?即,做臣子的散发公家财物来取悦民众,行小恩小惠来赢得百姓,让朝廷民间都鼓动起来称颂自己,这样来蒙蔽君主而达到他的欲望,这就叫"民萌"。

【原文】

六曰流行。何谓流行?曰:人主者,固壅其言谈,希于听论议,易移以辩说。为人臣者求诸侯之辩士、养国中之能说者,使之以语其私,为巧文之言,流行之辞,示之以利势,惧之以患害,施属虚辞以坏其主,此之谓流行。七曰威强。何谓威强?曰:君人者,以群臣百姓为威强者也。群臣百姓之所善则君善之,非群臣百姓之所善则君不善之。为人臣者,聚带剑之客,养必死之士以彰其威,明为己者必利,不为己者必死,以恐其群臣百姓而行其私,此之谓威强。八曰四方。何谓四方?曰:君人者,国小则事大国,兵弱则畏强兵,大国之所索,小国必听,强兵之所加,弱兵必服。为人臣者,重赋敛,尽府库,虚其国以事大国,而用其威求诱其君;甚者举兵以聚边境而制敛于内,薄者数内大使以震其君,使之恐惧,此之谓四方。凡此八者,人臣之所以道成奸,世主所以壅劫,失其所有也,不可不察焉。

【译文】

六是流行。什么叫流行?即,作为君主,话全闷在肚里不与人交谈,很少听到臣下议论,容易被花言巧语打动。做臣子的寻求国外善辩的人,供养国内能言的人,让他们来为自己的私利进说。说出华美的言语,流利的辞句,用有利的形势来诱导他,用祸害来恐吓他,编造虚假的言辞来损害君主,这就叫"流行"。七是威强。什么叫威强?即,统治者是靠群臣百姓来形成强大威势的。群臣百姓喜欢的,君主就喜欢;不是群臣百姓喜欢的,君主就不喜欢。做臣子的收罗带剑的侠客,供养亡命之徒,用来耀武扬威,倡言顺从他的一定得到,不顺从他的一定要死,这样来恐吓群臣百姓从而实现个人意图,这就叫"威强"。八是四方。什么叫四方?即,做国君的,国小就侍奉大国,兵弱就害怕强兵。大国勒索的,小国一定听从;强兵压境的,弱兵一定服从。做臣子的,加重赋敛,耗尽钱粮,削弱自己国家去侍奉大国,求助大国威势来逼迫自己君主;严重的,招引大国军队压境来挟制国内,轻些的,屡屡引进大国使者来震慑君主,使他害怕,这就叫"四方"。所有这八种手段,是臣子实现奸谋的途径,是当代君主受到蒙蔽挟制以致失掉权势的原因,是不可不明察的。

【原文】

明君之于内也,娱其色而不行其谒,不使私请。其于左右也,使其身必责其言,不使益辞。其于父兄大臣也,听其言也必使以罚任于后,不令妄举。其于观乐玩好也,必令之有所出,不使擅进不使擅退,群臣虞其意。其于德施也,纵禁财,发坟仓,利于民者,必出于君,不使人臣私其德。其于说议也,称誉者所善,毁疵者所恶,必实其能、察其过,不使群臣相为语。其于勇力之士也,军旅之功无踰赏,邑斗之勇无赦罪,不使群臣行私财。其于诸侯之求索也,法则听之,不法则距之。

【译文】

明君对于宫内的夫人美女,欣赏她们的美色而不理睬她们的禀告,不准因私请求。对于左右近侍,使用他们,一定要严察他们的言论,不准夸大其辞。对于父兄和大臣,听取他们的意见,但一定要使他们用受罚担保后果,不许妄荐。对于观赏玩乐的东西,一定要在法令上有依据,不准群臣擅自进献或裁减,不让群臣猜度到君主的心意。明君对恩惠的施行,凡是发放国库的财物和官仓的粮食,有利于民众的事,一定要用君主名义,不要让臣下将恩德归于自己。对于议论,称誉者所赞美的人,毁疵者所憎恶的人,一定要去核实他们的才能,查明他们的过失,不让群臣相互吹捧或诽谤。对于有勇力的人,作战立功不破格行赏,私斗犯法不赦免罪过,不让群臣用个人财富收买人。明君对于其他诸侯国的要求,合法的就听从,不合法的就拒绝。

【原文】

所谓亡君者,非莫有其国也,而有之者,皆非己有也。令臣以外为制于内,则是君人者亡也。听大国为救亡也,而亡亟于不听,故不听。群臣知不听则不外诸侯,诸侯之不听则不受之,臣诬其君矣。

【译文】

所谓亡国之君,并非没了这个国家,而是这个国家的存在全然不归自己所有。让臣下用外力控制国内,就是统治者丧失自己的国家了。为了挽救国家危亡而听从大国,这比不听从亡得更快,所以不去听从。群臣知道君主不听从,就不去同国外诸侯勾结;国外诸侯知道君主不听从,也就不接受臣下诈骗自己君主的胡说了。

【原文】

明主之为官职爵禄也,所以进贤材劝有功也。故曰:贤材者,处厚禄任大官;功大者,有尊爵受重赏。官贤者量其能,赋禄者称其功。是以贤者不诬能以事其主,有功者乐进其业,故事成功立。今则不然,不课贤不肖,论有功劳,用诸侯之重,听左右之谒,父兄大臣上请爵禄于上,而下卖之以收财利及以树私党。故财利多者买官以为贵,有左右之交者请谒以成重。

【译文】

明君设置官职爵禄,是用来晋升贤才鼓励功臣的。所以说,有贤才的人受厚禄,任大官;功劳大的人有尊爵,受重赏。任命贤才根据他的才能,授予俸禄根据他的功劳。因此,有才能的人不隐藏自己的才能来为君主效力,有功劳的人乐于进献功业,所以事情能办成,功业能建立。现在却不是这样,不考核贤不贤,不论有无功劳,任用被他国诸侯所看重的人,听从左右近侍的请求,父兄大臣在上面向君主请求爵禄,在下面又出卖它来收取财利和培植私党。所以财利多的就买官而成为尊贵的人,同君主近侍有交往的靠托人请求而成为有权势的人。

【原文】

功劳之臣不论,官职之迁失谬。是以吏偷官而外交,弃事而财亲。是以贤者懈怠而不劝,有功者隳而简其业,此亡国之风也。

【译文】

劳苦功高的臣子得不到论定,官职的变动颠倒错乱。因此官吏玩忽职守而四外交往,抛弃事务而贪图财利。因此有才能的人懈怠而不求上进,有功劳的人堕落而轻慢职务,这是亡国的风气啊!

十过第十

【原文】

十过：一曰行小忠则大忠之贼也。二曰顾小利则大利之残也。三曰行僻自用，无礼诸侯，则亡身之至也。四曰不务听治而好五音，则穷身之事也。五曰贪愎喜利则灭国杀身之本也。六曰耽于女乐，不顾国政，则亡国之祸也。七曰离内远游而忽于谏士，则危身之道也。八曰过而不听于忠臣，而独行其意，则灭高名为人笑之始也。九曰内不量力，外恃诸侯，则削国之患也。十曰国小无礼，不用谏臣，则绝世之势也。

【译文】

十种过错：第一种叫献小忠，这是对大忠的祸害。第二种叫贪图小利，这是对大利的危害。第三种叫行为怪僻，自以为是，对其他诸侯国没有礼貌，这是丧身中最严重的了。第四种叫不致力于治理国家而沉溺于音乐，这是使自己走上末路的事情。第五种叫贪心固执喜欢私利，这是亡国杀身的根源。第六种叫沉溺于女子歌舞，不关心国家政事，这是亡国的祸害。第七种叫离开朝廷到远方游玩，又不听谏士的规劝，这是使自己遭受危险的做法。第八种叫有过错却不听忠臣劝谏，而又一意孤行，这是丧失好名声并被人耻笑的开始。第九种叫内不量力，外靠诸侯，这是削弱国家的祸患。第十种叫国小无礼，不听谏臣，这是断绝后代的形势。

【原文】

奚谓小忠？昔者楚共王与晋厉公战于鄢陵，楚师败，而共王伤其目。酣战之时，司马子反渴而求饮，竖谷阳操觞酒而进之。子反曰："嘻，退！酒也。"谷阳曰："非酒也。"子反受而饮之。子反之为人也，嗜酒而甘之，弗能绝于口，而醉。战既罢，共王欲复战，令人召司马子反，司马子反辞以心疾。共王驾而自往，入其幄中，闻酒臭而还，曰："今日之战，不谷亲伤，所恃者司马也。而司马又醉如此，是亡楚国之社稷而不恤吾众也，不谷无复战矣。"于是还师而去，斩司马子反以为大戮。故竖谷阳之进酒不以雠子反也，其心忠爱之而适足以杀之。故曰：行小忠则大忠之贼也。

【译文】

什么叫小忠？过去楚共王和晋厉公在鄢陵大战，楚军失败，共王伤了眼睛。战斗激烈之时，楚军司马子反口渴要水喝，侍仆谷阳拿了一筋酒来给他。子反说："嘿！一边去，这是酒。"谷阳说："不是酒。"子反接过来喝了。子反这个人，喜爱喝酒，觉得酒味甜美，不能停下来，结果醉了。战斗已经结束，共王想再战，派人召司马子反，司马子反以心病为由推辞不去。共王乘车亲自前往，进了子反帐中，闻到酒气而返回，说："今天的战斗，我自身受了伤。依靠的是司马，司马却又醉成这样。这是忘了楚国的神灵而不关心我的民众。我不能继续战斗了。"于是把军队撤离鄢陵，把司马子反处以死刑。所以侍仆谷阳献酒，并不是因为仇恨子反，他的内心是忠爱子反的，但却恰好是杀了他。所以说，献小忠，便是对大忠的祸害。

【原文】

奚谓顾小利？昔者晋献公欲假道于虞以伐虢。荀息曰："君其以垂棘之璧、与屈产之乘，赂虞公，求假道焉，必假我道。君曰："垂棘之璧，吾先君之宝也；屈产之乘，寡人之骏马也。若受吾币不假之道将奈何？"荀息曰："彼不假我道，必不敢受我币。若受我币而假我道，则是宝犹取之内府而藏之外府也，马犹取之内厩而着之外厩也。君勿忧。"君曰："诺。"乃使荀息以垂棘之璧、与屈产之乘，赂虞公而求假道焉。虞公贪利其璧与马而欲许之。宫之奇谏曰："不可许。夫虞之有虢也，如车之有辅，辅依车，车亦依辅，虞、虢之势正是也。若假之道，则虢朝亡而虞夕从之矣。不可，愿勿许。"虞公弗听，遂假之道。荀息伐虢之，还反处三年，兴兵伐虞，又克之。荀息牵马操璧而报献公，献公说曰："璧则犹是也。虽然，马齿亦益长矣。"故虞公之兵殆而地削者何也？爱小利而不虑其害。故曰：顾小利则大利之残也。

【译文】

什么叫贪图小利？过去晋献公想向虞国借路去讨伐虢国。荀息说："您最好是用垂棘的宝玉和屈产的良马贿赂虞国君主，向他要求借路，他定会把路借给我们。"晋献公说："垂棘宝玉是我祖先的珍宝，屈产良马是我的骏马。假如他接受我的礼物又不借给道路，怎么办？"荀息说："他不借给我们道路，必定不敢接受我们的礼物。假如接受我们的礼物而借给我们道路，那么这块宝玉就像是从内府取出来藏到外府一样,骏马就像是从内厩牵出来拴到外厩一样。您别担心。"晋君说:"好吧。"就让荀息用垂棘宝玉和屈产良马,去贿赂虞公,向他借路。虞公贪得宝玉和良马的小利而打算答应借路。宫之奇劝谏说:"不能答应。虞有虢好比车两边有护木。护木依靠车子,车子也依靠护木,虞虢两国的地理形势正是这样。假如借路给他们,那么虢国早上灭亡,虞国晚上就要跟着灭亡了。不能借,希望您不要答应。"虞公不听,于是借路给晋国。荀息讨伐虢貌国取得了胜利,回来后过了三年,发兵伐虞,又打败了虞国。荀息牵着马拿着璧回来报告晋献公,献公高兴地说:"璧还和以前一样。虽说如此,马却长几岁了。"那么,虞公军危地削的原因是什么呢?是贪恋小利而不考虑它的危害。所以说,贪图小利,便是对大利的危害。

【原文】

奚谓行僻?昔者楚灵王为申之会,宋太子后至,执而囚之,狎徐君,拘齐庆封。中射士谏曰:"合诸侯不可无礼,此存亡之机也。昔者桀为有戎之会,而有缗叛之;纣为黎丘之搜,而戎、狄叛之;由无礼也。君其图之。"君不听,遂行其意。居未期年,灵王南游,群臣从而劫之,灵王饿而死干溪之上。故曰:行僻自用,无礼诸侯,则亡身之至也。

【译文】

什么叫行为怪僻?过去楚灵王主持在申地举行的诸侯会盟,宋太子迟到,楚灵王把他抓了拘禁起来。楚灵王还轻慢徐国国君,扣留齐人庆封。侍卫官劝谏说:"会合诸侯,不能无礼,这是关系存亡的关键。过去夏桀主持有戎的诸侯集会而有绍背叛,商纣在黎丘检阅诸侯而戎、狄背叛,都是由无礼引起的。君王还是想想好吧。"灵王不听,还是按自己意思去做。过了不到一年,灵王向南巡游,群臣跟着劫持了他。灵王在乾溪上挨饿而死。所以说,行为怪僻,自以为是,对其他诸侯国没有礼貌,是丧身中最严重的了。

【原文】

奚谓好音?昔者卫灵公将之晋,至濮水之上,税车而放马,设舍以宿,夜分,而闻鼓新声者而说之,使人问左右,尽报弗闻。乃召师涓而告之,曰:"有鼓新声者,使人问左右,尽报弗闻,其状似鬼神,子为我听而写之。"师涓曰:"诺。"因静坐抚琴而写之。师涓明日报曰:"臣得之矣,而未习也,请复一宿习之。"灵公曰:"诺。"因复留宿,明日,而习之,遂去之晋。晋平公觞之于施夷之台,酒酣,灵公起,公曰:"有新声,愿请以示。"平公曰:"善。"乃召师涓,令坐师旷之旁,援琴鼓之。未终,师旷抚止之,曰:"此亡国之声,不可遂也。"平公曰:"此道奚出?"师旷曰:"此师延之所作,与纣为靡靡之乐也,及武王伐纣,师延东走,至于濮水而自投,故闻此声者必于濮水之上。先闻此声者其国必削,不可遂。"平公曰:"寡人所好者音也,子其使遂之。"师涓鼓究之。平公问师旷曰:"此所谓何声也?"师旷曰:"此所谓清商也。"公曰:"清商固最悲乎?"师旷曰:"不如清征。"公曰:"清征可得而闻乎?"师旷曰:"不可,古之听清征者皆有德义之君也,今吾君德薄,不足以听。"平公曰:"寡人之所好者音也,愿试听之。"师旷不得已,援琴而鼓。一奏之,有玄鹤二八,道南方来,集于郎门之垝。再奏之而列。三奏之,延颈而鸣,舒翼而舞。音中宫商之声,声闻于天。平公大说,坐者皆喜。平公提觞而起为师旷寿,反坐而问曰:"音莫悲于清征乎?"师旷曰:"不如清角。"平公曰:"清角可得而闻乎?"师旷曰:"不可。昔者黄帝合鬼神于泰山之上,驾象车而六蛟龙,毕方并辖,蚩尤居前,风伯进扫,雨师洒道,虎狼在前,鬼神在后,腾蛇伏地,凤皇覆上,大合鬼神,作为清角。今主君德薄,不足听之,听之将恐有败。"平公曰:"寡人老矣,所好者音也,愿遂听之。"师旷不得已而鼓之。一奏之,有玄云从西北方起;再奏之,大风至,大雨随之,裂帷幕,破俎豆,隳廊瓦,坐者散走,平公恐惧,伏于廊室之间。晋国大旱,赤地三年。平公之身遂癃病。故曰:不务听治,而好五音不已,则穷身之事也。

【译文】

什么叫沉溺音乐?过去卫灵公将到晋国,来到濮水边,卸车放马,布置住处准备夜宿。夜半,听见有人弹奏新的乐调,很是喜欢。叫人问近侍,都回答没听见。就召来师涓并告诉他说:"有人在弹奏新的乐调,叫人问近侍,都说不曾听见。音调好像出自鬼神,你替我听着把它录写下来。师涓说:"好吧,就静坐弹琴把它录写下来。"师涓第二天回报说:"我录写好了,但还不熟悉,请让我再用一晚上熟悉它。"灵公说:"好吧。"就又留宿一晚。第二天,已经熟悉了,就离开濮水去晋国。晋平公在施夷的台上用酒款待灵公。酒喝得正畅快时,灵公站了起来。灵公说:"有新的乐调,希望奏给大家听听。"平公说:"好。"就召来师涓,让他坐在师旷旁边,拿过琴来弹奏。乐调没完,师旷按住琴弦制止说:"这是亡国之音,不能奏完。"平公说:"这个曲调是从哪里来的?"师旷说:"这是师延所作,同商纣搞的靡靡之音。等到武王伐纣,师延向东逃跑,到了濮水投河自尽。所以听见这个曲调的,一定是在濮水边。先听见这个曲调的,他的国家一定被侵削,不能奏完它。"平公说:"我所喜欢的是音乐,你还是让他奏完吧。"师涓奏完了它。平公问师旷说:"这叫什么曲调?"师旷说:"这就叫清商调。"平公说:"清商调确是最动听吧?"师旷说:"还比不上清徵调。"平公说:"清徵调能弹来听听吗?师旷说:"不能。古代听清徵调的,都是有德义的君主。现在您的德薄,还不够格来听。"平公说:"我所爱好的是音乐,希望试着听一下。"师旷出于不得已,拿过琴来弹。弹了一遍,有十六只黑鹤从南方飞来,停在廊门顶上。弹第二遍,鹤排列成行。弹第三遍,鹤伸长脖子鸣叫,张开翅膀起舞,音调合于美好的声音,响彻天空。平公非常高兴,在座的人也都欢喜。平公拿起酒杯站起来向师旷祝贺,回到座位上问道:"音乐没有比清徵调更美妙的吗?"师旷说:"还比不上清角调。"平公说:"清角调能弹来听听吗?"师旷说:"不能。过去黄帝在泰山上会合鬼神,驾着像车赶着六条蛟龙,木神就站在车辖的两旁,蚩龙在前开路,风神向前扫除尘埃,雨神冲洗道路,虎狼在前,鬼神在后,飞蛇趴在地下,凤凰飞翔上空,大会鬼神,作成清角调。现在您的德行浅薄,不能听它。听了,恐怕会坏事。"平公说:"我老了,爱好的是音乐,希望听完它。"师旷不得已而弹奏起来。始奏时,有黑云从西北方升起;再奏时,大风刮来,大雨跟随在后,撕裂帐幕,毁坏食器,掀掉廊瓦。在座的人四散逃跑。平公惊恐害怕,趴在廊屋之间。晋国大旱,赤地三年。平公的身体因而得了瘫痪病。所以说,不致力于治理国家而沉溺于音乐不止,是使自己走上末路的原因啊!

【原文】

奚谓贪愎?昔者智伯瑶率赵、韩、魏而伐范、中行,灭之,反归,休兵数年,因令人请地于韩,韩康子欲勿与。段规谏曰:"不可不与也。夫智伯之为人也,好利而骜愎。彼来请地而弗与,则移兵于韩必矣。君其与之。与之彼狃,又将请地他国,他国且有不听,不听,则智伯必加之兵。如是韩可以免于患而待其事之变。"康子曰:"诺。"因令使者致万家之县一于智伯,智伯说。又令人请地于魏,宣子欲勿与,赵葭谏曰:"彼请地于韩,韩与之,今请地于魏,魏弗与,则是魏内自强,而外怒智伯也。如弗予,其措兵于魏必矣,不如予之。"宣子"诺"。因令人致万家之县一于智伯。智伯又令人之赵请蔡、皋狼之地,赵襄子弗与,智伯因阴约韩、魏将以伐赵。襄子召张孟谈而告之曰:"夫智伯之为人也,阳规而阴疏,三使韩、魏而寡人不与焉,其措兵于寡人必矣,今吾安居而可?"张孟谈曰:"夫董阏于,简主之才臣也,其治晋阳,而尹铎循之,其余教犹存,君其定居晋阳而已矣。"君曰:"诺。"乃召延陵生,令将军车骑先至晋阳,君因从之。君至,而行其城郭及五官之藏,城郭不治,仓无积粟,府无储钱,库无甲兵,邑无守具,襄子惧,乃召张孟谈曰:"寡人行城郭及五官之藏,皆不备具,吾将何以应敌?"张孟谈曰:"臣闻圣人之治,藏于臣不藏于府库,务修其教不治城郭。君其出令,令民自遗三年之食,有余粟者入之仓,遗三年之用,有余钱者入之府,遗,有奇人者使治城郭之缮。"君夕出令,明日,仓不容粟,府无积钱,库不受甲兵,居五日而城郭已治,守备已具。君召张孟谈而问之曰:"吾城郭已治,守备已具,钱粟已足,甲兵有余,吾奈无箭何?"张孟谈曰:"臣闻董子之治晋阳也,公宫之垣皆以荻蒿楛楚墙之,有楛高至于丈,君发而用之。"于是发而试之,其坚则虽菌簬之劲弗能过也。君曰:"吾箭已足矣,奈无金何?"张孟谈曰:"臣闻董子之治晋阳也,公宫令舍之堂,皆以炼铜为柱、质,君发而用之。"于是发而用之,有余金矣。号令已定,守备已具,三国之兵果至,至则乘晋阳之城,遂战,三月弗能拔。因舒军而围之,决晋阳之水以灌之,围晋阳三年。城中巢居而处,悬釜而炊,财食将尽,士大夫羸病。襄子谓张孟谈曰:"粮食匮,财力尽,士大夫羸病,吾恐不能守矣,欲以城下,何国之可下?"张孟谈曰:"臣闻之,亡弗能存,危弗能安,则无为贵智矣,君失此计者。臣请试潜行而出,见韩、魏之君。"张孟谈见韩、魏之君曰:"臣闻唇亡齿寒。今智伯率二君而伐赵,赵将亡矣。赵亡,则二君为之次。"二君曰:"我知其然也。虽然,智伯之为人也麤中而少亲,我谋而觉,则其祸必至矣,为之奈何?"张孟谈曰:"谋出二君之口而入臣之耳,人莫之知也。"二君因与张孟谈约三军之反,与之期日。夜遣孟谈入晋阳以报二君之反于襄子,襄子迎孟谈而再拜之,且恐且喜。二君以约遣张孟谈,因朝智伯而出,遇智过于辕门之外,智过怪其色,因入见智伯曰:"二君貌将有变。"君曰:"何如?"曰:"其行矜而意高,非他时之节也,君不如先之。"君曰:"吾与二主约谨矣,破赵而三分其地,寡人所以亲之,必不侵欺。兵之着于晋阳三年,今旦暮将拔之而向其利,何乃将有他心,必不然,子释勿忧,勿出于口。"明旦,二主又朝而出,复见智过于辕门,智过入见曰:"君以臣之言告二主乎?"君曰:"何以知之?"曰:"今日二主朝而出,见臣而其色动,而视属臣,此必有变,君不如杀之。"君曰:"子置勿复言。"智过曰:"不可,必杀之。若不能杀,遂亲之。"君曰:"亲之奈何?"智过曰:"魏宣子之谋臣曰赵葭,韩康子之谋臣曰段规,此皆能移其君之计,君与其二君约,破赵国因封二子者各万家之县一,如是则二主之心可以无变矣。"智伯曰:"破赵而三分其地,又封二子者各万家之县一,则吾所得者少,不可。"智过见其言之不听也,出,因更其族为辅氏。至于期日之夜,赵氏杀其守堤之吏而决其水灌智伯军,智伯军救水而乱,韩、魏翼而击之,襄子将卒犯其前,大败智伯之军而擒智伯。智伯身死军破,国分为三,为天下笑。故曰:贪愎好利,则灭国杀身之本也。

【译文】

　　什么叫贪心固执?过去智伯瑶率领赵、韩、魏去讨伐范、中行,灭掉了他们。返回来,休兵数年,就派人向韩要求割让土地。韩康子想不给,段规劝谏说:"不能不给。智伯的为人,贪图利益而傲慢固执。他来要求土地,假如不给,就一定会向韩国派兵。您最好还是给他土地。给他土地,他就会习以为常,又向别国要地。别国将有不听从的。如不听从,智伯就一定会对它用兵。这样,韩国就可以避免祸患而等待事情的变化。"韩康子说:"好吧。"就派使者把一个有万户人家的县送给智伯。智伯高兴了,又派人向魏国要地。魏宣子想不给,赵葭劝谏说:"他向韩要地,韩给了他。现在向魏要地,魏国假如不给,就是魏国在内自恃强大,在外激怒智伯。假如不给,他一定会对魏国用兵。不如给他。"宣子说:"好吧。"就叫人把一个有万户人家的县送给智伯。智伯又派人到赵国要求割让蔡和皋狼土地,赵襄子不给。智伯就暗中约好韩、魏准备去讨伐赵国。襄子召来张孟谈,告诉他说:"智伯的为人,表面友好而暗地疏远。他屡屡联络韩、魏,而我还是不给他土地,他向我用兵是必然的了。现在我该到哪里居住才行呢?"张孟谈说:"董阏于是君父赵简子手下的才臣,他曾治理晋阳,后来尹锋继承他的遗业治理晋阳,董阏于的教化仍然存在。您到晋阳去定居就可以了。"赵襄子说:"好吧。"就召来延陵生,让他带着车马先到晋阳,襄子接着去了。襄子到了晋阳,巡视内城外郭以及各种职官的储藏。城郭没有修缮,粮仓没有积蓄,钱府没有储备,兵库没有武器，城邑没有守具。襄子害怕了，就召来张孟谈说："我巡视城郭以及各种职官的储藏，都不完备，我将凭什么对付敌人？"张孟谈说："我听说圣人治理国家，收藏全在民间，不在国家府库，努力搞好教化而不单纯修缮城郭。您不妨发出命令，让百姓自己留足三年的口粮，有余粮的收进粮仓；留足三年的用度，有余钱的收进官府；剩下的闲散人员让他们去完成城郭的修缮。"襄子晚上下令，第二天，谷仓里的粮食装不下，官府里的钱堆不下，兵库里的武器放不下。过了五天，城郭便已修缮，守备便已齐备。襄子召来张孟谈，问他说："我的城郭已修缮，守备已齐备，钱粮已充足，武器有余。但我没箭怎么办？"张孟谈说："我听说董阏于治理晋阳时，卿大夫的住处都用荻、蒿、楛、楚等植物作墙，楛杆有的高达一丈。您不妨削出用来制箭。"于是削出试着制箭，它的坚硬程度即使像菌辂这样坚硬的竹子也不能相比。襄子说："我的箭已足够了，但没铜可怎么办？"张孟谈说："我听说董阏于治理晋阳时，卿大夫、地方官住处的厅堂都用炼钢作柱下础石。您不妨取出一用。"于是取出来用，有富余的铜了。号令已定，守备已具。三家的军队果然到了。到后就登晋阳城墙，于是开战。三个月不能攻克晋阳。三家军队就疏散开来包围晋阴，决晋阳之水来灌城。围困晋阳三年。城中居民在高处营巢而居，吊锅烧饭，财物食品将用完，官员体弱多病。襄子告张孟谈说："粮食匮乏，财力用尽，官员体弱多病我怕不能守住城了，我准备开城投降，可是向哪个国家投降好呢？"张孟谈说："我听说，不能使灭亡转变为生存，不能使危险转变为安全，就没有必要尊重有才智的人了。您放弃这个打算吧，请让我试着偷偷出城，去见韩、魏的君主。"张孟谈拜见韩、魏之君说："我听说唇亡齿寒。现在智伯率二位君主来伐赵，赵国将灭亡了。赵灭亡后，韩、魏就会跟着灭亡。"两位君主说："我们知道会是这样。尽管如此，但智伯的为人，心中粗暴而少仁爱。我们谋划的事若被他察觉，灾祸就一定来临。怎么办？"张孟谈说："计谋从您们嘴巴里出来进入我耳朵里，没有人会知道的。"两位君主于是和张孟谈约好三家军队共同反对智伯，和他们约好了时间。夜里派张孟谈回到晋阳，去报告韩、魏反戈的情况。襄子迎接张孟谈并拜了两拜，又担心又高兴。韩、魏二君在已约好并遣返张孟谈后，接着就朝见智伯，外出时，在军营门外碰到了智过。智过对他们的反常脸色感到奇怪，就进见智伯说："韩、魏二君的样子说明将有变故。"智伯说："怎么说？"智过说：

"他们行为傲慢而意气高扬,不像平时的样子,您不如先下手吧。"智伯说:"我和他们商量得很周密,打下赵国而三分赵地,我这样和他们友好,一定不相侵害欺骗。军队驻扎在晋阳已有三年,现在早晚将攻下来占得利益。怎么还会有别的打算?一定不会这样。你放心,不用担忧。不要多说这件事了。"第二天早上,韩、魏二君又朝见智伯外出,在军营门外又碰见智过。智过进见说:"您把我的话告诉二君了吗?"智伯说:"你怎么知道的?"智过说:"今天二君朝见后出门,见到我而脸色有变,并用眼睛盯我。这一定会有变故,您不如杀了他们。"智伯说:"你不要再说了。"智过说:"不行,一定要杀掉他们。如果不能杀,就亲近他们。"智伯说:"怎么样亲近他们?"智过说"魏宣子的谋臣叫赵葭,韩康子的谋臣叫段规,这两个人都能改变他们君主的计谋。您还是和韩、魏二君约好,攻下赵国,就封赵葭、段规每人一个万户人家的县邑。这样一来,二君的心思就可以不变了。"智伯说:"攻下赵国而三分其地,又封这两个人万户人家的县邑各一个,那么我得到的就很少了。不行。"智过见他的话不被采纳,就出走了,并把他的家族改姓辅氏。到了约定日子的晚上,赵人杀掉智伯的守堤官,决水灌进智伯的军营。智伯军队救水引起混乱,韩、魏军队从两旁进攻,赵襄子率领士卒在正面冲杀,大败智伯的军队并捉住了智伯。智伯身死军破,国家一分为三,被天下人所耻笑。所以说,贪心固执喜欢私利,是亡国杀身的祸根。

【原文】

奚谓耽于女乐?昔者戎王使由余聘于秦,穆公问之曰:"寡人尝闻道而未得目见之也,愿闻古之明主得国失国何常以?"由余对曰:"臣尝得闻之矣,常以俭得之,以奢失之。"穆公曰:"寡人不辱而问道于子,子以俭对寡人何也?"由余对曰:"臣闻昔者尧有天下,饭于土簋,饮于土铏,其地南至交趾,北至幽都,东西至日月之所出入者,莫不宾服。尧禅天下,虞舜受之,作为食器,斩山木而财之,削锯修之迹流漆墨其上,输之于宫以为食器,诸侯以为益侈,国之不服者十三。舜禅天下而传之于禹,禹作为祭器,墨染其外,而朱画其内,缦帛为茵,蒋席颇缘,觞酌有采,而樽俎有饰,此弥侈矣,而国之不服者三十三。夏后氏没,殷人受之,作为大路,而建九旒,食器雕琢,觞酌刻镂,四壁垩墀,茵席雕文,此弥侈矣,而国之不服者五十三。君子皆知文章矣,而欲服者弥少,臣故曰俭其道也。"由余出,公乃召内史廖而告之,曰:"寡人闻邻国有圣人,敌国之忧也。今由余,圣人也,寡人患之,吾将奈何?"内史廖曰:"臣闻戎王之居,僻陋而道远,未闻中国之声,君其遗之女乐,以乱其政,而后为由余请期,以疏其谏,彼君臣有间而后可图也。"君曰:"诺。"乃使史廖以女乐二八遗戎王,因为由余请期,戎王许诺。见其女乐而说之,设酒张饮,日以听乐,终岁不迁,牛马半死。由余归,因谏戎王,戎王弗听,由余遂去之秦,秦穆公迎而拜之上卿,问其兵势与其地形,既以得之,举兵而伐之,兼国十二,开地千里。故曰:耽于女乐,不顾国政,亡国之祸也。

【译文】

　　什么叫沉溺于女子歌舞?过去戎王派由余对秦国进行国事访问,穆公问他说:"我曾听说治国之道而未能亲眼看见,希望听听古代君主得国失国常常因为什么?"由余回答说:"我曾经听说过了,常常因为俭朴得国,因为奢侈失国。"穆公说:"我不感到耻辱而向你打听治国之道,你用俭朴来回答我,为什么?"由余回答说:"我听说过去尧拥有天下,用陶器吃饭,用陶器喝水。他的领土南到交趾,北到幽都,东西到达日月升落的地方,没有不臣服的。尧禅让天下,虞舜接受下来,所做的食具,都是砍伐山上树木制作成的,削锯成器,修整痕迹,在上面涂上漆和墨,送到宫里作为食器。诸侯认为太奢侈,不臣服的方国有十三个。虞舜禅让天下,传给夏禹,夏禹所做的祭器,在外面染墨,里面绘上红色,缦帛做车垫,草席饰有斜纹边缘,杯勺有花纹,酒器有装饰。这就更加奢侈了,而不臣服的方国有三十三个。夏王朝灭亡,殷商接受天下,所做的大辂,旗子上装有九条飘带,食器雕琢,杯酌刻镂,白色的墙壁和台阶,垫席织成花纹。这就更加奢侈了,而不臣服的方国有五十三个。君主都注重文彩华丽了,而愿意服从的越来越少。所以我说,节俭是治国的原则。"由余出去后,穆公就召来内史廖,告诉他说:"我听说邻国有圣人,是抗衡国家的忧患。现在由余就是个圣人,我很担心。我将怎么办?"内史廖说:"我听说戎王居住的地方,荒僻简陋而道路遥远,没听过中原的声乐。您不妨赠给他女子歌舞,去扰乱他的政事,然后替由余请求延长回国的时间,来疏远由余的劝谏。他们君臣有了隔阂,然后就可以谋取了。"穆公说:"好吧。"就派内史廖把十六个女乐赠送给戎王,趁机替由余请求延长回国的时间。戎王答应了,看到女乐而感到高兴,安排酒席在帐篷中痛饮,每天听女乐,整年不迁徙,牛马没有水草吃,死了一半。由余回国,马上劝谏戎王,戎王不听,由余就离开戎国来到秦国。秦穆公迎接他并拜他为上卿,向由余询问戎的兵力情况和地理形势。已经了解了这些情况,出兵伐戎,兼并十二个国家,开辟一千里土地。所以说,沉溺于女子歌舞,不关心国家政事,是亡国的祸害。

【原文】

奚谓离内远游？昔者田成子游于海而乐之,号令诸大夫曰:"言归者死。"颜涿聚曰:"君游海而乐之,奈臣有图国者何？君虽乐之,将安得？"田成子曰:"寡人布令曰言归者死,今子犯寡人之令。"援戈将击之。颜涿聚曰:"昔桀杀关龙逄而纣杀王子比干,今君虽杀臣之身以三之可也。臣言为国,非为身也。"延颈而前曰:"君击之矣!"君乃释戈趣驾而归,至三日,而闻国人有谋不内田成子者矣。田成子所以遂有齐国者,颜涿聚之力也。故曰:离内远游,则危身之道也。

【译文】

什么叫离开朝廷到远方游玩？过去齐景公到渤海游玩,非常高兴。下令给诸大夫说:"说要回去的处死。"颜涿聚说:"您来海上游玩得开心,然而臣子中有图谋篡国的人该怎么办？您现在虽然快乐,日后怎能再这样呢？"齐景公说:"我下令说谈论回去的就处死。现在你违犯了我的命令。"拿起戈来就要击杀。颜涿聚说:"过去夏桀杀了关龙逄,商纣杀了王子比干,现在您即使杀死我,把我和关龙逄、比干凑成三个也是可以的。我说话是为国家,不是为了自身。伸着脖子上前说:"您杀了我吧!"齐景公便放下戈催促驾车赶了回去。回去三天以后,就听说都城里有人图谋不让景公回城的了。齐景公之所以能继续统治齐国,靠的是颜涿聚出了力。所以说,离开朝廷到远方游玩,是使自己遭受危害的做法。

【原文】

奚谓过而不听于忠臣？昔者齐桓公九合诸侯,一匡天下,为五伯长,管仲佐之。管仲老,不能用事,休居于家,桓公从而问之曰:"仲父家居有病,即不幸而不起此病,政安迁之？"管仲曰:"臣老矣,不可问也。虽然,臣闻之,知臣莫若君,知子莫若父,君其试以心决之。"君曰:"鲍叔牙何如？"管仲曰:"不可。鲍叔牙为人,刚愎而上悍。刚则犯民以暴,愎则不得民心,悍则下不为用,其心不惧。非霸者之佐也。"公曰:"然则竖刁何如？"管仲曰:"不可。夫人之情莫不爱其身,公妒而好内,竖刁自(犬贲)以为治内,其身不爱,又安能爱君?"公曰:"然则卫公子开方何如?"管仲曰:"不可。齐、卫之间不过十日之行,开方为事君,欲适君之故,十五年不归见其父母,此非人情也,其父母之不亲也,又能亲君乎?"公曰:"然则易牙何如?"管仲曰:"不可。夫易牙为君主味,君之所未尝食唯人肉耳,易牙蒸其子首而进之,君所知也。人之情莫不爱其子,今蒸其子以为膳于君,其子弗爱,又安能爱君乎?"公曰:"然则孰可?"管仲曰:"隰朋可。其为人也,坚中而廉外,少欲而多信。夫坚中则足以为表,廉外则可以大任,少欲则能临其众,多信则能亲邻国,此霸者之佐也,君其用之。"君曰:"诺。"居一年余,管仲死,君遂不用隰朋而与竖刁。刁莅事三年,桓公南游堂阜,竖刁率易牙、卫公子开方及大臣为乱,桓公渴馁而死南门之寝、公守之室,身死三月不收,虫出于户。故桓公之兵横行天下,为五伯长,卒见弑于其臣,而灭高名,为天下笑者,何也?不用管仲之过也。故曰:过而不听于忠臣,独行其意,则灭其高名为人笑之始也。

【译文】

　　什么叫有过错却不听忠臣劝谏?过去齐桓公九合诸侯,一匡天下,为五霸之首,管仲辅佐他。管仲老了,不能执政,安居在家。桓公去问他说:"您在家病着,假若不幸一病不起,政事移交给谁?"管仲说:"我老了,经不起问事了。虽然这样,我听说,了解臣下的莫过于君主,了解儿子的莫过于父亲。您不妨试着按自己想法来决定吧。"桓公说:"鲍叔牙怎么样?"管仲说:"不行。鲍叔牙为人,刚强任性而崇尚凶悍。刚强就会粗暴地侵扰民众,任性就得不到民心,凶悍了臣民就不听他使唤。他的心思无所畏惧,不是霸主的好帮手。"桓公说:"那么竖刁怎样?"管仲说:"不行。人之常情没有不爱惜自己的身体。您忌妒而爱好女色,竖刁把自己阉割了来管理宫内事务。他连自己的身体都不爱惜,又怎么能爱惜君主呢?"恒公说:"那么卫公子开方怎么样?"管仲说:"不行。齐、卫之间不过十天的路程,开方为了侍奉君主,为了想迎合君主的缘故,十五年不回去看他的父母,这不合人之常情。他连父母都不亲近,还能亲近君主吗?"桓公说:"那么易牙怎么样?"管仲说:"不行。易牙为您主管伙食,您不曾吃过的只有人肉,易牙蒸了儿子的头进献给您,这是您知道的。人之常情没有不怜爱自己孩子的,现在蒸自己的儿子作为您的饭食,他连儿子都不怜惜,又怎能怜惜君主呢?"桓公说:"那么谁行呢?"

管仲说："隰朋行。他的为人，心地坚贞，行为廉正，少有私欲，多能守信。心地坚贞，就足以作表率；行为廉正，就可以担重任；少有私欲，就能驾驭属下；多能守信，就能亲近邻国。这是霸主的好帮手，您最好是用他。"桓公说："好吧。"过了一年多，管仲死，桓公便不用隰朋而用竖刁。竖刁掌管政事三年，桓公南游堂阜，竖刁率领易牙、卫公子开方以及大臣趁机作乱。桓公在南门寝宫守卫房屋里饥渴而死，死后三个月没人收葬，尸体上的蛆虫爬出门外。所以，桓公的军队横行天下，桓公身为五霸之首，最终被臣下所杀，从而丧失了好名声，被天下人讥笑，为什么？是不听管仲忠告的过错。所以说，有过错却不听忠臣的劝谏，一意孤行，是丧失好名声并被人耻笑的开始。

【原文】

奚谓内不量力？昔者秦之攻宜阳，韩氏急，公仲朋谓韩君曰："与国不可恃也，岂如因张仪为和于秦哉？因赂以名都而南与伐楚，是患解于秦而害交于楚也。"公曰："善。"乃警公仲之行，将西和秦。楚王闻之，惧，召陈轸而告之曰："韩朋将西和秦，今将奈何？"陈轸曰："秦得韩之都一，驱其练甲，秦、韩为一以南乡楚，此秦王之所以庙祠而求也，其为楚害必矣，王其趣发信臣，多其车，重其币，以奉韩曰：'不谷之国虽小，卒已悉起，愿大国之信意于秦也。因愿大国令使者入境视楚之起卒也。'"韩使人之楚，楚王因发车骑陈之下路，谓韩使者曰："报韩君言弊邑之兵今将入境矣。"使者还报韩君，韩君大悦，止公仲，公仲曰："不可。夫以实告我者秦也，以名救我者楚也，听楚之虚言而轻诬强秦之实祸，则危国之本也。"韩君弗听，公仲怒而归，十日不朝。宜阳益急，韩君令使者趣卒于楚，冠盖相望而卒无至者，宜阳果拔，为诸侯笑。故曰：内不量力，外恃诸侯者，则国削之患也。

【译文】

什么叫内不量力？过去秦国攻打宜阳时，韩国危急。公仲朋对韩君说："盟国是不可靠的，还不如通过张仪去和秦国讲和呢！就用一个著名的大城去贿赂秦国，和秦一道南伐楚，这样就解除了秦对韩的祸患，把祸害转嫁给楚了。"韩君说："好。"于是命令公仲出使，将西去与秦讲和。楚王听说后，感到害怕，召来陈轸告诉说："韩国的公仲朋将西去与秦讲和，现在怎么办？"陈轸说："秦得到韩的一座名城，驱使它的精锐军队，与韩联合起来向南攻楚，这是秦王庙祭时所祈求的，这必将成为楚国的祸害。大王最好赶快派遣可靠的使臣,多带些车辆载上厚礼来献给韩国,说:楚国虽小,士卒已经全都发动起来了,希望贵国向秦申明不屈的意图。为此希望贵国派使者前来观察楚国动员起来的士卒。"韩派人到楚,楚王便征发车骑排列在大路上,对韩国使者说:"请报告韩君,说我国军队现在就要进入韩境了。"使者回去报告韩君,韩君非常高兴,中止了公仲去秦讲和。公仲说:"不行。在实际上危害我们的,是秦国;在名义上援救我们的,是楚国。听从楚国的空头承诺而忽视强秦的实际危害,那是危害国家的祸根。"韩君不听。公仲生气回家了,十天不上朝。宜阳更加危急,韩君派使者到楚催兵求援,使者去了一批又一批,但楚军却没有一个到来的。宜阳果然被攻克,成为诸侯间的笑料。所以说,内不量力,外靠诸侯,是削弱国家的祸患。

【原文】

奚谓国小无礼?昔者晋公子重耳出亡过于曹,曹君袒裼而观之。厘负羁与叔瞻侍于前,叔瞻谓曹君曰:"臣观晋公子非常人也。君遇之无礼,彼若有时反国而起兵,即恐为曹伤。君不如杀之。"曹君弗听。厘负羁归而不乐。其妻问之曰:"公从外来而有不乐之色何也?"负羁曰:"吾闻之。有福不及,祸来连我。今日吾君召晋公子,其遇之无礼。我与在前,吾是以不乐。"其妻曰:"吾观晋公子,万乘之主也。其左右从者,万乘之相也。今穷而出亡过于曹,曹遇之无礼,此若反国,必诛无礼,则曹其首也。子奚不先自贰焉?"负羁曰:"诺。"盛黄金于壶,充之以餐,加璧其上。夜令人遗公子。公子见使者。再拜受其餐而辞其璧,公子自曹入楚自楚入秦,入秦三年,秦穆公召群臣而谋曰:"昔者晋献公与寡人交,诸侯莫弗闻。献公不幸离群臣,出入十年矣。嗣子不善,吾恐此将令其宗庙不被除而社稷不血食也。如是弗定,则非与人交之道。吾欲辅重耳而入之晋,何如?"群臣皆曰善。公因起卒。革车五百乘,畴骑二千,步卒五万,辅重耳入之于晋,立为晋君。重耳即位三年,举兵而伐曹矣。因令人告曹君曰:"悬叔瞻而出之,我且杀而以为大戮。"又令人告厘负羁曰:"军旅薄城,吾知子不违也。其表子之闾,寡人将以为令。令军勿敢犯。"曹人闻之率其亲戚而保厘负羁之闾者七百余家。此礼之所用也。故曹小国也。而迫于晋、楚之间,其君之危犹累卵也,而以无礼莅之,此所以绝世也。故曰:国小无礼,不用谏臣,则绝世之势也。

【译文】

　　什么叫国小无礼？过去晋公子重耳出逃在外,路过曹国,曹君趁他脱去上衣时偷看他的骈肋。厘负绢和叔瞻在前侍奉。叔瞻对曹君说:"我看晋公子不是平常的人。您对待他没有礼貌,他如有机会回国成为君主而发兵,那就怕会成为曹国的祸害。您不如杀了他。"曹君不听。厘负绢回家,脸上不高兴,他的妻子问他说:"您从外面回来,带着不高兴的神色,为什么？"负羁说:"我听说,有福轮不到,祸来牵连我。今天国君召见晋公子,待他没有礼貌。我夹在里面,因此不高兴。"他的妻子说:"我看晋公子像大国的君主,他的随从人员像大国的相国。现在困窘逃亡,路过曹国,曹国待他没有礼貌。他如果返回祖国,必会声讨对他无礼的人,那曹就是第一个了。您为什么不先把自己和曹君区别开呢？"负绢说:"好吧。"就在壶里盛上黄金,用饭把它装满,用璧盖上,晚上派人送给晋公子。公子见了使者,拜了两拜,留饭而谢绝收璧。晋公子从曹到楚,从楚到秦。到了秦国三年,秦穆公召集群臣商量说:"过去晋献公和我结交,诸侯没有不听说的。献公不幸死去,已十年上下了。继位的儿子不好,我怕他会让晋国的宗庙得不到洒扫而社稷得不到祭祀了。长此下去不变样,就不符合与人交往的原则了。我想帮助重耳让他回国,怎么样？"群臣都说:"好。"穆公因而发兵,革车五百辆,同一规格的马二千匹,步兵五万,帮助重耳回到晋国,立为晋君。重耳登基三年,就发兵攻打曹国了。于是派人告诉曹君说:"把叔瞻从城上吊下来,我将杀掉他陈尸示众。"又派人告诉厘负羁说:"大军迫城,我知道您不会反抗我。请在您住的巷门上做好标记,我将据此下达命令,使军队不敢去侵犯。"曹国人听到后,率领他们的亲戚去依附厘负羁住地的有七百多家。这就是礼的作用。所以,曹是小国,夹在晋、楚之间,君主的危险就像叠起来的蛋,却用无礼来待人,这就是断绝后代的原因。所以说,国小无礼,不听谏臣,是断绝后代的形势。

孤愤第十一

【原文】

知术之士,必远见而明察,不明察,不能烛私;能法之士,必强毅而劲直,不劲直不能矫奸。人臣循令而从事,案法而治官,非所谓重人也。重人也者,无令而擅为,亏法以利私,耗国以便家,力能得其君,此所为重人也。知术之士,明察听用,且烛重人之阴情;能法之士,劲直听用,且矫重人之奸行。故知术能法之士用,则贵重之臣必在绳之外矣。是知法之士与当涂之人,不可两存之仇也。

【译文】

通晓统治策略的人,必然识见高远并明察秋毫;不明察秋毫,就不能发现隐私。能够推行法治的人,必须坚决果断并刚强正直;不刚强正直,就不能矫正邪恶。臣子遵循法令办理公事,按照法律履行治官责,不叫"重臣"。所谓重臣,就是无视法令而独断专行,破坏法律来为私家牟利,损害国家来便利自家,势力能够控制君主,这才叫作重臣。懂得统治策略的人明察秋毫,他们的主张若被采纳,自身若被任用,将会洞察重臣的阴谋诡计;能够推行法治的人刚强正直,他们的主张若被采纳,自身若被任用,将会矫正重臣的邪恶行为。因此,懂得策略和善用法治的人若被任用,那么位尊权重之臣必定为法律准绳所不容。这样说来,懂法依法的人与当权的重臣,是不可并存的仇敌。

【原文】

当涂之人擅事要,则外内为之用矣。是以诸侯不因,则事不应,故敌国为之讼。百官不因,则业不进,故群臣为之用。郎中不因,则不得近主,故左右为之匿。学士不因,则禄薄礼卑,故学士为之谈也。此四助者,邪臣之所以自饰也。重人不能忠主而进其仇,人主不能越四助而烛察其臣,故人主愈蔽,而大臣愈重。凡当涂者之于人主也,希不信爱也,又且习故。若夫即主心,同乎好恶,固其所自进也。官爵贵重,朋党又众,而一国为之讼。

【译文】

当权的重臣独揽大权,那么外交和内政就要被他利用了。正因如此,列国诸侯不依靠他,事情就得不到照应,所以实力相当的国家会给他唱颂歌;各级官吏不依靠他,成绩就得不到上报,所以各种官吏会为他出力;君主的侍从官员不依靠他,就不能接近君主,所以他们为他隐瞒罪行;学士不依靠他,就会俸禄薄而待遇低,所以学士为他说好话。这四种帮凶是奸邪之臣用来掩饰自己的基础。重臣不能忠于君主而推荐自己的政敌,君主不能越过四种帮凶来洞察他的臣下,所以君主越来越受蒙蔽,而重臣的权势越来越大。所有的当权重臣对于君主来说,很少不被信任和宠爱的,而且彼此又亲昵和熟悉。至于迎合君主的心理,投合君主的好恶,本来就是重臣得以晋升的途径。他们官职大,爵位高,党羽又多,全国都为他们唱赞歌。

【原文】

则法术之士欲干上者,非有所信爱之亲,习故之泽也;又将以法术之言,矫人主阿辟之心,是与人主相反也。处势卑贱,无党孤特。夫以疏远与信爱信争,其数不胜也;以新旅与习故争,其数不胜也;以反主意与同好恶争,其数不胜也;以轻贱与贵重争,其数不胜也;以一口与一国争,其数不胜也。法术之士,操五不胜之资,以岁数而又不得见;当涂之人,乘五胜之资,而旦暮独说于前;故法术之士奚道得进,而人主奚时得悟乎?故资必不胜,而势不两存,法术之士焉得不危?其可以罪过诬者,以公法而诛之;其不可被以罪过者,以私剑而穷之。是明法术而逆主上者,不僇于吏诛,必死于私剑矣。

【译文】

而法术之士想要求得君主重用,既没有受到信任和宠爱的亲近关系,也没有亲昵和熟悉的交情,还要用法术言论矫正君主的偏邪之心,这是与君主心意相反的。法术之士所处地位低下,没有同党孤立无援。拿关系疏远的和关系亲近、受到宠信的相争,在常理上不能取胜;拿新客和故旧相争,在常理上不能取胜;拿违背君主心意和投合君主好恶相争,在常理上不能取胜;拿地位低贱的和位尊权重的相争,在常理上不能取胜;拿一个人和一国人相争,在常理上不能取胜。法术之士处在"五不胜"的情形下,按年计算也不能晋见君主;当权重臣凭借"五胜"的条件,又日夜单独向君主进言。因此,法术之人由什么门路得到任用,而君主到什么时候才能醒悟呢?因此,凭借必定不能取胜的条件,又与重臣势不两立,法术之士怎会不危险?重臣对那些可用罪状诬陷的,就用国家法律来诛杀;对那些不能强加罪名的,就用刺客来暗杀。这样说来,精通法术而违背君主的人,不为官吏所诛杀,必定死在刺客手里了。

【原文】

朋党比周以蔽主,言曲以便私者,必信于重人矣。故其可以功伐借者,以官爵贵之;其不可借以美名借者,以外权重之。是以蔽主上而趋于私门者,不显于官爵,必重于外权矣。今人主不合参验而行诛,不待见功而爵禄,故法术之士安能蒙死亡而进其说,奸邪之臣安肯弃利而退其身?故主上愈卑,私门益尊。夫越虽国富兵强,中国之主皆知无益于己也,曰:"非吾所得制也。"今有国者虽地广人众,然而人主壅蔽,大臣专权,是国为越也。知不类越,而不智不类其国,不察其类者也。人主所以谓齐亡者,非地与城亡也,吕氏弗制,而田氏用之也。所以谓晋亡者,亦非地与城亡也,姬氏不制,而六卿专之也。今大臣执政独断,而上弗知收,是人主不明也。与死人同病者,不可生也;与亡国同事者,不可存也。今袭迹于齐晋,欲国安存,不可得也。

【译文】

而结党拉派串通一气来蒙蔽君主、花言巧语歪曲事实来便利私家的人,一定会受到重臣的信任。所以对那些可用功劳做借口的,就封官赐爵使他们显贵;对那些不可用好名声做借口的,就用外交职权重用他们。因此,蒙蔽君主而投奔私人门下的,不在官爵级别上显赫,必在外交职权上重用了。如今君主不验证核查就实行诛戮,不等建立功劳就授予爵禄,因此法术之士怎能冒死去陈述自己的主张?奸邪之臣又怎肯当着有利时机而自动引退?所以君主地位就越来越低,重臣权势就越来越大。越国虽然国富兵强,中原各国的君主都知道对自己没有什么好处。说:"不是我们所能控制的。"现在统治国家的君主虽然地广人众,然而君主闭塞,大臣专权,这样一来,国家也就变得和越国一样。知道自己的国家与越国不同,却不知道现在连自己的国家也变了样,这是不明察事物的类似性。人们之所以说齐国亡了,并不是指土地和城市丧失了,而是指吕氏不能控制它而为田氏所占有。之所以说晋国亡了,也不是指土地和城市丧失了,而是指姬氏不能控制它而为六卿所把持。现在大臣掌权独断专行,而君主不知收回,这是君主不明智。和死人症状相同,无法救药;和亡国行事相同,无法久存。现在因袭着齐、晋的老路,想要国家安然存在,是不可能的。

【原文】

凡法术之难行也,不独万乘,千乘亦然。人主之左右不必智也,人主于人有所智而听之,因与左右论其言,是与愚人论智也。人主于人有所贤而礼之,因与左右论其行,是与不肖论贤也。智者决策于愚人,贤士程行于不肖,则贤智之士羞,而人主之论悖矣。人臣之欲得官者,其修士且以精洁固身,其智士且以治辩进业,不能以货赂事人;恃其精洁治辩,而更不能以枉法为治,则修智之士,不事左右,不听请谒矣。人主之左右,行非伯夷也,求索不得,货赂不至,则精辩之功息,而毁诬之言起矣。治辩之功制于近习,精洁之行决于毁誉,则修智之吏废,而人主之明塞矣。

【译文】

凡属法术难以推行的,不单是大国,中小国家也是这样。君主的近臣不一定有才智。君主认为某人有才智而听取他的意见,然后和近臣讨论该人的言谈,这是和愚蠢的人讨论才智。君主的近臣不一定品德好。君主认为某人有美德而礼遇他,然后和近臣讨论他的品行,这是和品德不好的人讨论美德。智者的计谋由愚蠢的人来评判,贤者的品德由不贤的人来衡量,那么品德好、有才智的人就会感到耻辱而君主的论断也必然荒谬了。想谋得官职的臣子当中,那些品德好的人将用精纯廉洁来约束自己,那些才智高的人将用办好政事来推进事业。那些品德好的人不可能用财物贿赂侍奉别人,凭借精纯廉洁更不可能违法办事,那么品德好、才智高的人也就不会奉承君主近侍,不会理睬私下请托了。君主的近臣,品行不像伯夷那么好,索求的东西得不到,财物贿赂不上门,那么精明强干者的功业就要被压制,而诽谤诬陷的话也就出笼了。办好政事的功业受制于君主的近侍,精纯廉洁的品行取决于近侍的毁誉,那么品德好、才智高的官吏就要被废黜,君主的明察也就被阻塞了。

【原文】

不以功伐决智行,不以参伍审罪过,而听左右近习之言,则无能之士在廷,而愚污之吏处官矣。

【译文】

不按功劳裁决人的才智和品德,不通过事实的多方验证审处人的罪行和过错,却听从左右亲信的话,那么没有才能的人就会在朝廷中当政,愚蠢腐败的官吏就会窃居职位了。

【原文】

万乘之患,大臣太重;千乘之患,左右太信;此人主之所公患也。且人臣有大罪,人主有大失,臣主之利,与相异者也。

【译文】

大国的祸害在于大臣权势太重,中小国家的祸害在于近臣太受宠信,这是君主的通病。再说臣下犯了大罪恶,君主有了大过失,臣下和君主的利益是相互不同的。

【原文】

何以明之哉?曰:主利在有能而任官,臣利在无能而得事;主利在有劳而爵禄,臣利在无功而富贵;主利在豪杰使能,臣利在朋党用私。是以国地削而私家富,主上卑而大臣重。故主失势而臣得国,主更称蕃臣,而相室剖符,此人臣之所以谲主便私也。故当世之重臣,主变势而得固宠者,十无二三。

【译文】

凭什么这样说呢?即:君主的利益在于具有才能而任以官职,臣下的利益在于没有才能而得到重用;君主的利益在于具有功劳而授以爵禄,臣下的利益在于没有功劳而得到富贵;君主的利益在于豪杰效力,臣下的利益在于结党营私。因此国土减少而私家更富,君主地位卑下而大臣权势更重。所以君主失去权势而大臣控制国家,君主改称藩臣,相臣行使君权。这就是大臣欺骗君主谋取私利的情形。所以当代的重臣,在君主改变政治情势而仍能保持宠信的,十个中还不到两三个。

【原文】

是其故何也?人臣之罪大也。臣有大罪者,其行欺主也,其罪当死亡也。智士者远见,而畏于死亡,必不从重人矣。贤士者修廉,而羞与奸臣为伍,必不从重人矣。是当涂者之徒属,非愚而不知患者,必污而不避奸者也。大臣挟愚污之人,上与之欺主,下与之收利侵渔,朋党比周,相与一口,惑主败法,以乱士民,使国家危削,主上劳辱,此大罪也。臣有大罪,而主弗禁,此大失也。使其主有大失于上，臣有大罪于下，索国之不亡者，不可得也。

【译文】

　　这是什么原因呢？是这些臣下的罪行太大了。臣有大罪的，他的行为是欺骗君主的，他的罪行是当处死刑的。聪时人看得深远，怕犯死罪，必定不会跟从重臣；品德好的人洁身自爱，耻于和奸臣共同欺骗君主，必定不会跟从重臣。这些当权者的门徒党羽，不是愚蠢而不知祸害的人，必是腐败而不避奸邪的人。大臣挟持愚蠢腐败的人，对上和他们一起欺骗君主，对下和他们一起掠夺财物，结帮拉派，串通一气，惑乱君主败坏法制，以此扰乱百姓，使国家危殆受侵、君主忧劳受辱，这是大罪行。臣下有了大罪而君主却不禁止，这是大过失。假如君主在上面有大过失，臣子在下面有大罪行，要让国家不灭亡，是不可能的。

说难第十二

【原文】

凡说之难:非吾知之,有以说之之难也;又非吾辩之,能明吾意之难也;又非吾敢横失,而能尽之难也。凡说之难,在知所说之心,可以吾说当之。所说出于为名高者也,而说之以厚利,则见下节而遇卑贱,必弃远矣。所说出于厚利者也,而说之以名高,则见无心而远事情,必不收矣。所说阴为厚利而显为名高者也,而说之以名高,则阳收其身而实疏之,说之以厚利,则阴用其言显弃其身矣。此不可不察也。

【译文】

大凡进说的困难:不是难在我的才智能够用来向君主进说,也不是难在我的口才能够阐明我的意见,也不是难在我敢毫无顾忌地把看法全部表达出来。大凡进说的困难:在于了解进说对象的心理,以便用我的说法适应他。进说对象想要追求美名的,却用厚利去说服他,就会显得节操低下而得到卑贱待遇,必然受到抛弃和疏远。进说对象想要追求厚利的,却用美名去说服他,就会显得没有心计而又脱离实际,必定不会被接受和录用。进说对象暗地追求原利而表面追求美名的,用美名向他进说,他就会表面上录用而实际上疏远进说者;用厚利向他进说,他就会暗地采纳进说者的主张而表面疏远进说者。这是不能不明察的。

【原文】

夫事以密成,语以泄败,未必其身泄之也,而语及所匿之事,如此者身危。彼显有所出事,而乃以成他故,说者不徒知所出而已矣,又知其所以为,如此者身危。规异事而当,知者揣之外而得之,事泄于外,必以为己也,如此者身危。周泽未渥也,而语极知,说行而有功则德忘,说不行而有败则见疑,如此者身危。贵人有过端,而说者明言礼义以挑其恶,如此者身危。贵人或得计而欲自以为功,说者与知焉,如此者身危。强以其所不能为,止以其所不能已,如此者身危。故与之论大人则以为闲己矣,与之论细人则以为卖重,论其所爱则以为藉资,论其所憎则以为尝己也。径省其说则以为不智而拙之,米盐博辩则以为多而交之。略事陈意则曰怯懦而不尽,虑事广肆则曰草野而倨侮。此说之难,不可不知也。

【译文】
　　事情因保密而成功,谈话因泄密而失败。未必进说者本人泄露了机密,而是谈话中触及到君主心中隐匿的事,如此就会身遭危险。君主表面上做这件事,心里却想借此办成别的事,进说者不但知道君主所做的事,而且知道他要这样做的意图,如此就会身遭危险。进说者筹划一件不平常的事情并且符合君主心意,聪明人从外部迹象上把这事猜测出来了,事情泄露出来,君主一定认为是进说者泄露的,如此就会身遭危险。君主恩泽未厚,进说者谈论却尽其所知,如果主张得以实行并获得成功,功德就会被君主忘记;主张实行不适而遭到失败,就会被君主怀疑,如此就会身遭危险。君主有过错,进说者倡言礼义来挑他的毛病,如此就会身遭危险。君主有时计谋得当而想自以为功,进说者同样知道此计,如此就会身遭危险。勉强君主去做他不能做的事,强迫君主停止他不愿意停止的事,如此就会身遭危险。所以进说者如果和君主议论大臣,就被认为是想离间君臣关系;和君主谈论近侍小臣,就被认为是想卖弄身价。谈论君主喜爱的人,就被认为是拉关系;谈论君主憎恶的人,就被认为是搞试探。说话直截了当,就被认为是不聪明而笨拙;谈话琐碎详尽,就被认为是**啰唆**而冗长。简略陈述意见,就被认为是怯懦而不敢尽言;谋事空泛放任,就被认为是粗野而不懂礼貌。这些进说的困难,是不能不知道的。

【原文】
　　凡说之务,在知饰所说之所矜而灭其所耻。彼有私急也,必以公义示而强之。其意有下也,然而不能已,说者因为之饰其美而少其不为也。其心有高也,而实不能及,说者为之举其过而见其恶而多其不行也。有欲矜以智能,则为之举异事之同类者,多为之地,使之资说于我,而佯不知也以资其智。欲内相存之言,则必以美名明之,而微见其合于私利也。欲陈危害之事,则显其毁诽而微见其合于私患也。誉异人与同行者,规异事与同计者。有与同污者,则必以大饰其无伤也;有与同败者,则必以明饰其无失也。彼自多其力,则毋以其难概之也;自勇其断,则无以其谪怒之;自智其计,则毋以其败穷之。大意无所拂悟，辞言无所系縻，然后极骋智辩焉，此道所得亲近不疑而得尽辞也。伊尹为宰，百里奚为虏，皆所以干其上也，此二人者，皆圣人也，然犹不能无役身以进，如此其污也。今以吾言为宰虏，而可以听用而振世，此非能仕之所耻也。夫旷日离久，而周泽既渥，深计而不疑，引争而不罪，则明割利害以致其功，直指是非以饰其身，以此相持，此说之成也。

【译文】

大凡进说的要领，在于懂得粉饰进说对象自夸之事而掩盖他所自耻之事。君主有私人的急事，进说者一定要指明这合乎公义而鼓励他去做。君主有卑下的念头，但是不能克制，进说者就应把它粉饰成美好的而抱怨他不去干。君主有过高的企求，而实际不能达到，进说者就为他举出此事的缺点并揭示它的坏处，而称赞他不去做。君主想自夸智能，进说者就替他举出别的事情中的同类情况，多给他提供根据，使他从我处借用说法，而我却假装不知道，这样来帮助他自夸才智。进说者想向君主进献与人相安的话，就必须用好的名义阐明它，并暗示它合乎君主私利。进说者想要陈述有危害的事，就明言此事会遭到的毁谤，并暗示它对君主也有害处。进说者称赞另一个与君主行为相同的人，规划另一件与君主考虑相同的事。有和君主污行相同的，就必须对它大加粉饰，说它没有害处；有和君主败迹相同的，就必须对它明言掩饰，说他没有过失。君主自夸力量强大时，就不要用他为难的事去压抑他；君主自以为决断勇敢时，就不要用他的过失去激怒他；君主自以为计谋高明时，就不要用他的败绩去困窘他。进说的主旨没有什么违逆，言辞没有什么抵触，然后就可以充分施展自己的智慧和辩才了。由这条途径得到的，是君主亲近不疑而又能畅所欲言。伊尹做过厨师，百里奚做过奴隶，都是为了求得君主重用。这两个人都是圣人，但还是不能不通过做低贱的事来求得进用，他们的卑下一至于此！假如把我的话看成像厨师和奴隶所讲的一样，而可以来纳来救世，这就不是智能之士感到耻辱的了。经过很长的时间，君主的恩泽已厚，进说者深入谋划不再被怀疑，据理力争不再会获罪，就可以明确剖析利害来成就君主的功业，直接指明是非来端正君主的言行，能这样相互对待，是进说成功了。

【原文】

昔者郑武公欲伐胡，故先以其女妻胡君以娱其意。因问于群臣："吾欲用兵,谁可伐者?"大夫关其思对曰:"胡可伐。"武公怒而戮之,曰:"胡,兄弟之国也,子言伐之何也?"胡君闻之,以郑为亲己,遂不备郑,郑人袭胡,取之。宋有富人,天雨墙坏,其子曰:"不筑,必将有盗。"其邻人之父亦云。暮而果大亡其财,其家甚智其子,而疑邻人之父。此二人说者皆当矣,厚者为戮,薄者见疑,则非知之难也,处知则难也。故绕朝之言当矣,其为圣人于晋,而为戮于秦也。此不可不察。

【译文】

从前郑武公想讨伐胡国,故意先把自己的女儿嫁给胡国君主来使他快乐。然后问群臣:"我想用兵,哪个国家可以讨伐?"大夫关其思回答说:"胡国可以讨伐。"武公发怒而杀了他,说:"胡国是兄弟国家,你说讨伐它,是何道理?"胡国君主听说了,认为郑国和自己友好,于是不再防备郑国。郑国偷袭了胡国,攻占了它。宋国有个富人,下雨把墙淋塌了,他儿子说:"不修的话,必将有盗贼来偷。"邻居的老人也这么说。到了晚上,果然有大量财物被窃。这家富人认为儿子很聪明,却对邻居老人起了疑心。其子和这位老人的话都恰当,而重的被杀,轻的被怀疑;那么,不是了解情况有困难,而是处理所了解的情况很困难。因此,绕朝的话本是对的,但他在晋国被看成圣人,在秦国却遭杀害,这是不可不注意的。

【原文】

昔者弥子瑕有宠于卫君。卫国之法,窃驾君车者罪刖。弥子瑕母病,人闲往夜告弥子,弥子矫驾君车以出。君闻而贤之曰:"孝哉,为母之故,忘其刖罪。"异日,与君游于果园,食桃而甘,不尽,以其半啖君,君曰:"爱我哉,忘其口味,以啖寡人。"及弥子色衰爱弛,得罪于君,君曰:"是固尝矫驾吾车,又尝啖我以余桃。"故弥子之行未变于初也,而以前之所以见贤,而后获罪者,爱憎之变也。故有爱于主则智当而加亲,有憎于主则智不当见罪而加疏。故谏说谈论之士,不可不察爱憎之主而后说焉。夫龙之为虫也,柔可狎而骑也,然其喉下有逆鳞径尺,若人有婴之者则必杀人。人主亦有逆鳞,说者能无婴人主之逆鳞,则几矣。

【译文】

从前弥子瑕曾受到卫国国君的宠信。卫国法令规定,私自驾驭国君车子的,论罪要处以刖刑。弥子瑕母亲病了,有人抄近路连夜通知弥子瑕,弥子瑕假托君命驾驭君车而出。卫君听说后，却认为他德行好，说："真孝顺啊！为了母亲的缘故，忘了自己会犯刖罪。"另一天，他和卫君在果园游览，吃桃子觉得甜，没有吃完，就把剩下的半个给卫君吃。卫君说："多么爱我啊！不顾自己口味来给我吃。"等到弥子瑕色衰爱弛时，得罪了卫君，卫君说："这人本来就曾假托君命私自驾驭我的车子，又曾经把吃剩的桃子给我吃。"所以，虽然弥子瑕的行为和当初并没两样，但先前称贤、后来获罪的原因，是卫君的爱憎有了变化。所以被君主宠爱时，才智就显得恰当而更受亲近；被君主憎恶时，才智就显得不恰当，遭到谴责而更被疏远。所以谏说谈论的人不可不察看君主的爱憎，然后进说。龙作为一种动物，驯服时可以戏弄着骑它；但它喉下有一尺来长的逆鳞，假使有人动它的话，就一定会受到伤害。君主也有逆鳞，进说者能不触动君主的逆鳞，就差不多了。

和氏第十三

【原文】

楚人和氏得玉璞楚山中,奉而献之厉王,厉王使玉人相之,玉人曰:"石也。"王以和为诳,而刖其左足。及厉王薨,武王即位,和又奉其璞而献之武王,武王使玉人相之,又曰"石也",王又以和为诳,而刖其右足。武王薨,文王即位,和乃抱其璞而哭于楚山之下,三日三夜,泣尽而继之以血。王闻之,使人问其故,曰:"天下之刖者多矣,子奚哭之悲也?"和曰:"吾非悲刖也,悲夫宝玉而题之以石,贞士而名之以诳,此吾所以悲也。"王乃使玉人理其璞而得宝焉,遂命曰:"和氏之璧。"夫珠玉人主之所急也,和虽献璞而未美,未为主之害也,然犹两足斩而宝乃论,论宝若此其难也。今人主之于法术也,未必和璧之急也,而禁群臣士民之私邪;然则有道者之不僇也,特帝王之璞未献耳。主用术则大臣不得擅断,近习不敢卖重;官行法则浮萌趋于耕农,而游士危于战陈。则法术者乃群臣士民之所祸也。人主非能倍大臣之议,越民萌之诽,独周乎道言也。则法术之士虽至死亡,道必不论矣。

【译文】

楚人卞和在荆山中得到一块玉璞,捧着进献给楚厉王。厉王让玉匠鉴定。玉匠说:"是石头。"厉王认为卞和是行骗,就砍掉了他的左脚。到厉王死,武王继位。卞和又捧着那块玉璞去献给武王。武王让玉匠鉴定,玉匠又说:"是石头。"武王也认为卞和是行骗,就砍掉了他的右脚。武王死,文王登基。卞和就抱着那块玉璞在荆山下哭,哭了三天三夜,眼泪干了,跟着流出的是血。文王听说后,派人去了解他哭的原因,问道:"天下受断足刑的人多了,你为什么哭得这么悲伤?"卞和说:"我不是悲伤脚被砍掉,而是悲伤把宝玉称作石头,把忠贞的人称作骗子。这才是我悲伤的原因。"文王就让玉匠加工这块玉璞并得到了宝玉,于是命名为"和氏之璧"。珍珠宝玉是君主急需的,即使卞和献的玉璞不够完美,也并不构成对君主的损害,但还是在双脚被砍后宝玉才得以论定,鉴定宝玉就是如此的困难。如今君主对于法术,未必像对和氏璧那样急需,还要用来禁止群臣百姓的自私邪恶行为。既然这样,那么法术之士还没被杀戮的原因,只是促成帝王之业的法宝还没进献罢了。君主运用法术,大臣就不能擅权独断,左右近侍就不敢卖弄权势;官府执行法令,游民就得从事农耕,游说之士就得冒着危险去当兵打仗;那么法术就被群臣百姓看成是祸害了。君主不能违背大臣的议论,摆脱黎民百姓的诽谤,单要完全采纳法术之言,那么法术之士即使到死,他们的学说也一定不会被认可。

【原文】

昔者吴起教楚悼王以楚国之俗曰:"大臣太重,封君太众,若此则上偪主而下虐民,此贫国弱兵之道也。不如使封君之子孙三世而收爵禄,绝灭百吏之禄秩,损不急之枝官,以奉选练之士。"悼王行之期年而薨矣,吴起枝解于楚。商君教秦孝公以连什伍,设告坐之过,燔诗书而明法令,塞私门之请而遂公家之劳,禁游宦之民而显耕战之士。孝公行之,主以尊安,国以富强,八年而薨,商君车裂于秦。楚不用吴起而削乱,秦行商君法而富强,二子之言也已当矣,然而枝解吴起而车裂商君者何也?大臣苦法而细民恶治也。当今之世,大臣贪重,细民安乱,甚于秦、楚之俗,而人主无悼王、孝公之听,则法术之士,安能蒙二子之危也而明己之法术哉!此世所以乱无霸王也。

【译文】

从前吴起向楚悼王指出楚国的风气说:"大臣的权势太重,分封的贵族太多。照这样下去,他们就会上逼主而下虐民,这是造成国贫兵弱的途径。不如使分封贵族的子孙到第三代时君主就收回爵禄,取消或减少百官的俸禄,裁减多余的官吏,来供养经过选拔和训练的士兵。"楚悼王施行此法一年就死了,吴起在楚遭到肢解。商君教秦孝公建立什伍组织,设置告密连坐的制度,焚烧诗书,彰明法令,堵塞私人的请托而进用对国家有功的人,约束靠游说做官的人而使农民士兵显贵起来。孝公实行这些主张,君主因此尊贵安稳,国家因此富庶强大。八年后秦孝公死了,商鞅在秦受到车裂。楚国不用吴起变法而削弱混乱,秦国推行商鞅变法而富庶强大。二人的主张已够正确的了,但是肢解吴起,车裂商鞅,又为的什么呢?为的是大臣苦于法令而奸民憎恨社会安定呀。当今之世，大臣贪权，奸民安于动乱，比秦、楚的坏风气还要严重，而君主又没有楚悼王、秦孝公那样的判断力，那么法术之士又怎能冒吴起、商鞅的危险来阐明自己的法术主张呢？这就是社会混乱而没有霸王的原因。

奸劫弑臣第十四

【原文】

凡奸臣皆欲顺人主之心以取亲幸之势者也。是以主有所善,臣从而誉之;主有所憎,臣因而毁之。凡人之大体,取舍同者则相是也,取舍异者则相非也。今人臣之所誉者,人主之所是也,此之谓同取。人臣之所毁者,人主之所非也,此之谓同舍。夫取舍合而相与逆者,未尝闻也,此人臣之所以取信幸之道也。夫奸臣得乘信幸之势以毁誉进退群臣者,人主非有术数以御之也,非参验以审之也,必将以曩之合己信今之言,此幸臣之所以得欺主成私者也。故主必欺于上,而臣必重于下矣,此之谓擅主之臣。

【译文】

所有奸臣都是想顺从君主的意愿来取得亲近宠爱地位的。因此,君主喜欢的,奸臣就跟着吹捧;君主憎恨的,奸臣就跟着诋毁。大凡人的常性,观点相同的就相互肯定,观点相异的就彼此指责。现在臣子所赞誉,正是君主所肯定的,这叫作"同取";而臣子所诋毁的,正是君主所憎恨的,这叫作"同舍"。取舍一致而互相对立的,还不曾听说有过。这是臣子用来取得宠幸的途径。奸臣能够凭借宠幸的地位来说毁或夸奖、提升或罢免群臣,如果君主没有法术来驾驭他,不用检验的方法来考察他,必会因为他过去和自己意见相同而轻信他现在的话,这是宠臣所以能够欺骗君主、营私舞弊的原因。所以君主在上面一定受蒙蔽,而奸臣在下面一定握重权,这就叫作控制君主的臣子。

【原文】

国有擅主之臣,则群下不得尽其智力以陈其忠,百官之吏不得奉法以致其功矣。何以明之？夫安利者就之,危害者去之,此人之情也。今为臣尽力以致功,竭智以陈忠者,其身困而家贫,父子罹其害;为奸利以弊人主,行财货以事贵重之臣者,身尊家富,父子被其泽;人焉能去安利之道而就危害之处哉？治国若此其过也，而上欲下之无奸、吏之奉法，其不可得亦明矣。故左右知贞信之不可以得安利也，必曰："我以忠信事上积功劳而求安，是犹盲而欲知黑白之情，必不几矣。若以道化行正理不趋富贵事上而求安，是犹聋而欲审清浊之声也，愈不几矣。二者不可以得安，我安能无相比周、蔽主上、为奸私以适重人哉？"此必不顾人主之义矣。其百官之吏，亦知方正之不可以得安也，必曰："我以清廉事上而求安，若无规矩而欲为方圆也，必不几矣。若以守法不朋党治官而求安，是犹以足搔顶也，愈不几也。二者不可以得安，能无废法行私以适重人哉？"此必不顾君上之法矣。故以私为重人者众，而以法事君者少矣。是以主孤于上而臣成党于下，此田成之所以弑简公者也。

【译文】

国家有了控制君主的臣子，臣下就不能充分发挥智慧和力量来效忠君主，各级官吏也不能奉行法制来建立功绩。凭什么明白这些？安全有利的就去追求，危险有害的就要避开，这是人之常情。现在臣下尽力来建功，竭智来效忠的，结果自身困窘而家庭贫穷，父子都遭受祸害；行奸营利去蒙蔽君主，广事贿赂去投靠达官重臣的，自身尊宠，家庭富裕，父子都得到好处；人怎么能离开安全有利的大道而走向危险有害的地方呢？治国到了这么错误的地步，而君主希望下面没有奸邪，官吏遵守法令，不能办到是够明显的了。所以近臣知道忠贞老实不可能得到平安和利益，一定会说："我凭忠诚老实侍奉君主，不断立功来求得平安，这等于瞎子想分辨黑白的真相，一定没有指望了；如果按照法术推行正理，不去趋炎附势，只去侍奉君主而求得平安，这等于聋子想辨别声音的清浊，更没有指望了。这两种做法都得不到平安，我怎能不结帮拉派、蒙蔽君主、作奸行私来迎合重臣呢？"这样就一定不顾君主的利益了。各级官吏也知道正直不可能求得平安，一定会说："我凭清廉侍奉君主来求得平安，就像没有规矩而想画出方圆一样，一定没有指望了；假如凭守法、不结党营私、履行职责来求得平安，这就好比用脚搔头一样，更没有指望了。这两种做法都不能得到平安，能不违法营私来迎合重臣吗？"这样就一定不顾君主的法令了。所以为了私利去帮助重臣的人就多了，按照法制侍奉君主的人就少了。因此君主在上面陷于孤立而奸臣在下面结成死党，这就是田成所以能杀掉齐简公的原因。

【原文】

夫有术者之为人臣也,得效度数之言,上明主法,下困奸臣,以尊主安国者也。是以度数之言得效于前,则赏罚必用于后矣。人主诚明于圣人之术,而不苟于世俗之言,循名实而定是非,因参验而审言辞。是以左右近习之臣,知伪诈之不可以得安也,必曰:"我不去奸私之行尽力竭智以事主,而乃以相与比周妄毁誉以求安,是犹负千钧之重,陷于不测之渊而求生也,必不几矣。"百官之吏,亦知为奸利之不可以得安也,必曰:"我不以清廉方正奉法,乃以贪污之心枉法以取私利,是犹上高陵之颠,堕峻溪之下而求生,必不几矣。"安危之道若此其明也,左右安能以虚言惑主,而百官安敢以贪渔下?是以臣得陈其忠而不弊,下得守其职而不怨。此管仲之所以治齐,而商君之所以强秦也。

【译文】

懂得法术的人做臣子,能够献出法术的主张,对上彰明君主的法令,对下制服奸臣,以此来尊崇君主,安定国家。因此,法术主张能进献出来,赏罚制度接着就能实行了。君主真正懂得了圣人的法术,而不迁就世俗的言论,就会按照名实来判定是非,根据验证来鉴别言论。因此近侍宠臣,知道欺诈不可能求得平安,一定会说:"我如果不去掉奸私行为,尽心尽力去侍奉君主,而竟想通过相互勾结胡乱褒贬来求得平安,这好比背负千钧重担掉入万丈深渊还想逃生,一定没有指望了。"各级官吏也知道作奸营私不可能得到平安,一定会说:"我不用清廉方正来执行法令,竟用贪诈肮脏的心思违反法令来谋取私利,这好比从高山之顶坠入深谷之下还想逃生,一定没有指望了。"利害关系是这样清楚,近臣怎么敢用假话欺骗君主,而百官怎么敢用贪欲来鱼肉百姓?因此,臣子能够表达他的忠心而不蒙蔽君主,官吏能够忠于职守而没有怨言。这就是管仲能使齐国大治、商鞅能使秦国强大的原因。

【原文】

从是观之,则圣人之治国也,固有使人不得不爱我之道,而不恃人之以爱为我也。恃人之以爱我者危矣,恃吾不可不为者安矣。夫君臣非有骨肉之亲,正直之道可以得利,则臣尽力以事主;正直之道不可以得安,则臣行私以干上。明主知之,故设利害之道以示天下而已矣。夫是以人主虽不口教百官,不目索奸邪,而国已治矣。人主者,非目若离娄乃为明也,非耳若师旷乃为聪也。目必,不任其数,而待目以为明,所见者少矣,非不弊之术也。耳必,不因其势,而待耳以为聪,所闻者寡矣,非不欺之道也。明主者,使天下不得不为己视,天下不得不为己听。故身在深宫之中而明照四海之内,而天下弗能蔽、弗能欺者何也?闇乱之道废,而聪明之势兴也。故善任势者国安,不知因其势者国危。古秦之俗,君臣废法而服私,是以国乱兵弱而主卑。商君说秦孝公以变法易俗而明公道,赏告奸,困末作而利本事。当此之时,秦民习故俗之有罪可以得免、无功可以得尊显也,故轻犯新法。于是犯之者其诛重而必,告之者其赏厚而信,故奸莫不得而被刑者众,民疾怨而众过日闻。孝公不听,遂行商君之法,民后知有罪之必诛,而私奸者众也,故民莫犯,其刑无所加。是以国治而兵强,地广而主尊。此其所以然者,匿罪之罚重,而告奸之赏厚也。此亦使天下必为己视听之道也。至治之法术已明矣,而世学者弗知也。

【译文】

由此看来,圣人治理国家,本来就有使人不得不爱我的办法,而不依赖别人出于爱而为我效力。依赖别人出于爱为我效力就危险了。依靠使人不得不为我效力才能平安。君臣之间没有骨肉之亲,如果凭正直态度可以得利,臣下就会尽力来侍奉君主;凭正直态度不可以求安,臣下就会营私来侵犯君主。明君懂得这个道理,所以设立赏罚措施来昭示天下,如此而已。因此君主虽然不亲口教化百官,不亲眼搜索奸邪,国家却已治理好了。作为君主,并非眼睛像离娄一样才算锐利,并非耳朵像师旷一样才算灵敏。假定眼睛不靠君主法术,而要等到亲眼看见才以为明白,看见的东西就少了;这不是不受蒙蔽的方法。假定耳朵不靠君主权势,而要等到亲耳听到才以为清楚,听到的东西就少了;这不是不受欺骗的方法。作为明君,要使天下不得不为我看,不得不为我听。所以身处深宫之中,明察四海之内,而天下臣民不能加以蒙蔽和欺骗,为什么呢?因为愚昧混乱的办法废除了,耳聪目明的形势形成了。所以善于借势的,国家安定;不知借势的,国家就危险了。古代秦国的风俗,君臣废法而行私,因此国乱兵弱而君主卑弱。商鞅劝说秦孝公要变法易俗,倡明公道,奖励告奸,抑制工商,便利农耕。在这种时候秦国百姓习惯于犯罪可以赦免、无功可以显贵的旧俗,所以轻易触犯新法。于是对违反新法的人刑罚严厉而坚决,对告发奸邪的人赏赐优厚而守信,所以奸邪的人没有不被发现的,遭受刑罚的人很多,民众怨恨,大家的责难每天都能听到。秦孝公不加理睬,坚持推行商鞅的法令。民众后来知道有罪必诛,而告发奸私的人多,所以民众没有敢犯罪的,刑罚也就没有对象施加了。因此,国家太平而兵力强盛,土地广大而君主尊贵。秦国所以治理得好,是因为对包庇罪犯的惩罚严厉,对告发奸私的赏赐优厚。这也是使天下人一定成为自己耳目的方法。最好的治国法术已经够明白了,而当代学者却一点也不懂得。

【原文】

且夫世之愚学,皆不知治乱之情,谞谀多诵先古之书,以乱当世之治;智虑不足以避阱之陷,又妄非有术之士。听其言者危,用其计者乱,此亦愚之至大,而患之至甚者也。俱与有术之士,有谈说之名,而实相去千万也,此夫名同而实有异者也。夫世愚学之人比有术之士也,犹蚁垤之比大陵也,其相去远矣。而圣人者,审于是非之实,察于治乱之情也。故其治国也,正明法,陈严刑,将以救群生之乱,去天下之祸,使强不陵弱,众不暴寡,耆老得遂,幼孤得长,边境不侵,君臣相亲,父子相保,而无死亡系虏之患,此亦功之至厚者也。愚人不知,顾以为暴。愚者固欲治而恶其所以治,皆恶危而喜其所以危者。何以知之?夫严刑重罚者,民之所恶也,而国之所以治也;哀怜百姓、轻刑罚者,民之所喜,而国之所以危也。圣人为法国者,必逆于世,而顺于道德。知之者,同于义而异于俗;弗知之者,异于义而同于俗。天下知之者少,则义非矣。

【译文】

再说当代那些愚蠢的学者,都不懂得治和乱的实情,只会喋喋不休地引用古书,来扰乱当代的国家治理;他们的智谋不足以避开陷阱,却又胡乱攻击坚持法术的人。听信他们的言论就危险,采用他们的计谋就混乱,他们是愚蠢透顶的人,又是危害最大的人。他们和坚持法术的人一样都有善于谈说的名声,其实却差得很远,这就是名同而实质不同的例子。当代愚蠢学者和法术之士相比,就如同小土堆和大山陵相比一样,二者相差实在太远了。作为圣人,能够了解是非的实情,明察治乱的真相。所以他治理国家时,明正法令,设置严刑,用来解救百姓的祸乱,消除天下的灾难,使强不欺弱,众不侵寡,老年人们得享天年,幼子孤儿得以成长,边境不受侵犯,君臣亲密相处,父子互相护养,没有死亡和被俘的忧患,这也是最重大的功绩啊!愚蠢的人不懂这些,反而看作残暴。他们固然希望安治,却反对达到安治的方法;都厌恶危险,却又喜欢造成危险的原因。怎么知道这些?严刑重罚,是百姓所厌恶的,但又是国家得以治理的方法;怜惜百姓减轻刑罚,是百姓所喜欢的,但又是国家陷入危险的途径。圣人依法治国,必定违反世俗而顺应真理。懂得的人,就会赞同原则而违背世俗;不懂的人,就会违背原则而赞同世俗。天下懂得的人少,这个原则就成为错误的了。

【原文】

处非道之位,被众口之谮,溺于当世之言,而欲当严天子而求安,几不亦难哉!此夫智士所以至死而不显于世者也。楚庄王之弟春申君有爱妾曰余,春申君之正妻子曰甲,余欲君之弃其妻也,因自伤其身以视君而泣,曰:"得为君之妾,甚幸。虽然,适夫人非所以事君也,适君非所以事夫人也。身故不肖,力不足以适二主,其势不俱适,与其死夫人所者,不若赐死君前。妾以赐死,若复幸于左右,愿君必察之,无为人笑。"君因信妾余之诈,为弃正妻。余又欲杀甲而以其子为后,因自裂其亲身衣之,以示君而泣,曰:"余之得幸君之日久矣,甲非弗知也,今乃欲强戏余,余与争之,至裂余之衣,而此子之不孝,莫大于此矣。"君怒,而杀甲也。故妻以妾余之诈弃,而子以之死。从是观之,父之爱子也,犹可以毁而害也。君臣之相与也,非有父子之亲也,而群臣之毁言非特一妾之口也,何怪夫贤圣之戮死哉!此商君之所以车裂于秦,而吴起之所以枝解于楚者也。凡人臣者,有罪固不欲诛,无功者皆欲尊显。而圣人之治国也,赏不加于无功,而诛必行于有罪者也。然则有术数者之为人也,固左右奸臣之所害,非明主弗能听也。

【译文】

处在不合理的地位,遭受着众人的诬陷,淹没在世俗的舆论中,却想在严厉的君主面前求得平安,不也是非常困难的吗?这就是法术之士到死都不能在社会上享有声望的原因。楚庄王的弟弟春申君有个爱妾名叫余,春申君的正妻的儿子名叫甲。余想让春申君抛弃他的正妻,于是便自己毁伤身体来让春申君看,并哭着说:"能做您的侍妾,我感到很幸运。然而顺从夫人就无法侍候好您,顺从您又无法侍候好夫人。我实在不贤,没有能力使你们二位都称心,情形摆着不能都服侍好,与其死在夫人那里,还不如死在您面前。我死以后,假如您身边再有得宠的人,希望您一定要明察这种情形,不要被人笑话。"春申君因而相信了余的谎言,为她抛弃了正妻。余又想杀甲而让自己儿子做继承人,就自己撕破衬衣里子,让春申君看并哭着说:"我受宠于您的时间很长了,甲不是不知道,现在竟想强迫调戏我。我和他争执,竟至撕破了我的衣服。孩子不孝顺,没有比这更严重的了。"春申君大怒,就杀了甲。所以正妻因余的谎言而被抛弃,儿子也因此而死。由此看来,父亲爱子,尚且会因诽谤而加害,君臣之间没有父子关系那样亲密,而群臣的毁谤更不只是一个妾的搬弄是非所可比的。无怪乎贤人圣人要遭到杀害了!这就是商鞅在秦被车裂、吴起在楚被肢解的原因。大凡做臣子的,有罪本不想受到惩罚,无功却都想显贵。而圣人治理国家,赏赐不给没有功劳的人,刑罚必须施加给犯罪的人。既然如此,那么法术之士的为人,本就会遭到君主近侍奸臣的陷害,不是英明的君主是不会采纳他的主张的。

【原文】

世之学术者说人主,不曰"乘威严之势以困奸邪之臣",而皆曰"仁义惠爱而已矣"。世主美仁义之名而不察其实,是以大者国亡身死,小者地削主卑。何以明之?夫施与贫困者,此世之所谓仁义;哀怜百姓不忍诛罚者,此世之所谓惠爱也。

【译文】

当代学者进说君主,不说"凭借威严的权势去抑制奸邪的臣子",却都说"仁义惠爱就够了"。君主欣赏仁义的名声而不去考察它的实质,因此,严重的国家灭亡,君主身死,轻一点的土地丧失,君位卑下。怎么得知这些呢?把财物施舍给贫困的人,这是世人所谓的仁义;可怜百姓,不忍心惩罚,这是世人所谓的惠爱。

【原文】

夫有施与贫困,则无功者得赏;不忍诛罚,则暴乱者不止。国有无功得赏者,则民不外务当敌斩首,内不急力田疾作,皆欲行货财、事富贵、为私善、立名誉以取尊官厚俸。故奸私之臣愈众,而暴乱之徒愈胜,不亡何待?夫严刑者,民之所畏也;重罚者,民之所恶也。

【译文】

既然要施舍给贫困的人,那么无功的人就会得赏;既然不忍心惩罚,那么暴乱就不能制止。国家有了无功得赏的人,民众对外就不致力于作战杀敌,对内就不努力从事耕作,都一心想着行贿巴结权贵,用私人的善行树立名誉,以便获取高官厚禄。所以奸私的臣子越来越多,暴乱分子越来越猖狂,国家不亡还待什么呢?严刑是百姓畏惧的,重罚是百姓厌恶的。

【原文】

故圣人陈其所畏以禁其邪,设其所恶以防其奸。是以国安而暴乱不起。吾以是明仁义爱惠之不足用,而严刑重罚之可以治国也。无捶策之威,衔橛之备,虽造父不能以服马。无规矩之法,绳墨之端,虽王尔不能以成方圆。无威严之势,赏罚之法,虽尧、舜不能以为治。今世主皆轻释重罚、严诛,行爱惠,而欲霸王之功,亦不可几也。故善为主者,明赏设利以劝之,使民以功赏,而不以仁义赐;严刑重罚以禁之,使民以罪诛而不以爱惠免。是以无功者不望,而有罪者不幸矣。托于犀车良马之上,则可以陆犯阪阻之患;乘舟之安,持楫之利,则可以水绝江河之难;操法术之数,行重罚严诛,则可以致霸王之功。治国之有法术赏罚,犹若陆行之有犀车良马也,水行之有轻舟便楫也,乘之者遂得其成。伊尹得之汤以王,管仲得之齐以霸,商君得之秦以强。此三人者,皆明于霸王之术,察于治强之数,而不以牵于世俗之言;适当世明主之意,则有直任布衣之士,立为卿相之处;处位治国,则有尊主广地之实;此之谓足贵之臣。汤得伊尹,以百里之地立为天子;桓公得管仲,立为五霸主,九合诸侯,一匡天下;孝公得商君,地以广,兵以强。故有忠臣者,外无敌国之患,内无乱臣之忧,长安于天下,而名垂后世,所谓忠臣也。

【译文】

所以圣人设置严刑来禁止奸邪,设置重罚来防止奸邪,因此,国家安定而暴乱不会发生。我据此知道仁义惠爱不足实行,而严刑重罚可以治国。没有马鞭的威力、马嚼子的配置,即使是善于驾车的造父也不能驯服马匹;没有规矩作为准则、墨线用来校正。即使是巧匠王尔也不能画好方圆;没有威严的权势、赏罚的法令,即使尧舜也不能治理好国家。当代君主都轻易放弃重罚严刑,实行爱惠,却想建立霸王功业,也是没有指望的。所以,善做君土的人。明确设置奖赏、利禄来鼓励人们，使民众靠建功立业得赏，而不靠君主行仁义来赐予；推行严刑重罚来限制人们，使民众因罪受罚而不靠君主讲爱惠来赦免。因此，无功的人不会幻想得赏，犯罪的人不会侥幸免罚。依靠坚车好马，就可以在陆地上冲破陡坡险阻的危险；凭借船的安稳，依仗桨的作用，就可以在水上克服横渡江河的困难；掌握法术之道，实行严刑重罚，就可以成就霸王的功业。治理国家有法术赏罚，就好比陆路有坚车良马，水路有轻舟便桨，凭借它们的人因此获得成功。伊尹掌握了法术，实行赏罚，商汤因此称王；管仲掌握了法术，实行赏罚，齐桓公因此称霸；商鞅掌握了法术，实行赏罚，秦国因此强大。这三个人，都精通成就霸王的法术，熟悉治国强兵的方法，而不拘泥于世俗的说教；他们符合当代君主的心意，就会由布衣之士直接得到任用；他们处在卿相的位置上治理国家，就能收到使君主尊显、领土扩大的实绩；这种人才称得上值得尊敬的大臣。商汤得到伊尹，凭借百里之地成为天子；齐桓公得到管仲，成为五霸之首，九合诸侯，一匡天下；秦孝公得到商靴，领土因而扩大，兵力因而强盛。所以有了忠臣，君主对外没有邻国入侵的忧患，对内没有奸臣作乱的担忧，天下长治久安，名声流芳后世，这就是所说的真有了忠臣。

【原文】

若夫豫让为智伯臣也，上不能说人主使之明法术、度数之理，以避祸难之患，下不能领御其众，以安其国；及襄子之杀智伯也，豫让乃自黔劓，败其形容，以为智伯报襄子之仇；是虽有残刑杀身以为人主之名，而实无益于智伯若秋毫之末。此吾之所下也，而世主以为忠而高之。古有伯夷、叔齐者，武王让以天下而弗受，二人饿死首阳之陵；若此臣者，不畏重诛，不利重赏，不可以罚禁也，不可以赏使也。此之谓无益之臣也，吾所少而去也，而世主之所多而求也。

【译文】

至于豫让作为智伯的臣子，上不能劝说君主，使智伯懂得法术制度的道理，躲避灾难祸患，下不能率领部下来让国家安定。等到赵襄子杀了智伯，豫让才自己涂黑皮肤，割去鼻子，毁坏面容，以图替智伯向赵襄子报仇。这虽有毁身冒死来忠于君主的名声，实际上却对智伯没有丝毫的好处。这是我所贬低的，但当君主却认为他忠诚而加以尊敬。古代曾有伯夷、叔齐两个人，周武王把天下让给他们，他们却不接受，最后饿死在首阳山上。像豫让和伯夷、叔齐这样的臣子，不畏重刑，不图厚赏，不能够用刑罚来限制他们，不能够用赏赐来支使他们，这就叫作无用的臣子。这是我所鄙视厌弃的人，却是当代君主所称赞访求的人。

【原文】

谚曰："厉怜王。"此不恭之言也。虽然，古无虚谚，不可不察也。此谓劫杀死亡之主言也。人主无法术以御其臣，虽长年而美材，大臣犹将得势擅事主断，而各为其私急。而恐父兄豪杰之士，借人主之力，以禁诛于己也，故弑贤长而立幼弱，废正的而立不义。故春秋记之曰："楚王子围将聘于郑，未出境，闻王病而反，因入问病，以其冠缨绞王而杀之，遂自立也。齐崔杼，其妻美，而庄公通之，数如崔氏之室，及公往，崔子之徒贾举率崔子之徒而攻公，公入室，请与之分国，崔子不许，公请自刃于庙，崔子又不听，公乃走踰于北墙，贾举射公，中其股，公坠，崔子之徒以戈斫公而死之，而立其弟景公。"近之所见：李兑之用赵也，饿主父百日而死；卓齿之用齐也，擢闵王之筋，悬之庙梁，宿昔而死。故厉虽痈肿疕疡，上比于春秋，未至于绞颈射股也；下比于近世，未至饿死擢筋也。故劫杀死亡之君，此其心之忧惧、形之苦痛也，必甚于厉矣。由此观之，虽"厉怜王"可也。

【译文】

古话说："麻风病患者怜悯君主。"这是对君主不尊敬的话。然而古代没有虚妄的谚语，不能不详察。这句话是针对被劫杀死亡的君主说的。君主不用法术来驾驭他的臣下，即使年龄高而资质好，大臣也还要得势擅自处理和决断事情，而各为各的私人要事忙碌，害怕君主亲戚和豪杰之士借助于君主的力量来约束和诛罚自己，所以杀掉贤良成年的君主而拥立幼小懦弱的君主，废掉正宗嫡子而立不该继位的人。所以《左传》记载说："楚王的儿子围将访问郑国，还没出境，听说楚王病重就返回朝廷。借着进去探病，用他系帽的带子勒死了楚王，于是自立为楚王。齐国崔杼的妻子长得美丽，齐庄王与她通奸。多次进入崔杼的屋里。等到庄公又一次到来时，崔杼的家臣贾举就率领崔杼的手下人攻打庄公。庄公逃到屋内，请求和崔杼平分国家，崔杼不答应；庄公请求在宗庙里自杀，崔杼仍不答应；于是庄公就逃跑，翻过北墙。贾举射击庄公，射中了大腿，庄公掉下墙来，崔杼的手下人用戈把庄公砍死了，然后崔杼拥立庄公的弟弟景公做君主。"近期所见：李兑在赵国掌权，赵武灵王被困百天而饿死；卓齿在齐国掌权，抽了齐湣王的筋，吊在宗庙的梁上，过了一夜死去。所以，虽然麻风病痈肿疮烂，上比于春秋时代，还不至于勒颈射腿；下比于近世，还不至于饿死抽筋。所以被劫杀而死亡的君主，他们内心的忧惧，肉体的痛苦，一定超过了麻风病患者。由此看来，即使是说"麻风病患者哀怜君主"，也未尝不可。

亡征第十五

【原文】

凡人主之国小而家大，权轻而臣重者，可亡也。简法禁而务谋虑，荒封内而恃交援者，可亡也。群臣为学，门子好辩，商贾外积，小民右仗者，可亡也。好宫室台榭陂池，事车服器玩好，罢露百姓，煎靡货财者，可亡也。用时日，事鬼神，信卜筮，而好祭祀者，可亡也。听以爵不待参验，用一人为门户者，可亡也。官职可以重求，爵禄可以货得者，可亡也。缓心而无成，柔茹而寡断，好恶无决，而无所定立者，可亡也。饕贪而无餍，近利而好得者，可亡也。喜淫而不周于法，好辩说而不求其用，滥于文丽而不顾其功者，可亡也，浅薄而易见，漏泄而无藏，不能周密，而通群臣之语者，可亡也。很刚而不和，愎谏而好胜，不顾社稷而轻为自信者，可亡也。恃交援而简近邻，怙强大之救，而侮所迫之国者，可亡也。羁旅侨士，重帑在外，上闲谋计，下与民事者，可亡也。民信其相，下不能其上，主爱信之而弗能废者，可亡也。境内之杰不事，而求封外之士，不以功伐课试，而好以名问举错，羁旅起贵以陵故常者，可亡也。轻其适正，庶子称衡，太子未定而主即世者，可亡也。大心而无悔，国乱而自多，不料境内之资而易其邻敌者，可亡也。国小而不处卑，力少而不畏强，无礼而侮大邻，贪愎而拙交者，可亡也。太子已置，而娶于强敌以为后妻，则太子危，如是，则群臣易虑，群臣易虑者，可亡也。怯慑而弱守，蚤见而心柔懦，知有谓可，断而弗敢行者，可亡也。出君在外而国更置，质太子未反而君易子，如是则国携，国携者，可亡也，挫辱大臣而狎其身，刑戮小民而逆其使，怀怒思耻而专习则贼生，贼生者，可亡也。大臣两重，父兄众强，内党外援以争事势者，可亡也。婢妾之言听，爱玩之智用，外内悲惋而数行不法者，可亡也。简侮大臣，无礼父兄，劳苦百姓，杀戮不辜者，可亡也。好以智矫法，时以行集公，法禁变易，号令数下者，可亡也。无地固，城郭恶，无畜积，财物寡，无守战之备而轻攻伐者，可亡也。种类不寿，主数即世，婴儿为君，大臣专制，树羁旅以为党，数割地以待交者，可亡也。太子尊显，徒属众强,多大国之交,而威势蚤具者,可亡也。变褊而心急,轻疾而易动发,心悁忿而不訾前后者,可亡也。主多怒而好用兵,简本教而轻战攻者,可亡也。贵臣相妒,大臣隆盛,外藉敌国,内困百姓,以攻怨雠,而人主弗诛者,可亡也。君不肖而侧室贤,太子轻而庶子伉,官吏弱而人民桀,如此则国躁,国躁者,可亡也。藏怒而弗发,悬罪而弗诛,使群臣阴憎而愈忧惧,而久未可知者,可亡也。出军命将太重,边地任守太尊,专制擅命,径为而无所请者,可亡也。后妻淫乱,主母畜秽,外内混通,男女无别,是谓两主,两主者,可亡也。后妻贱而婢妾贵,太子卑而庶子尊,相室轻而典谒重,如此则内外乖,内外乖者,可亡也。大臣甚贵,偏党众强,壅塞主断而重擅国者,可亡也。私门之官用,马府之世,乡曲之善举,官职之劳废,贵私行而贱公功者,可亡也。公家虚而大臣实,正户贫而寄寓富,耕战之士困,末作之民利者,可亡也。见大利而不趋,闻祸端而不备,浅薄于争守之事,而务以仁义自饰者,可亡也。不为人主之孝,而慕匹夫之孝,不顾社稷之利,而听主母之令,女子用国,刑余用事者,可亡也。辞辩而不法,心智而无术,主多能而不以法度从事者,可亡也。亲臣进而故人退,不肖用事而贤良伏,无功贵而劳苦贱,如是则下怨,下怨者,可亡也。父兄大臣禄秩过功,章服侵等,宫室供养太侈,而人主弗禁,则臣心无穷,臣心无穷者,可亡也。公婿公孙与民同门,暴傲其邻者,可亡也。亡征者,非曰必亡,言其可亡也。夫两尧不能相王,两桀不能相亡,亡王之机,必其治乱、其强弱相踦者也。木之折也必通蠹,墙之坏也必通隙。然木虽蠹,无疾风不折;墙虽隙,无大雨不坏。万乘之主,有能服术行法以为亡征之君风雨者,其兼天下不难矣。

【译文】

凡属君主国家弱小而臣下强大的,君主权轻而臣下权重的,可能灭亡。轻视法令而好用计谋,荒废内政而依赖外援的,可能灭亡。群臣喜欢私学,贵族子弟喜欢辩术,商人在外囤积财富,百姓崇尚私斗的,可能灭亡。嗜好宫殿楼阁池塘,爱好车马服饰玩物,喜欢让百姓疲劳困顿,压榨挥霍钱财的,可能灭亡。办事挑选吉日良辰,敬奉鬼神,迷信卜筮,喜好祭神祀祖的,可能灭亡。君主听取意见只凭爵位的高低,而不去验证意见是否正确,只通过一个人来通报情况的,可能灭亡。官职可以靠权势求得,爵禄可以用钱财买到,可能灭亡。办事迟疑而没有成效,软弱怯懦而优柔寡断,好坏不分而无一定原则的,可能灭亡。极度贪心而没有满足,追求财利而爱占便宜,可能灭亡。喜欢浮夸言辞而不合于法,爱好夸夸其谈而不求实用,迷恋华丽文采而不顾功效的,可能灭亡。君主浅薄而轻易表露感情,泄露机密而不加隐藏,不能严密戒备而通报群臣言论的,可能灭亡。凶狠暴厉而不随和,拒绝劝谏而自认高强,不顾国家安危而自以为是的,可能灭亡。依仗盟国援助而急慢邻国,倚仗强国支持而轻侮邻近小国的,可能灭亡。外来的侨居游士,把大量钱财存放在国外,上能参与国家机密,下能干预民众事务的,可能灭亡。民众只相信相国,下而不服从君主,君主又宠信相国而不能废弃他的,可能灭亡。国内的杰出人才不用,反而去搜罗国外的人士,不按照功劳考核政绩,而喜欢凭借名望任免官员,侨居游士升为高官而凌驾于本国原有大臣之上的,可能灭亡。轻视正妻嫡子,庶子和嫡子并重,太子还未确定而君主就去世的,可能灭亡。君主狂妄自大而不思悔改,国家混乱还自我夸耀,不估计本国实力而轻视邻近敌国的,可能灭亡。国小而不处卑位,力弱而不畏强势,没有礼仪而侮辱邻近大国,贪婪固执而不懂外交的,可能灭亡。太子已经确立,君主却又娶强大敌国的女子作为正妻,太子的地位就会危险,这样一来群臣就会变心;群臣变心的,可能灭亡。胆小怕事而不敢坚持己见,问题早已发现而没有决心去解决,知道可以怎样做,但决定了又不敢去做的,可能灭亡。君主出国在外而国内另立君主,做人质的太子没有回国而君主又另立太子,这样国人就有二心;国人有二心的,可能灭亡。折磨污辱了大臣而又亲昵他,惩罚了小民而又反常地使用他,这些人心怀不满,不忘耻辱,而君主又和他们特别亲近,那么劫杀事件就会产生,劫杀事件产生的,可能灭亡。两个大臣同时得到重用,君主亲戚人多势强,内结党羽外借交援来争权势的,可能灭亡。听信婢妾的逸言,使用近臣的计谋,内外悲愤而一再干违法之事的,可能灭亡。待慢凌侮大臣,不知尊敬亲戚,劳累百姓,杀戮无辜的,可能灭亡。君主好用智巧改变法制,常用私行扰乱公事,法令不断改变,号令前后矛盾的,可能灭亡。地形不险要,城墙不坚固,国家无积蓄,财物贫乏,没有防守和打仗的准备却轻易去进攻别国的,可能灭亡。王族短命,君主接连去世,小孩子当了国君,大臣专权,扶植外来游士作为党羽,经常割地来换取外援的,可能灭亡。太子尊贵显赫,党徒人多势强,与许多大国交往密切,而个人威势过早具备的,可能灭亡。性情偏激而急躁,轻率而容易冲动，积怨易怒而不思前顾后的，可能灭亡。君主容易发怒而喜欢打仗，放松农耕而不注重军事的，可能灭亡。贵臣互相嫉妒，大臣权重势盛，在外凭借敌国，在内困扰百姓，以便攻击冤家对头，而君主不诛戮他们的，可能灭亡。君主无能而他的兄弟贤能，太子势轻而庶子势强，官吏软弱而百姓不服管教，这样的话国家就会动荡不安；国家动荡不安，可能灭亡。君主怀恨而不发作，搁置罪犯而迟迟不动刑，使群臣暗中憎恨而更加忧惧，因而长期不知结果如何的，可能灭亡。带兵在外的统帅权势太大，驻守边疆的长官地位太高，独断专行，直接处事而不请示报告的，可能灭亡。妻子淫乱，太后养奸，内外混杂串通，男女没有分别，这样就形成了两个权力中心；形成两个权力中心的，可能灭亡。正妻贱而婢妾贵，太子卑而庶子尊，执政大臣轻而通报官吏重，这样就会内外乖戾；内外乖戾的，可能灭亡。大臣非常显贵，私党人多势强，封锁君主决定而又独揽国政的，可能灭亡。豪门贵族的家臣被任用，历代从军的功臣却被排斥，偏僻乡村里有善名的人得到选拔，在职官员的功劳反被抹杀，推崇私行而轻视公功的，可能灭亡。国家空虚而大臣殷实，常住户贫穷而客居者富裕，农民战士困顿，而工商业者得利的，可能灭亡。看到根本利益不去追求，知道祸乱的苗头不加戒备，带兵打仗的事懂得很少，而致力于用仁义粉饰自己的，可能灭亡。不遵行君主的孝道，而仰慕一般人的孝道，不顾国家利益，而听从母后命令，女人当国，宦官掌权的，可能灭亡。夸夸其谈而不合法令，头脑聪明而缺乏策略，君主多才多艺而不按法度办事的，可能灭亡。近臣得到进用而故臣却被辞退，无能得以重用而贤良却被埋没，无功的人地位显贵而劳苦的人地位卑下，这样臣民就要怨恨；臣民怨恨的，可能灭亡。父兄大臣的俸禄等级超过他们的功劳，旗帜车服超过规定的等级，宫室的供养太奢侈，而君主不加禁止，臣下的欲望就没有止境；臣下欲望没有止境的，可能灭亡。王亲国戚和普通百姓同里居住，横行霸道欺压邻居的，可能灭亡。有亡国征兆的，不是说国家一定灭亡，而是说它可能灭亡。两个唐尧不能相互称王，两个夏桀不能相互灭亡；灭亡或称王的关键，必定取决于双方治乱强弱的不平衡。木头的折断一定由于蛀蚀，墙壁的倒塌一定由于裂缝。然而木头虽然蛀蚀了，没有急风不会折断；墙壁虽然有了裂缝，没有大雨不会倒塌。大国的君主，如能运用法术作为暴风骤雨去摧毁那些已有灭亡征兆的国家君主，那么他要兼并天下就不难了！

三守第十六

【原文】

人主有三守。三守完则国安身荣,三守不完则国危身殆。

【译文】

君主有"三守"。"三守"完备,就会国家安定而自身荣贵;"三守"不完备,就会国家危亡而自身危险。

【原文】

何谓三守?人臣有议当途之失、用事之过、举臣之情,人主不心藏而漏之近习能人,使人臣之欲有言者,不敢不下适近习能人之心而乃上以闻人主,然则端言直道之人不得见,而忠直日疏。爱人不独利也,待誉而后利之;憎人不独害也,待非而后害之;然则人主无威而重在左右矣。恶自治之劳惮,使群臣辐凑之变,因传柄移藉,使杀生之机、夺予之要在大臣,如是者侵。此谓三守不完。三守不完则劫杀之征也。

【译文】

什么叫"三守"?臣子中有议论当权者的过失、执政者的错误以及揭发一般臣子的隐情,君主不把这些藏在心里而泄漏给左右亲信和善于钻营的人,使臣子中想向君主进言的人不得不先屈从于亲信权贵的心意,而后向君主进言。这样,讲话正直、办事诚实的人就不能见到君主,而忠诚耿直的人就一天天被疏远。君主喜爱一个人,不独自奖赏他,等到有人赞誉他后才加以奖赏;憎恶一个人,不独自处罚他,等到有人反对他后才加以处罚。这样,君主就没有威势而大权旁落于近臣了。君主厌恶亲理政事的劳累,使群臣归聚的核心出现变化,从而权柄和势位发生转移,使生杀予夺的要害控制在大臣手里,这样的话,君主就要受到侵害。以上所说就叫作三守不完备。三守不完备,就出现了劫杀君主、篡夺君位的征兆。

【原文】

凡劫有三：有明劫，有事劫，有刑劫。人臣有大臣之尊，外操国要以资群臣，使外内之事非己不得行。虽有贤良，逆者必有祸，而顺者必有福。然则群臣直莫敢忠主忧国以争社稷之利害。人主虽贤不能独计，而人臣有不敢忠主，则国为亡国矣，此谓国无臣。国无臣者，岂郎中虚而朝臣少哉？群臣持禄养交，行私道而不效公忠。此谓明劫。鬻宠擅权，矫外以胜内，险言祸福得失之形，以阿主之好恶，人主听之，卑身轻国以资之，事败与主分其祸，而功成则臣独专之。诸用事之人，壹心同辞以语其美，则主言恶者必不信矣。此谓事劫。至于守司囹圄，禁制刑罚，人臣擅之，此谓刑劫。三守不完则三劫者起，三守完则三劫者止，三劫止塞则王矣。

【译文】

大凡篡夺君位有三种情形：有公开篡权的，有通过政事篡权的，有专擅刑罚篡权的。臣子有了大臣的显要地位，在外面操纵国家大权来买群臣，使朝廷内外的事情不通过自己就不能办。虽有贤能正直的人，违逆他的一定遭祸，顺从他的一定得福。这样一来，群臣中简直就没有敢于忠君忧国而为国家利益抗争的人了。君主虽然贤明，但不能独自决策，而臣子又不敢忠君，那么国家就成为亡国了。这叫国家没有臣子。国家没有臣子，难道是近侍缺而朝臣少吗？群臣用俸禄去豢养党羽，营私谋利而不尽忠报国，这叫公开篡权。卖弄君主对他的宠爱，独揽大权，假托外部势力来制服内部，危言耸听地渲染祸福得失的形势，用来迎合君主的好恶。君主听了，就是降低身份轻视国家来资助他们。事情失败了，就让君主分担祸害；事情成功了，臣子就独占功劳。许多处理政事的人，众口同声地说他好，那么君主再说他不好就一定不被信服了，这叫通过政事篡权。至于职司监狱掌管刑罚，如果出现了臣下独揽专断的情况，就成为专擅刑罚来篡权的了。"三守"不完备，"三劫"就产生了；"三守"完备，"三劫"就禁止了。"三劫"既经禁止、杜绝，君主就可以统治天下了。

备内第十七

【原文】

人主之患在于信人,信人则制于人。人臣之于其君,非有骨肉之亲也,缚于势而不得不事也。故为人臣者,窥觇其君心也无须臾之休,而人主怠傲处其上,此世所以有劫君弑主也。

【译文】

君主的祸患在于相信别人。相信别人,就受到别人控制。臣子对于君主,没有骨肉之亲,只是迫于权势而不得不侍奉。所以做臣子的,窥测君主的意图,没有一会儿停止过,而君主却懈怠傲慢地处于上位,这就是世上出现劫持杀害君主事件的原因。

【原文】

为人主而大信其子,则奸臣得乘于子以成其私,故李兑傅赵王而饿主父。为人主而大信其妻,则奸臣得乘于妻以成其私,故优施傅丽姬,杀申生而立奚齐。夫以妻之近与子之亲而犹不可信,则其余无可信者矣。

【译文】

做君主而非常相信他的儿子,奸臣就能利用他的儿子来实现自己的私利,所以李兑辅助赵王最终饿死了主父。做君主而非常相信他的妻子,奸臣就能利用他的妻子来实现自己的私利,所以优施帮助丽姬杀死太子申生而改立奚齐。即使是像妻子和儿子那样亲近的人还不可相信,其余人就没有可相信的了。

【原文】

且万乘之主,千乘之君,后妃、夫人、适子为太子者,或有欲其君之蚤死者。何以知其然?夫妻者,非有骨肉之恩也,爱则亲,不爱则疏。语曰:"其母好者其子抱。"然则其为之反也,其母恶者其子释。丈夫年五十而好色未解也,妇人年三十而美色衰矣。以衰美之妇人事好色之丈夫,则身死见疏贱,而子疑不为后,此后妃、夫人之所以冀其君之死者也。唯母为后而子为主,则令无不行,禁无不止,男女之乐不减于先君,而擅万乘不疑,此鸩毒扼昧之所以用也。故桃左春秋曰:"人主之疾死者不能处半。"人主弗知则乱多资,故曰:利君死者众则人主危。故王良爱马,越王勾践爱人,为战与驰。医善吮人之伤,含人之血,非骨肉之亲也,利所加也。故舆人成舆则欲人之富贵,匠人成棺则欲人之夭死也,非舆人仁而匠人贼也,人不贵则舆不售,人不死则棺不买,情非憎人也,利在人之死也。故后妃、夫人、太子之党成而欲君之死也,君不死则势不重,情非憎君也,利在君之死也,故人主不可以不加心于利己死者。故日月晕围于外,其贼在内,备其所憎,祸在所爱。故日月晕围于外,其贼在内,备其所憎,祸在所爱。是故明王不举不参之事,不食非常之食,远听而近视以审内外之失,省同异之言以知朋党之分,偶参伍之验以责陈言之实,执后以应前,按法以治众,众端以参观,士无幸赏,无踰行,杀必当,罪不赦,则奸邪无所容其私。

【译文】

再说,大大小小国家的君主,他们的原妻正配所生嫡子做了太子的,还有盼着自己的父君早死的。怎么知道会是这样的呢?妻子,没有骨肉的恩情,宠爱就亲近,不宠爱就疏远。俗话说:"母亲美的,她的孩子受宠爱。"那么与此相反的话,就是母亲丑的,她的孩子被疏远。男子五十岁而好色之心不减弱,妇女二十岁美貌就衰减了。用色衰的妇女侍奉好色的男子,自己就会被疏远卑视,而怀疑儿子不能成为继承人,这正是后妃夫人盼望君主早死的原因。只有当母亲做了太后而儿子做了君主以后,那时就会令无不行,禁无不止,男女乐事不减于先君在时,而独掌国家大权无疑,这正是用毒酒杀人、用勒索杀人事件产生的原因。所以《桃左春秋》上说:"君主因病而死的不到半数。"君主不懂得这个道理,奸臣作乱就有了更多的凭借。所以说,认为君主死亡对自己有利的人多,君主就危险。所以王良爱马、越王勾践爱民,就是为了打仗和奔驰。医生善于吸吮病人的伤口,口含病人的污血,不是因为有骨肉之亲,而是因为利益所在。所以车匠造好车子,就希望别人富贵;棺材匠做好棺材,就希望别人早死。并不是车匠仁慈而棺材匠狠毒。别人不富贵,车子就卖不掉;别人不死,棺材就没人买。本意并非憎恨别人,而是利益就在别人的死亡上。所以后妃夫人、太子的私党结成了就会希望君主早死;如果君主不死,自己权势就不大。本意并非憎恨君主,而是利益就在君主的死亡上。所以君主不能不留心那些利在自己死亡的人。所以日月外面有白色光圈环绕,毛病就在内部;防备自己所憎恨的人,祸害却来自所亲爱的人。所以明君不做没有验证过的事情,不吃不寻常的食物;打听远处的情况,观察身边的事情,从而考察朝廷内外的过失;研究相同的和不同的言论,从而了解朋党的区分,对比通过事实所作出验证,从而责求臣下陈言的可靠性;拿事后的结果来对照事先的言行,按照法令来治理民众,根据各种情况来检验观察;官吏没有侥幸受赏的,没有违法行事的;诛杀的一定得当,有罪的不予赦免。这样一来,奸邪行为就无处容身了。

【原文】

徭役多则民苦,民苦则权势起,权势起则复除重,复除重则贵人富,苦民以富贵人起势,以藉人臣,非天下长利也。故曰徭役少则民安,民安则下无重权,下无重权则权势灭,权势灭则德在上矣。今夫水之胜火亦明矣,然而釜鬵闲之,水煎沸竭尽其上,而火得炽盛焚其下,水失其所以胜者矣。今夫治之禁奸又明于此,然守法之臣为釜鬵之行,则法独明于胸中,而已失其所以禁奸者矣。上古之传言,春秋所记,犯法为逆以成大奸者,未尝不从尊贵之臣也。

【译文】

徭役多,百姓就困苦;百姓困苦,臣下势力就发展起来;臣下势力发展起来,免除徭役和赋税的人就增多;免除徭役和赋税的人增多了,权贵就富有起来,君主坑害百姓而使权贵富有,就给臣下扩张势力提供了条件,这不符合国家的长远利益。所以说,徭役轻,百姓就安定;百姓安定,臣下就没有大权;臣下没有大权,他们的势力就消灭了;他们的势力消灭了,恩惠就全归君主了。现在看来,水能灭火的道理也够明白的了,然而用锅子把水和火隔开,水在上面沸腾以致烧干,而火在下面却烧得非常旺盛,这是因为水失去了灭火的条件。现在拿治国措施中的禁止奸邪来说,道理比这更加明白了,但执法大臣起了锅子那样的阻隔作用,那么,法律只在君主心里明白,却已经失去了它得以禁奸的作用了。在上古的传说中,在史书的记载里,违犯法律、叛逆作乱而篡权夺位的人,从没有不属于尊贵大臣的。

【原文】

然而法令之所以备,刑罚之所以诛,常于卑贱,是以其民绝望,无所告愬。大臣比周,蔽上为一,阴相善而阳相恶,以示无私,相为耳目,以候主隙,人主掩蔽,无道得闻,有主名而无实,臣专法而行之,周天子是也。偏借其权势则上下易位矣,此言人臣之不可借权势也。

【译文】

　　这样一来,法令要防备的,刑罚要惩办的,通常是地位低贱的人,因此百姓感到绝望,无处可去申诉冤屈。大臣相互勾结,串通一气蒙骗君主,暗地里互相要好,表面上相互憎恶,以便表示没有私情。他们互相作为耳目,等待着钻君主的空子。君主受着蒙蔽,无从了解真情,有君主之名而无君主之实,大臣垄断法令而独断专行,周天子正是这样。君主权势旁落,上下也就换了位置。这就是说,君主不能把自己的权势让给臣下。

南面第十八

【原文】

人主之过,在已任在臣矣,又必反与其所不任者备之,此其说必与其所任者为雠,而主反制于其所不任者。今所与备人者,且曩之所备也。人主不能明法而以制大臣之威,无道得小人之信矣。人主释法而以臣备臣,则相爱者比周而相誉,相憎者朋党而相非,非誉交争,则主惑乱矣。人臣者,非名誉请谒无以进取,非背法专制无以为威,非假于忠信无以不禁,三者,惛主坏法之资也。人主使人臣虽有智能不得背法而专制,虽有贤行不得踰功而先劳,虽有忠信不得释法而不禁,此之谓明法。

【译文】

君主的过失,在于已经任用臣子了,却又总是颠倒回来,和未被任用的人一起去防备他,这样一来,未被任用的人的意见一定和已被任用的人的意见作对,君主反而受制于他所不用的人。现在偕同君主防备他的人,也就是君主过去所要防备的人。君主不能彰明法令来控制大臣的威势,就无从得到平民百姓的信任了。君主放弃法纪而用臣子去防备臣子,彼此喜欢的人就会紧密勾结而相互吹捧,彼此憎恨的人就会拉帮结伙而相互诽谤。诽谤和吹捧交相争斗,君主就迷惑昏乱了。做臣子的,不吹捧请托就不能得到更高的官位爵禄,不违法专权就不能建立自己的威势,不假借忠信之名就不能逃脱法禁。这三项,是惑乱君主、败坏法纪的手段。君主要使臣下虽有智慧和才能,也不得违法专权,虽有贤能的行为,也不能在立功之前得到赏赐,虽有忠信的品德,也不能放弃法纪而不加约束,这就叫彰明法度。

【原文】

人主有诱于事者,有壅于言者,二者不可不察也。人臣易言事者,少索资,以事诬主,主诱而不察,因而多之,则是臣反以事制主也,如是者谓之诱,诱于事者困于患。其进言少,其退费多,虽有功其进言不信,不信者有罪,事有功者必赏,则群臣莫敢饰言以惛主。主道者,使人臣前言不复于后,后言不复于前,事虽有功,必伏其罪,谓之任下。人臣为主设事而恐其非也,则先出说设言曰:"议是事者,妒事者也。"人主藏是言不更听群臣,群臣畏是言不敢议事,二势者用,则忠臣不听而誉臣独任,如是者谓之壅于言,壅于言者制于臣矣。主道者,使人臣必有言之责,又有不言之责。言无端末、辩无所验者,此言之责也。以不言避责、持重位者,此不言之责也。

【译文】

君主有被事情诱惑的,有被言论蒙蔽的,这二者是不可不注意的。臣子中把事情说得很轻易的人,要求的代价少,用事情来欺骗君主。君主受到诱惑而不加考察,因而夸奖他,臣下就反过来用事情控制了君主。像这样的情况就叫作诱惑,被事情所诱惑的就会被祸患所困窘。臣下对君主说,办事需要的代价很少,下去办事时花的代价却很多,即使办成了,他讲的话仍属不诚实。不诚实的人有罪,事情即使办成了也不给赏赐,群臣就不敢用花言巧语来蒙蔽君主了。做君主的原则是,如果臣下先前讲的话和后来办的事不一致,或者后来讲的话和先前办的事不符合,事情即使办成了也一定要使他受到应得的惩罚,这就叫作使用臣下的方法。臣下为君主筹划事情而恐怕别人非议,就预先放风说:"议论这件事的人,就是嫉妒这件事的人。"君主信了这种话,不再听取群臣的意见;群臣害怕这种话,不敢再议论。这两种局面起了作用,君主对忠臣的话就不会听取而专门任用那些徒有虚名的臣子。像这样的情形,就叫作被言论所蒙蔽,被言论所蒙蔽了,也就受制于臣下了。做君主的原则是,应使臣下一定负起说话的责任,又要负起不说的责任。说话无头无尾、辩词无从验证的,这就是说话的责任;用不说话来逃避责任,保持重要权位的,这就是不说的责任。君主对说话的臣子,一定要显露出来龙去脉,从而责求他的实效;对不说话的臣子,必须问他赞成还是反对,从而明确他的责任。那么臣子就不敢乱说,又不敢不说了,说话和沉默就都有了责任。

【原文】

人主使人臣言者必知其端以责其实,不言者必问其取舍以为之责,则人臣莫敢妄言矣,又不敢默然矣,言默则皆有责也。人主欲为事,不通其端末,而以明其欲,有为之者,其为不得利,必以害反,知此者,任理去欲。举事有道,计其入多,其出少者,可为也。惑主不然,计其入不计其出,出虽倍其入,不知其害，则是名得而实亡。如是者功小而害大矣。凡功者，其入多、其出少乃可谓功。今大费无罪而少得为功，则人臣出大费而成小功，小功成而主亦有害。

【译文】

君主想做某件事，没有掌握全部情况，就把自己的想法表露出来，这样做的话，不但没有好处，反而一定会受害。懂得这些，就会顺应客观事理，去掉主观欲望。做事有个原则，就是算来利益多、代价少的，就可以做。昏君不这样，只算得利，不算代价，代价即使成倍地超过利益，也不知它的危害，这就是名义上得到而实际上失去。像这样就是功劳小而危害大了。大凡功劳，它的利益多，它的代价少，这才可以叫作功劳；现在耗费大的无罪，而收效小的有功，臣子就会以大的耗费去取得小的收效，小的收效即使取得了，而君主仍是遭受了损害。

【原文】

不知治者，必曰："无变古，毋易常。"变与不变，圣人不听，正治而已。然则古之无变，常之毋易，在常古之可与不可。伊尹毋变殷，太公毋变周，则汤、武不王矣。管仲毋易齐，郭偃毋更晋，则桓、文不霸矣。凡人难变古者，惮易民之安也。

【译文】

不懂治理国家的人，一定会说："不要变改古法，不要更改常规。"变与不变，圣人不管，只管正确地治理。既然如此，那么古法变不变，常规改不改，只在于它们可行还是不可行。伊尹不变改殷法，姜太公不变改周法，商汤、武王就不能称王了。管仲不更改齐法，郭偃不改革晋法，桓公、文公就不能称霸了。凡是难以改变古法的人，是害怕改变民众的习惯。

【原文】

夫不变古者，袭乱之迹；适民心者，恣奸之行也。民愚而不知乱，上懦而不能更，是治之失也。人主者，明能知治，严必行之，故虽拂于民心立其治。说在商君之内外而铁殳，重盾而豫戒也。故郭偃之始治也，文公有官卒；管仲始治也，桓公有武车；戒民之备也。是以愚赣窳惰之民，苦小费而忘大利也，故夤虎受阿谤。而虒小变而失长便，故邹贾非载旅。狎习于乱而容于治，故郑人不能归。

【译文】

不改变古法,是重蹈乱国的覆辙;迎合民心,是放纵奸邪的行为。百姓愚蠢而不懂什么叫乱,君主懦弱而不能进行改革,这是治理国家的过失。做君主的,英明足以知道如何治国,严厉是为坚决实行,所以即使违背民心,也一定要确立治国之法。例如商鞅内处或外出,都用铁殳和层层盾牌预先作戒备。所以郭偃开始治国时,晋文公带有卫兵;管仲开始治国时,齐桓公跟有战车,这些都是防备百姓的措施。所以愚蠢鲁莽而闲散懒惰的人,总是斤斤计较个人损失而忘却国家利益……

饰邪第十九

【原文】

凿龟数筴，兆曰大吉，而以攻燕者赵也。凿龟数筴，兆曰大吉，而以攻赵者燕也。剧辛之事，燕无功而社稷危。邹衍之事，燕无功而国道绝。赵代先得意于燕，后得意于齐，国乱节高，自以为与秦提衡，非赵龟神而燕龟欺也。赵又尝凿龟数筴而北伐燕，将劫燕以逆秦，兆曰大吉，始攻大梁而秦出上党矣，兵至厘而六城拔矣，至阳城，秦拔邺矣，庞援揄兵而南则鄣尽矣。臣故曰：赵龟虽无远见于燕，且宜近见于秦。秦以其大吉，辟地有实，救燕有有名。赵以其大吉，地削兵辱，主不得意而死。又非秦龟神而赵龟欺也。初时者魏数年东乡攻尽陶、卫，数年西乡以失其国，此非丰隆、五行、太一、王相、摄提、六神、五括、天河、殷抢、岁星非数年在西也，又非天缺、弧逆、刑星、荧惑、奎台非数年在东也。故曰：龟筴鬼神不足举胜，左右背乡不足以专战。然而恃之，愚莫大焉。

【译文】

钻烧龟甲、计算蓍草进行卜筮，兆象"大吉"，因此攻打赵国的是燕国。剧辛效力燕国，无功可言，却导致国家危险；邹衍效力燕国，无功可言，却导致国家命脉断绝。赵国先战胜燕国，后战胜齐国，国内混乱还趾高气扬，自以为和秦国势均力敌了，这不是赵国的占卜灵验而燕国的占卜骗人。赵国又曾通过卜筮而向北讨伐燕国，打算挟持燕国去抗拒秦国，兆象是"大吉"。才开始进攻燕的大梁，秦国就从上党出兵了；赵军进至厘地，自己的六个城已被秦国攻克了；赵军进至阳城，秦军攻占赵的邺地；等到庞援引兵往南救援时，鄣一带却又全被秦军占领了。所以我说：赵国的占卜即使对攻打燕国缺乏远见，也应对秦攻赵有所预见。秦国根据自己的"大吉"，开辟疆土既得实惠，救援燕国又得美名，赵国根据自己的"大吉"，领土削减士兵受辱，赵王不能如愿以偿而死亡，这也并不是秦国的占卜灵验而赵国的占卜骗人。开始时候，魏国几年间向东全部攻下了陶、卫，又有几年向西攻秦却丧失了许多国土，这不是丰隆、五行、太一、王相、摄提、六神、五括、天河、殷抢、岁星等吉星有几年都处在西方，又不是天缺、弧逆、刑星、荧惑、奎台等凶星几年都处在东方。所以说：卜筮鬼神不足以推断战争胜负，星体的方位变化不足以决定战争结果。既然如此，却还要依仗它们，没有什么比这更愚蠢的了。

【原文】

古者先王尽力于亲民，加事于明法。彼法明则忠臣劝，罚必则邪臣止。忠劝邪止而地广主尊者，秦是也。群臣朋党比周以隐正道、行私曲而地削主卑者，山东是也。乱弱者亡，人之性也。治强者王，古之道也。越王勾践恃大朋之龟与吴战而不胜，身臣入宦于吴，反国弃龟，明法亲民以报吴，则夫差为擒。

【译文】

古代先王致力于亲近百姓，从事于彰明法度。他们的法度彰明了，忠臣就受到鼓励，刑罚坚决了，奸臣就停止作恶，忠臣受到鼓励，奸臣停止作恶，因而国土拓展、君主尊贵的，秦国正是这样；群臣结党拉派来背离正道营私舞弊，因而国土丧失，君主卑下，山东六国正是这样。混乱弱小的衰亡，这是人事的一般规则；安定强盛的称王天下，这是自古以来的规律。越王勾践依仗贵重的龟甲显示的吉兆同吴国打仗，结果没有胜利，自己成了俘虏去吴国服贱役；返国后抛弃龟甲，彰明法度亲近百姓以求报复吴国，结果吴王夫差被擒获了。

【原文】

故恃鬼神者慢于法，恃诸侯者危其国。曹恃齐而不听宋，齐攻荆而宋灭曹。荆恃吴而不听齐，越伐吴而齐灭荆。许恃荆而不听魏，荆攻宋而魏灭许。郑恃魏而不听韩，魏攻荆而韩灭郑。今者韩国小而恃大国，主慢而听秦魏，恃齐荆为用，而小国愈亡。故恃人不足以广壤，而韩不见也。荆为攻魏而加兵许、鄢，齐攻任扈而削魏，不足以存郑，而韩弗知也。此皆不明其法禁以治其国，恃外以灭其社稷者也。

【译文】

所以依使鬼神保佑的就会忽视法治，依仗别国援助的就会危害祖国，曹国依仗齐国而不服从宋国，齐攻楚时宋灭了曹。邢国依仗吴国而不服从齐国越伐吴时齐灭了邢。许国依仗楚国而不服从魏国，楚攻宋时魏灭了许。

郑国依仗魏国而不服从韩国,魏攻楚时韩灭了郑,现在韩国弱小而依仗大国,君主忽视法治而服从秦和魏。依仗齐和楚作维持手段。结果使本就弱小的韩国越发趋于灭亡。所以依仗别人不足以开拓疆土,而韩国却看不见这一点。楚国为了攻打魏国而用兵许、鄢,齐国攻打任、扈而侵夺魏地,这都不足以保存韩国,而韩国却不清楚。这些都是不彰明法令来治理祖国,却依仗外国而导致祖国灭亡的例子。

【原文】

臣故曰:明于治之数,则国虽小,富。赏罚敬信,民虽寡,强。赏罚无度,国虽大兵弱者,地非其地,民非其民也。无地无民,尧、舜不能以王,三代不能以强。人主又以过予;人臣又以徒取。舍法律而言先王明君之功者,上任之以国,臣故曰:是愿古之功,以古之赏赏今之人也,主以是过予,而臣以此徒取矣。主过予则臣偷幸,臣徒取则功不尊。无功者受赏则财匮而民望,财匮而民望则民不尽力矣。故用赏过者失民,用刑过者民不畏。有赏不足以劝,有刑不足以禁,则国虽大,必危。

【译文】

所以我说:懂得治理的办法,那么国家虽小,也可以富有;赏罚谨慎守信,民众虽少,也可以强大。赏罚没有标准,国家虽然很大,兵力衰弱的,土地不是自己的土地,民众不是自己的民众。没有土地和民众,尧舜也不能称王天下,夏、商、周三代也不能强盛,君主又因此过分地行赏,臣子又白白地得赏,对那些不顾法律而谈论先王明君功绩的人,君主却把国事委托给他。我所以说:这是指望有古代的功绩,却拿古代的赏赐标准去奖赏现在的空谈家。君主因此过分地行赏,臣子因此白白地得赏。君主过分地行赏,臣下就会苟且和侥幸;臣下白白地得赏,功劳就不再尊贵了。无功的人受赏,财力就会匮乏,民众就会抱怨;财匮民怨,民众就不会为君主尽力了,所以行赏不当的就会失去民众,用刑不当的民众就不再畏惧。有赏赐却不足以勉励立功,有刑罚却不足以禁止邪恶,那么国家即使很大,也一定很危险。

【原文】

故曰:小知不可使谋事,小忠不可使主法。荆恭王与晋厉公战于鄢陵,荆师败,恭王伤,酣战而司马子反渴而求饮,其友竖谷阳奉卮酒而进之,子反曰：去之，此酒也。竖谷阳曰：非也。子反受而饮之。子反为人嗜酒，甘之，不能绝之于口，醉而卧。恭王欲复战而谋事，使人召子反，子反辞以心疾，恭王驾而往视之，入幄中闻酒臭而还，曰：今日之战，寡人目亲伤，所恃者司马，司马又如此，是亡荆国之社稷而不恤吾众也，寡人无与复战矣。罢师而去之，斩子反以为大戮。故曰：竖谷阳之进酒也，非以端恶子反也，实心以忠爱之而适足以杀之而已矣。此行小忠而贼大忠者也。故曰：小忠，大忠之贼也。若使小忠主法，则必将赦罪以相爱，是与下安矣，然而妨害于治民者也。

【译文】

所以说："有小聪明的人不能让他谋划事情，有小忠诚的人不能让他掌管法令。"楚恭王和晋厉王在鄢陵交战，楚军失利，恭王受伤。战斗正激烈时，司马官子反口渴要水喝，他的亲信侍仆谷阳捧了一卮酒给他。子反说："拿走，这是酒。"侍仆谷阳说："这不是酒。"子反接过来喝了，子反为人喜欢喝酒，觉得酒味甘甜，不能停下不喝，结果喝醉后睡着了。恭王想重新开战和他谋划战事，派人叫子反，子反借口心病而加以推辞。恭王乘车前去看他，进入帐中，闻到酒气而返回，说："今天的战斗，我自个眼睛受了伤。我所依赖的是司马，司马又这般模样，这是不顾楚国的神灵，不关心我的民众。我不能和敌人重新开战了。"于是引兵离开鄢陵，把司马子反处以极刑。所以说：侍仆谷阳进酒，并非本来就恨子反，而是真心地忠爱子反，但最终却恰好因此而害了他。这便是行小忠而害大忠，所以说：小忠是对大忠的祸害。如果让行小忠的人掌管法制，那就必然会赦免罪犯加以爱护，这样他同下面的人是相安了，但却妨害了治理民众。

【原文】

当魏之方明立辟、从宪令行之时，有功者必赏，有罪者必诛，强匡天下，威行四邻；及法慢，妄予，而国日削矣。当赵之方明国律、从大军之时，人众兵强，辟地齐、燕；及国律慢，用者弱，而国日削矣。当燕之方明奉法、审官断之时，东县齐国，南尽中山之地；及奉法已亡，官断不用，左右交争，论从其下，则兵弱而地削，国制于邻敌矣。故曰：明法者强，慢法者弱。强弱如是其明矣，而世主弗为，国亡宜矣。语曰："家有常业，虽饥不饿。国有常法，虽危不亡。"夫舍常法而从私意，则臣下饰于智能，臣下饰于智能则法禁不立矣。

是妄意之道行,治国之道废也。治国之道,去害法者,则不惑于智能、不矫于名誉矣。昔者舜使吏决鸿水,先令有功而舜杀之;禹朝诸侯之君会稽之上,防风之君后至而禹斩之。以此观之,先令者杀,后令者斩,则古者先贵如令矣。故镜执清而无事,美恶从而比焉;衡执正而无事,轻重从而载焉。夫摇镜则不得为明,摇衡则不得为正,法之谓也。故先王以道为常,以法为本,本治者名尊,本乱者名绝。凡智能明通,有以则行,无以则止。

【译文】

当魏国正在彰明立法、从事法令建设的时候,有功者必赏,有罪者必罚,强盛得可以匡正天下,威势达到四邻诸侯;等到法令懈怠,赏赐混乱,国家就日益衰弱了。当赵国正在彰明国律、从事军队建设的时候,人多兵强,攻占了齐、燕的土地;等到国律懈怠,执政者软弱,国家就日益衰弱了。当燕国正在彰明奉法、重视政府决策的时候,东向把齐国作为自己的郡县,南向完全占领了中山的国土;等到奉法丢弃,政府决策不再实行,左右亲信相互争斗,君主听从臣下决策,于是兵力削弱,土地削减,国家也就受制于邻国了。所以说:严明法制的国家就强大,轻忽法制的国家就弱小。强弱对比是如此的分明,而当代君主却不实行,国家危亡真是活该了。俗语说:"家里有固定产业,即使荒年也不会挨饿;国家有固定法制,即使危险也不会衰亡。"舍弃固定法制而顺从个人意志,臣下就会粉饰自己的智能;臣下粉饰自己的智能,法律禁令就站不住脚。这样,随心所欲的做法就通行,依法治国的原则就废弃了。治理国家的原则,舍弃危害法令的,就不会受智能的迷惑,不会被虚名所欺骗了。过去舜派官吏排泄洪水,早于命令而抢先立功的,舜把他杀了;禹在会稽山上接受诸侯国君的朝见,防风氏迟到而禹杀了他。由此看来,先于命令的杀,后于命令的也杀,那么古代首先重视的是依法办事。所以镜子保持清亮而不受干扰,美丑就会因此显示出来;衡器保持平正而不受干扰,轻重就会因此衡量出来。摇动镜子就不能保持明亮,摇动衡器就不能保持平正,说的就是"法"。所以先王把道作为常规,把法作为根本。法制严明,君主名位就尊贵;法制混乱,君主名位就丧失。凡是智能高强的人,有依据就行动,没有依据就停止。

【原文】

故智能单道,不可传于人。而道法万全,智能多失。夫悬衡而知平,设规而知圆,万全之道也。明主使民饰于道之故,故佚而则功。释规而任巧,释法而任智,惑乱之道也。乱主使民饰于智,不知道之故,故劳而无功。

【译文】

所以智能是偏道,不能传给人。道和法是万全的,智能多有偏失。悬挂衡器才知道秤不平,设置圆规才知道圆不圆,这是万全之道。因为明君能使百姓用道来整顿自己,所以省力而有功。丢掉规矩而单凭技巧,放弃法治而单凭智慧,是使人迷惑混乱的办法。昏君使民众用智巧粉饰自己,是不懂道的缘故,所以劳而无功。

【原文】

释法禁而听请谒,群臣卖官于上,取赏于下,是以利在私家而威在群臣。故民无尽力事主之心,而务为交于上。民好上交则货财上流,而巧说者用。若是,则有功者愈少。奸臣愈进而材臣退,则主惑而不知所行,民聚而不知所道,此废法禁、后功劳、举名誉、听请谒之失也。凡败法之人,必设诈托物以来亲,又好言天下之所希有,此暴君乱主之所以惑也,人臣贤佐之所以侵也。故人臣称伊尹、管仲之功,则背法饰智有资;称比干、子胥之忠而见杀,则疾强谏有辞。夫上称贤明,下称暴乱,不可以取类,若是者禁。君之立法,以为是也。今人臣多立其私智。以法为非,者是邪以智。过法立智,如是者禁,主之道也。

【译文】

放弃法令而听从请托,群臣在上面出卖官爵,从下面取得报酬,所以利益归于私门而权势落于群臣。所以百姓没有尽力侍奉君主的心意,而致力于结交大臣。百姓喜欢结交大臣,财货就向上流入大臣之手而花言巧语的人就被任用。假如形成这种局面,有功的人就越来越少。奸臣越来越得到进用而有才能的臣子遭到斥退,君主就会迷惑而不知道干什么好,百姓聚集起来也不知道往哪儿走。这是废法令、轻功劳、重名声、听请托的过失。凡是败坏法制的人,一定会设下骗局,假托有事来亲近君主,又喜欢谈论天下少见的东西,这就是暴君昏主受迷惑、贤人佐臣受侵害的原因。所以臣子称颂伊尹、管仲的功劳,违法弄智就有了根据;称颂比干、伍子胥的忠贞被杀,急切强谏就有了借口。前者称说君主贤明,后者说君主暴乱,不可以拿来类推,像这样的就应禁止。君主立法认为正确的,现在臣子多标榜个人智巧来否定国法,这就是用智巧来肯定奸邪,诋毁法制、标榜智巧。像这样的应予禁止,这是做君主的原则。

【原文】

禁主之道,必明于公私之分,明法制,去私恩。夫令必行,禁必止,人主之公义也;必行其私,信于朋友,不可为赏劝,不可为罚沮,人臣之私义也。私义行则乱,公义行则治,故公私有分。人臣有私心,有公义。修身洁白而行公行正,居官无私,人臣之公义也。污行从欲,安身利家,人臣之私心也。明主在上则人臣去私心行公义,乱主在上则人臣去公义行私心,故君臣异心。君以计畜臣,臣以计事君,君臣之交,计也。害身而利国,臣弗为也;富国而利臣,君不行也。

【译文】

做明君的原则,一定要明白公私的区别,彰明法制,舍弃私人恩惠。有令必行,有禁必止,是君主的公义;一定要实现自己的私利,在朋友中取得信任,不能用赏赐鼓励,不能用刑罚阻止,是臣子的私义。私义风行国家就会混乱,公义风行国家就会平安,所以公私是有区别的。臣子有私心,有公义。修身廉洁而办事公正,做官无私,是臣子的公义;玷污品行而放纵私欲,安身利家,是臣子的私心。明君在上,臣子就去私心行公义;昏君在上,臣子就去公义行私心。所以君臣不一条心,君主靠算计蓄养臣子,臣子靠算计侍奉君主,君臣交往的是算计。危害自身而有利国家,臣子是不做的;危害国家而有利臣子,君主是不干的。

【原文】

臣之情,害身无利;君之情,害国无亲。君臣也者,以计合者也。至夫临难必死,尽智竭力,为法为之。故先王明赏以劝之,严刑以威之。赏刑明则民尽死,民尽死则兵强主尊。刑赏不察则民无功而求得,有罪而幸免,则兵弱主卑。故先王贤佐尽力竭智。故曰:公私不可不明,法禁不可不审,先王知之矣。

【译文】

臣子的本心,危害自身就谈不上利益;君主的本心,危害国家就谈不上亲近。君臣关系是凭算计结合起来的。至于臣子遇到危难一定拼死,竭尽才智和力量,是法度造成的。所以先王明定赏赐来加以勉励,严定刑罚来加以制服。赏罚分明,百姓就能拼死;百姓拼死,兵力就会强盛,君主就会尊贵。刑赏不分明,百姓就会无功而谋取利益,有罪而侥幸免罚,结果是兵力弱小,君主卑下。所以先王贤臣都竭力尽心。所以说,公私不可不明,法禁不可不察,先王是懂得这个道理的。

解老第二十

【原文】

德者,内也。得者,外也。上德不德,言其神不淫于外也。神不淫于外则身全,身全之谓德。德者,得身也。凡德者,以无为集,以无欲成,以不思安,以不用固。为之欲之,则德无舍,德无舍则不全。用之思之则不固,不固则无功,无功则生于德。德则无德,不德则在有德。故曰:"上德不德,是以有德。"所以贵无为无思为虚者,谓其意无所制也。夫无术者,故以无为无思为虚也。夫故以无为无思为虚者,其意常不忘虚,是制于为虚也。虚者,谓其意无所制也。今制于为虚,是不虚也。虚者之无为也,不以无为为有常,不以无为为有常则虚,虚则德盛,德盛之谓上德,故曰:"上德无为而无不为也。"仁者,谓其中心欣然爱人也。其喜人之有福,而恶人之有祸也。生心之所不能已也,非求其报也。故曰:"上仁为之而无以为也。"义者,君臣上下之事,父子贵贱之差也,知交朋友之接也,亲疏内外之分也。臣事君宜,下怀上宜,子事父宜,贱敬贵宜,知交友朋之相助也宜,亲者内而疏者外宜。义者,谓其宜也,宜而为之,故曰:"上义为之而有以为也。"

【译文】

德是内部所具有的。得是从外部获取的。《老子》"上德不德"这句话,是说具有上德的人的精神不游离自身。精神不外露,自身就能保全。自身能够保全,也就叫作"德"。"德"即得到自身。凡是德,都是以无为来积聚,以无欲来成就,以不思虑来得到安定,以不使用来得到巩固的。如果有为、有欲,德就无所归宿;德无所归宿,就不完整了。如果使用了,思虑了,德就不能牢固;不牢固,就没有功效;没有功效是由于自以为有德。自以为有德,就没有德;不自以为有德,就保全了德。所以《老子》说:"上德不自以为有德,因此才有德。"推崇无为、无思作为虚的原因,是说人的心意不受任何牵制,那种不懂道术的人,故意用无为、无思来表现虚。故意用无为无思来表现虚的人,他的心意常常不忘记虚,这就是被虚所牵制了。虚是说他的心意不受牵制。现在被虚所牵制,就是不虚了。真正做到虚的人,在对待无为上,不把无为当作经常要注意的事。不把无为当作经常要注意的事,就虚了;虚了,德就充足;德充足了,也就叫作上德。所以《老子》说:"上德无为而又无所不为。"仁是说内心自发地去爱人,是说喜欢别人得到幸福而不喜欢别人遭到祸害;是抑制不住的内在感情冲动,并不是为了求得别人的报答。所以《老子》说:"上仁有所表现的话,并不是怀着目的而去表现的。"义是指君臣上下的联系,父子贵贱的差异,知交朋友的交往,亲疏内外的分别。臣子侍奉君主适宜,下属依恋上司适宜,孩子侍奉父亲适宜,卑贱礼敬尊贵适宜,知交朋友互助适宜,内亲外疏适宜。义就是说处理各种关系很适宜,适宜的才去做。所以《老子》说:"上义表现出来,是怀着目的而去表现的。"

【原文】

礼者,所以貌情也,群义之文章也,君臣父子之交也,贵贱贤不肖之所以别也。中心怀而不谕,故疾趋卑拜而明之。实心爱而不知,故好言繁辞以信之。礼者,外节之所以谕内也。故曰:"礼以貌情也。"凡人之为外物动也,不知其为身之礼也。众人之为礼也,以尊他人也,故时劝时衰。君子之为礼,以为其身,以为其身,故神之为上礼,上礼神而众人贰,故不能相应,不能相应,故曰:"上礼为之而莫之应。"众人虽贰,圣人之复恭敬尽手足之礼也不衰,故曰:"攘臂而仍之。"道有积而德有功,德者道之功。功有实而实有光,仁者德之光。光有泽而泽有事,义者仁之事也。事有礼而礼有文,礼者义之文也。故曰:"失道而后失德,失德而后失仁,失仁而后失义,失义而后失礼。"礼为情貌者也,文为质饰者也。夫君子取情而去貌,好质而恶饰。夫恃貌而论情者,其情恶也;须饰而论质者,其质衰也。何以论之?和氏之璧,不饰以五采,隋侯之珠,不饰以银黄,其质至美,物不足以饰之。夫物之待饰而后行者,其质不美也。是以父子之间,其礼朴而不明,故曰:"礼薄也。"

【译文】

礼是体现内心感情的,是各种义的有条理的表现,是用来规定君臣、父子之间的关系的。是表明贵贱、贤不肖之间的区别的。内心依恋而不能表达,所以用疾趋卑拜等动作来加以表明;心里确实有所爱慕而对方却不了解,所以用美好动听的言辞来加以申诉,礼是用来表明内心感情的外部文饰。所以说,礼是用来体现内心感情的。凡人受外界事物的影响而有所动作,并不懂得这种动作就是他自身的礼。一般人的行礼,是用来尊重别人的,所以有时认真,有时马虎。君子的行礼,是为了他自身的需要;为了自身的需要,所以专心一意地对待它而使它成为上礼;上礼专心一意而一般人却三心二意,所以两方面不能相应;两方面不能相应,所以《老子》说:"上礼实行了却没有人响应。"一般人虽是三心二意,圣人仍然保持恭敬,一举一动都遵守礼,毫不懈怠。所以《老子》说圣人"竭尽全力继续行礼"。道有所积聚,而积聚又有所功效;德也就是道的功效。功效有实际表观,有实际表观就有光辉;仁也就是德的光辉。光辉有它的色泽,色泽有表现它的事情;义也就是表现仁的事情。事情有礼的规定,礼有文采的外观;礼也就是义的文采外观。所以《老子》说:"失去道之后,就失掉了德;失去德之后,就失掉了仁;失去仁之后,就失掉了义;失去义之后,就失掉了礼。"礼是情感的描绘,文采是本质的修饰。君子采纳情感而舍弃描绘,喜欢本质而厌恶修饰。依靠描绘来阐明情感的,这种情感就是恶的;依靠修饰来阐明本质的,这种本质就是糟的。和氏璧,不用五彩修饰;隋侯珠,不用金银修饰。它们的本质极美,别的东西不足以修饰它们,事物等待修饰然后流行的,它的本质不美。因此父子之间的礼纯朴自然而不拘形式,所以说,礼是淡薄的。

【原文】

凡物不并盛,阴阳是也。理相夺予,威德是也。实厚者貌薄,父子之礼是也。由是观之,礼繁者实心衰也。然则为礼者,事通人之朴心者也。众人之为礼也,人应则轻欢,不应则责怨。今为礼者事通人之朴心,而资之以相责之分,能毋争乎?有争则乱,故曰:"礼者,忠信之薄也,而乱之首乎。"

【译文】

一切事物不能同时旺盛,阴阳就是这样;事理总是正反相互排斥的,威和德就是这样;实情深厚的外貌就淡薄,父子之间的礼就是这样。由此看来,礼节繁琐是内心真实感情衰竭的表现。既是这样,那么行礼这事,正是为了沟通人们朴实的心意。一般人的行礼,别人回礼就轻快欢乐,不回礼就责怪怨恨,现在行礼的人本想从事于沟通人们朴实的心意,但却给众人提供了指责自己的借口,能不发生争执吗?有争执就乱,所以《老子》说:"礼是忠、信淡薄的表现,是产生争乱的开端。"

【原文】

先物行先理动之谓前识,前识者,无缘而忘意度也。何以论之?詹何坐,弟子侍,有牛鸣于门外,弟子曰:"是黑牛也而白题。"詹何曰:"然,是黑牛也,而白在其角。"使人视之,果黑牛而以布裹其角。以詹子之术,婴众人之心,华焉殆矣,故曰"道之华也"。尝试释詹子之察,而使五尺之愚童子视之,亦知其黑牛而以布裹其角也。故以詹子之察,苦心伤神,而后与五尺之愚童子同功,是以曰"愚之首也"。故曰:"前识者道之华也,而愚之首也。"

【译文】

在事物没有出现之前和事理没有表现出来之前就行动,叫作前识。前识是没有依据而作出的胡乱猜度。凭什么这样呢?詹何坐着,弟子侍候,牛在门外叫。弟子说:"这是头黑牛而有白额。"詹何说:"对。这是头黑牛。但白色在它角上。"叫人去看,果然是黑牛而用布包着它的角。用詹何的方法来扰乱众人的心,华而不实啊。太危险了!所以说前识"是道的虚华的表现"。不妨放弃詹何的明察,而叫五尺愚童去看,也知道是黑牛而用白布包着它的角。所以用詹何的明察,劳心伤神,然后才能和五尺愚童同等效果,因此说前识"是愚意的开端"。所以《老子》说:"前识是道的虚华的表现,是愚蠢的开端。"

【原文】

所谓大丈夫者,谓其智之大也。所谓处其厚不处其薄者,行情实而去礼貌也。所谓处其实不处其华者,必缘理不径绝也。所谓去彼取此者,去貌径绝而取缘理好情实也。故曰:"去彼取此。"人有祸则心畏恐,心畏恐则行端直,行端直则思虑熟,思虑熟则得事理,行端直则无祸害,无祸害则尽天年,得事理则必成功,尽天年则全而寿,必成功则富与贵,全寿富贵之谓福。

【译文】

《老子》中所说的"大丈夫",是说他的智慧很高。所说的"立身淳厚而不立身轻薄",是说表观真情实感而去掉外表的礼貌。所说的"立身朴实而不立身虚华",是说必须遵循事理而不简单跨越事理。所说的"去掉那个,采取这个",是说去掉礼貌、简单跨越事理而采取遵循事理、喜欢真情实感。所以《老子》说:"去掉那个,采取这个。"人有祸害,内心就恐惧;内心恐惧,行为就正直;行为正直,思虑就成熟;思虑成熟,就能得到事物的规律。行为正直,就没有祸害;没有祸害,就能尽享天年。得到事理,就一定能成就功业。尽享天年,就能全身而长寿。一定成就功业,就富有而显贵。全寿富贵叫作福。

【原文】

而福本于有祸,故曰:"祸兮福之所倚。以成其功也。"

【译文】

而福本源于有祸。所以《老子》说:"祸啊,是福所依存的地方。即由此成就了人们的功业。"

【原文】

人有福则富贵至,富贵至则衣食美,衣食美则骄心生,骄心生则行邪僻而动弃理,行邪僻则身死夭,动弃理则无成功。

【译文】

人有福,富贵就来到;富贵来到,衣食就美好;衣食美好,骄心就产生;骄心产生,就会行为邪僻而举动悖理;行为邪僻,自身就会早死;举动悖理,就不会成就功业。

【原文】

夫内有死夭之难,而外无成功之名者,大祸也。而祸本生于有福,故曰:"福兮祸之所伏。"

【译文】

内有早死的灾难而外无成功的名声,也就成了大祸。而祸根源于有福。所以《老子》说:"福啊,是祸所潜伏的地方。"

【原文】

夫缘道理以从事者无不能成。无不能成者,大能成天子之势尊,而小易得卿相将军之赏禄。夫弃道理而忘举动者,虽上有天子诸侯之势尊,而下有猗顿、陶朱、卜祝之富,犹失其民人而亡其财资也。众人之轻弃道理而易忘举动者,不知其祸福之深大而道阔远若是也,故谕人曰:"孰知其极。"

【译文】

按照事物的法则办事的人,没有不成功的。没有不成功的,大功能成就天子的权势尊严,小功容易取得卿相将军的赏赐俸禄。违背事物法则而轻举妄动的,即使上有天子诸侯的权势尊严,下有猗顿、陶朱以及卜祝的富有,还是会失去百姓而丧失财产的。大家之所以轻易地违背事物法则而轻举妄动,是由于不懂得祸福转化的道理广阔深远得像这个样子,所以《老子》告诉人们说:"谁知道它的究竟?"

【原文】

人莫不欲富贵全寿,而未有能免于贫贱死夭之祸也,心欲富贵全寿,而今贫贱死夭,是不能至于其所欲至也。凡失其所欲之路而妄行者之谓迷,迷则不能至于其所欲至矣。今众人之不能至于其所欲至,故曰"迷"。众人之所不能至于其所欲至也,自天地之剖判以至于今,故曰:"人之迷也,其日故以久矣。"

【译文】

人们没有不想富贵全寿的,但没有谁能免于贫贱早死的灾祸。心里想富贵全寿,而现在却贫贱早死,这是没能达到他想达到的目的。凡是离开他想走的路而乱走的,就叫作迷惑,迷惑就不能到达他想到达的地方了。现在众人不能到达想要到达的地方,所以叫"迷"。众人不能到达想要到达的地方,从开天辟地直到现在,都是这样,所以《老子》说:"人们陷入迷途,日子确是很长久了。"

【原文】

所谓方者,内外相应也,言行相称也。所谓廉者,必生死之命也,轻恬资财也。所谓直者,义必公正,公心不偏党也。所谓光者,官爵尊贵,衣裘壮丽也。今有道之士,虽中外信顺,不以诽谤穷堕;虽死节轻财,不以侮罢羞贪;虽义端不党,不以去邪罪私;虽势尊衣美,不以夸贱欺贫。其故何也?使失路者而肯听习问知,即不成迷也。今众人之所以欲成功而反为败者,生于不知道理而不肯问知而听能。众人不肯问知听能,而圣人强以其祸败适之,则怨。众人多而圣人寡,寡之不胜众,数也。今举动而与天下之为雠,非全身长生之道也,是以行轨节而举之也。故曰:"方而不割,廉而不刿,直而不肆,光而不耀。"

【译文】

所谓方正,是指表里一致,言行一致。所谓廉正,是指舍生忘死,看轻资财。所谓正直,是指在道义上一定公正,有公心而不偏私。所谓光耀,是指官爵尊贵,衣裘华丽。现在掌握了道的人,虽然内心和外表都真诚和顺,但并不以此议论困苦堕落的人;虽然能舍生忘死轻视资财,但并不以此侮辱软弱的人,耻笑贪利的人;虽然品行端正不结党营私,但并不以此嫌弃邪僻的人、责怪自私的人;虽然地位尊贵衣着华美,但并不以此藐视卑贱的人,欺侮贫穷的人。其原因是什么?假如迷路的人肯听从熟悉情况的人,请教懂得的人,就不会迷路了。现在一般人希望成功却反而失败的原因,是由于不懂得道理而又不肯去向懂得的人请教,不肯听从能人的意见。一般人不肯请教懂得的人和听从能干的人,而圣人硬要拿他们出的乱子加以责备,就会惹出怨恨来了。一般人多而圣人少,圣人不能压过一般人,是必然的道理。如果一举一动都和天下的人作对,那就不是保全自身求得长寿的办法了,因此圣人用遵循法度来引导人们。所以《老子》说:"圣人要方正,但不割伤人;有棱角,但不刺伤人;正直,但不放纵;有光彩,但不炫耀。"

【原文】

聪明睿智天也,动静思虑人也。人也者,乘于天明以视,寄于天聪以听,托于天智以思虑。故视强则目不明,听甚则耳不聪,思虑过度则智识乱。目不明则不能决黑白之分,耳不聪则不能别清浊之声,智识乱则不能审得失之地。目不能决黑白之色则谓之盲,耳不能别清浊之声则谓之聋,心不能审得失之地则谓之狂。盲则不能避昼日之险,聋则不能知雷霆之害,狂则不能免人间法令之祸。书之所谓治人者,适动静之节,省思虑之费也。所谓事天者,不极聪明之力,不尽智识之任。苟极尽则费神多,费神多则盲聋悖狂之祸至,是以啬之。啬之者,爱其精神,啬其智识也。故曰:"治人事天莫如啬。"

【译文】

听力、视力和智力是自然生成的,它们的动静思虑是人为的,人为的是指,要依靠自然生成的视力去看,依靠自然生成的听力去听,依靠自然生成的智力去思考。所以视力用得过度,眼睛就不明;听力用得过度,耳朵就不灵;思虑过度,智力的认识功能就混乱。眼睛不明,就不能判断黑白界限;耳朵不灵,就不能区别清浊声音;智力的认识功能混乱,就不能弄清得失根据。眼睛不能判断黑白颜色就叫作盲,耳朵不能区别清浊声音就叫作聋,心智不能弄清得失根据就叫作狂。盲就不能躲避白天的危险,聋就不能知道雷霆的危害,狂就不能免于社会法令予以惩罚的灾祸。《老子》所说的"治人",是说的适应动静的节律,节省脑力的消耗。所说的"事天",是说的不要用尽听力、视力,不要用过智力认识功能的限度。如果完全用尽,就会过度费神;过度费神,盲聋狂乱的祸害就会到来,因此要节省。节省是指爱惜精神,节省脑力。所以《老子》说:"治人事天没有比得上节省的。"

【原文】

众人之用神也躁,躁则多费,多费之谓侈。圣人之用神也静,静则少费,少费之谓啬。啬之谓术也生于道理。夫能啬也,是从于道而服于理者也。众人离于患,陷于祸,犹未知退,而不服从道理。圣人虽未见祸患之形,虚无服从于道理,以称蚤服。故曰:"夫谓啬,是以蚤服。"

【译文】

众人用神浮躁,浮躁就浪费,浪费叫作侈。圣人用神安静,安静就少费,少费叫作啬。节省作为一种方法,产生于大小规律。能够节省,也就是服从于大小规律。众人遭受灾患,陷入祸害,仍不知退,而不服从大小规律。圣人虽然不曾看见祸患的苗头,就虚静无为地服从于大小规律,这叫"早服"。所以《老子》说:"正因为圣人节省,所以能够早服。"

【原文】

知治人者其思虑静,知事天者其孔窍虚。思虑静,故德不去。孔窍虚,则和气日入。故曰:"重积德。"夫能令故德不去,新和气日至者,蚤服者也。故曰:"蚤服是谓重积德。"积德而后神静,神静而后和多,和多而后计得,计得而后能御万物,能御万物则战易胜敌,战易胜敌而论必盖世,论必盖世,故曰"无不克"。无不克本于重积德,故曰"重积德则无不克"。战易胜敌则兼有天下,论必盖世则民人从。进兼天下而退从民人,其术远,则众人莫见其端末。莫见其端末,是以莫知其极,故曰:"无不克则莫知其极。"

【译文】

懂得"治人"的人,他的思虑安静;懂得"事天"的人,他的器官畅通。思虑安静,旧德就不会丧失;器官畅通,精气就每天摄入。所以说"不断积德。"能使旧德不失,新的精每天到来的人,就是"早服"的人。所以《老子》说:"早服,指的是不断积德。"积德然后神静;神静然后精气多;精气多然后计谋得当;计谋得当然后能驾驭万物;能驾驭万物,打仗就容易胜敌;打仗容易胜敌,理论就必然称雄于世;理论必然称雄于世,所以说:"无往不胜。"无往不胜本于不断积德,所以《老子》说:"不断积德就无往不胜。"打仗容易战胜敌人,就会拥有天下;理论必然称雄于世,民众就会服从。进可以拥有天下,退可以使民众服从,这种法术非常深远,众人也就看不到它的首尾;看不到它的首尾,因此不能知道它的究底,所以《老子》说:"无往不胜,就没有人知道他的究底。"

【原文】

凡有国而后亡之,有身而后殃之,不可谓能有其国能保其身。夫能有其国、必能安其社稷,能保其身、必能终其天年,而后可谓能有其国、能保其身矣。夫能有其国、保其身者必且体道,体道则其智深,其智深则其会远,其会远众人莫能见其所极。唯夫能令人不见其事极,不见事极者为保其身、有其国,故曰:"莫知其极。""莫知其极,则可以有国。"

【译文】

凡拥有国家然后却丢掉了的,拥有身体然后却伤害了的,不好说是能够拥有国家、能够保全身体。能够拥有国家的人,一定能够安定国家;能够保全身体的人,一定能够享尽天年;然后才好说是能拥有国家、能保全身体了。能拥有国家、保全身体的人,一定会按照根本规律行动。按照根本规律行动,他的智慧就一定很深;智慧很深了,他的计谋就一定很高超;计谋很高超,一般人没有谁能看到他的究底。只有那种能让人看不到究底的人,也才能保全身体、拥有国家。所以《老子》说:"没有人知道他的究底。""没有人知道他的究底,就可以拥有国家了。"

【原文】

所谓有国之母,母者,道也,道也者生于所以有国之术,所以有国之术,故谓之有国之母。夫道以与世周旋者,其建生也长,持禄也久,故曰:"有国之母可以长久。"树木有曼根,有直根。根者,书之所谓柢也。柢也者,木之所以建生也;曼根者,木之所以持生也。德也者,人之所以建生也;禄也者,人之所以持生也。今建于理者其持禄也久,故曰:"深其根。"体其道者,其生日长,故曰:"固其柢。"柢固则生长,根深则视久,故曰:"深其根,固其柢,长生久视之道也。"

【译文】

所谓"有国之母"。母,就是道;道产生于来保有国家的方法;因为是保有国家的方法,所以叫作"有国之母",即"保有国家的根本"。用道来对待世事的,他的生命就会长久,保持禄位就能久远。所以《老子》说:"有国之母,可以长久。"树木有蔓根,有主根。主根就是《老子》所说的"柢"。柢是树木赖以生长的建立者,蔓根是树木赖以生长的保持者。德是人类赖以生存的建立者,禄是人类赖以生存的保持者。假如能立于事理,那么他持禄也就长久,所以说"加深它的蔓根"。能按照根本规律办事,他的生命也就长久,所以说"巩固它的主根"。主根巩固了,生命就长久;蔓根加深了,生活就长久,所以《老子》说:"加深它的蔓根,巩固它的主根,是长生久存的道理。"

【原文】

工人数变业则失其功,作者数摇徙则亡其功。一人之作,日亡半日,十日则亡五人之功矣。万人之作,日亡半日,十日则亡五万人之功矣。然则数变业者,其人弥众,其亏弥大矣。凡法令更则利害易,利害易则民务变,务变之谓变业。故以理观之,事大众而数摇之则少成功,藏大器而数徙之则多败伤,烹小鲜而数挠之则贼其泽,治大国而数变法则民苦之,是以有道之君贵静,不重变法,故曰:"治大国者若烹小鲜。"

【译文】

工人屡屡变换职业就丢失功效,劳作者屡屡变动就丢失功效。一个人的劳作,一天丢失半天,十天就丢失五个人的功效了;一万人的劳作,一天丢失半天,十天就丢失五万人的功效了。既然如此,那么屡屡变换作业的人,人数越多,损失就越大。凡是法令变更了,利害情况也就跟着改变;利害情况改变了,民众从事的作业也就跟着变化;从事的作业有了变化,就叫作变换作业。所以按照道理来看,役使大众而屡屡让他们发生变动,功效就会很小;收藏贵重器物而屡屡加以挪动,损毁就会很大;烹煮小鱼而屡屡加以翻动,就伤害它的光泽;治理大国而屡屡改动法令,百姓就会受到坑害。因此懂得治国原则的君主把安定看得很宝贵,法令确定以后,不再轻易变更。所以《老子》说:"治理大国就像烹煮小鱼一样。"

【原文】

人处疾则贵医,有祸则畏鬼。圣人在上则民少欲,民少欲则血气治,而举动理则少祸害。夫内无痤疽瘅痔之害,而外无刑罚法诛之祸者,其轻恬鬼也甚,故曰:"以道莅天下其鬼不神。治世之民不与鬼神相害也。"故曰:"非其鬼不神也,其神不伤人也。"鬼祟也疾人之谓鬼伤人,人逐除之之谓人伤鬼也;民犯法令之谓民伤上,上刑戮民之谓上伤民;民不犯法则上亦不行刑,上不行刑之谓上不伤人。故曰:"圣人亦不伤民。"

【译文】

人在生病时就尊重医生,遇有祸患时就害怕鬼神。圣人在上,民众欲望就少;民众欲望少,血气就调畅,举动就合理。举动合理,祸害就少。体内没有痤疽瘅痔等疾病的危害,身外没有刑罚诛戮的祸患,这样的人就会把鬼神看得很轻淡。所以《老子》说:"按照法则治理天下,鬼神也就不灵了。"安定社会里的百姓,不和鬼神相互伤害。所以《老子》说:"不是说鬼神不灵了,是说即使灵也伤害不了人。"鬼作怪使人生病叫作鬼伤人,人驱逐鬼神叫作人伤鬼,民众违犯法令叫作民伤君,君主刑戮民众叫作君伤民。民众不犯法,则君主不行刑;君主不行刑叫作君不伤人。所以《老子》说:"圣人也不伤害民众。"

【原文】

上不与民相害,而人不与鬼相伤,故曰:"两不相伤。"民不敢犯法,则上内不用刑罚,而外不事利其产业,上内不用刑罚、而外不事利其产业则民蕃息,民蕃息而畜积盛,民蕃息而畜积盛之谓有德。凡所谓祟者,魂魄去而精神乱,精神乱则无德。鬼不祟人则魂魄不去,魂魄不去而精神不乱,精神不乱之谓有德。上盛畜积,而鬼不乱其精神,则德尽在于民矣。故曰:"两不相伤,则德交归焉。"言其德上下交盛而俱归于民也。

【译文】

君主与民众不相互伤害,而人们与鬼神不互相伤害,所以说"两方面互不相伤。"民众不敢犯法,君主对内就不用刑罚;对外不从事于贪占民众的财物。君主对内不用刑罚,对外不从事于贪占民众的财物,民众就生息兴旺。民众生息兴旺,积蓄就会丰富。民众生息兴旺,积蓄丰富,也就叫作有德。凡是所谓鬼怪作祟,就是丧魂落魄而精神错乱。精神错乱便属于无德。鬼不作怪则魂魄不丧,魂魄不丧则精神不乱,精神不乱便属于有德。君主使民众蓄积丰富,鬼也不来扰乱民众精神,那么德都在民众中了。所以《老子》说:"君主、鬼神不加害民众,那么德就殊途同归了。"即是说,上下两方面的德一齐兴盛起来而同归于民众。

【原文】

有道之君,外无怨雠于邻敌,而内有德泽于人民。夫外无怨雠于邻敌者,其遇诸侯也外有礼义。内有德泽于人民者,其治人事也务本。遇诸侯有礼义则役希起,治民事务本则淫奢止。凡马之所以大用者,外供甲兵,而内给淫奢也。今有道之君,外希用甲兵,而内禁淫奢。上不事马于战斗逐北,而民不以马远淫通物,所积力唯田畴,积力于田畴必且粪灌,故曰:"天下有道,却走马以粪也。"

【译文】

有道的君主,在外和相邻的敌国没有怨仇。在内对人民有恩德。在外和邻敌没有怨仇,他对待诸侯就表现出有礼义。在内对人民有恩德,他治理社会事务就致力于根本。对待诸侯有礼义,战争就很少发生;治理社会事务致力于根本,过度的奢侈就会被制止。一般说来,马的大用处是对外满足打仗需要,对内供给淫佚奢华的需要。现在有道的君主,对外很少用兵打仗,对内禁止过度的奢侈。君主不用马进行战争追击败敌,民众不用马到处游荡运输货物,所积蓄起来的力量只用于农耕。积聚的力量用于农耕,必将从事施肥、灌溉。所以《老子》说:"天下太平,就会把奔跑的马歇下来从事施肥。"

【原文】

人君者无道,则内暴虐其民,而外侵欺其邻国。内暴虐则民产绝,外侵欺则兵数起。民产绝则畜生少,兵数起则士卒尽。畜生少则戎马乏,士卒尽则军危殆。戎马乏则将马出,军危殆则近臣役。马者,军之大用;郊者,言其近也。今所以给军之具于将马近臣,故曰:"天下无道,戎马生于郊矣。"

【译文】

君主无道,对内就暴虐百姓,对外就侵凌邻国。对内暴虐,百姓产业就断了;对外侵凌,战争就会屡屡发生。百姓产业断了,牲畜就会减少;士兵屡屡作战,士卒就会耗尽。牲畜减少,战马就会缺乏;士卒耗尽,军情就会危险。战马缺乏,快生小驹的母马就要出征;军情危险,君主的近臣就要服役。马在军事上有巨大作用,郊外是说距离很近。现在用来供给军队的是孕马近臣,所以《老子》说:"天下不太平,战马就在郊外产驹。"

【原文】

人有欲则计会乱,计会乱而有欲甚,有欲甚则邪心胜,邪心胜则事经绝,事经绝则祸难生。由是观之,祸难生于邪心,邪心诱于可欲。可欲之类,进则教良民为奸,退则令善人有祸。奸起则上侵弱君,祸至则民人多伤。然则可欲之类,上侵弱君而下伤人民。夫上侵弱君而下伤人民者,大罪也。故曰:"祸莫大于可欲。是以圣人不引五色,不淫于声乐,明君贱玩好而去淫丽。"

【译文】

人有欲望,计算就混乱,计算混乱,就更有欲望;更有欲望,邪心就占上风;邪心占上风,办事的准则就没有了;准则没有了,灾难就会发生。由此看来,灾难产生于邪心,邪心产生于欲望。可引起欲望的那类东西,进一层说可以使好人为奸,退一层说也可以使善人遭祸。奸起,向上就会侵害削弱君主而向下就会伤害百姓,向上侵害削弱君主而向下伤害百姓,是大罪。所以《老子》说:"祸患没有比可引起欲望的东西更大的了。"因此圣人不受五色的引诱,不沉溺于声乐;明君轻视珍贵的玩物,抛弃过分华丽的东西。

【原文】

人无毛羽,不衣则不犯寒。上不属天,而下不着地,以肠胃为根本,不食则不能活。是以不免于欲利之心,欲利之心不除,其身之忧也。故圣人衣足以犯寒,食足以充虚,则不忧矣。众人则不然,大为诸侯,小余千金之资,其欲得之忧不除也,胥靡有免,死罪时活,今不知足者之忧,终身不解,故曰:"祸莫大于不知足。"

【译文】

人没有毛羽,不穿衣就不能战胜寒冷;上不接天而下不着地,把肠胃作为根本,不吃饭就不能生存,因此不能免除贪利之心。贪利之心不除,是自身的忧患。所以圣人穿衣足够胜寒,吃饭足够充饥,就不忧虑了。普通人却不这样,大到做了诸侯,小到积存千金资财,贪得的忧愁仍不能解除。轻罪得以赦免,死罪得以活命,现在一些不知足者的忧愁却终身不能解脱。所以《老子》说:"祸害没有比不知足更大的。"

【原文】

故欲利甚于忧,忧则疾生,疾生而智能衰,智能衰则失度量,失度量则妄举动,妄举动则祸害至,祸害至而疾婴内,疾婴内则痛祸薄外,痛祸薄外则苦痛杂于肠胃之间,苦痛杂于肠胃之间则伤人也憯,憯则退而自咎,退而自咎也生于欲利,故曰:"咎莫憯于欲利。"

【译文】

所以贪利比忧愁更厉害。忧愁就得病;得病就智力减退;智力减退,就失去准则;失去准则,就胡乱行事;胡乱行事,祸害就降临;祸害降临,疾病就缠绕内心;疾病缠绕内心,病痛就向外侵扰;病痛向外侵扰,苦痛就聚集在肠胃之间;苦痛聚集在肠胃之间,伤害人就惨痛;惨痛就退而自责;退而自责是由贪利产生的。所以《老子》说:"罪责没有比贪利更惨痛的了。"

【原文】

道者,万物之所然也,万理之所稽也。理者,成物之文也;道者,万物之所以成也。故曰:"道,理之者也。物有理不可以相薄,物有理不可以相薄故理之为物之制。万物各异理,万物各异理而道尽。稽万物之理,故不得不化;不得不化,故无常操;无常操,是以死生气禀焉,万智斟酌焉,万事废兴焉。"

【译文】

道是万物生成的根本动力,是万理构成形式的总汇。理是构成万物的外在形式,道是生成万物的根本原因。所以说,道是条理化了的东西。万物各有其理,彼此不会相侵,所以理成为万物的制约力量。万物之理各自不同,而道却完全集中了万物之理,所以道不能不随具体事物发生变化。因为不得不发生变化,所以没有固定的规则。没有固定的规则,因而存亡之气由道赋予,一切智慧由道发授,万事废兴由道决定。

【原文】

天得之以高,地得之以藏,维斗得之以成其威,日月得之以恒其光,五常得之以常其位,列星得之以端其行,四时得之以御其变气,轩辕得之以擅四方,赤松得之与天地统,圣人得之以成文章。道与尧、舜俱智,与接舆俱狂,与桀、纣俱灭,与汤、武俱昌。以为近乎,游于四极;以为远乎,常在吾侧;以为暗乎,其光昭昭;以为明乎,其物冥冥;而功成天地,和化雷霆,宇内之物,恃之以成。凡道之情,不制不形,柔弱随时,与理相应。万物得之以死,得之以生;万事得之以败,得之以成。道譬诸若水,溺者多饮之即死,渴者适饮之即生。譬之若剑戟,愚人以行忿则祸生,圣人以诛暴则福成。故得之以死,得之以生,得之以败,得之以成。

【译文】

天得道而高升,地得道而蕴藏,维系众星的北斗得道而形成威势,太阳、月亮得道而永放光芒,金、木、水、土、火五大行星得道而常处位次,众星得道而正确运行,四季得道而控制节气,黄帝得道而统治四方,赤松子得道与天地同寿,圣人得道而创造文明。道,与唐尧虞舜同在便表现为智慧,与狂人接舆同在便表现为狂放,与夏桀殷纣同在便表现为灭亡,与商汤周武同在便表现为昌盛。认为它近吧,它能远行四极;认为它远吧,它能常处身边;认为它暗淡吧,它光辉照耀;认为它明亮吧,它昏昏冥冥。它的功效造就天地,它的积聚化为雷霆,宇宙内的万事万物都要依靠它而存在。凡属道的真情,不制作,不外露,柔弱和顺,随时运行,与理相应。万物因得道而死亡,因得道而生存;万事因得道而失败,因得道而成功。道,打个比方,就像水一样,溺水者多喝了就会死亡,渴的人适量饮用了就会生存。再打个比方,道就像剑戟一样,愚人拿来行凶泄愤就会惹祸,圣人拿来诛杀暴徒就会造福。所以说因得道而死,因得道而生,因得道而失败,因得道而成功。

【原文】

人希见生象也,而得死象之骨,案其图以想其生也,故诸人之所以意想者皆谓之象也。今道虽不可得闻见,圣人执其见功以处见其形,故曰:"无状之状,无物之象。"

【译文】

人们很少能见到活象,却能得到死象的骨骼。依据死象骨骼的模样来想象活象的样子,所以人们据以想象的东西都叫作"象"。现在道虽然听不到看不见,圣人根据它所显现的功效来推得它的形状,所以《老子》说:"道是没有显露形状的形状,没有具体事物的物象。"

【原文】

凡理者,方圆、短长、麤靡、坚脆之分也。故理定而后可得道也。故定理有存亡,有死生,有盛衰。夫物之一存一亡,乍死乍生,初盛而后衰者,不可谓常。唯夫与天地之剖判也具生,至天地之消散也不死不衰者谓常。而常者,无攸易,无定理,无定理非在于常所,是以不可道也。圣人观其玄虚,用其周行,强字之曰道,然而可论,故曰:"道之可道,非常道也。"

【译文】

作为概念的理,就是指万物的方圆、短长、粗细、坚脆的区别,所以理确定以后才可能进一步获得规律。因此,确定了的理仍有存亡、生死和盛衰的变化。万物有存有亡,忽生忽死,先盛后衰的变化,不能叫作永恒。只有那种和天地的开辟一起产生,到天地消散仍然不死不衰的,才能叫作永恒。永恒,就是没有变化,没有定理。没有定理,不处在固定的场所,因此无法说明。圣人观察到永恒规律的玄虚,依据永恒规律的普遍作用,勉强把它命名为"道",然后才能够加以论说。所以《老子》说:"道如能说明,就不是永恒的道了。"

【原文】

人始于生而卒于死。始之谓出,卒之谓入,故曰:"出生入死。"人之身三百六十节,四肢,九窍,其大具也。四肢与九窍十有三者,十有三者之动静尽属于生焉。属之谓徒也,故曰:生之徒也十有三者。至死也十有三具者皆还而属之于死,死之徒亦有十三,故曰:"生之徒十有三,死之徒十有三。"凡民之生生而生者固动,动尽则损也,而动不止,是损而不止也,损而不止则生尽,生尽之谓死,则十有三具者皆为死死地也。故曰:"民之生,生而动,动皆之死地,之十有三。"

【译文】

人以出生开始,以死亡结束,开始叫出,结束叫入,所以说:"出生入死。"人的身上有三百六十个部件,四肢和九窍是其中的重要部件。四肢和九窍共十三件,这十三个部件的一动一静都属于生存的范围。属也就是类,所以说,属于生存一类的有十三件。等到人死以后,这十三个部件都反过来属于死亡的范围,属于死亡一类的也有十三件。所以说:"生存一类有十三件,死亡一类有十三件。"民众生息不止,而活人本来就要动,动得过度就要受损害;不停地动,也就是不停地损害。损害不停止,生命就耗尽了;生命耗尽了就叫作死,那么这十三件都为不断走向死亡准备了条件。所以《老子》说:"民众活着,活着就要动,动了都要走向死亡,都体现在这十三件上面。"

【原文】

是以圣人爱精神而贵处静,此甚大于兕虎之害。夫兕虎有域,动静有时,避其域,省其时,则免其兕虎之害矣。民独知兕虎之有爪角也,而莫知万物之尽有爪角也,不免于万物之害。何以论之?时雨降集,旷野闲静,而以昏晨犯山川,则风露之爪角害之。事上不忠,轻犯禁令,则刑法之爪角害之。处乡不节,憎爱无度,则争斗之爪角害之。嗜欲无限,动静不节,则痤疽之爪角害之。好用其私智而弃道理,则网罗之爪角害之。兕虎有域,而万害有原,避其域,塞其原,则免于诸害矣。凡兵革者,所以备害也。重生者虽入军无忿争之心,无忿争之心则无所用救害之备。此非独谓野处之军也,圣人之游世也无害人之心,无害人之心则必无人害,无人害则不备人,故曰:"陆行不遇兕虎。"入山不恃备以救害,故曰:"入军不备甲兵。"远诸害,故曰:"兕无所投其角,虎无所错其爪,兵无所容其刃。"不设备而必无害,天地之道理也。体天地之道,故曰:"无死地焉。"动无死地,而谓之善摄生矣。

【译文】

因此圣人爱惜精神而重视置身于虚静状态。不爱惜精神,不重视置身虚静,是要比野牛猛虎的危害还要大的。野牛和猛虎有一定的活动区域,动和静有一定的时间。避开它们的活动区域,观察它们的活动时间,就可以免除野牛和老虎的危害了。百姓只知道野牛和猛虎有坚爪利角,却不知道万物都有坚爪利角,就不能免遭万物的侵害。为什么这样说?季雨降落汇集,旷野一片清静,如果在黄昏和清晨跋山涉水,风露的爪角就会侵害他。侍奉主上不忠诚,轻易违犯禁令,刑法的爪角就会侵害他。住在乡里不检点,爱憎没有标准,争斗的爪角就会侵害他。贪图享乐没有限度,行为举止不检点,毒疮的爪角就会侵害他。喜用个人智巧而背弃事理物情,法网的爪角就会侵害他。野牛和猛虎有它们的活动区域,各种祸害也都有它们的根源,如果避开猛兽的活动区域,堵塞祸害的根源,就可以免遭各种祸害了。所有兵器盔甲都是用来防备侵害的。重视生命的人,纵然当兵也没有忿怒争斗的心思;没有忿怒争斗的心思,就无处使用避免祸害的防备措施。这不只是说处在野外的军队。圣人在世上活动,没有害人的心思,必然就没人害他;没人害他,就不用防备别人。所以《老子》说:"陆地上走路不会碰到野牛和猛虎"。进入山林不依仗防备措施来避免祸害,所以说"加入军队不用准备武器"。远离各种祸害,所以说:"野牛没有地方使用它的利角,猛虎没有地方施展它的坚爪,兵器没有地方用它的锋刃。"不采取措施而必然没有祸害,是自然的通理。体验自然的通理,所以说"不会陷入死亡的境地"。活动不会接近死地,就叫作"善于养生"。

【原文】

爱子者慈于子,重生者慈于身,贵功者慈于事。慈母之于弱子也,务致其福,务致其福则事除其祸,事除其祸则思虑熟,思虑熟则得事理,得事理则必成功,必成功则其行之也不疑,不疑之谓勇。圣人之于万事也,尽如慈母之为弱子虑也,故见必行之道,见必行之道则明,其从事亦不疑,不疑之谓勇。不疑生于慈,故曰:"慈故能勇。"

【译文】

喜欢孩子的对孩子慈爱,重视生命的对身体爱惜,看重功业的对事务珍惜。慈母对于幼子,致力于给他幸福;致力于给他幸福,就从事于免除他的祸害;从事于免除他的祸害,就考虑周详;考虑周详,就获得事理;获得事理,就必定成功;必定成功,实行起来就不犹豫;不犹豫叫作勇敢。圣人对于万事万物,全部都像慈母为幼子考虑一般,所以看到了一定要实行的道理。看到一定要实行的道理就明察,他干事情就不犹豫;不犹豫叫作勇敢。不犹豫产生于慈爱,所以《老子》说:"因为慈爱,所以就能勇敢。"

【原文】

周公曰:"冬日之闭冻也不固,则春夏之长草木也不茂。"天地不能常侈常费,而况于人乎?故万物必有盛衰,万事必有弛张,国家必有文武,官治必有赏罚。是以智士俭用其财则家富,圣人爱宝其神则精盛,人君重战其卒则民众。民众则国广,是以举之曰:"俭故能广。"

【译文】

周公说:"冬天里冰封地冻如果不很坚固,春夏时草木的生长就不会茂盛。"天地尚且不能经常浪费和消耗,何况人呢?所以万物必定有兴盛和衰微,万事必定有松弛和紧张,国家官员必定有文有武,官府办事必定有赏有罚。因此聪明的人节俭地使用财产,家庭就富裕;圣明的人珍视他的精神,精力就旺盛;做君主的不轻易用兵打仗,人民就众多;人民众多,国土就宽广。因此《老子》称道说:"因为节俭,所以能够宽广。"

【原文】

凡物之有形者易裁也，易割也。何以论之？有形则有短长，有短长则有小大，有小大则有方圆，有方圆则有坚脆，有坚脆则有轻重，有轻重则有白黑。短长、大小、方圆、坚脆、轻重、白黑之谓理。理定而物易割也。故议于大庭而后言则立，权议之士知之矣。故欲成方圆而随其规矩，则万事之功形矣。而万物莫不有规矩。议言之士，计会规矩也。圣人尽随于万物之规矩，故曰："不敢为天下先。"不敢为天下先则事无不事，功无不功，而议必盖世，欲无处大官，其可得乎？处大官之谓为成事长，是以故曰："不敢为天下先，故能为成事长。"

【译文】

大凡有形状的物体就容易裁断，容易分析。为什么这样说？有形状，就有长短；有长短，就有大小；有大小，就有方圆；有方圆，就有坚脆；有坚脆，就有轻重；有轻重，就有黑白。长短、大小、方圆、坚脆、轻重、黑白就叫作理。理确定之后，事物就容易分析。所以在朝廷里议事，后发言的人的主张就能够成立，善于权衡各种议论的人是懂得这点的。所以要想画成方圆而能遵循规矩，那么一切事物的功效就都显现出来了。而万物无不存在规矩，出谋献策的人，就是考虑如何合于规矩。圣人遵循一切事物的一切规矩，所以说"不敢走在天下人的前面"。不敢走在天下人的前面，事情就没有做不好的，功业就没有建立不起来的，而议论必定超越世人，圣人要想不处在重要职位上，这可能吗？处在重要职位上就是说成为办事的首领。因此《老子》说："不敢走在天下人的前面，所以能成为办事的首领。"

【原文】

慈于子者不敢绝衣食，慈于身者不敢离法度，慈于方圆者不敢舍规矩。故临兵而慈于士吏则战胜敌，慈于器械则城坚固。故曰："慈于战则胜，以守则固。"夫能自全也而尽随于万物之理者，必且有天生。天生也者，生心也。故天下之道尽之生也，若以慈卫之也。事必万全，而举无不当，则谓之宝矣。故曰："吾有三宝，持而宝之。"

【译文】

对孩子慈爱的人，不敢断绝衣食；对身体爱惜的人，不敢背离法度；对方圆珍视的人，不敢丢掉规矩。所以遇到战事能爱惜士兵和下级军官，就能战胜敌人；爱惜器械，城池就可以坚固。所以《老子》说："慈爱，用于战争就能取胜，用于防御就能固守。"能保全自己而完全遵循事物法则的人，一定会有天性。天性也就是遵循自然法则的思想，所以天下之道都要通过这种思想反映出来。假如用慈爱来护卫它，事情必定万无一失，而措施没有不妥当的，那么也就可以称之为宝了。所以《老子》说："我有三件宝，掌握并珍视它。"

【原文】

书之所谓大道也者，端道也。所谓貌施也者，邪道也。所谓径大也者，佳丽也。佳丽也者，邪道之分也。朝甚除也者，狱讼繁也。狱讼繁则田荒，田荒则府仓虚，府仓虚则国贫，国贫而民俗淫侈，民俗淫侈则衣食之业绝，衣食之业绝则民不得无饰巧诈，饰巧诈则知采文，知采文之谓服文采。狱讼繁、仓廪虚、而有以淫侈为俗，则国之伤也若以利剑刺之。故曰："带利剑。"诸夫饰智故以至于伤国者，其私家必富，私家必富，故曰："资货有余。"国有若是者，则愚民不得无术而效之，效之则小盗生。由是观之，大奸作则小盗随，大奸唱则小盗和。竽也者，五声之长者也，故竽先则钟瑟皆随，竽唱则诸乐皆和。今大奸作则俗之民唱，俗之民唱则小盗必和，故服文采，带利剑，厌饮食，而货资有余者，是之谓盗竽矣。

【译文】

《老子》书中所说的大道，即是正道。所说的外表上的歪斜，即是邪道。所谓把小路当作大路，即是认为这种小路精美华丽。而所谓精美华丽，也就是邪道的一部分。所谓官厅很脏，是诉讼案件繁多。诉讼案件繁多，田地就荒芜；田地荒芜，仓库就空虚；仓库空虚国家就贫困；国家贫困，民俗就淫逸奢侈；民俗淫逸奢侈，农织行业就荒废；农织行业荒废，民众就不得不粉饰偷奸取巧；粉饰偷奸取巧，就知道了漂亮；知道了漂亮，也就是说"穿着华丽"。诉讼案件繁多，仓库空虚，而又让淫逸奢侈形成风俗，那么国家受到的伤害也就像拿了利剑刺它一样。所以说"佩带着利剑"。以上那些粉饰偷奸取巧以致伤害国家的，私家必定富有；私家必定富有，所以说"财货有余"。国家有像这个样子的，那么愚民就不得不想办法来仿效它；仿效了它，小盗贼也就会产生出来。由此看来，大奸兴起，小盗就跟着产生；大奸起唱，小盗就跟着附和。竽是各种乐器的领头乐器，所以竽领了头，钟呀瑟呀的就都来伴随；竽先演奏起来，各种乐器就都来附和。现在大奸兴起了，一般民众就跟着来唱；一般民众唱了，小盗就必然起而附和。所以《老子》说："穿着华丽，佩带利剑，饮食充足，财货有余，这样的人也就可以称之为强盗头子了。"

【原文】

人无愚智，莫不有趋舍。恬淡平安，莫不知祸福之所由来。得于好恶，怵于淫物，而后变乱。所以然者，引于外物，乱于玩好也。恬淡有趋舍之义，平安知祸福之计。而今也玩好变之，外物引之，引之而往，故曰："拔。"至圣人不然，一建其趋舍，虽见所好之物不能引，不能引之谓不拔。一于其情，虽有可欲之类，神不为动，神不为动之谓不脱。为人子孙者体此道，以守宗庙不灭之谓祭祀不绝。身以积精为德，家以资财为德，乡国天下皆以民为德。"今治身而外物不能乱其精神，故曰："修之身，其德乃真。真者，慎之固也。"治家，无用之物不能动其计则资有余，故曰："修之家，其德有余。"治乡者行此节，则家之有余者益众，故曰："修之乡，其德乃长。"治邦者行此节，则乡之有德者益众，故曰："修之邦，其德乃丰。"

【译文】

人们不论是愚蠢还是聪明，没有不进行取舍的。人们在清静寡欲和平淡安闲的时候，没有不知道祸福从何而来的。为好恶感情所支配，为奢侈东西所诱惑，然后才引起思想变化并发生混乱。之所以如此，是因为被外界事物所引诱，被珍贵玩物所扰乱。清静寡欲就能设立取舍的准则，平淡安闲就懂得恰当地计虑祸福。而现在有珍贵的玩物打动他，有外界的事物引诱他；一经引诱，他就跟着走，所以《老子》就叫它"拔"。至于圣人，就不是这样。圣人牢固地确立取舍标准，虽然看到爱好的东西，也不会被引诱；不会被引诱就叫做"不拔"；圣人的情性专一，虽然存在着引起欲望的东西，精神却不为所动；精神不为所动就叫做"不脱"。做子孙的人，体察这一道理来守护宗庙；宗庙不灭，就叫做"祭祀不绝"。身体以积累精气为德，家庭以积蓄财产为德，乡里国家、天下都以保养民众为德。现在勤于自身修养，外界事物不能扰乱他的精神，所以《老子》说："修养施行到自己身上，他的德就会真。"所谓真，就是守护得很牢固。治理家庭，没有用的东西不能改变他的计划，就会资财有余，所以《老子》说："修养贯彻到家庭，他的德就有赢余。"治理乡里的人实行了这一条,那家庭有盈余的就会更多,所以《老子》说:"贯彻到乡里,他的德就增长。"治理国家的人实行了这一条,那么乡里有德的人就会更多,所以《老子》说:"贯彻到国家,他的德就丰富。"

【原文】

莅天下者行此节,则民之生莫不受其泽,故曰:"修之天下,其德乃普。"修身者以此别君子小人,治乡治邦莅天下者各以此科适观息耗则万不失一,故曰:"以身观身,以家观家,以乡观乡,以邦观邦,以天下观天下,吾奚以知天下之然也以此。"

【译文】

统治天下的人实行了这一条,民众的生存无不受到他的恩惠,所以《老子》说:"贯彻到天下,他的德就普及广大。"修身的人用这项原则来区别君子小人,治乡、治国以至统治天下的人各自用这一项目来对照观察兴衰,就能够万无一失。所以《老子》说:"用自身来观察自身,用家庭来观察家庭,用乡里来观察乡里,用国家来观察国家,用天下来观察天下。我凭什么知道天下是这样的呢?就用的这个方法。"

喻老第二十一

【原文】

天下有道无急患则曰静,遽传不用,故曰:"却走马以粪。"天下无道,攻击不休,相守数年不已,甲胄生虮虱,燕雀处帷幄,而兵不归,故曰:"戎马生于郊。"

【译文】

天下太平,没有急难祸患,就叫作静。传递紧急公文的车马都不用了,所以《老子》说:"歇下奔马,用来运肥耕田。"天下不太平,战争频繁,相互防备着,几年都不能停止,将士的盔甲上都长出了虱子,燕雀在军帐上都筑起了窝,而军队仍不能返回。所以《老子》说:"战马在郊外产下马驹。"

【原文】

翟人有献丰狐、玄豹之皮于晋文公,文公受客皮而叹曰:"此以皮之美自为罪。"夫治国者以名号为罪,徐偃王是也。以城与地为罪,虞、虢是也。故曰:"罪莫大于可欲。"

【译文】

有个翟人把大狐、黑豹的皮进献给晋文公。文公接受客人的兽皮后感叹道:"狐豹因为皮美给自己带来了祸害。"国君因为名号而带来祸害的,徐偃王就属于这种情况;因城池与地理造成祸害的,虞、虢就属于这种情况。所以《老子》说:"罪过中没有比可以引起欲望的东西更大的了。"

【原文】

智伯兼范、中行而攻赵不已,韩、魏反之,军败晋阳,身死高梁之东,遂卒被分,漆其首以为溲器,故曰:"祸莫大于不知足。"

【译文】

智伯兼并范氏、中行氏后,又不停地进攻赵氏,韩、魏背叛智伯,智伯的军队在晋阳战败,智伯死在高梁东边,他的封地终于被瓜分,他的头骨被涂漆后用作饮器。所以《老子》说:"祸患中没有比不知足更大的了。"

【原文】

虞君欲屈产之乘,与垂棘之璧,不听宫之奇,故邦亡身死,故曰:"咎莫憯于欲得。"邦以存为常,霸王其可也。身以生为常,富贵其可也。不欲自害则邦不亡身不死,故曰:"知足之为足矣。"

【译文】

虞国君主贪图屈产出的良马和垂棘出的璧玉,不听宫之奇的劝谏,因而国家灭亡,虞君身死。所以《老子》说:"过失中没有比贪得更惨痛的了。"国家把生存作为根本,称霸称王也就有了可能;身体把生命作为根本,富裕尊贵也就有了可能。不用贪欲来危害自身,国家就不会灭亡,自身就不会死亡。所以《老子》说:"知道满足也就是真正的满足了。"

【原文】

楚庄王既胜狩于河雍,归而赏孙叔敖,孙叔敖请汉间之地,沙石之处。楚邦之法,禄臣再世而收地,唯孙叔敖独在。此不以其邦为收者,瘠也,故九世而祀不绝。故曰:"善建不拔,善抱不脱,子孙以其祭祀世世不辍。"孙叔敖之谓也。

【译文】

楚庄王救郑已经获胜后,在河雍地带打猎,回国后奖赏孙叔敖。孙叔敖请求汉水附近的土地,要了一块贫瘠的地方。楚国的法律,享受俸禄的大臣,到第二代就要收回封地,只有孙叔敖的封地独存。不把他的封地收回,其中的原因是土地瘠薄,因而他的子孙好多代享有这块封地。所以《老子》说:"善于树立的就拔不掉,善于抱持的就脱不开,子孙因为善守封地而代代香火不绝。"说的就是孙叔敖这种情况。

【原文】

制在己曰重,不离位曰静。重则能使轻,静则能使躁。故曰:"重为轻根,静为躁君。"故曰:"君子终日行不离辎重也。"邦者,人君之辎重也。主父生传其邦,此离其辎重者也。故虽有代、云中之乐,超然已无赵矣。主父,万乘之主,而以身轻于天下,无势之谓轻,离位之谓躁,是以生幽而死。故曰:"轻则失臣,躁则失君",主父之谓也。

【译文】

控制权掌握在自己手中叫作重,不离开君位叫作静。重就能役使轻,静就能驾驭躁。所以《老子》说："重是轻的根本,静是躁的主宰。"所以说："君子整天走路,不离开辎重。"国家即是君主的辎重。赵武灵王活着就传位给儿子,这就是离开了他的"辎重",所以虽然有代和云中之地的乐事,飘飘然已失去赵国了。武灵王是大国君主,却让自己被天下人所轻视。失去权势叫作轻,离开君位叫作躁,因此被活活囚禁而饿死了。所以《老子》说："轻,就会失去臣下;躁,就会丢掉君位。"说的就是赵武灵王这类情况。

【原文】

势重者,人君之渊也。君人者势重于人臣之闲,失则不可复得也。简公失之于田成,晋公失之于六卿,而邦亡身死。故曰："鱼不可脱于深渊。"赏罚者,邦之利器也,在君则制臣,在臣则胜君。君见赏,臣则损之以为德;君见罚,臣则益之以为威。人君见赏而人臣用其势,人君见罚而人臣乘其威。故曰："邦之利器不可以示人。"

【译文】

权势是君主的深潭。君主的权势落到了臣下手里,失去后就不可能再得到了。齐简公权势落到田成子手中,晋国君权落到六卿手中,终于国亡身死。所以《老子》说:"鱼不可以脱离深渊。"赏罚是国家的锐利武器,握在君主手中就能控制臣下,握在臣下手中就能制服君主。君主表示要行赏,臣子就扣除一部分用作自己的私赏;君主表示要行罚,臣子就加重刑罚来焙耀私人威风。君主表示要行赏,而臣子利用了他的权势;君主表示要行罚,而臣子凭借了他的威风。所以《老子》说:"国家的锐利武器,不可以拿给别人观看。"

【原文】

越王入宦于吴,而观之伐齐以弊吴。吴兵既胜齐人于艾陵,张之于江、济,强之于黄池,故可制于五湖。故曰:"将欲禽之,必固张之;将欲弱之,必固强之。"晋献公将欲袭虞,遗之以璧马;智伯将袭仇由,遗之以广车。故曰:"将欲取之,必固与之。"起事于无形,而要大功于天下,是谓微明。处小弱而重自卑谓损弱胜强也。

【译文】

越王来到吴国从事贱役,却示意吴王北上伐齐,以便削弱吴国。吴军已在艾陵战胜了齐军,势力扩张到长江、济水流域,又在黄池盟会上逞强,由于出兵在外，久战力衰，所以才会在太湖地区被越国制服。所以《老子》说："想要缩小它，必须暂且扩张它；想要削弱它，必须暂且加强它。"晋献公想要偷袭虞国，就把宝玉良马赠送给虞君；智伯将要袭击仇由，就把载着大钟的广车赠送给他们。所以《老子》说："想要夺取它，必须暂且给与它。"不露形迹地完成事业，求得在天下获取大功，"这就叫微妙的明智。"处在弱小地位而能注重自行谦卑克制，说的是"弱能胜强"的道理。

【原文】

有形之类，大必起于小；行久之物，族必起于少。故曰："天下之难事必作于易，天下之大事必作于细。"是以欲制物者于其细也，故曰："图难于其易也，为大于其细也。"千丈之堤以蝼蚁之穴溃，百尺之室以突隙之烟焚。故曰：白圭之行堤也塞其穴，丈人之慎火也涂其隙。是以白圭无水难，丈人无火患。

【译文】

有形状的东西，大的必定从小的发展起来；历时经久的事物，成群的必定从单个的积累起来。所以《老子》说："天下的难事必定开始于简易，天下的大事必定开始于微细。"因此要想控制事物，就要从微细时着手。所以《老子》说："解决难题要从易处着手，想干大事要从小处着手。"千丈长堤，因为蝼蚁营窟而导致溃决；百尺高屋，因为烟囱漏火而导致焚毁。所以说：白圭巡视长堤时堵塞小洞，老人谨防跑火而涂封缝隙，因此白圭没有水灾，老人没有火灾。

【原文】

此皆慎易以避难，敬细以远大者也。扁鹊见蔡桓公，立有间，扁鹊曰："君有疾在腠理，不治将恐深。"桓侯曰："寡人无。"扁鹊出，桓侯曰："医之好治不病以为功。"居十日，扁鹊复见曰："君之病在肌肤，不治将益深。"桓侯不应。扁鹊出，桓侯又不悦。居十日，扁鹊复见曰："君之病在肠胃，不治将益深。"桓侯又不应。扁鹊出，桓侯又不悦。居十日，扁鹊望桓侯而还走。桓侯故使人问之，扁鹊曰："疾在腠理，汤熨之所及也；在肌肤，针石之所及也；在肠胃，火齐之所及也；在骨髓，司命之所属，无奈何也。今在骨髓，臣是以无请也。"居五日，桓公体痛，使人索扁鹊，已逃秦矣，桓侯遂死。故良医之治病也，攻之于腠理，此皆争之于小者也。夫事之祸福亦有腠理之地，故曰："圣人蚤从事焉。"

【译文】

这些都是谨慎地对待容易的事来避免难事发生,郑重地对待细小的漏洞以避开大祸临头。扁鹊拜见蔡桓公,站了一会儿,扁鹊说:"您有病在表皮上,不治怕会加深。"桓公说:"医生喜欢医治没病的人来作为自己的功劳。"过了十天,扁鹊又拜见桓公说:"您的病到肌肤了,不治就会进一步加深了。"桓侯不理睬。扁鹊走了。桓侯再次表示不高兴。过了十天,扁鹊又拜见桓侯说:"您的病到了肠胃,不治会更加厉害。"桓侯再次不予理睬。扁鹊走了。桓侯再次表示不高兴。过了十天,扁鹊看见桓侯转身就跑,桓侯特意派人问他。扁鹊说:"病在表皮,药物熏敷可以治好;在肌肤,针灸可以治好,在肠胃,清热的汤药可以治好;在骨髓,属于主宰生命之神管辖的范围,没有办法了。现在君主病入骨髓,因此我就不再求见了。"过了五天,桓侯身体疼痛,派人找扁鹊,扁鹊已逃往秦国了。于是桓侯死了。所以良医治病,趁它还在表皮就加以治疗,这都是为了抢在事情细小的时候及早处理。事情的祸福也有刚露苗头的时候,所以圣人能够及早加以处理。

【原文】

昔晋公子重耳出亡过郑,郑君不礼,叔瞻谏曰:"此贤公子也,君厚待之,可以积德。"郑君不听。叔瞻又谏曰:"不厚待之,不若杀之,无令有后患。"郑君又不听。及公子返晋邦,举兵伐郑,大破之,取八城焉。晋献公以垂棘之璧假道于虞而伐虢,大夫宫之奇谏曰:"不可。唇亡而齿寒,虞、虢相救,非相德也。今日晋灭虢,明日虞必随之亡。"虞君不听,受其璧而假之道。晋已取虢,还,反灭虞。此二臣者皆争于腠理者也,而二君不用也。然则叔瞻、宫之奇亦虞、郑之扁鹊也,而二君不听,故郑以破,虞以亡。故曰:"其安易持也,其未兆易谋也。"

【译文】

从前晋公子重耳出外流亡,路过郑国,郑国君主不以礼相待。叔瞻劝说道:"这是贤明的公子,您好好待他,可以积德。"郑君不听从。叔瞻又劝说道:"不好好待他,还不如杀了他,不要让他日后给我们带来祸患。"郑君又不听从。等到重耳返回晋国,起兵伐郑,大败郑国,夺取了郑国的八座城。晋献公用垂棘的宝玉相赠来向虞国借路去攻打虢国,大夫宫之奇劝说道:"不可借路。唇亡而齿寒,虞、虢互相救援,并不是在互相施恩。今天晋灭虢,明天虞必定会跟着灭亡。"虞君不听,接受晋国宝玉,借给晋军道路。晋在攻取虢后,返回路上就灭了虞。这两位臣子都抢在祸害刚露苗头时就想出了办法,但两位君主却不采纳,所以郑国因此战败了,虞国因此灭亡了。所以《老子》说:"事情安定时容易维持,事情未露苗头时容易想法处理。"

【原文】

昔者纣为象箸而箕子怖。以为象箸必不加于土铏,必将犀玉之杯。象箸玉杯必不羹菽藿,则必旄象豹胎。旄象豹胎必不衣短褐而食于茅屋之下,则锦衣九重,广室高台。吾畏其卒,故怖其始。居五年,纣为肉圃,设炮烙,登糟邱,临酒池,纣遂以亡。故箕子见象箸以知天下之祸,故曰:"见小曰明。"

【译文】

从前商纣制作了象牙筷子,箕子非常担忧,认为使用象牙筷子一定不会在陶制器皿里使用,一定会配合使用犀牛角杯或玉杯;象筷玉杯一定不会用于吃豆类食品熬的浓汤,一定要去吃牦牛、大象、豹子的胎儿;吃牦牛、大象、豹子的胎儿就一定不会穿粗布短衣,不会在茅屋下面食用,就一定要穿多层的织锦衣服,住上宽敞房屋和高台。箕子害怕结果严重,所以深为这样的开端担忧。过了五年,商约摆设肉林,建炮烙之刑,登上酒糟山,俯临酒池,他因而丧身。因此箕子看见象牙筷子就预感到了天下的祸害。所以《老子》说:"能够看到事物的萌芽状态,就叫作明。"

【原文】

勾践入宦于吴,身执干戈为吴王洗马,故能杀夫差于姑苏。文王见詈于王门,颜色不变,而武王擒纣于牧野。故曰:"守柔曰强。越王之霸也不病宦,武王之王也不病詈。"故曰:"圣人之不病也,以其病,是以无病也。"

【译文】

勾践到吴国服贱役,亲自拿着兵器做吴王的前驱,所以能在姑苏把夫差杀死。文王在玉门受到辱骂,面不改色,结果武王在牧野捉住了纣王。所以《老子》说:"能够保持柔弱即是刚强。"越王称霸,并不因为担任贱役而苦恼;武王称王,并不因为被人辱骂而苦恼。所以《老子》说:"圣人之所以不苦恼,因为他心里不认为苦恼,因此就不苦恼。"

【原文】

宋之鄙人得璞玉而献之子罕,子罕不受,鄙人曰:"此宝也,宜为君子器,不宜为细人用。"子罕曰:"尔以玉为宝,我以不受子玉为宝。"是鄙人欲玉,而子罕不欲玉。故曰:"欲不欲,而不贵难得之货。"

【译文】

宋国有个乡下人得到一块玉璞,然后把它进献给子罕,子罕不接受。乡下人说:"这是宝玉,应该作为您的器物,不应被小人使用。"子罕说:"你把玉看成宝,我把不接受你的玉看成宝。"这即是乡下人想要玉,而子罕不想要玉。所以《老子》说:"把没有欲望当作欲望,不要把难得的财物看得贵重。"

【原文】

王寿负书而行,见徐冯于周涂,冯曰:"事者,为也。为生于时,知者无常事。书者,言也。言生于知,知者不藏书。今子何独负之而行?"于是王寿因焚其书而舞之。故知者不以言谈教,而慧者不以藏书箧。此世之所过也,而王寿复之,是学不学也。故曰:"学不学,复归众人之所过也。"

【译文】

王寿正背着书走路,在四通八达的大路上碰到了徐冯。徐冯说:"事情是人做出来的,人的行为产生于当时的需要,聪明的人没有固定不变的做事方法。书本是记载言论的,言论产生于认识,明达的人是不藏书的。现在你为什么偏要背着书本走路呢?"于是王寿烧了他的书并高兴得手舞足蹈。所以有才智的人不用空言说教,聪明的人不用藏书箱子。不说教、不藏书却是世人所指责的,而王寿重复了这样的做法,这是把不学习作为学习了。所以《老子》说:"把不学习作为学习,重新走上众人认为错误的道路。"

【原文】

夫物有常容,因乘以导之,因随物之容。故静则建乎德,动则顺乎道。宋人有为其君以象为楮叶者,三年而成。丰杀茎柯,毫芒繁泽,乱之楮叶之中而不可别也。此人遂以功食禄于宋邦。列子闻之曰:"使天地三年而成一叶,则物之有叶者寡矣。"故不乘天地之资,而载一人之身;不随道理之数,而学一人之智;此皆一叶之行也。故冬耕之稼,后稷不能羡也;丰年大禾,臧获不能恶也。以一人力,则后稷不足;随自然,则臧获有余。"故曰:"恃万物之自然而不敢为也。"

【译文】

万物都有常态,应该因势利导。由于顺应了万物的常态,所以静止的时候能保持本性,活动的时候能顺应规律。有个宋国人,为他的君主用象牙雕刻楮叶,三年刻成了。它的宽狭、筋脉、绒毛、色泽,即使是混杂在真的楮叶中也不能辨别出来。这个人因为这一功劳而在宋国当了官。列子听到后说:"假使自然界要经过三年才长成一片叶子,那么有叶子的东西也就太少了!"所以不依靠自然条件而仅凭一个人的本事,不顺应自然法则而表现一个人的智巧,那就都是用三年时间雕刻一片叶子的行为了。所以冬天里种出的庄稼,后稷也不能使它多产;丰年里旺盛的庄稼,奴仆也不能使它枯败。仅凭一人力量,就是后稷也将难以成事;顺应自然规律,就是奴仆也会成事有余。所以《老子》说:"仰仗万物自然而然地发展而不敢勉强去做。"

【原文】

空窍者,神明之户牖也。耳目竭于声色,精神竭于外貌,故中无主。中无主则祸福虽如丘山无从识之,故曰:"不出于户,可以知天下;不窥于牖,可以知天道"。此言神明之不离其实也。

【译文】

五官是精神的门窗。听力和视力全花在声色上,精神尽耗在外貌上,所以内心就没有主宰。内心没有主宰,祸福即使像山丘那么明显,也无从认识它。所以《老子》说:"不出门户,可以知道天下的事情;不从窗口向外张望,可以知道自然的规律。"这是说精神不要离开自身形体。

【原文】

赵襄主学御于王子期,俄而与子期逐,三易马而三后。襄主曰:"子之教我御术未尽也。"对曰:"术已尽,用之则过也。凡御之所贵,马体安于车,人心调于马,而后可以进速致远。今君后则欲逮臣,先则恐逮于臣。夫诱道争远,非先则后也。而先后心皆在于臣,上何以调于马,此君之所以后也。"白公胜虑乱,罢朝,倒杖而策锐贯颐,血流至于地而不知。郑人闻之曰:"颐之忘,将何为忘哉!"

【译文】

赵襄子向王子子期学习驾驭车马的技巧,不久和于期赛马,两人换了三次马而赵襄子三次都落后了。襄子说:"您教我驾马,技巧没有全教给我吧?"子期回答说:"技巧已全部教给您了,但您在使用时还有错误。驾驭车马应重视的,是要让马的身体在车子里感到安适,人的注意力和马的动作相协调,然后才能够奔得快,跑得远。现在您落在后面,就想赶上我;跑到前面,又怕被我赶上。引导马作远程赛跑,不是领先,就是落后;不管您是在前还是在后,注意力都在我身上,还怎么能和马协调一致呢?这就是您落后的原因。"白公胜策划政变,朝会结束后,他倒拿着马鞭,因而鞭杆上的尖针刺穿了脸颊,他连血流到地上都不觉察。郑人听到后说:"脸颊都忘记了,还有什么不会忘记呀!"

【原文】

故曰:"其出弥远者,其智弥少。"此言智周乎远,则所遗在近也,是以圣人无常行也。能并智,故曰:"不行而知。"能并视,故曰:"不见而明。"随时以举事,因资而立功,用万物之能而获利其上,故曰:"不为而成。"

【译文】

所以《老子》说:"人们外出越远,知道的反而越少。"这是说思想围着远事转,就会丢掉眼前的事情。因此圣人没有恒定如一的行为。能够同时考虑远近事情,所以《老子》说:"不行动就全知道了。"能同时看到远近各处,所以说:"没看到就清楚了。"根据时机来办事,依靠条件来立功,利用万物的特性而在此基础上获利,所以说"不去做就成功了"。

【原文】

楚庄王莅政三年,无令发,无政为也。右司马御座而与王隐曰:"有鸟止南方之阜,三年不翅不飞不鸣,嘿然无声,此为何名?"王曰:"三年不翅,将以长羽翼。不飞不鸣,将以观民则。虽无飞,飞必冲天;虽无鸣,鸣必惊人。子释之,不谷知之矣。"处半年,乃自听政,所废者十,所起者九,诛大臣五,举处士六,而邦大治。举兵诛齐,败之徐州,胜晋于河雍,合诸侯于宋,遂霸天下。庄王不为小害善,故有大名;不蚤见示,故有大功。故曰:"大器晚成,大音希声。"

【译文】

楚庄王执政三年,没有发布过命令,没有处理过政事。右司马侍座,用隐语对庄王说:"有一只鸟栖息在南边的土丘上,三年不展翅,不飞不鸣。默然无声,这鸟该怎么称呼?"庄王说:"三年不展翅,是用来长羽翼的;不飞不鸣,是用来观察民众的习惯。虽然没有起飞,一飞必定冲天;虽然没有鸣叫,一鸣必定惊人。您别管了吧,我已经知道了。"过了半年,庄王就亲自处理政事了。废掉的事情有十件,兴办的事情有九件,诛杀了五个大臣,进用了六个处士,结果把国家治理得非常好。起兵伐齐,在徐州打败了齐国,在河雍战胜了晋军,在宋地会合诸侯,于是称霸天下。庄王不让小事妨碍自己的长处,因而能有大名;不过早表露出来,因而能有大功。所以《老子》说:"大器晚成,大音稀声。"

【原文】

楚庄王欲伐越,杜子谏曰:"王之伐越何也?"曰:"政乱兵弱。"杜子曰:"臣愚患之。智如目也,能见百步之外而不能自见其睫。王之兵自败于秦、晋,丧地数百里,此兵之弱也。庄蹻为盗于境内而吏不能禁,此政之乱也。王之弱乱非越之下也,而欲伐越,此智之如目也。"王乃止。故知之难,不在见人,在自见。故曰:"自见之谓明。"

【译文】

楚庄王想攻打越国,杜子进谏说:"大王攻打越国,为的什么?"楚王说:"越国政乱兵弱。"杜子说:"愚臣很为此事担忧。智慧好比眼睛,能看见百步以外的东西,却不能看见自己的眼睫毛。大王您的军队曾被秦、晋打败,丧失了数百里的土地,这是兵弱;庄乔在境内造反,官府却不能加以禁止,这是政乱。大王兵弱政乱,并不在越国之下,反而想去攻打越国,这就是智慧如同眼睛,见远不见近啊。"庄王就停止了行动。所以了解事物的困难,不在于看清别人,而在于看清自己。所以《老子》说:"能自己认识自己就叫作明。"

【原文】

子夏见曾子,曾子曰:"何肥也?"对曰:"战胜故肥也。"曾子曰:"何谓也?"子夏曰:"吾入见先王之义则荣之,出见富贵之乐又荣之,两者战于胸中,未知胜负,故臞。今先王之义胜,故肥。"是以志之难也,不在胜人,在自胜也。故曰:"自胜之谓强。"

【译文】

子夏碰到了曾子,曾子说:"你怎么胖了?"子夏回答说:"思想斗争胜利了,所以胖了。"曾子说:"这话怎么讲?"子夏说:"我在家里学习先王的道理,总会非常敬仰,出门后看见富贵的乐事又总会十分羡慕,这两种情绪在心里发生了斗争,弄不清谁胜谁负,所以瘦了。现在先王的道理终于取胜了,所以胖了。"因此立志的困难,不在于胜过别人,而在于战胜自己。所以《老子》说:"能够战胜自我,就叫作强。"

【原文】

周有玉版,纣令胶鬲索之,文王不予,费仲来求,因予之。是胶鬲贤而费仲无道也。周恶贤者之得志也,故予费仲。文王举太公于渭滨者,贵之也;而资费仲玉版者,是爱之也。故曰:"不贵其师,不爱其资,虽知大迷,是谓要妙。"

【译文】

周人拥有一块玉版,殷纣王派胶鬲前去索取,文王不给他;费仲前去索求,文王就给了。这是因为胶鬲贤达而费仲不讲道理。周人讨厌贤人在殷朝得志,所以给了费仲。周文王在渭水边提拔了太公,那是尊重他;而把玉版提供给费仲,却是看中他得志后可以扰乱殷纣。所以《老子》说:"假如不尊重他的老师,不爱惜可资利用的条件,尽管聪明,终是大糊涂,这就叫作奥妙。"

说林上第二十二

【原文】

汤以伐桀,而恐天下言己为贪也,因乃让天下于务光。而恐务光之受之也,乃使人说务光曰:"汤杀君而欲传恶声于子,故让天下于子。"务光因自投于河。

【译文】

商汤已灭夏桀,而怕天下人说自己贪心,于是就把天下让给务光。但怕务光真的接受下来,就又派人劝告务光说:"商汤杀了君主而想把坏名声转嫁给你,所以才把天下让给你。"务光因此投河自尽。

【原文】

秦武王令甘茂择所欲为于仆与行事,孟卯曰:"公不如为仆。公所长者、使也,公虽为仆,王犹使之于公也。公佩仆玺而为行事,是兼官也。"

【译文】

秦武王叫甘茂在仆官与行事官中选择一种自己想要做的官职。孟卯说:"您不如做仆官。您的特长是做使臣。您即使做了仆官,君主仍会把使臣的事务交给您。您佩带着仆官的印信,又做着行事官的事情,这是身兼二职啊!"

【原文】

子圉见孔子于商太宰,孔子出,子圉入,请问客,太宰曰:"吾已见孔子,则视子犹蚤虱之细者也。吾今见之于君。"子圉恐孔子贵于君也,因谓太宰曰:"君已见孔子,亦将视子犹蚤虱也。太宰因弗复见也。"

【译文】

子圉把孔子引见给宋国太宰。孔子走后,子圉进来,询问太宰对孔子的看法。太宰说:"我见过孔子之后,再看你就像渺小的跳蚤虱子一样了。我现在就把他引见给君主。"子圉怕孔子被君主看重,因而告诉太宰说:"君主见过孔子后,也会把你看作如同跳蚤虱子一般了。"于是太宰不再向宋君引见孔子。

【原文】

魏惠王为臼里之盟,将复立于天子,彭喜谓郑君曰:"君勿听,大国恶有天子,小国利之。若君与大不听,魏焉能与小立之。"

【译文】

魏惠王主持臼里的盟会,打算恢复周天子的地位。彭喜告诉韩王说:"君王别听他的。大国讨厌有天子,天子只对小国有利。如果君王和大国都不听他的,魏国还怎么能和小国一起恢复周天子的地位呢?"

【原文】

晋人伐邢,齐桓公将救之,鲍叔曰:"太蚤。邢不亡,晋不敝,晋不敝,齐不重。且夫持危之功,不如存亡之德大。君不如晚救之以敝晋,齐实利。待邢亡而复存之,其名实美。"桓公乃弗救。

【译文】

晋国讨伐邢国,齐桓公打算前去解救。鲍叔说:"为时太早了。邢国不灭亡,晋国就不疲惫;晋国不疲惫,齐国地位就不会重要起来。况且扶持危国的功德,比不上恢复亡国的功德大。您不如晚点救邢,以便使晋国疲惫,齐国才能真正得到好处。等邢国灭亡后再帮助他们复国,那样的名声才真正美好。"齐桓公于是不去救援。

【原文】

子胥出走,边侯得之,子胥曰:"上索我者,以我有美珠也。今我已亡之矣,我且曰子取吞之。"侯因释之。

【译文】

楚人伍子胥出逃,守边官吏抓住了他。子胥说:"君主搜捕我,是因为我有美珠。现在我已丢失了,我会说是你把它抢去吞吃了的!"守边官吏因此放走了伍子胥。

【原文】

庆封为乱于齐而欲走越,其族人曰:"晋近,奚不之晋?"庆封曰:"越远,利以避难。"族人曰:"变是心也,居晋而可。不变是心也,虽远越,其可以安乎!"

【译文】

庆封在齐国作乱后,想出奔到越国。同族的人说:"晋国近,为何不去晋国?"庆封说:"越国远,有利于避难。"同族的人说:"你把作乱的念头改掉的话,住在晋国就可以了;不把这种念头改掉,即使远居越国,难道就能够安宁吗?"

【原文】

宣伯索地于魏宣子,魏宣子弗予,任章曰:"何故不予?"宣子曰:"无故请地,故弗予。"任章曰:"无故索地,邻国必恐,彼重欲无厌,天下必惧,君予之地,智伯必骄而轻敌,邻邦必惧而相亲,以相亲之兵待轻敌之国,则智伯之命不长矣。周书曰:'将欲败之,必姑辅之,将欲取之,必姑予之。'君不如予之以骄智伯。且君何释以天下图智氏,而独以吾国为智氏质乎?"君曰:"善。"乃与之万户之邑,智伯大悦。因索地于赵,弗与,因围晋阳,韩、魏反之外,赵氏应之内,智氏自亡。

【译文】

智伯向魏宣子索要土地,魏宣子不给。任章说:"为什么不给?"魏宣子说:"平白无故索要土地,所以不给。"任章说:"智伯无故索地,邻国一定会害怕。他欲壑难填,天下一定会恐惧。您给了土地,智伯一定骄傲而轻敌,邻国一定恐惧而相互亲近。用相互亲近的军队来对付轻敌的国家,那么智伯的命就不会久长了。《周书》上说:'想要打败它,必须姑且辅助它;想要夺取它,必须姑且给予它。'您不如把土地给予智伯,以便使他骄傲起来。况且您为何放弃用天下的力量来对付智氏,而单独把我国作为智氏的靶子呢?"宣子说:"好。"于是就把一个万户人家的城邑给了智伯。智伯十分高兴,接着又向赵国索要土地。赵国不给,智伯因而围攻晋阳。韩氏、魏氏在城外反戈,赵氏在城内接应,智氏由此灭亡了。

【原文】

秦康公筑台三年,荆人起兵,将欲以兵攻齐,任妄曰:"饥召兵,疾召兵,劳召兵,乱召兵。君筑台三年,今荆人起兵将攻齐,臣恐其攻齐为声,而以袭秦为实也,不如备之。"戍东边,荆人辍行。

【译文】

秦康公花了三年时间建筑台观。楚国出兵,打算前去攻打齐国。任妄说:"饥荒招致敌兵,病害招致敌兵,劳民招致敌兵,国乱招致敌兵。您筑了三年台观,现在楚国出兵要攻打齐国,我怕他们以攻打齐国为名,而以袭击秦国为实。不如多加防范。"秦国派兵对东面边境进行戍守,楚国就停止了军事行动。

【原文】

齐攻宋,宋使臧孙子南求救于荆,荆大说,许救之,甚欢,臧孙子忧而反,其御曰:"索救而得,今子有忧色何也?"臧孙子曰:"宋小而齐大,夫救小宋而恶于大齐,此人之所以忧也,而荆王说,必以坚我也。我坚而齐敝,荆之所利也。"臧孙子乃归,齐人拔五城于宋而荆救不至。

【译文】

齐国攻打宋国,宋国派臧孙子南下向楚国求救。楚国很高兴,答应给以救援,劲头十足。臧孙子忧心忡忡地返宋,他的车夫说:"求救的事如愿以偿了,现在您还忧容满面,为什么?"臧孙子说:"宋国小,齐国大。为救援弱宋来得罪强齐,这是令人担忧的事;但楚王却那么高兴,一定是想以此来坚定我们抗齐的决心。我们坚持下去,齐兵就会疲敝,楚国的利益便在这里。"于是臧孙子回到了宋国。齐人攻下了宋国五座城池,然而楚国的救兵一直没来救援。

【原文】

魏文侯借道于赵而攻中山,赵肃侯将不许,赵刻曰:"君过矣。魏攻中山而弗能取,则魏必罢,罢则魏轻,魏轻则赵重。魏拔中山,必不能越赵而有中山也,是用兵者魏也,而得地者赵也。君必许之。许之而大欢,彼将知君利之也,必将辍行。君不如借之道,示以不得已也。"

【译文】

魏文侯向赵国借路去攻打中山国,赵肃侯打算不答应。赵刻说:"您错了。魏攻打中山如不能拿下来,魏就一定会疲惫。魏国疲惫了,地位就会变低,魏国地位变低了,赵国地位就抬高了。魏国攻克中山后,必然不能越过赵国来占有中山。这样,用兵的是魏国,而得地的是赵国。您一定得答应借给他道路。答应时显得很高兴,他就会知道您能从中得到好处,结果必将停止军事行动。您不如借路给他,并表现出借路是出于不得已的事情。"

【原文】

鸱夷子皮事田成子,田成子去齐,走而之燕,鸱夷子皮负传而从,至望邑,子皮曰:"子独不闻涸泽之蛇乎?泽涸,蛇将徙,有小蛇谓大蛇曰:子行而我随之,人以为蛇之行者耳,必有杀子,不如相衔负我以行,人以我为神君也。乃相衔负以越公道,人皆避之,曰:神君也。今子美而我恶,以子为我上客,千乘之君也;以子为我使者,万乘之卿也。子不如为我舍人。"田成子因负传而随之,至逆旅,逆旅之君待之甚敬,因献酒肉。

【译文】

鸱夷子皮侍奉田成子。田成子离开齐国,逃往燕国,鸱夷子皮背着出关的符碟跟随着。到了望邑,子皮说:"您难道没听说过干枯湖沼的蛇吗?湖沼干枯,蛇准备迁移。有条小蛇对大蛇说:'您走在前面,我跟在后面,人们会认为这只不过是过路的蛇,必然有人杀死您。不如相互衔着,您背着我走,人们会把我看作神君。'于是相互衔嘴,背着穿过大路。人们都躲开它们,说它们是神君。现在您美而我丑。把您作为我的上客,人们会把我看成千乘小国的君主;把您作为我的使者,人们会把我看成万乘大国的卿相。您不如做我的近侍,人们就会把我看成是万乘大国的君主。"田成子因此背着符碟跟随在后。到了客店,客店主人非常恭敬地招待了他们,并献上了酒肉。

【原文】

温人之周,周不纳客,问之曰:"客耶?"对曰:"主人。"问其巷人而不知也,吏因囚之,君使人问之曰:"子非周人也,而自谓非客何也?"对曰:"臣少也诵诗曰:'普天之下,莫非王土,率土之滨,莫非王臣'。今君,天子,则我天子之臣也,岂有为人之臣而又为之客哉?故曰主人也。"君使出之。

【译文】

温邑有个人来到周,周不接纳他这个客人。周人问他说:"是客人么?"温人回答说:"是主人!"问他同巷的人,大家都不认识他,小吏因而把他关了起来。周君派人问他:"你不是周人,又自称不是客人,为什么?"温人回答说:"我小时候读的诗里说:'普天之下,没有不是君王的土地;四海之内,没有不是君王的臣子。'现在君王您是天子,那我就该是天子的臣子。哪有做人臣子的,却又做他的客人呢?所以我说是主人。"周君让他出了监狱。

【原文】

韩宣王谓樛留曰："吾欲两用公仲、公叔其可乎？"对曰："不可。晋用六卿而国分，简公两用田成、阚止而简公杀，魏两用犀首、张仪而西河之外亡。今王两用之，其多力者树其党，寡力者借外权。群臣有内树党以骄主，有外为交以削地，则王之国危矣。"

【译文】

韩宣王对樛留说："我想同时重用公仲、公叔，可以吗？"樛留回答说："不可以。晋国重用六卿，结果国家遭到了瓜分；齐简公同时重用田成、阚止，结果简公遭到杀害；魏国同时重用犀首、张仪，结果西河之地丢失了。如今大王同时重用他们，其中势力大的会树立私党，势力小的会借重国外势力。臣子有的在内树立私党来傲视君主，有的在外结交诸侯来宰割国土，这样一来，大王的国家就危险了。"

【原文】

绍绩昧醉寐而亡其裘，宋君曰："醉足以亡裘乎？"对曰："桀以醉亡天下，《康诰》曰：'毋彝酒'。彝酒、常酒也，常酒者，天子失天下，匹夫失其身。"

【译文】

绍绩昧醉酒睡着后丢失了皮衣。宋君说："醉酒足以丢失皮衣吗？"绍绩昧回答说："夏桀因为醉酒丢失了天下。《尚书·康诰》里说的'不要彝酒'，彝酒就是常常喝酒。常常喝酒的，如是天子就会失去天下，如是平民就会失去性命。"

【原文】

管仲、隰朋从于桓公而伐孤竹，春往冬反，迷惑失道，管仲曰："老马之智可用也。"乃放老马而随之，遂得道。行山中无水，隰朋曰："蚁冬居山之阳，夏居山之阴，蚁壤一寸而仞有水。"乃掘地，遂得水。以管仲之圣，而隰朋之智，至其所不知，不难师于老马与蚁，今人不知以其愚心而师圣人之智，不亦过乎。

【译文】

管仲、隰朋跟随齐桓公去讨伐孤竹国，春季出征，冬季返回，迷失了道路。管仲说："老马的才智可以利用。"就放开老马前行，大家跟随在后，于是找到了路。走到山里没有水喝，隰朋说："蚂蚁冬天住在山的南面，夏天住在山的北面。地上蚁封有一寸高的话,地下八尺深的地方就会有水。"于是掘地,结果找到了水。凭管仲的智慧和隰朋的聪明,碰到他们不知道的,不惜向老马和蚂蚁学习;现在的人不知道用他们的愚蠢之心去向圣人的智慧学习,不是错了吗?

【原文】

有献不死之药于荆王者,谒者操之以入,中射之士问曰:"可食乎?"曰:"可。"因夺而食之,王大怒,使人杀中射之士,中射之士使人说王曰:"臣问谒者曰可食,臣故食之,是臣无罪,而罪在谒者也。且客献不死之药,臣食之而王杀臣,是死药也,是客欺王也。夫杀无罪之臣,而明人之欺王也,不如释臣。"王乃不杀。

【译文】

有人向楚王进献不死之药,传达官拿着药进来。侍卫武官问道:"可以吃吗?"传达官说:"可以。"侍卫武官就抢过来吃了。楚王大怒,派人去杀侍卫武官。侍卫武官让人劝谏楚王说:"我问传达官,他说可以吃,我因而吃了药。这证明我没罪,罪在传达官。况且客人进献不死之药,我吃了而大王却要杀我,那就成了死药,这是客人欺骗了大王。杀无罪的人而表明有人欺骗大王,还不如放了我。"于是楚王没有杀他。

【原文】

田驷欺邹君,邹君将使人杀之,田驷恐,告惠子,惠子见邹君曰:"今有人见君,则眇其一目,奚如?"君曰:"我必杀之。"惠子曰:"瞽,两目眇,君奚为不杀?"君曰:"不能勿眇。"惠子曰:"田驷东慢齐侯,南欺荆王,驷之于欺人,瞽也,君奚怨焉?"邹君乃不杀。

【译文】

田驷欺骗邹君,邹君要派人杀他。田驷害怕了,就告诉惠子。惠子谒见邹君说:"如果有一人见到您,就闭上一只眼,怎么样?"邹君说:"我一定杀了他。"惠子说:"瞎子两只眼都闭着,您为什么不杀?"邹君说:"瞎子不得不闭双眼。"惠子说:"田驷东欺齐侯,南骗楚王。田驷欺骗别人,好像瞎子惯于闭眼,习以为常了,您为何还要怨恨他呢?"于是邹君没有杀他。

【原文】

鲁穆公使众公子或宦于晋,或宦于荆,犁鉏曰:"假人于越而救溺子,越人虽善游,子必不生矣。失火而取水于海,海水虽多,火必不灭矣,远水不救近火也。今晋与荆虽强,而齐近,鲁患其不救乎?"

【译文】

鲁穆公让自己的儿子们有的去晋国做官,有的去楚国做官。犁鉏说:"从越国借人来救正溺水的孩子,越国人虽然善于游泳,但孩子一定救活不了。失火而从海里取水来救,海水虽然很多,但火一定扑不灭了,因为远水救不了近火。现在晋国和楚国虽然强大,但齐国离鲁国近,如果受到齐国攻击,鲁国的祸患恐怕难救了。"

【原文】

严遂不善周君,患之,冯沮曰:"严遂相,而韩傀贵于君,不如行贼于韩傀,则君必以为严氏也。"张谴相韩,病将死,公乘无正怀三十金而问其疾,居一月自问张谴曰:"若子死,将谁使代子?"答曰:"无正重法而畏上,虽然,不如公子食我之得民也。"张谴死,因相公乘无正。

【译文】

韩相严遂和西周国君不和,西周国君很忧虑这件事。冯沮说:"严遂任相,而韩傀受到韩国君主的器重。不如暗杀韩傀,韩君就一定以为是严遂干的。"张谴任韩相,害重病将要死去。公乘无正拿了三十块金币去探病。过了一天,韩君问张谴说:"如果您死了,叫谁来代替您的职务呢?"张谴回答说:"公乘无正重视法治并敬畏君主,虽说这样,但他比不上公子食我更得民心。"张谴死后,韩君就让公乘无正做相。

【原文】

乐羊为魏将而攻中山,其子在中山,中山之君烹其子而遗之羹,乐羊坐于幕下而啜之,尽一杯,文侯谓堵师赞曰:"乐羊以我故而食其子之肉。"答曰:"其子而食之,且谁不食?"乐羊罢中山,文侯赏其功而疑其心。孟孙猎得麑,使秦西巴持之归,其母随之而啼,秦西巴弗忍而与之,孟孙归,至而求麑,答曰:"余弗忍而与其母。"孟孙大怒,逐之,居三月,复召以为其子傅,其御曰:"曩将罪之,今召以为子傅何也?"孟孙曰:"夫不忍麑,又且忍吾子乎?"故曰:"巧诈不如拙诚。"乐羊以有功见疑,秦西巴以有罪益信。

【译文】

乐羊担任魏将去攻打中山国,他的儿子在中山。中山国君把他的儿子煮了，并送给他一些带汁的肉，乐羊坐在帐幕下吃了，吃完了一杯。魏文侯对堵师赞说："乐羊因为我的缘故而吃了他儿子的肉。"堵师赞回答说："他连儿子都吃了，还有谁不能吃呢？"乐羊从中山归来，文侯奖赏他的功劳，却怀疑他的用心。孟孙猎到一只小鹿，让秦西巴拿着返回。小鹿的母亲跟在后面啼叫。秦西巴不忍心，就把小鹿给了母鹿。孟孙回来后，来要小鹿。秦西巴回答说："我不忍心，就还给了它的母亲。"孟孙非常气愤，赶走了他。过了三个月，又把秦西巴召回来，让他做自己儿子的老师。他的车夫说："从前要加罪于他，现在又召来作为儿子的老师，为什么？"孟孙说："他对小鹿都不忍下狠心，何况对我的儿子呢？"所以说："智巧、伪诈比不上笨拙、诚实。"乐羊因有功遭到怀疑，秦西巴因有罪备受信任。

【原文】

曾从子，善相剑者也。卫君怨吴王，曾从子曰："吴王好剑，臣相剑者也，臣请为吴王相剑，拔而示之，因为君刺之。"卫君曰："子为之是也，非缘义也，为利也。吴强而富，卫弱而贫，子必往，吾恐子为吴王用之于我也。"乃逐之。

【译文】

曾从子是擅长鉴定剑的人。卫君怨恨吴王。曾从子说："吴王喜欢剑，我是鉴定剑的人，请让我去替吴王鉴定剑，在拔剑给他看的时候，趁机帮您刺杀他。"卫君说："你现在做这件事，不是遵循义，而是为了利。吴国强大而富有，卫国弱小而贫困。你一定要去，我怕你会被吴王利用来对付我哩。"于是便把他赶跑了。

【原文】

纣为象箸而箕子怖，以为象箸必不盛羹于土簋，则必犀玉之杯，玉杯象箸必不盛菽藿，则必旄象豹胎，旄象豹胎必不衣短褐，而舍茅茨之下，则必锦衣九重，高台广室也。称此以求，则天下不足矣。圣人见微以知萌，见端以知末，故见象箸而怖，知天下不足也。

【译文】

商纣制作了象牙筷子，箕子恐惧了，认为使用象牙筷的话，就一定不会再用陶制器皿来盛带汁的肉，就一定会配合使用犀牛角杯或玉杯；玉杯象筷一定不会用来盛豆类食品，就一定要想吃牦牛、大象、豹子的胎儿；吃牦牛、大象、豹子的胎儿，就一定不穿粗布短衣而住茅屋下面，就一定要穿多层的织锦衣服,住上高台大室。按照这个方式追求下去,那么普天下的东西也不够他享受了。圣人见到微小的现象就知道事物的苗头,见到事情的开端就知道最终结果,所以见到象牙筷后箕子就恐惧了,知道普天下的东西都不能满足商纣王的贪欲。

【原文】

周公旦已胜殷,将攻商、盖,辛公甲曰:"大难攻,小易服,不如服众小以劫大。"乃攻九夷而商、盖服矣。纣为长夜之饮,惧以失日,问其左右尽不知也,乃使人问箕子,箕子谓其徒曰:"为天下主而一国皆失日,天下其危矣。一国皆不知而我独知之,吾其危矣。"辞以醉而不知。

【译文】

周公旦已战胜殷商,准备攻打商盖。辛公甲说:"大国难以攻取,小国容易征服。不如先征服众多小国来威胁大国。"于是攻取了九夷,商盖跟着被征服了。商纣不分日夜地饮酒,因狂欢而忘记了日期,问他身边的人,都不知道。就派人去问箕子。箕子对随从说:"做了天下的主子,可自己和左右的人都忘记了日期,国家恐怕很危险了。大家都不知道而我一个人知道。我恐怕也危险了。"就推说喝醉了酒,并不知道日期。

【原文】

鲁人身善织屦,妻善织缟,而欲徒于越,或谓之曰:"子必穷矣。"鲁人曰:"何也?"曰:"屦为履之也,而越人跣行;缟为冠之也,而越人被发。以子之所长,游于不用之国,欲使无穷,其可得乎?"

【译文】

鲁国有个人自己善于编草鞋,妻子善于织生绢。他想迁到越国去,有人告诉他说:"你一定会困窘了。"鲁国人说:"为什么?"这个人说:"草鞋是穿在脚上的,但越国人赤脚走路;生绢做帽,是戴在头上的,但越国人披发,不用戴帽。带着你的长处前往用不着它们的国家去活动,想要不困窘,怎么可能呢?"

【原文】

陈轸贵于魏王。惠子曰:"必善事左右,夫杨横树之即生,倒树之即生,折而树之又生。然使十人树之而一人拔之,则毋生杨至。以十人之众,树易生之物,而不胜一人者何也？树之难而去之易也。子虽工自树于王,而欲去子者众,子必危矣。"

【译文】

陈轸很受魏惠王尊重。惠子说："一定要好好交结君主的侍从。杨树,横着栽就能活,倒着栽也能活,折断了再栽还照样能活。但要是让十个人去栽,一个人来拔,就没有能活的杨树了。凭十人之众,栽种极易成活的杨树,却经不起一个人来拔,这中间的原因是什么呢？是因为栽树困难,拔树容易。你虽然善于在君主面前树立自己,但企图赶走你的人很多,你一定危险了。"

【原文】

鲁季孙新弑其君,吴起仕焉。或谓起曰："夫死者,始死而血,已血而衄,已衄而灰,已灰而土,及其土也,无可为者矣。今季孙乃始血,其毋乃未可知也。"吴起因去之晋。

【译文】

鲁季孙刚刚杀了他的君主,吴起在那儿做官。有人对吴起说："死去的人,刚死时流血；血流尽了,皮肉就枯缩；皮肉枯缩后,就成了残骸；然后残骸又会化成土。到化成土后,就再也没有变故了。现在季孙刚刚把鲁君杀掉,往后的变化恐怕就难以弄清楚了！"吴起因而离开鲁国,到晋国去了。

【原文】

隰斯弥见田成子,田成子与登台四望,三面皆畅,南望,隰子家之树蔽之,田成子亦不言,隰子归,使人伐之,斧离数创,隰子止之,其相室曰："何变之数也？"隰子曰："古者有谚曰:知渊中之鱼者不祥。夫田子将有大事,而我示之知微,我必危矣。不伐树未有罪也,知人之所不言,其罪大矣。"乃不伐也。

【译文】

隰斯弥拜见田成子,田成子和他一起登台观望四方。三面都没有遮蔽,南面望去,隰斯弥家的树挡住了视线。田成子并没有说话。隰斯弥回家,叫人把树砍倒。斧头刚砍了几个口子,隰斯弥制止了。他的管家说："为什么变得这么快？"隰斯弥说："古代有句谚语说:'知道深渊中有鱼的人不吉祥。'

田成子将要干大事,而我却显示出知道他的隐秘,我必定危险了。不砍树,没有罪过;知道别人心里的事,这个罪过就大了。"于是不再砍树。

【原文】

杨子过于宋东之逆旅,有妾二人,其恶者贵,美者贱。杨子问其故,逆旅之父答曰:"美者自美,吾不知其美也,恶者自恶,吾不知其恶也。"杨子谓弟子曰:"行贤而去自贤之心,焉往而不美。"

【译文】

杨朱路过宋国东边的旅店。店主有两个妾,其中丑的地位高,漂亮的地位低。杨朱问店主缘由,旅店的主人回答说:"长得漂亮的自以为漂亮,我不觉得她漂亮;长得丑的自以为丑,我不觉得她丑。"杨朱对他的弟子说:"做了好事,要去掉自以为好事的想法,到哪儿能不受到赞美呢?"

【原文】

卫人嫁其子而教之曰:"必私积聚。为人妇而出,常也。其成居,幸也。"其子因私积聚,其姑以为多私而出之,其子所以反者倍其所以嫁。其父不自罪于教子非也,而自知其益富。今人臣之处官者皆是类也。

【译文】

有个卫国人嫁女儿而教育她说:"一定要私下积聚财物。做人家的妻子而被休回娘家,是常有的事;终身在一起的,是很侥幸的。"他的女儿因此私下积聚财物,她婆婆认为她私心太多,就休了她。他的女儿带回来的财物,比出嫁时所带去的东西多出一倍。她的父亲不归罪于自己教育女儿不对,而自以为增加财富是聪明的。现在处在官位上的臣子,都是这一类人。

【原文】

鲁丹三说中山之君而不受也,因散五十金事其左右,复见,未语,而君与之食。鲁丹出,而不反舍,遂去中山。其御曰:"反见,乃始善我,何故去之?"鲁丹曰:"夫以人言善我,必以人言罪我。"未出境,而公子恶之曰:"为赵来闲中山。"君因索而罪之。

【译文】

鲁丹多次游说中山国君,意见总不被接受,就散发了五十块金币贿赂国君近臣。又见到君主,没有说法,君主就款待他饭吃。鲁丹出来后,连住所都没去,就离开了中山国。他的车夫说:"再次见面时,才开始和我们交好,为什么离开?"鲁丹说:"因为他人的话才对我友好,也一定会因为他人的话来怪罪我的。"还未走出国境,公子就中伤他说:"是为赵国来刺探中山国的。"中山国君因此布置搜捕并要加罪于他。

【原文】

田伯鼎好士而存其君,白公好士而乱荆,其好士则同,其所以为则异。公孙友自刖而尊百里,竖刁自宫而谄桓公,其自刑则同,其所以自刑之为则异。惠子曰:"狂者东走,逐者亦东走,其东走则同,其所以东走之为则异。故曰:同事之人,不可不审察也。"

【译文】

田伯鼎喜欢士人,挽救过他的君主;白公胜喜欢士人,却扰乱了楚国。他们喜欢士人是相同的,但用士人干的事情却是不同的。公孙友自己砍掉脚来使百里奚获得高官,竖刁自行阉割来奉承齐桓公。他们自我用刑是相同的,但他们自我用刑的目的却是不同的。惠子说:"疯子向东边跑;追赶的人也向东边跑。他们向东边跑的行为是相同的,但他们所以向东边跑的目的却是不同的。所以说,对做了同样事情的人,不可不严格地加以考察。"

说林下第二十三

【原文】

伯乐教二人相踶马,相与之简子厩观马。一人举踶马,其一人从后而循之,三抚其尻而马不踶,此自以为失相。其一人曰:"子非失相也。此其为马也,蹄肩而肿膝。夫踶马也者,举后而任前,肿膝不可任也,故后不举。子巧于相踶马而拙于任肿膝。"夫事有所必归,而以有所,肿膝而不任,智者之所独知也。惠子曰:"置猿于柙中,则与豚同。"故势不便,非所以逞能也。

【译文】

伯乐教授两个人识别会踢人的烈性马。这两个人,一起到赵简子的马棚里去观察马。一个人选中了一匹踢马。另一个人从后面去抚摸它,三次摸马的屁股,马却不踢人。选中马的人自以为识别错了。另一个人说:"你没有识别错。这匹马,前腿摔伤,膝关节肿了起来。凡是踢人的马,抬起后腿之后,就要靠前腿支撑全身;前膝肿了,无法承受全身重量,所以后腿抬不起来。你善于识别踢人的马,却拙于了解前膝肿大所带来的影响。"事情的发生都有一定的起因。然而由于前腿臃肿大而不能承受全身重量的道理,独有聪明人才会知道。惠子说:"把猿放到笼子里,就和小猪一样。"所以形势不利就没有条件表现出才能。

【原文】

卫将军文子见曾子,曾子不起而延于坐席,正身于奥。文子谓其御曰:"曾子,愚人也哉!以我为君子也,君子安可毋敬也?以我为暴人也,暴人安可侮也?曾子不僇命也。"

【译文】

卫国的将军文子去会见曾子,曾子没有起身就邀请文子入座,自己却端坐在西南角的尊位上。文子对他的车夫说:"曾子是个愚蠢的人啊!把我当作君子吧,对君子怎么可以不加尊敬呢?把我当作残暴的人吧,对残暴的人怎么可以侮辱呢?曾子不被杀,倒算他命大。"

【原文】

鸟有翢翢者,重首而屈尾,将欲饮于河则必颠,乃衔其羽而饮之。人之所有饮不足者,不可不索其羽也。鳝似蛇,蚕似蠋。人见蛇则惊骇,见蠋则毛起。渔者持鳝,妇人拾蚕,利之所在,皆为贲、诸。

【译文】

有一种叫翢翢的鸟,头大尾秃,如果要到河边饮水,就一定会栽到河里,就需要另一只鸟衔着它的羽毛它才能饮水。人们有了欲望,条件却还不成熟的话,就不能不寻求帮手了。黄膳像蛇,蚕像毛虫。人们看见蛇就会惊恐害怕,看见毛虫就会汗毛竖起。渔夫捕捉黄鳝,妇女拾蚕喂养,因利益所在,都能像孟贲、专诸一样勇敢。

【原文】

伯乐教其所憎者相千里之马,教其所爱者相驽马。千里之马时一,其利缓,驽马日售,其利急。此周书所谓"下言而上用者惑也。"桓赫曰:"刻削之道,鼻莫如大,目莫如小。鼻大可小,小不可大也。"目小可大,大不可小也。举事亦然,为其不可复者也,则事寡败矣。

【译文】

伯乐教他所憎恶的人识别千里马,教他所喜爱的人识别普通马。千里马偶尔才有一个,识别这种马得利慢,普通马每天都有人出售,识别这种马得利快。这就是《周书》上说的"把特殊条件下说的话当作普遍法则来引用,是一种迷惑"。桓赫说:"雕刻的原则是,鼻子不如先刻大一些,眼睛不如先刻小一些。鼻子大了可以修小,小了就不能修大;眼睛小了可以修大,大了就不能修小。"办事也是这样。做那种日后还能补救的事,办起来就很少会失败了。

【原文】

崇侯、恶来知不适纣之诛也,而不见武王之灭之也。比干、子胥知其君之必亡也,而不知身之死也。故曰:"崇侯、恶来知心而不知事,比干、子胥知事而不知心。"圣人其备矣。

【译文】

崇侯、恶来知道不顺从纣王会遭诛杀,却看不到武王会灭掉纣王。比干、子胥知道自己的君主必然败亡,却不知道自身会遭杀害。所以说:"崇侯、恶来懂得君主的心理,却不知道国事的兴废;比干、子胥知道国事的兴废,却不懂得君主的心理。"大概只有圣人才能兼备二者吧。

【原文】

宋太宰贵而主断。季子将谒见宋君,梁子闻之曰:"语必可与太宰三坐乎,不然,将不免。"季子因说以贵主而轻国。

【译文】

宋国的太宰地位尊贵而处事专断。季子将谒见宋君,梁子听到后说:"你和君主说话时,一定要像太宰也在场一样。不然的话,就难免要遭殃了。"季子因此进说了一些尊重君主和少操劳国家事务的意见。

【原文】

杨朱之弟杨布衣素衣而出,天雨,解素衣,衣缁衣而反,其狗不知而吠之。杨布怒,将击之。杨朱曰:"子毋击也,子亦犹是。曩者使女狗白而往,黑而来,子岂能毋怪哉!"

【译文】

杨朱的弟弟杨布穿着白衣服出门。天下雨了,他脱掉白衣服,穿着黑衣服回到家里。他家的狗不知道,向他汪汪大叫。杨布生气了,就想打它。杨朱说:"你不要打它,你自己也是这样。假如前些时候你的狗白颜色出去,变成黑颜色回来,你难道能不奇怪吗?"

【原文】

惠子曰:"羿执鞅持扞,操弓关机,越人争为持的。弱子扞弓,慈母入室闭户。"故曰:"可必,则越人不疑羿;不可必,则慈母逃弱子。"

【译文】

惠子说:"羿拿着拉弦工具带着皮质袖套,拉开弓来牵引扳机射箭时,连关系疏远的越人都敢争着为他举靶。小孩子拉弓射箭时,连慈母都会躲进屋里关起门来。"所以说:"可以肯定没有危险时,就连越人也不怀疑羿会射到自己;不能肯定没有危险时,就连慈母也要躲避张弓射箭的孩子。"

【原文】

桓公问管仲"富有涯乎"?答曰:"水之以涯,其无水者也。富之以涯,其富已足者也。人不能自止于足,而亡其富之涯乎。"

【译文】

桓公问管仲:"富有边际吗?"管仲回答说:"水有边际,就是不再需要水的地方了；富有边际，就是富到已经满足的时候了。人们不知道在足够富裕的时候就加收敛，那就失去了富裕的边际了吧！"

【原文】

宋之富贾有监止子者，与人争买百金之璞玉，因佯失而毁之，负其百金，而理其毁瑕，得千溢焉。事有举之而有败而贤其毋举之者，负之时也。

【译文】

有个叫监止子的宋国富商，同别人争买一块价值百金的玉璞，就假装失手摔破了玉璞，赔了百金，而他修治了摔坏的痕迹，便又卖得了千金。事情有做了而失败伪，因而认为不做的好，那是只看到赔钱的时候啊。

【原文】

有欲以御见荆王者，众驺妒之，因曰："臣能撽鹿。"见王，王为御，不及鹿，自御及之。王善其御也，乃言众驺妒之。

【译文】

有个想凭驾车技术求见楚王的人，好多马夫都嫉妒他。他就说："我能追打奔鹿。"于是见到了楚王。楚王自己驾车，并没有追上奔鹿；他就自己驾车，结果追上了奔鹿。楚王夸奖他驾车的技术，他才说明有许多马夫嫉妒他。

【原文】

荆令公子将伐陈，丈人送之曰："晋强，不可不慎也。"公子曰："丈人奚忧，吾为丈人破晋。"丈人曰："可。吾方庐陈南门之外。"公子曰："是何也？"曰："我笑勾践也，为人之如是其易也，已独何为密密十年难乎？"

【译文】

楚国命令公子统率军队去讨伐陈国，有个老年人送他时说："晋国强大，你不能不谨慎些。"公子说："您忧虑什么？我替您攻破晋国吧。"老年人说："可以。我将在陈国都城的南门外搭座小房子等着瞧了。"公子说："这是为什么？"老年人说："我这是笑勾践呀。做人像这样容易的话，他还何苦去经受谨慎勤恳的十年艰难呢？"

【原文】

尧以天下让许由，许由逃之，舍于家人，家人藏其皮冠。夫弃天下而家人藏其皮冠，是不知许由者也。

【译文】

尧把天下让给许由,许由逃避不接受,住到一个普通人家里。这家人把皮帽藏起来了,怕被许由偷走。许由连天下都抛弃了,而这家人却把皮帽藏起来,这是不了解许由的缘故啊。

【原文】

三虱相与讼,一虱过之,曰:"讼者奚说?"三虱曰:"争肥饶之地。"一虱曰:"若亦不患腊之至而茅之燥耳,若又奚患?"于是乃相与聚嘬其母而食之。彘臞,人乃弗杀。

【译文】

三只虱子互相争吵,另一只虱子从旁经过,问道:"你们争吵些什么?"三只虱子说:"争占猪身上肥腴的地方。"那只过路虱子说:"你们也不担心腊祭到了,人们要用茅草烤猪,火烧火燎的,你们又何必在这些小地方计较呢?"这些虱子便相互聚在一起吸食猪身上的血肉。母猪消瘦了,人们就没有杀它祭祀。

【原文】

虫有虺者,一身两口,争食相龁也。遂相杀,因自杀。人臣之争事而亡其国者,皆虺类也。

【译文】

动物中有一种叫虺的毒蛇,一个身体上长着两张嘴巴,因为争食而相互咬斗。结果这两张嘴巴互相残杀,也就杀死了自己。臣子之间争权夺利致使国家灭亡的,都像虺蛇一样。

【原文】

宫有垩器,有涤则洁矣。行身亦然,无涤垩之地则寡非矣。

【译文】

宫墙涂上白色,器具用水冲洗,就干净了。做人也是这样,到不再需要洗涤和修饰的地步,过失就少有了。

【原文】

公子纠将为乱,桓公使使者视之,使者报曰:"笑不乐,视不见,必为乱。乃使鲁人杀之。"

【译文】

公子纠将作乱,桓公派使者前去察看动静。使者报告说:"公子纠笑得不乐,视若不见,一定是要作乱了。"桓公就叫鲁人杀了他。

【原文】

公孙弘断发而为越王骑,公孙喜使人绝之曰:"吾不与子为昆弟矣。"公孙弘曰:"我断发,子断颈而为人用兵,我将谓子何?"周南之战,公孙喜死焉。

【译文】

公孙弘改变中原礼俗,剪短了头发去做越王的骑士,公孙喜派人宣布和他断交,说:"我不再和你保持兄弟关系了。"公孙弘说:"我不过剪了头发,你却卖命去替人带兵打仗,我还能说你什么呢?"周南之战时,公孙喜战死了。

【原文】

有与悍者邻,欲卖宅而避之。人曰:"是其贯将满矣,子姑待之。"答曰:"吾恐其以我满贯也。"遂去之。故曰:"物之几者,非所靡也。"

【译文】

有人和蛮横的人做邻居,想卖掉住宅加以躲避。有人劝他说:"这人将恶贯满盈了,你不妨姑且等待一下。"想卖住宅的人说:"我倒害怕他会用我来填满罪恶哩。"于是就离开了。所以说:"事情到了危急关头,再也不应该拖拉了。"

【原文】

孔子谓弟子曰:"孰能导子西之钓名也?"子贡曰:"赐也能。"乃导之,不复疑也。孔子曰:"宽哉,不被于利;絜哉,民性有恒。曲为曲,直为直。孔子曰子西不免。"白公之难,子西死焉。故曰:"直于行者曲于欲。"

【译文】

孔子对弟子说:"谁能劝阻子西的沽名钓誉呢?"子贡说:"我能。"于是前去开导了子西,无需乎再怀疑什么了。孔子说:"心胸宽广啊,不为利益所诱惑!品德纯洁啊,人的本性是恒定不变的!曲的就是曲,直的就是直的。"孔子又说:"子西不能免于灾祸。"白公胜政变时,子西终于被杀了。所以说:"行为刚直的人同样会屈从于欲望。"

【原文】

晋中行文子出亡,过于县邑,从者曰:"此啬夫,公之故人,公奚不休舍?"

且待后车。文子曰："吾尝好音，此人遗我鸣琴；吾好佩，此人遗我玉环；是振我过者也。以求容于我者，吾恐其以我求容于人也。"乃去之。果收文子后车二乘而献之其君矣。

【译文】

晋人中行文子出逃，路过县城。随从说："这里的乡官是您的旧人。您为何不去他家休息，暂时等待一下随后的车子？"文子说："我曾经喜爱音乐，这个人就送给我响琴；我喜爱玉饰，这个人就送给我玉环；这些都是在助长我的过失。以此求得我好感的人，我怕他会拿我去求得别人的好感。"于是就离开了县城。这个乡官果然没收了中行文子后面随从的两辆车子，并进献给他的主子。

【原文】

周趮谓宫他曰："为我谓齐王曰：以齐资我于魏，请以魏事王。"宫他曰："不可，是示之无魏也，齐王必不资于无魏者，而以怨有魏者。公不如曰：以王之所欲，臣请以魏听王。齐王必以公为有魏也，必因公。是公有齐也，因以有齐、魏矣。"

【译文】

周趮对宫他说："替我对齐王讲明，假如齐国大力帮助我在魏国掌权，我就会用魏国侍奉齐王。"宫他说："不可以。这样就暴露了你在魏国无权。齐王必定不帮助在魏无权的人，从而结怨在魏掌权的人。您不如说：按照大王的要求，我愿拿魏国听命于大王。齐王必定认为您是魏国掌权的，一定依从您。这样您有了齐国的帮助，进而在齐、魏也都有了地位。"

【原文】

白圭谓宋令尹曰："君长自知政，公无事矣。今君少主也而务名，不如令荆贺君之孝也，则君不夺公位，而大敬重公，则公常用宋矣。"

【译文】

白圭对宋国大尹说："君主长大后自己掌握政事，您就没事干了。现在君主年幼而追求名声，不如叫楚国来祝贺君主的孝顺，君主就不会剥夺您的权位，反会大大敬重您，这样，您就能长期在宋国掌权了。"

【原文】

管仲、鲍叔相谓曰："君乱甚矣，必失国。齐国之诸公子其可辅者，非公子纠则小白也,与子人事一人焉,先达者相收。"管仲乃从公子纠,鲍叔从小白。国人果弑君,小白先入为君,鲁人拘管仲而效之,鲍叔言而相之。故谚曰:"巫咸虽善祝,不能自祓也;秦医虽善除,不能自弹也。"以管仲之圣而待鲍叔之助,此鄙谚所谓"虏自卖裘而不售,士自誉辩而不信"者也。

【译文】

管仲、鲍叔牙相互议论说:"君主昏乱极了,必定会丢掉国家。齐国诸公子值得辅佐的,不是公子纠,就是小白。我和你每人侍奉一个公子,先成功的就收留另一个人。"管仲就随从公子纠,鲍叔牙随从小白。国人果然杀了君主。小白先回齐国做了新君。鲁国人把管仲拘禁起来献给小白,在鲍叔牙的推荐下,管仲做了齐相。所以俗话说:"巫咸虽然善于祷告,却不能拔除自己的灾祸;秦医虽然善于治病,却不能针灸好自己的病。"凭管仲的英明,还要等待鲍叔牙的帮助,这就是俗谚所说的"奴隶自己出售裘衣是售不出的,士人自称善于辩说是没人信的"。

【原文】

荆王伐吴,吴使沮卫蹷融犒于荆师而将军曰:"缚之,杀以衅鼓。"问之曰:"汝来卜乎?"答曰:"卜。""卜吉乎?"曰:"吉。"荆人曰:"今荆将与女衅鼓其何也?"答曰:"是故其所以吉也。吴使人来也,固视将军怒。"将军怒,将深沟高垒;将军不怒,将懈怠。今也将军杀臣,则吴必警守矣。

【译文】

楚王伐吴,吴王派沮卫、蹷融用酒食慰劳楚军。而楚国将军说:"把他们捆起来,杀了来祭鼓。"楚人问沮卫、蹷融说:"你们来时,占卜过吗?"他们回答说:"占卜过。""是吉兆吗?"他们说:"是吉兆。"楚人说:"现在楚军将要用你们祭鼓,怎么说呢?"他们回答说:"这正是吉利的所在了。吴王派我们来的时候,本来就等着将军发怒呐!"将军发怒了,吴军将深沟高垒;将军不发怒呢,吴军将麻痹懈怠。现在将军杀了我们,吴军就一定会警惕起来严加防守了。

【原文】

且国之卜,非为一臣卜。夫杀一臣而存一国,其不言吉何也?且死者无知,则以臣衅鼓无益也;死者有知也,臣将当战之时,臣使鼓不鸣。荆人因不杀也。

【译文】

再说国家的占卜,不是为个人臣子占卜。杀掉一个臣子而保存一个国家,这不叫吉利,叫什么呢?再说死者无知的话,用我们祭鼓也就没有好处;死者有知的话,我们将在打仗的时候,让楚军战鼓敲不响。楚人因而没杀他们。

【原文】

智伯将伐仇由,而道难不通。乃铸大钟遗仇由之君,仇由之君大说,除道将内之。赤章曼枝曰:"不可。此小之所以事大也,而今也大以来,卒必随之,不可内也。"仇由之君不听,遂内之。赤章曼枝因断毂而驱,至于齐七月,而仇由亡矣。

【译文】

智伯将要征伐仇由,但道路艰险难通,于是铸了一口大钟赠送给仇由国君。仇由国君非常高兴,准备修通道路把大钟接受下来。赤章曼枝说:"不行。送钟本是小国侍奉大国的事情,现在大国反而来送了,他们的军队一定会跟随在后,大钟是不能接受的。"仇由国君不听,于是接受了大钟。赤章曼枝就截短车毂以便赶路,逃到了齐国。七个月后,仇由国就灭亡了。

【原文】

越已胜吴,又索卒于荆而攻晋,左史倚相谓荆王曰:"夫越破吴,豪士死,锐卒尽,大甲伤,今又索卒以攻晋,示我不病也,不如起师与分吴。"荆王曰:"善。"因起师而从越,越王怒,将击之,大夫种曰:"不可。吾豪士尽,大甲伤,我与战必不克,不如赂之。"乃割露山之阴五百里以赂之。

【译文】

越已胜吴,又向楚借兵去攻打晋国。史官倚相对楚王说:"越国攻占吴国,豪杰之士战死,精锐部队耗尽了,武器装备毁坏了。现在又来借兵去攻晋,是向我表示没有受损。楚不如起兵和越共同瓜分吴国。"楚王说:"好。"就起兵而跟踪越军。越王非常气愤,准备发动进攻。大夫种说:"不行。我豪杰之士战死了,武器装备毁坏了。我们和他们打,一定不能取胜,还不如贿赂他们。"就把露山北面五百里的地方割让给了楚国。

【原文】

荆伐陈,吴救之,军闲三十里,雨十日夜,星。左史倚相谓子期曰:"雨十日,甲辑而兵聚,吴人必至,不如备之。"乃为陈,陈未成也而吴人至,见荆陈而反。左史曰:"吴反复六十里,其君子必休,小人必食,我行三十里击之,必可败也。"乃从之,遂破吴军。

【译文】

楚国攻打陈国,吴国去解救,楚吴两军相距三十里。下了十天雨后,晚上放晴了。史官倚相对子期说:"下了十天雨,盔甲和兵器都集中存放着。吴军一定会来,不如多加防备。"于是摆好了战阵。战阵还没摆好,吴军就到了。看到楚军布阵,吴军又折兵返回。倚相说:"吴军来回六十里,当官的一定会在休息,当兵的一定会在吃饭。我们行军三十里去袭击他们,一定能把他们打败。"于是跟随过去,并把吴军打败了。

【原文】

韩、赵相与为难。韩子索兵于魏,曰:"愿借师以伐赵。"魏文侯曰:"寡人与赵兄弟,不可以从。"赵又索兵以攻韩,文侯曰:"寡人与韩兄弟,不敢从。"二国不得兵,怒而反。已乃知文侯以构于己,乃皆朝魏。

【译文】

韩、赵相互为敌。韩君向魏借兵说:"希望借兵去伐赵。"魏文侯说:"我和赵是兄弟,没法听命。"赵又向魏借兵去攻韩,魏文侯说:"我和韩是兄弟,不敢从命。"两国没有借到兵,愤怒地回去了。事后才知道魏文侯是用这种方法让两国和解,于是都去朝见他。

【原文】

齐伐鲁,索谗鼎,鲁以其赝往,齐人曰:"赝也。"鲁人曰:"真也。"齐曰:"使乐正子春来,吾将听子。"鲁君请乐正子春,乐正子春曰:"胡不以其真往也?"君曰:"我爱之。"答曰:"臣亦爱臣之信。"

【译文】

齐国讨伐鲁国。索要谗鼎,鲁国就把赝品送去了。齐人说:"这是赝品。"鲁人说:"是真的。"齐人说:"叫乐正子春来证明,我就相信你。"鲁君请求乐正子春,乐正子春说:"为什么不把真的送去?"鲁君说:"我喜爱谗鼎。"乐正子春回答说:"我也爱惜我的信誉。"

【原文】

韩咎立为君,未定也。弟在周,周欲重之,而恐韩咎不立也。綦毋恢曰:

"不若以车百乘送之。得立,因曰为戒;不立,则曰来效贼也。"

【译文】

韩咎立为国君,事情尚未最后确定。他的弟弟在周国,周国想使其回国居于要位,但又伯韩咎最后不能立为国君,綦毋恢说:"不如用百辆兵车送他回国。韩咎能立为国君,就说是给他弟弟做警卫的;不能立为国君,就说是来献贼的。"

【原文】

靖郭君将城薛,客多以谏者。靖郭君谓谒者曰:"毋为客通。"齐人有请见者曰:"臣请三言而已,过三言,臣请烹。"靖郭君因见之,客趋进曰:"海大鱼。因反走。"靖郭君曰:"请闻其说。"客曰:"臣不敢以死为戏。"靖郭君曰:"愿为寡人言之。"答曰:"君闻大鱼乎?网不能止,缴不能絓也,荡而失水,蝼蚁得意焉。今夫齐亦君之海也,君长有齐,奚以薛为?君失齐,虽隆薛城至于天犹无益也。"靖郭君曰:"善。乃辍,不城薛。"

【译文】

靖郭君田婴准备在薛地筑城,受到很多门客的劝阻。田婴对通报人员说:"不要替门客们通报了。"有个请求接见的齐国人说:"我只要求说三个字。超过三个字,就请把我煮死好了。"田婴就接见了他。客人快步上前说:"海大鱼。"说罢回头就跑。田婴说:"请告诉我说的是什么意思。"客人说:"我不敢拿死当作儿戏。"田婴说:"希望给我说说清楚。"客人回答说:"您听说过大鱼吗?网不能捕住它,绍缴不能拖住它但它要是任性乱游脱离了水,蝼蚁都可在它身上为所欲为哩。现在齐国也就是您的大海。您能长期掌握齐政,还要薛干什么?您失去了齐国大权,即使把薛城筑得够得着老天,也没有好处啊。"田婴说:"好。"就把在薛地筑城的事停了下来。

【原文】

荆王弟在秦,秦不出也。中射之士曰:"资臣百金,臣能出之。"因载百金之晋,见叔向,曰:"荆王弟在秦,秦不出也,请以百金委叔向。"叔向受金,而以见之晋平公曰:"可以城壶丘矣。"平公曰:"何也?"对曰:"荆王弟在秦,不出也,是秦恶荆也,必不敢禁我城壶丘。若禁之,我曰:为我出荆王之弟,吾不城也。彼如出之,可以德荆。"彼不出,是卒恶也,必不敢禁我城壶丘矣。公曰:"善。"乃城壶丘,谓秦公曰:"为我出荆王之弟,吾不城也。秦因出之,荆王大说,以炼金百镒遗晋。"

【译文】

楚王的弟弟在秦国,秦国不放他回去。侍卫武官说:"借给我百金,我能让他回国。"于是带上百金前往晋国,拜见叔向后,说:"楚王弟弟在秦国,秦国不放他回去。"并希望把百金送给叔向,委托他来办理这件事。叔向接受了百金,就把它拿给晋平公说:"可以在壶丘筑城了。"平公说:"为什么?"叔向回答说:"楚王的弟弟在秦国,秦不放他走,这说明秦国憎恨楚国,秦国也就一定不敢阻拦我们在壶丘筑城。如果前来阻拦,我们就说:'看在我们的面上,放出楚王的弟弟,我们就不筑城了。'秦国如果放出楚王的弟弟,可以使楚国对我们感恩;如果不放,说明他们始终憎恨楚国,就一定不敢阻拦我们在壶丘筑城。"平公说:"好。"于是就在壶且筑城。晋平公对秦景公说:"看在晋国面子上放出楚王的弟弟,我就不再筑城了。"秦因而放走了楚王的弟弟。楚王非常高兴,把一百镒纯金赠送给晋国。

【原文】

阖庐攻郢,战三胜,问子胥曰:"可以退乎?"子胥对曰:"溺人者一饮而止则无逆者,以其不休也,不如乘之以沉之。"

【译文】

吴王阖庐攻打郢都,多次取胜后,他问伍子胥说:"可以撤兵吗?"伍子胥回答说:"想淹死他,让他喝一口水就住手,那是不会成功的,因为中途停止了。不如趁机把他沉入水底。"

【原文】

郑人有一子,将宦,谓其家曰:"必筑坏墙,是不善人将窃。"其巷人亦云。不时筑,而人果窃之。以其子为智,以巷人告者为盗。

【译文】

郑国有个人,他的儿子将去做官,告诉他的家人说:"一定要把坏了的墙修建起来,这墙不修好,别人会来偷窃的。"他邻居也这样说。因为没有及时修建,别人果然偷了他家的东西。郑人认为他的儿子聪明,但却把说要修墙的邻居看作盗贼。

观行第二十四

【原文】

古之人目短于自见,故以镜观面;智短于自知,故以道正己。故镜无见疵之罪,道无明过之怨。目失镜则无以正须眉,身失道则无以知迷惑。西门豹之性急,故佩韦以自缓;董安于之心缓,故佩弦以自急。故以有余补不足,以长续短之谓明主。

【译文】

古代的人,眼睛看不见自己,所以用镜子照着观察面孔;才智不足以认识自己,所以用法术来修正自己。因此镜子没有照出毛病的罪过,法术没有暴露过失引起的怨恨。眼睛离开镜子,就不能修整胡子眉毛;人们离开法术,就不能辨别是非。西门豹性情急躁,所以佩带柔韧的皮带来提醒自己从容;董安于性情迟缓,所以佩带绷紧的弓弦来鞭策自己敏捷。所以用多余补充不足;用长的接续短的就叫作英明的君主。

【原文】

天下有信数三:一曰智有所不能立,二曰力有所不能举,三曰强有所不能胜。故虽有尧之智,而无众人之助,大功不立。有乌获之劲,而不得人助,不能自举。有贲、育之强,而无法术,不得长生。故势有不可得,事有不可成。故乌获轻千钧而重其身,非其身重于千钧也,势不便也;离朱易百步而难眉睫,非百步近而眉睫远也,道不可也。故明主不穷乌获,以其不能自举;不困离朱,以其不能自见。因可势,求易道,故用力寡而功名立。时有满虚,事有利害,物有生死,人主为三者发喜怒之色,则金石之士离心焉。圣贤之扑浅深矣。故明主观人,不使人观己。明于尧不能独成,乌获不能自举,贲、育之不能自胜,以法术则观行之道毕矣。

【译文】

天下有三种定数:一是智者也有办不成的事情,二是力士也有举不起的物件,三是勇士也有战不胜的对手。所以即使有唐尧的智慧,却没有众人的辅佐,大功就建立不起来;有乌获的力气,却得不到别人帮助,也不可能自己举起自己;有孟贲、夏育的勇猛,却没有法术作为保障,仍不能总是取胜。所以形势总有不具备的,事情总有办不成的。所以乌获以千钧为轻而以自身为重,不是他的身体比千钧重,而是形势不允许。离朱易于看清百步之外的毫毛,却难以看到自己的眉睫,并非百步近而眉睫远,而是条件不允许。所以明君不因乌获不能自举而为难他,不因离朱不能自见而刁难他。顺应可获成功的形势,寻找容易成功的条件,所以力少而功名成。季节有盛有衰,事情有利有害,万物有生有死,君主对这三种变化表现出喜怒之颜色,那么忠贞人士就会离心离德,聪明的人就会摸到君主底细了。所以明君观察别人,而不让别人观察自己。明白唐尧不能单独成功,乌获不能举起自己,孟贲、夏育不能胜过自我,运用法术则观察臣下行为的道理就尽在其中了。

安危第二十五

【原文】

安术有七,危道有六。

【译文】

使国家安定的方法有七种,使国家危乱的途径有六种。

【原文】

安术:一曰、赏罚随是非,二曰、祸福随善恶,三曰、死生随法度,四曰、有贤不肖而无爱恶,五曰、有愚智而无非誉,六曰、有尺寸而无意度,七曰、有信而无诈。

【译文】

安定的方法:一是赏罚根据是非;二是福祸根据善恶;三是生死根据法律;四是人贤和不贤是实际存在的,但不能根据个人的好恶进行判断;五是愚和智是客观存在的,但不能根据别人的诽谤或赞美来确定;六是衡量事物有客观标准而不凭主观猜想;七是守信用而不欺诈。

【原文】

危道:一曰、斲削于绳之内,二曰、断割于法之外,三曰、利人之所害,四曰、乐人之所祸,五曰、危人于所安,六曰、所爱不亲,所恶不疏。如此,则人失其所以乐生,而忘其所以重死,人不乐生则人主不尊,不重死则令不行也。

【译文】

危乱的途径:一是砍削木材偏到准线以内,即徇私枉法;二是任意裁决,不依据法令;三是用别人的祸害谋划;四是用别人的灾祸取乐;五是危害别人的平安生活;六是喜欢的人不亲近,厌恶的人不疏远。如果这样,人们就失去了乐于生存的前提,失去了害怕死亡的条件。人们不乐于生存,君主就受不到尊重;不害怕死亡,法令就不能实行。

【原文】

使天下皆极智能于仪表，尽力于权衡，以动则胜，以静则安。治世使人乐生于为是，爱身于为非。小人少而君子多，故社稷常立，国家久安。奔车之上无仲尼，覆舟之下无伯夷。故号令者，国之舟车也。安则智廉生，危则争鄙起。故安国之法，若饥而食，寒而衣，不令而自然也。先王寄理于竹帛，其道顺，故后世服。今使人去饥寒，虽贲、育不能行；废自然，虽顺道而不立。强勇之所不能行，则上不能安。上以无厌责，己尽，则下对无有，无有则轻法，法所以为国也而轻之，则功不立、名不成。

【译文】

假使天下人都能在法令范围内充分发挥智慧和才能，在法令范围内竭尽力量，用来打仗就能取胜，用来治国就能安定。太平社会使人乐于生存去干好事，爱惜身体不做坏事，小人少而君子多。所以江山长存，国家久安。在狂跑的车子上不会产生孔子那样的智者，在倒扣的船只下不会产生伯夷那样的廉者。所以法令就是国家的船和车，平安时智慧和清廉的人才能出现，危乱时争夺和贪鄙的人就会蜂起。所以给国家带来安定的法律，像饿了要吃饭、冷了要穿衣一样，是不用命令而自然需要的。先王把法令书写在竹帛上，它的道理顺应了客观规律，所以后人都能信服。如果让人们去掉饥寒时吃饭穿衣的自然需要，即使孟贲、夏育那样的勇士也做不到；违背客观规律，即使沿用先王之道也行不通。强制人们去做勇士也做不到的事，君主就得不到安宁。君主以永不满足的贪欲去搜刮已被搜刮尽的民众，民众就会回答说"再也没有了"；民众一无所有，就会轻视法令。法令是用来治国的，一旦被轻视了，君主的功业就不能建立，名声就不能获得。

【原文】

闻古扁鹊之治其病也，以刀刺骨；圣人之救危国也，以忠拂耳。刺骨，故小痛在体而长利在身；拂耳，故小逆在心而久福在国。故甚病之人利在忍痛，猛毅之君以福拂耳。忍痛，故扁鹊尽巧；拂耳，则子胥不失；寿安之术也。病而不忍痛，则失扁鹊之巧；危而不拂耳，则失圣人之意。如此，长利不远垂，功名不久立。

【译文】

听说古代名医扁鹊疗治疾病时,插入刺骨的刀子;圣人挽救危国时,进献逆耳的忠言。刀子刺骨,所以身上一时疼痛,自己却能得到长远好处;忠言逆耳,所以心里暂且难受,国家却能得到长远利益。因此,危重病人从疼痛中得到好处,勇猛刚毅的君主为得福不怕进言的逆耳。病人忍住疼痛,所以扁鹊能竭尽技巧;君主不怕进言的逆耳,就不会失去伍子胥那样的忠臣;这是长治久安的方法。生病了却不能忍住疼痛,扁鹊的技巧就无法施展;危险了却害怕进言的逆耳,圣人的忠心就无法进献。这样一来,长远利益就不能传留后世,功名就不能永久建立。

【原文】

人主不自刻以尧而责人臣以子胥,是幸殷人之尽如比干,尽如比干则上不失、下不亡。不权其力而有田成,而幸其身尽如比干,故国不得一安。废尧、舜而立桀、纣,则人不得乐所长而忧所短。失所长则国家无功,守所短则民不乐生,以无功御不乐生,不可行于齐民。如此,则上无以使下,下无以事上。

【译文】

君主不要求自己像尧,却要求臣下都像伍子胥,这好比巴望殷人都像忠直的比干那样,都像比干那样,君主自然就不会有什么过失,臣下自然不会背弃君主。君主不能正确估计自己的力量,下面又有田成子那样图谋篡权的臣子,还要巴望他们都像比干,所以国家得不到一点安宁。假如圣君被废,暴君得立,那么人们就不可能发挥长处,却要时常为短处所忧虑。失掉了长处,国家就建不起功业;拘束在短处里,民众就不再乐于生存。用没有功业的国君驾驭不乐于生存的民众,这在全国百姓中是行不通的。像这样的话,君主就无法役使臣下,臣下就无法侍奉君主。

【原文】

安危在是非,不在于强弱。存亡在虚实,不在于众寡。故齐、万乘也,而名实不称,上空虚于国内,不充满于名实,故臣得夺主。杀天子也,而无是非,赏于无功;使谗谀,以诈伪为贵;诛于无罪,使伛以天性剖背;以诈伪为是,天性为非,小得胜大。

【译文】

国家的安危在于君主能否分清是非，而不在于强弱。国家的存亡在于君主是徒有虚名还是握有实权，而不在于臣属的多少。所以，齐国是大国，但由于名不符实，君主在国内被架空了，名位和实权都已旁落，所以臣下得以篡夺君位。桀是天子，但没有是非观念；对无功的人给予奖赏，使阿谀奉承的人凭着欺诈手段得以尊贵起来；对无辜的人横加刑戮，使驼背的人因为先天不足而被剖背。把欺诈当成正确的，把天生缺陷当成错误的，所以小商得以战胜大夏。

【原文】

明主坚内，故不外失。失之近而不亡于远者无有。故周之夺殷也，拾遗于庭，使殷不遗于朝，则周不敢望秋毫于境，而况敢易位乎。

【译文】

明君巩固内部政权，所以不会被别国所灭亡。如果国家内部治理得不好，却又不被别国所灭亡的，从来不曾有过。所以周朝夺取殷朝的政权，就像在庭院内捡到别人的东西一样容易。假使殷不在朝廷上丢失了什么，那么周人连殷境内的一根毫毛也不敢觊觎，何况敢于改变君位呢？

【原文】

明主之道忠法，其法忠心，故临之而法，去之而思。尧无胶漆之约于当世而道行，舜无置锥之地于后世而德结。能立道于往古，而垂德于万世者之谓明主。

【译文】

明君的治国原则是适合法制的，这种法制适合民心。所以，贯彻法制，国家就能治理好；脱离法制，民众就会思念。尧和当时的国民并没有订立牢靠的盟约，但治国原则能够行得通；舜没有立锥之地留给后代，却结下了恩德。能够把古代尧舜作为榜样来确定治国原则，并把恩德永久留传给后代的君主，就叫作英明的君主。

守道第二十六

【原文】

圣王之立法也,其赏足以劝善,其威足以胜暴,其备足以必完法。治世之臣,功多者位尊,力极者赏厚,情尽者名立。

【译文】

圣王确立的法治,赏赐足以鼓励善行,威严足以制服暴乱,措施足以保证法制完全贯彻下去。太平盛世的臣子,功劳多的地位尊贵,出力大的赏赐优厚,竭尽忠诚的名声得以树立。

【原文】

善之生如春,恶之死如秋,故民劝极力而乐尽情,此之谓上下相得。上下相得,故能使用力者自极于权衡,而务至于任鄙;战士出死,而愿为贲、育;守道者皆怀金石之心,以死子胥之节。用力者为任鄙,战如贲、育,中为金石,则君人者高枕而守已完矣。

【译文】

好事物就像春草层出不穷,坏事物就像秋叶枯萎凋谢,所以民众奋勉竭力,乐于尽忠,这就叫君臣相宜。君臣相宜,所以能使出力的人自觉地服从法度竭尽全力,务求能像大力士任鄙那样;战士们出生入死,情愿像勇士孟贲、夏育那样;维护法治的人都怀有忠贞之心,抱定伍子胥尽忠守节那样的献身精神。出力的人都像任鄙,战士们都像孟贲、夏育,维护法治的人都心如金石,做君主的就可以高枕无忧而确保国家政权的原则也就完备了。

【原文】

古之善守者,以其所重禁其所轻,以其所难止其所易。故君子与小人俱正,盗跖与曾、史俱廉。何以知之?夫贪盗不赴溪而掇金,赴溪而掇金则身不全;贲、育不量敌则无勇名,盗跖不计可则利不成。

【译文】

古代善于守道的君主,用重刑禁止轻罪,用人们不敢违反的法令制止人们容易犯的罪行,所以君子和小人都安分守法,盗跖和曾参、史朗都一样廉洁。根据在哪里呢?贪婪的盗贼不去深涧拾金,因为去深涧拾金,身体就难以保全。孟贲、夏育不估量敌情,就得不到勇武的名声;盗跖不预计可行性,就不能获利。

【原文】

明主之守禁也,贲、育见侵于其所不能胜,盗跖见害于其所不能取。故能禁贲、育之所不能犯,守盗跖之所不能取,则暴者守愿,邪者反正。大勇愿,巨盗贞,则天下公平,而齐民之情正矣。

【译文】

明君掌握禁令,孟贲、夏育在不该取胜的地方去取胜,就要受到制裁;盗跖在不该窃取的地方去窃取,就要受到惩罚;所以能禁止孟贲、夏育在不该取胜的地方取胜,防止盗跖在不该窃取的地方窃取。这样一来,强暴的人就得小心了,奸邪的人就得改邪归正了。强暴的人小心了,大盗贼正派了,天下就会公正太平,民众的思想也就归于正道了。

【原文】

人主离法失人,则危于伯夷不妄取,而不免于田成、盗跖之耳可也。今天下无一伯夷,而奸人不绝世,故立法度量。度量信则伯夷不失是,而盗跖不得非。法分明则贤不得夺不肖,强不得侵弱,众不得暴寡。托天下于尧之法,则贞士不失分,奸人不徼幸。寄千金于羿之矢,则伯夷不得亡,而盗跖不敢取。

【译文】

君主背离法治失掉人心,即使遇上像伯夷那样清廉的人都会有危险,更难避免田成、盗跖这类人的祸害了。为什么?如今天下没有一个伯夷,而奸人在社会上不断出现,所以要确立法律制度。坚决按照法制标准办事,那么,不但伯夷不会改变好行为,而且盗跖也不能为非作歹了。法制分明,贤人不能攫取不贤的人,强的不能侵扰弱的,人多的不能欺负人少的。把天下置于尧的法令管制中,忠贞的人就不会失去本分,奸邪的人就难存侥幸心理。把千金置于后羿的神箭保护下,伯夷就不会丢失了,盗跖也不敢窃取了。

【原文】

尧明于不失奸,故天下无邪;羿巧于不失发,故千金不亡。邪人不寿而盗跖止,如此,故图不载宰予,不举六卿;书不着子胥,不明夫差。孙、吴之略废,盗跖之心伏。人主甘服于玉堂之中,而无瞋目切齿倾取之患。人臣垂拱于金城之内,而无扼捥聚唇嗟唶之祸。

【译文】

尧懂得不放过坏人,所以天下没有奸邪;羿技艺高超、箭不虚发,所以千金不会丢失。这样一来,奸人就活不长了,盗跖也不敢再活动了。这样一来,乱臣贼子,暴君贤臣,就都不会出现了。所以书籍里就不会记载宰予,不会提到六卿,也不会记载伍子胥,不会提到夫差了,孙武、吴起的谋略就会被废弃,盗跖的贼心也会被收伏。君主在王宫里过着甘食美衣的生活,再不会结下怒目切齿的仇恨,遭到篡权颠覆的灾难;臣下在都城中垂衣拱手,无忧无虑,再不会遭到意外的灾祸,激起强烈的怨恨。

【原文】

服虎而不以柙,禁奸而不以法,塞伪而不以符,此贲、育之所患,尧、舜之所难也。故设柙非所以备鼠也,所以使怯弱能服虎也;立法非所以备曾、史也,所以使庸主能止盗跖也;为符非所以豫尾生也,所以使众人不相谩也。不独恃比干之死节,不幸乱臣之无诈也,恃怯之所能服,握庸主之所易守。当今之世,为人主忠计,为天下结德者,利莫长于此。

【译文】

制服老虎而不用笼子,禁止奸邪而不用刑法,杜绝虚假而不用符信,这是孟贲、夏育感到担心的,也是尧、舜感到为难的。所以设下笼子,不是用来防备老鼠的,而是为了使怯懦的人也能制服老虎;立下法度,不是用来防备曾参、史䲡的,而是为了使庸君也能禁止盗跖;制作符信,不是用来防备尾生的、而是为了使大家不再互相欺诈。不要只依靠比干那样的誓死效忠,也不要幻想乱臣会不行欺诈;而要依靠能使怯懦的人制服老虎的笼子,把握住能使庸君容易保住政权的法令。处在现在这个时代,为君主尽忠思虑,为天下造福的法宝,再没有比上述这些更符合长远利益了。

【原文】

故君人者无亡国之图,而忠臣无失身之画。明于尊位必赏,故能使人尽力于权衡,死节于官职。通贲、育之情,不以死易生;惑于盗跖之贪,不以财易身;则守国之道毕备矣。

【译文】

所以做君主的没有亡国的担心,忠臣没有杀身的危险。知道忠于职守必赏,所以能使人们根据法制竭尽全力,誓死忠于职守。纵有孟贲、夏育一样勇猛的脾气,人们也不敢轻易地去送死;纵受盗跖一样贪心的迷惑,人们也不会为了财物去丧生;达到了这样的境界,确保政权稳固的原则就算完备无缺了。

用人第二十七

【原文】

闻古之善用人者,必循天顺人而明赏罚。循天则用力寡而功立,顺人则刑罚省而令行,明赏罚则伯夷、盗跖不乱。如此,则白黑分矣。治国之臣,效功于国以履位,见能于官以受职,尽力于权衡以任事。人臣皆宜其能,胜其官,轻其任,而莫怀余力于心,莫负兼官之责于君。故内无伏怨之乱,外无马服之患。明君使事不相干,故莫讼;使士不兼官,故技长,使人不同功,故莫争。争讼止,技长立,则强弱不觳力,冰炭不合形,天下莫得相伤,治之至也。

【译文】

听说古代善于用人的君主,必定会遵循天道顺应人情并且赏罚分明。遵循天道,就能够少用气力而建立功业;顺应人情,就能够少用刑罚而推行法令;赏罚分明,伯夷、盗跖就不会混淆。这样一来,黑白就分明了。太平国家的臣子,为国立功来履行职守,为公尽能来接受职务,依法尽力来担任职事。做臣子的都能发挥他们的才能,胜任他们的官职,完成他们的任务,而不需要把余力保存在心里,不需要对君主承担双重的责任。所以在国内没有心怀怨恨的祸乱,在国外没有像赵括那样轻敌冒进的祸患。明君使职事不相干扰,所以不会发生争吵;使臣下不兼任官职,所以各自都有擅长的技能;使人们不为同一件事情而立功,所以不会发生争斗。争吵平息了,擅长的技能表现出来了,强弱之间就不会争胜,如同冰炭不在同一个器皿中一样,天下所有的人不得相互伤害,这是治世的最高境界。

【原文】

释法术而心治,尧不能正一国。去规矩而妄意度,奚仲不能成一轮。废尺寸而差短长,王尔不能半中。使中主守法术,拙匠守规矩尺寸,则万不失矣。君人者,能去贤巧之所不能,守中拙之所万不失,则人力尽而功名立。

【译文】

放弃法术而凭主观办事,就是尧也不能治理好一个国家;不要规矩而胡乱猜测,就是奚仲也不能做好一个轮子;废弃尺寸而比较长短,就是王尔也不能做到半数符合标准。如中等才能的君主遵循法术,笨拙的匠人掌握规矩尺寸,就会万无一失了。做君主的能去掉贤人、巧匠也办不成事情的做法,奉行中主、拙匠都万无一失的做法,人们就会竭尽全力,功名也会建立起来。

【原文】

明主立可为之赏,设可避之罚。故贤者劝赏而不见子胥之祸,不肖者少罪而不见伛剖背,盲者处平而不遇深溪,愚者守静而不陷险危。如此,则上下之恩结矣。古之人曰:"其心难知,喜怒难中也。"故以表示目,以鼓语耳,以法教心。君人者释三易之数而行一难知之心,如此,则怒积于上,而怨积于下,以积怒而御积怨则两危矣。明主之表易见,故约立;其教易知,故言用;其法易为,故令行。三者立而上无私心,则下得循法而治,望表而动,随绳而斲,因攒而缝。如此,则上无私威之毒,而下无愚拙之诛。故上君明而少怒,下尽忠而少罪。

【译文】

明君设立可以得到的赏赐,设立可以避免的刑罚。所以贤者奋力立功得赏而没有伍子胥那样的灾祸,不贤者少犯罪而不会遭到驼背被剖那样的冤枉刑罚,盲人处在平地而不会遇到深渊,蠢人过着安静的生活而不会陷入险境。这样的话,君臣之间的恩情就结下了。古人说:"人心难以捉摸,喜怒难以猜中。"所以要用华表给眼睛当坐标,用鼓声给耳朵传信息,用法制给人心作规范。做君主的放弃这三种容易的方法而用一种难以摸透的思想行事,这样办事,君主就会积怒,臣下就会积怨。用积怒的君主来驾驭积怨的臣下,君臣就都危险了。明君的标准容易看到,信约就能确立;他的教导容易懂得,说话就起作用;他的法制容易遵守,命令就会得到执行。这三方面都做到了,君主又没有私心,臣下就可以遵循法令而治理政事,如同看着标志来行动,随着墨线来下斧,根据锥孔来上针一样。这样一来,君主就没有滥施淫威的残酷,臣下也没有愚蠢笨拙的过失。所以君主明察而少怒,臣下尽忠而少罪。

【原文】

闻之曰:"举事无患者,尧不得也。而世未尝无事也。"君人者不轻爵禄,不易富贵,不可与救危国。故明主厉廉耻,招仁义。昔者介子推无爵禄而义随文公,不忍口腹而仁割其肌,故人主结其德,书图着其名。人主乐乎使人以公尽力,而苦乎以私夺威。人臣安乎以能受职,而苦乎以一负二。故明主除人臣之所苦,而立人主之所乐,上下之利,莫长于此。不察私门之内,轻虑重事,厚诛薄恼,久怨细过,长侮偷快,数以德追祸,是断手而续以玉也,故世有易身之患。

【译文】

听别人说:"办事不出差错,就是尧也做不到。而社会从没有平安无事的时候。"做君主的不肯轻易赏给臣下爵禄和富贵,就不能解救危亡的国家。所以明君鼓励廉耻之心,提倡仁义之举。过去介子推没有爵禄,凭着"义"追随晋文公出亡;途中饥饿难忍,又凭着"仁"割下身上的肉给晋文公吃,所以君主铭记他的德行,书上著录他的名字。君主乐于使臣下为公尽力,而苦于他们为私夺权;臣子安于量才录用,而苦于身兼二职。所以明君除去君臣苦恼的事,设立君臣快乐的事。君臣的利益,没有比这更深远的了。不考察大臣私下的活动,轻率地考虑重大的事情,过重地处罚犯轻罪的人,长期怨恨臣下的小错,经常侮弄臣下来取得一时的愉快,频繁地用恩惠来补偿给人造成的灾难,这就像砍断手臂而接上玉一样,所以天下有君位被篡的祸患。

【原文】

人主立难为而罪不及,则私怨生;人臣失所长而奉难给,则伏怨结。劳苦不抚循,忧悲不哀怜。喜则誉小人,贤不肖俱赏;怒则毁君子,使伯夷与盗跖俱辱;故臣有叛主。

【译文】

君主树立难以达到的标准,而去怪罪臣下没有达到,臣下就会产生私怨;臣下丢掉特长而去从事难以胜任的事情,心头就会积下怨恨。君主对臣子的劳苦不抚慰,忧伤不同情;高兴时连小人都称誉,对贤和不贤的人一律赏赐;发怒时连君子也诋毁,使伯夷和盗跖同遭侮辱;所以臣子中就有背叛君主的人。

【原文】

使燕王内憎其民而外爱鲁人,则燕不用而鲁不附。民见憎,不能尽力而务功;鲁见说,而不能离死命而亲他主。如此,则人臣为隙穴,而人主独立。以隙穴之臣而事独立之主,此之谓危殆。

【译文】

假如燕王对内憎恨本国民众,对外喜爱鲁国人,那么燕人就不为他所用,鲁人也不会依附他。燕人被憎恨,就不能尽力来求得功劳;鲁人被喜爱,但不能冒死罪去亲近别国君主。如果这样,臣子就成了缝隙一样的隐患,君主就会陷于孤立。用成了隐患的臣子去侍奉孤立的君主,这就叫危险。

【原文】

释仪的而妄发,虽中小不巧;释法制而妄怒,虽杀戮而奸人不恐。罪生甲,祸归乙,伏怨乃结。故至治之国,有赏罚,而无喜怒,故圣人极;有刑法而死,无螯毒,故奸人服。发矢中的,赏罚当符,故尧复生,羿复立。如此,则上无殷、夏之患,下无比干之祸,君高枕而臣乐业,道蔽天地,德极万世矣。

【译文】

放弃靶子而胡乱发射,即使射中很小的东西也不算技艺高超;放弃法制而乱发脾气,即使大肆杀伐,好人也不会害怕。甲犯了罪,祸归于乙,怨恨就产生了。所以治理得最好的国家,实行赏罚,但不凭个人喜怒,所以圣人能达到治国的极致;建立刑法,但不逞私威杀人,所以奸人服罪。射箭中靶,赏罚得当,所以尧可复生,羿能再世。这样一来,君主就没有殷、夏亡国的祸患,臣下就没有比干剖心的灾难,君主高枕无忧,臣下乐于尽职,法术普遍地实行于天下,恩德流传千秋万代。

【原文】

夫人主不塞隙穴,而劳力于赭垩,暴雨疾风必坏。不去眉睫之祸,而慕贲、育之死;不谨萧墙之患,而固金城于远境;不用近贤之谋,而外结万乘之交于千里。飘风一旦起,则贲、育不及救,而外交不及至,祸莫大于此。当今之世,为人主忠计者,必无使燕王说鲁人,无使近世慕贤于古,无思越人以救中国溺者,如此,则上下亲,内功立,外名成。

【译文】

君主不堵塞缝隙而致于粉饰外表,遇到暴风骤雨就一定会坏事。不消除眼前祸患,却幻想孟贲、夏育为自己效死,不谨防内部祸患,却在边远地带加固城墙,不采用国内贤士的谋略,却去结交千里之外的大国,突然变故一旦发生,孟贲、夏育来不及解救,而结交的大国来不及赶到,灾祸再没有比这更大的了。在当今社会中,替君主忠心献计的人,一定不要使自己的君主学燕王爱鲁人,不要使当代君主去仰慕古代的贤人,不要去指望善于泅水的越国人来救中原的溺水者。这样一来,君臣就能亲密无间,在国内建立功业,在国外成就威名。

功名第二十八

【原文】

明君之所以立功成名者四：一曰天时，二曰人心，三曰技能，四曰势位。非天时虽十尧不能冬生一穗，逆人心虽贲、育不能尽人力。故得天时则不务而自生，得人心则不趣而自劝，因技能则不急而自疾，得势位则不进而名成。若水之流，若船之浮，守自然之道，行毋穷之令，故曰明主。

【译文】

明君立功成名的条件有四个：一是天时，二是人心，三是技能，四是势位。不顺天时，即使十个尧也不能让庄稼在冬天里结成一个穗子；违背人心，即使孟贲、夏育也不肯多出力气。所以顺应了天时，即使不很努力，庄稼也会自然生长；得到了人心，就是不用督促，民众也能自我勉励；凭借技能，即便不急于求成，事情也会很快完成；得到了势位，即使不进取，名声也会大振。好像水的流动，好像船的飘浮，把握自然之道，推行畅通无阻的法令，所以称为明君。

【原文】

夫有材而无势，虽贤不能制不肖。故立尺材于高山之上，则临千仞之溪，材非长也，位高也。桀为天子，能制天下，非贤也，势重也；尧为匹夫，不能正三家，非不肖也，位卑也。

【译文】

有才能而没有权势，即使是贤人，也不能制服不贤的人。所以在高山上树立一尺长的木头，就能俯临千仞深的峡谷，木头并不长，而是位置高。夏桀做天子，能控制天下，不是因为他贤，而是因为他权势重；尧做普通人，不能管理好三户人家，不是因为他不贤，而是因为他地位卑贱。

【原文】

千钧得船则浮，锱铢失船则沉，非千钧轻锱铢重也，有势之与无势也。故短之临高也以位，不肖之制贤也以势。人主者，天下一力以共载之，故安；众同心以共立之，故尊。人臣守所长，尽所能，故忠。以尊主主御忠臣，则长乐生而功名成。名实相持而成，形影相应而立，故臣主同欲而异使。人主之患在莫之应，故曰：一手独拍，虽疾无声。人臣之忧在不得一，故曰：右手画圆，左手画方，不能两成。故曰：至治之国，君若桴，臣若鼓，技若车，事若马。故人有余力易于应，而技有余巧便于事。立功者不足于力，亲近者不足于信，成名者不足于势。近者已亲，而远者不结，则名不称实者也。

【译文】

千钧重物依靠船就能浮起来，锱铢轻物没有船就沉下去，不是因为千钧轻而锱铢重，而是因为有没有依靠船的浮力这种势的差别。所以短木居高临下凭借的是位置，不贤者制服贤人凭借的是权势。做君主的，天下合力来共同拥戴他，所以稳定；天下齐心来共同推举他，所以尊贵。臣下发挥特长，竭尽所能，所以忠诚。用尊贵的君主驱使忠诚的臣子，就会出现长治久安的局面，建立起功业和名望。名、实相依赖而成立，形、影相对应而出现，所以君臣愿望相同而各自要做的事情不同。君主的祸患在于没有人响应，所以说，一只手单独来拍，虽然很快，但发不出声音来。臣子的忧患在于不能专职，所以说，右手画圆的，左手画方的，不能同时成功。所以说，治理得最好的国家，君主如同鼓槌，臣子如同鼓，技能如同车，事情如同马。所以人有余力容易响应召唤，技巧高超容易办成事情。建立功业的人力量不够，亲近的人忠诚不够，成就名望的人权势不够，贴身的人不贴心，远方的人不交结，那就是名不符实了。

【原文】

圣人德若尧、舜，行若伯夷，而位不载于世，则功不立，名不遂。故古之能致功名者，众人助之以力，近者结之以成，远者誉之以名，尊者载之以势。如此，故太山之功长立于国家，而日月之名久着于天地。此尧之所以南面而守名，舜之所以北面而效功也。

【译文】

圣人的道德如同尧舜，行为如同伯夷，但势位不为世人所拥护，就会功不成，名不立。所以古代能够成就功名的人，众人用力帮助他，身边的人真心交结他，远处的人用美名赞誉他，位尊的人用权势拥戴他，正因如此，所以君主的丰功伟绩就如同泰山一样长期在国家之中建立了起来,君主的盛名威望就如同日月一样在天地之间永放光芒。这就是尧所以能南面称王而保持名位,舜所以要北面称臣而献功效忠的原因。

大体第二十九

【原文】

古之全大体者:望天地,观江海,因山谷,日月所照,四时所行,云布风动;不以智累心,不以私累己;寄治乱于法术,托是非于赏罚,属轻重于权衡;不逆天理,不伤情性;不吹毛而求小疵,不洗垢而察难知;不引绳之外,不推绳之内;不急法之外,不缓法之内;守成理,因自然;祸福生乎道法而不出乎爱恶,荣辱之责在乎己,而不在乎人。故至安之世,法如朝露,纯朴不散;心无结怨,口无烦言。故车马不疲弊于远路,旌旗不乱于大泽,万民不失命于寇戎,雄骏不创寿于旗幢;豪杰不著名于图书,不录功于盘盂,记年之牒空虚。故曰:利莫长于简,福莫久于安。使匠石以千岁之寿操钩,视规矩,举绳墨,而正太山;使贲、育带干将而齐万民;虽尽力于功,极盛于寿,太山不正,民不能齐。故曰:古之牧天下者,不使匠石极巧以败太山之体,不使贲、育尽威以伤万民之性。因道全法,君子乐而大奸止;澹然闲静,因天命,持大体。故使人无离法之罪,鱼无失水之祸。如此,故天下少不可。

【译文】

古代能够全面把握事物的整体和根本的人,了望天地的变化,观察江海的水流,顺应山谷的高低,遵循日月照耀、四时运行、云层分布、风向变动的自然法则;不让智巧烦扰心境,不让私利拖累自身;把国家的治乱寄托在法术上,把事物的是非寄托在赏罚上,把物体的轻重寄托在权衡上;不违背自然常规,不伤害人的性情;不吹开毛发来求小疵,不洗去污垢来察隐秘;不拉到准绳的外面的事,也不推掉准绳的里面的事;对法禁以外的事情不苛刻,对法禁以内的事情不宽容;把握恒定的道理,顺应自然的规律;祸和福产生于是否遵守客观法则和国家法度,而不是产生于主观上的喜爱和厌恶;荣誉和耻辱的责任在于自己,而不在于他人。所以,治理得最好的社会,法制好比早晨的露水那样纯洁质朴而不散漫,人们的心里没有积聚难解的怨恨,人们的口中没有愤愤不平的言论。所以,车马没有远途奔跑的劳累,旌旗没有兵败大泽的纷乱,民众不会因为外敌侵犯而丧命,勇士不夭折在将军的战旗之下;英雄豪杰不把名字记录在图书上,不把战功铭刻在盘盂上,国家编年的史册无事可记。所以说,没有比政令清简的好处更大的了,没有比天下太平的福分更久的了。让匠石长寿千年,拿着钩子,看着规矩,弹好墨线,而修整泰山;让孟贲、夏育带利剑,去治理民众;他们尽管能在技巧上用尽力气,又能特别长寿,但泰山仍然得不到修整,民众仍然得不到治理。所以说,古代统治天下的人,不让匠石用尽技巧来毁坏泰山山体,不让孟贲、夏育用尽威力来伤害万民情性。依据普遍法则,全面把握法度,君主就能享受安乐、大奸就会停止作恶。淡泊闲静,来顺应然法则,来把握事物的整体和根本。所以能使人没有触犯法令的罪过,能使鱼没有离开水面的祸害。正因如此,所以天下很少有行不通的。

【原文】

上不天则下不遍覆,心不地则物不毕载。太山不立好恶,故能成其高;江海不择小助,故能成其富。故大人寄形于天地而万物备,历心于山海而国家富。上无忿怒之毒,下无伏怨之患,上下交扑,以道为舍。故长利积,大功立,名成于前,德垂于后,治之至也。

【译文】

上面如果不是有辽阔的天,就不能覆盖整个世界;心胸如果没有大地那样宽广,就不能负载万物。泰山对土石没有好恶之心,所以能够形成它的高大;江海对细流不加选择,所以能够形成它的富有。所以君子要像天地那样遍覆毕载而使万物齐备,要像山海那样不立好恶、不择小助而使国家富强。君主没有忿怒引起的毒害,臣民没有因积怨造成的祸患,君主和臣下都归真返朴,把道作为归宿。所以长远的利益积聚了,巨大的功业建立了,名望树立于生前,恩德流传于后世,从而达到治理国家的最高境界。

内储说上七术第三十

参观一

【原文】

观听不参则诚不闻,听有门户则臣壅塞。其说在侏儒之梦见灶,哀公之称莫众而迷。故齐人见河伯,与惠子之言亡其半也。其患在竖牛之饿叔孙,而江乙之说荆俗也。嗣公欲治不知,故使有敌。是以明主推积铁之类,而察一市之患。

【译文】

君主观察和听取臣下的言行,如果不加验证,就不会知道实情;如果偏听偏信,就会受到臣下的蒙蔽。有关的解说在"说一"中记载侏儒梦见灶,鲁哀公称引"莫众而迷"部分。所以有齐人看见黄河神的事,而惠施说君主会失去一半人的意见。有关的祸患表现在竖牛饿死叔孙,江乙评论楚国风俗部分。卫嗣公想治国却不懂方法,结果臣妄相抗衡,自己更闭塞。因此明君类推积铁防箭的道理,明察三人成虎的祸患。

必罚二

【原文】

爱多者则法不立,威寡者则下侵上。是以刑罚不必则禁令不行。其说在董子之行石邑,与子产之教游吉也。故仲尼说陨霜,而殷法刑弃灰;将行去乐池,而公孙鞅重轻罪。是以丽水之金不守,而积泽之火不救。成欢以太仁弱齐国,卜皮以慈惠亡魏王。管仲知之,故断死人。嗣公知之,故买胥靡。

【译文】

君主过分仁慈的话,法制就建立不起来;威严不足的话,就要受到臣下的侵害。因此刑罚执行得不坚决,禁令就无法推行。有关的解说在"说二"中董阏于巡视石邑和子产教导游吉。所以孔子要谈论降霜,殷法要重刑把灰烬倒到街上,领队要辞别乐池,而商鞅要重罚轻罪。因此丽水的金子会守不住,而积泽的火会没人救。成欢认为齐王太仁会削弱齐国,卜皮认为魏王慈惠会走向灭亡。管仲懂得必罚,所以要分斩尸体来禁止厚葬;卫嗣君懂得必罚,所以要买回逃犯。

赏誉三

【原文】

赏誉薄而谩者,下不用也;赏誉厚而信者,下轻死。其说在文子称若兽鹿。故越王焚宫室,而吴起倚车辕,李悝断讼以射,宋崇门以毁死。勾践知之,故式怒蛙。昭侯知之,故藏弊裤。厚赏之使人为贲、诸也,妇人之拾蚕,渔者之握鳝,是以效之。

【译文】

赏誉轻而不兑现,臣下就不为君用;赏誉厚而守信用,臣下就争着为君献身。有关的解说在"说三"中文子称说臣下"若兽鹿"。所以越王要焚烧宫室,吴起要奖励搬车辕的人,李悝断案要依据射箭,会有宋都东门有人因服丧悲伤过度引出死亡的故事。勾践懂得赏誉的作用,所以会向怒蛙凭轼致敬;昭侯懂得赏誉的作用,所以会收藏旧裤子。厚赏能使人成为孟贲、专诸那样的勇士,妇人拾蚕,渔夫捉鳝,就是证明。

一听四

【原文】

一听则智愚不混,责下则人臣不参。其说在索郑与吹竽。其患在申子之以赵绍、韩沓为尝试。故公子泛议割河东，而应侯谋弛上党。

【译文】

全面听取意见，愚和智就不会混乱；督责臣下行动，庸和能就不会混杂。有关的解说在"说四"中魏王想要吞并韩国和南郭处士吹竽。祸患表现在申不害通过赵绍、韩沓去刺探韩昭侯。所以会有公子泛议论割让河东的故事，会有应侯谋划放弃上党的故事。

诡使五

【原文】

数见久待而不任，奸则鹿散。使人问他则不鬻私。是以庞敬还公大夫，而戴欢诏视辒车。周主亡玉簪，商太宰论牛矢。

【译文】

君主通过频频接见某人、长期留住某人而不予任用的方法，奸臣就会疑惧起来，就会像惊鹿一样四下逃散。君主派遣使者询问其他事情，臣下就不敢隐私不报。因此，庞敬要召回公大夫，戴欢要下令侦察卧车，周君要假装丢失玉簪，宋太宰要责问牛屎。

挟智六

【原文】

挟智而问，则不智者至；深智一物，众隐皆变。其说在昭侯之握一爪也。故必南门而三乡得。周主索曲杖而群臣惧，卜皮事庶子，西门豹详遗辖。

【译文】

拿已知的事去问别人，那么不知道的事也会知道的；深入了解一件事，许多隐情都能辨明了。有关的解说在"说六"中韩昭侯把一个指甲藏在手里。所以韩昭侯肯定知道南门外情况，然后其他三个门外面的情况也能搞清；周君要下令搜寻弯曲的手杖，引起群臣恐惧；卜皮要指派侍仆刺探御史，西门豹要假装丢失车辖。

倒言七

【原文】

倒言反事以尝所疑则奸情得。故阳山谩樛竖,淖齿为秦使,齐人欲为乱,子之以白马,子产离讼者,嗣公过关市。

【译文】

用反话反事来测试自己怀疑的事,就会了解到奸情。所以阳山要假装诽谤樛竖,淖齿要派人冒充秦使,齐人作乱前要派人刺探君主,子之要用白马测试左右,子产要隔离诉讼双方,卫嗣公要派人过关市。

说 一

【原文】

卫灵公之时,弥子瑕有宠,专于卫国,侏儒有见公者曰:"臣之梦践矣。"公曰:"何梦?"对曰:"梦见灶,为见公也。"公怒曰:"吾闻见人主者梦见日,奚为见寡人而梦见灶?"对曰:"夫日兼烛天下,一物不能当也。人君兼烛一国,一人不能壅也,故将见人主者梦见日。夫灶一人炀焉,则后人无从见矣。今或者一人、有炀君者乎?则臣虽梦见灶,不亦可乎!"

【译文】

卫灵公时,弥子瑕受到宠信,专权于卫国。有个谒见灵公的侏儒说:"我的梦应验了。"灵公问:"什么梦?"侏儒回答说:"梦见灶,结果见到了您。"灵公发怒说:"我听说将见君主的人会梦见太阳,为什么你要见我,会梦见灶呢?"侏儒回答说:"太阳普照天下,一件东西遮挡不了它;君主普照一国人,一个人蒙蔽不了他。所以将见君主的人会梦见太阳。要是灶的话,一人对着灶门烤火,后面的人就无从看见火光了。现在或许就有一个人挡住君主的光辉了吧?那么即使我梦见灶,不也是可以的吗!"

【原文】

鲁哀公问于孔子曰:"鄙谚曰:莫众而迷。今寡人举事,与群臣虑之,而国愈乱,其故何也?"孔子对曰:"明主之问臣,一人知之,一人不知也。如是者,明主在上,群臣直议于下。今群臣无不一辞同轨乎季孙者,举鲁国尽化为一,君虽问境内之人,犹不免于乱也。"

【译文】

鲁哀公问孔子说:"民间俗语说:'没有众人合计就会迷乱。'现在我办事和群臣一起谋划,但国家却越来越乱了,原因是什么呢?"孔子回答说:"明君有事问臣下,有人知道,有人不知道;像这样的话,明君在上,群臣就可以在下面直率地议论。现在群臣没有不和季孙统一口径的,全鲁国都变成了一个人,您即使问遍境内百姓,仍然不免于乱。"

【原文】

一曰:晏子聘鲁,哀公问曰:"语曰:莫三人而迷。今寡人与一国虑之,鲁不免于乱,何也?"晏子曰:"古之所谓莫三人而迷者,一人失之,二人得之,三人足以为众矣,故曰莫三人而迷。今鲁国之群臣以千百数,一言于季氏之私,人数非不众,所言者一人也,安得三哉?"

【译文】

又一种说法:晏子访问鲁国,鲁哀公问道:"俗话说:'没有三个人合计就会迷惑。'现在我和全国民众一起考虑事情,鲁国不免于乱,为什么呢?"晏子说:"古代所谓'没有三个人合计就会迷惑',是说一个人意见错误,两个人意见正确,三个人足以形成正确的多数了,所以说'没有三个人合计就会迷惑'。现在鲁国的群臣以千、百来计算,言辞统一于季氏的私利,人数不是不多,但说的话就像出自一人之口,哪有三个人呢?"

【原文】

齐人有谓齐王曰:"河伯,大神也。王何不试与之遇乎?臣请使王遇之。乃为坛场大水之上,而与王立之焉。"有闲,大鱼动,因曰:"此河伯。"

【译文】

有个齐国人对齐王说:"黄河神是伟大的神,大王为什么不尝试和它会会呢?请允许我和您会会它。"于是他就在黄河边上筑起了祭神的坛场,和齐王站在坛场上。过了一会儿,有大鱼游动,齐人就说:"这就是黄河神。"

【原文】

张仪欲以秦、韩与魏之势伐齐、荆,而惠施欲以齐、荆偃兵。二人争之,群臣左右皆为张子言,而以攻齐、荆为利,而莫为惠子言,王果听张子,而以惠子言为不可。攻齐、荆事已定,惠子入见,王言曰:"先生毋言矣。攻齐、荆之事果利矣,一国尽以为然。"惠子因说:"不可不察也。夫齐、荆之事也诚利,一国尽以为利,是何智者之众也?攻齐、荆之事诚不利,一国尽以为利,何愚者之众也?凡谋者,疑也。疑也者,诚疑,以为可者半,以为不可者半。今一国尽以为可,是王亡半也。劫主者固亡其半者也。"

【译文】

张仪想凭秦、韩和魏交好的势力去征伐齐、楚,惠施想与齐、楚罢兵言和。两人争执不下。群臣近侍都帮张仪说话,认为攻打齐、楚有利,而没有人帮惠施讲话。魏王结果听从了张仪的主张,而认为惠施的主张不行。攻打齐、楚的事已经确定之后,惠子进见魏王。魏王说:"您不要说了。攻打齐、楚的事情确实有利,全国都这样认为。"惠施趁机进言:"这种情况不能不明察。如果攻打齐、楚这件事确实有利,全国都认为有利,聪明的人怎么会这么多啊!如果攻打齐、楚这件事确实不利,全国都认为有利,愚蠢的人又该多么多啊!凡要谋划,是因为有疑;有疑的事,如果确实是疑惑不定的,那么就会有一半人认为可行,一半人认为不可行。现在全国都认为可行,这是大王失去了一半人的意见。被挟持的君主也正是失去了半数意见的君主啊!"

【原文】

叔孙相鲁,贵而主断。其所爱者曰竖牛,亦擅用叔孙之令。叔孙有子曰壬,竖牛妒而欲杀之,因与壬游于鲁君所,鲁君赐之玉环,壬拜受之而不敢佩,使竖牛请之叔孙,竖牛欺之曰:"吾已为尔请之矣,使尔佩之。"壬因佩之,竖牛因谓叔孙:"何不见壬于君乎?"叔孙曰:"孺子何足见也。"竖牛曰:"壬固已数见于君矣。"君赐之玉环,壬已佩之矣。叔孙召壬见之,而果佩之,叔孙怒而杀壬。壬兄曰丙,竖牛又妒而欲杀之,叔孙为丙铸钟,钟成,丙不敢击,使竖牛请之叔孙,竖牛不为请,又欺之曰:"吾已为尔请之矣。使尔击之。"丙因击之,叔孙闻之曰:"丙不请而擅击钟。"怒而逐之。丙出走齐,居一年,竖牛为谢叔孙,叔孙使竖牛召之,又不召而报之曰:"吾已召之矣,丙怒甚，不肯来。"叔孙大怒，使人杀之。二子已死，叔孙有病，竖牛因独养之而去左右，不内人，曰："叔孙不欲闻人声。"因不食而饿杀。叔孙已死，竖牛因不发丧也，徙其府库重宝空之而奔齐。夫听所信之言，而子父为人僇，此不参之患也。

【译文】

叔孙豹做鲁相，地位尊贵而专权独断。他所宠爱的是竖牛，也独揽了叔孙豹的号令。叔孙豹有个儿子叫仲壬，竖牛嫉妒他，并想杀了他，因而和仲壬一起到鲁君住处去游玩。鲁君赐给仲壬玉环，仲壬接受了，但不敢佩带，就让竖牛向叔孙豹请示。竖牛骗他说："我已替你请示过叔孙了。他叫你佩带玉环。"仲壬就佩带了。竖牛趁机对叔孙豹说"为什么不带仲壬去见君主呢？"叔孙豹说："小孩子哪能见君主。"竖牛说："仲壬本来就多次见过君主了。君主赐给他玉环，他已佩带上了。"叔孙豹就召见仲壬，仲壬果然佩带着玉环，叔孙豹忿怒地杀了他。仲壬的哥哥叫孟丙，竖牛又嫉妒他而想杀死他。叔孙给孟丙铸了口钟，钟铸成后，孟丙不敢擅自敲钟，让竖牛向叔孙请示。竖牛不帮他请示，又骗他说："我已帮你请示过了，他让你敲钟。"孟丙就敲了钟。叔孙豹听见钟声后说："孟丙不请示就擅自敲钟。"就忿怒地把他赶走了。孟丙出逃到了齐国。一年后，竖牛假装替孟丙向叔孙豹谢罪，叔孙豹就让竖牛召回孟丙，竖牛再次没去召人，却报告叔孙豹说："我已召过他了，孟丙很恼怒，不肯来。"叔孙十分愤怒，派人杀了孟丙。两个儿子已死，叔孙豹患病，竖牛就独自侍养他，把近侍们支开，不让人进入，说："叔孙不想听见人声。"竖牛不给叔孙豹东西吃，活活把他饿死了。叔孙豹已死，而竖牛并不发讣告，把叔孙豹财库里的贵重珍宝搬迁一空，然后逃往齐国。听了自己所偏信的人的话，结果父子都被人杀了，这就是不加验证的祸患。

【原文】

江乙为魏王使荆，谓荆王曰："臣入王之境内，闻王之国俗曰：君子不蔽人之美，不言人之恶，诚有之乎？"王曰："有之。"然则若白公之乱，得庶无危乎！诚得如此，臣免死罪矣。

【译文】

江乙为魏王出使楚国，对楚王说："我进入大王的境内，听说大王国家的风气是：'君子不隐人之美，不言人之恶。'确实有这样的风气吗？"楚王说：

"有。""既然这样,那么像白公政变之类的事发生,国家能不危险吗?确实如此,群臣都能幸免于死罪了。"

【原文】

卫嗣君重如耳,爱世姬,而恐其皆因其爱重以壅己也,乃贵薄疑以敌如耳,尊魏姬以耦世姬,曰:"以是相参也。"嗣君知欲无壅,而未得其术也。夫不使贱议贵,下必坐上,而必待势重之钧也,而后敢相议,则是益树壅塞之臣也。嗣君之壅乃始。

【译文】

卫嗣君看重如耳,喜爱世姬,又怕他们自恃受宠来蒙蔽自己,就抬高薄疑来和如耳匹敌,推重魏姬来和世姬并列,说:"用这种方法使他们互相抗衡。"卫嗣君懂得需要不受蒙蔽,然而没有掌握相应的方法。假如不使贱者议论贵者,不使下级敢于揭发上级,却一定要等双方权势相等,然后才敢互相议论,那就更多地培植起蒙蔽自己的臣子了。卫嗣君受蒙蔽便由此开始。

【原文】

夫矢来有乡,则积铁以备一乡;矢来无乡,则为铁室以尽备之。备之则体不伤。故彼以尽备之不伤,此以尽敌之无奸也。

【译文】

箭射来有一定方向,就堆集铁器来防备这个方向;箭射来没有一定方向,就建造铁屋来全面地防备着;防备了,身体就不会受伤。所人们凭着全面防备而不致受伤,君主依靠完全警惕而不致生奸。

【原文】

庞恭与太子质于邯郸,谓魏王曰:"今一人言市有虎,王信之乎?"曰:"不信。""二人言市有虎,王信之乎?"曰:"不信。""三人言市有虎,王信之乎?"王曰:"寡人信之。"庞恭曰:"夫市之无虎也明矣,然而三人言而成虎。今邯郸之去魏也远于市,议臣者过于三人,愿王察之。"庞恭从邯郸反,竟不得见。

【译文】

庞恭和太子到赵都邯郸做人质。庞恭对魏王说:"如今有一个人说集市上有老虎,大王相信吗?"魏王说:"不相信。""两个人说集市上有老虎,大王相信吗?"魏王说:"不相信。""三个人说集市上有老虎,大王相信吗?"魏王说:"我相信了。"庞恭说:"集市上没有老虎是很清楚的,但是三个人的言论就造出了一只老虎。现在邯郸离魏国比这儿离集市远得多,妄议我的人也比三个人多,希望大王明察真情。"庞恭从邯郸回来时,最终还是不能再见到魏王了。

说 二

【原文】

董阏于为赵上地守,行石邑山中,涧深,峭如墙,深百仞,因问其旁乡左右曰:"人尝有入此者乎?"对曰:"无有。"曰:"婴儿痴聋狂悖之人尝有入此者乎?"对曰:"无有。""牛马犬彘尝有入此者乎?"对曰:"无有。"董阏于喟然太息曰:"吾能治矣。使吾法之无赦,犹入涧之必死也,则人莫之敢犯也,何为不治?"

【译文】

董阏于做赵国上党地区的郡守。他巡视石邑山中,看见山涧深邃,像墙一样陡峭,深达千丈,就问居住深涧附近村舍的人说:"曾有人下去过吗?"回答说:"没有。"又问:"小孩、痴聋、疯颠的人曾有下去过的吗?"回答说:"没有。""牛马狗猪曾有下去过的吗?"回答说:"没有。"董阏于感叹地说:"我能治理好上党了。假如我治理时对罪犯严惩不贷,使他们好像掉下深涧必死一样,就没有人敢触犯法令了,还怎么会治理不好呢?"

【原文】

子产相郑,病将死,谓游吉曰:"我死后,子必用郑,必以严莅人。夫火形严,故人鲜灼;水形懦,人多溺。子必严子之形,无令溺子之懦。"故子产死,游吉不肯严形,郑少年相率为盗,处于萑泽,将遂以为郑祸。游吉率车骑与战,一日一夜,仅能克之。游吉喟然叹曰:"吾蚤行夫子之教,必不悔至于此矣。"

【译文】

子产做郑相,重病将死,对游吉说:"我死后,您一定会在郑国执政,一定要用威严治理民众。火的样子是严酷的,所以人们很少被烧伤;水的样子是柔和的,所以很多人被淹死。您必须严厉地执行刑罚,不要让人们因您的柔弱而触犯法令。"子产死后,游吉不肯严厉执行刑罚,郑国青年拉帮结伙成为强盗。盘踞在萑苻之泽中,即将给郑国造成祸害。游吉率车骑和他们开战,打了一天一夜,才算打败了他们。游吉感叹地说:"我早按子产的教导去做的话,一定不会懊悔到这般地步了。"

【原文】

鲁哀公问于仲尼曰:"春秋之记曰:冬十二月霣霜不杀菽,何为记此?"仲尼对曰:"此言可以杀而不杀也。夫宜杀而不杀,桃李冬实。天失道,草木犹犯干之,而况于人君乎?"

【译文】

鲁哀公问孔子说:"《春秋》里记载说:'冬季十二月份降霜,没有把豆类作物冻死。'为什么记下这条?"孔子回答说:"这是说本来可以造成伤害的,但结果没有造成伤害。应予伤害却不加伤害,桃李就会冬天结果。天道失去常规,草木尚且要违抗它,何况君主呢?"

【原文】

殷之法刑弃灰于街者,子贡以为重,问之仲尼,仲尼曰:"知治之道也。夫弃灰于街必掩人,掩人人必怒,怒则斗,斗必三族相残也。此残三族之道也,虽刑之可也。且夫重罚者,人之所恶也,而无弃灰,人之所易也。使人行之所易,而无离所恶,此治之道。"

【译文】

商朝的法令规定,对在街上倒灰的人处以刑罚。子贡认为刑罚过重了,就询问孔子,孔子说:"这是因为他们懂得治理方法。在街上倒灰一定会迷人眼睛;迷了人家,人家定会发怒;一旦发怒,就会发生争斗;争斗起来,就会引起许多家族相互残杀。既然这是会造成许多家相互残杀的情形,那么即使对他们处以刑罚也是可行的。再说,刑罚重了是人们所厌恶的;而不去街上倒灰,则是人们容易办到的。让人们做好容易办到的事情,而不去触犯他们所厌恶的刑罚,这合乎治理的原则。"

【原文】

一曰:殷之法,弃灰于公道者断其手,子贡曰:"弃灰之罪轻,断手之罚重,古人何太毅也?"曰:"无弃灰所易也,断手所恶也,行所易不关所恶,古人以为易,故行之。"

【译文】

另一种说法:商朝的法令规定,在街上倒灰的人,要砍掉他的手。子贡说:"倒灰的罪轻,断手的刑重,古人怎么这般严酷啊?"孔子说:"不在街上倒灰是容易办到的事;断手是人们厌恶的事。干容易干的事,不干心里厌恶的事,古人认为容易做到,所以要加以实行。"

【原文】

中山之相乐池以车百乘使赵,选其客之有智能者以为将行,中道而乱,乐池曰:"吾以公为有智,而使公为将行,今中道而乱何也?"客因辞而去曰:"公不知治,有威足以服人,而利足以劝之,故能治之。今臣,君之少客也。夫从少正长,从贱治贵,而不得操其利害之柄以制之,此所以乱也。尝试使臣彼之善者我能以为卿相,彼不善者我得以斩其首,何故而不治?"

【译文】

中山国相乐池率一百乘车马出使赵国,挑选门客中有智慧才能的人做领队,中途车马散乱了。乐池说:"我认为你聪明,就派你做领队,现在中途队列却散乱了,为什么?"门客听他这么说话,就要辞别,说:"您不懂得管理原则。有威势足以制服人,有利益足以鼓励人,所以能够管理好。现在我却是您年少位卑的门客。由年少的管理年长的,由位卑的管理位尊的,又不能掌握赏罚的权柄来制约他们,这才导致了队列散乱。假如让我有权,对表现好的我能封为卿相,表现差的我能砍了他们脑袋,哪有管理不好的道理呢?"

【原文】

公孙鞅之法也重轻罪。重罪者人之所难犯也,而小过者人之所易去也,使人去其所易无离其所难,此治之道。夫小过不生,大罪不至,是人无罪而乱不生也。

【译文】

商鞅的法令是轻罪重罚。重刑之下,人们就不敢触犯了;而小小过失则是容易改掉的。使人们改掉容易犯的小错,不去触犯重刑,这合乎治理国家的原则。既然小错不犯,大罪也就没有了。这样一来,人们就不再犯罪了,祸乱就不会产生了。

【原文】

一曰:公孙鞅曰:"行刑重其轻者,轻者不至,重者不来,是谓以刑去刑。"

【译文】

另一种说法:公孙鞅说:"行刑,轻罪要予以重罚;轻罪既被禁止,重罪就无人犯,这叫作用刑罚去掉刑罚。"

【原文】

荆南之地、丽水之中生金,人多窃采金,采金之禁,得而辄辜磔于市,甚众,壅离其水也,而人窃金不止。夫罪莫重辜磔于市,犹不止者,不必得也。故今有于此,曰:"予汝天下而杀汝身",庸人不为也。夫有天下,大利也,犹不为者,知必死。故不必得也,则虽辜磔,窃金不止;知必死,则天下不为也。

【译文】

楚国南部地区,丽水里面出产金子,许多人偷偷地去采金。有关采金的禁令是:抓住了就在闹市里车裂示众。被处死的人很多,尸体壅塞了水流,但人们还是不停地去偷采金子。大刑之中没有比在闹市里被车裂示众更重的了,但仍然不能禁止偷金,是因为偷金者不一定被抓住。所以,假定有人在此时此地,明确告诉他:"给你天下而杀了你,怎么样?"即使是庸人也不会去干。占有天下是大利,尚且不干,是因为人们知道一定要死。所以不一定被抓获,即使车裂示众,偷采金子也不会停止;知道一定要死,即使占有天下也不会去干。

【原文】

鲁人烧积泽,天北风,火南倚,恐烧国,哀公惧,自将众趣救火,左右无人,尽逐兽而火不救,乃召问仲尼,仲尼曰:"夫逐兽者乐而无罚,救火者苦而无赏,此火之所以无救也。"哀公曰:"善。"仲尼曰:"事急,不及以赏,救火者尽赏之,则国不足以赏于人,请徒行罚。"哀公曰:"善。"于是仲尼乃下令曰:"不救火者比降北之罪,逐兽者比入禁之罪。"令下未遍而火已救矣。

【译文】

鲁人焚烧一处满积柴草的沼泽。天刮北风,火势向南延伸,恐怕会烧到国都。鲁哀公害怕了,要亲自率领众人督促救火,到火场后旁边没了人,大家都去追逐野兽了,却没人来救火,于是哀公就把孔子召来询问。孔子说:"追逐野兽的人既快乐又不受罚,而救火的人既受苦又不得赏,这便是没人救火的原因。"哀公说:"说得对。"孔子说:"事情紧急,来不及行赏了;假使救火的人都给予赏赐,那么国库财产也还不够给大家发赏哩。请只用刑罚。"

哀公说:"好吧。"于是孔子就下令说:"不救火的,与投降败逃同罪;追野兽的,与擅入禁地同罪。"命令下达后还未传遍,火已经扑灭了。

【原文】

成欢谓齐王曰:"王太仁,太不忍人。"王曰:"太仁、太不忍人,非善名邪?"对曰:"此人臣之善也,非人主之所行也。夫人臣必仁而后可与谋,不忍人而后可近也。不仁则不可与谋,忍人则不可近也。"王曰:"然则寡人安所太仁、安不忍人?"对曰:"王太仁于薛公,而太不忍于诸田。太仁薛公则大臣无重,太不忍诸田则父兄犯法。大臣无重则兵弱于外,父兄犯法则政乱于内。兵弱于外、政乱于内,此亡国之本也。"

【译文】

成欢对齐王说:"大王您太仁慈,对人太不狠心。"齐王说:"太仁慈,太不狠心,不是好名声吗?"成欢回答说:"这是臣子的优点,但不是君主应该实行的。臣子一定要仁慈,然后可以和他谋事;对人不狠心,然后才可以和他接近。臣子不仁慈,就不能和他谋事;狠心了,就无法和他接近。"齐王说:"那么我什么地方太仁慈,什么地方对人不狠心?"成欢回答说:"大王对薛公太仁慈,对田氏宗族太不狠心。对薛公太仁慈,大臣们就没有权势;对田氏宗族太不狠心,大王的叔伯兄弟就会犯法。大臣们没有权势,在外军队就会削弱;叔伯兄弟犯法,国内政事就会混乱。在外军队削弱,国内政事混乱,这是亡国的根源所在。"

【原文】

魏惠王谓卜皮曰:"子闻寡人之声闻亦何如焉?"对曰:"臣闻王之慈惠也。"王欣然喜曰:"然则功且安至?"对曰:"王之功至于亡。"王曰:"慈惠,行善也,行之而亡何也?"卜皮对曰:"夫慈者不忍,而惠者好与也。不忍则不诛有过,好予则不待有功而赏。有过不罪,无功受赏,虽亡不亦可乎?"

【译文】

魏惠王对卜皮说:"你听到我的声望究竟怎样?"卜皮回答说:"我听说大王慈惠。"惠王欣喜地说:"既然这样,功效将怎么样呢?"卜皮回答说:"大王的功效是走向灭亡。"惠王说:"慈惠是做好事。这样做了却要灭亡,为什么?"卜皮回答说:"仁慈的人不狠心,行惠的人喜欢施舍。不狠心就不会惩罚有过错的人,喜欢施舍就会不等臣下立功而加赏。有过错不惩治,没功劳受赏赐,即使灭亡,不也是应当的吗?"

【原文】

齐国好厚葬,布帛尽于衣衾,材木尽于棺椁,桓公患之,以告管仲曰:"布帛尽则无以为蔽,材木尽则无以为守备,而人厚葬之不休,禁之奈何?"管仲对曰:"凡人之有为也,非名之则利之也。"于是乃下令曰:"棺椁过度者戮其尸,罪夫当丧者。夫戮死无名,罪当丧者无利,人何故为之也?"

【译文】

齐国喜欢厚葬,布帛都做了死人衣被,木材都做了棺材。桓公很为此担忧,就告诉管仲说:"布帛用完了,就没有东西可做遮体的衣服;木材用完了,就没有东西可筑防御工事。可人们还是不停止厚葬,怎样加以禁止?"管仲回答说:"大凡人的作为,不是图名,就是图利。"于是下令说:"棺材超过标准的就刑戮尸体,处罚主丧的人。"尸体遭到刑戮,无名可言;主丧的人被处罚了,无利可言。人们干吗还要厚葬呢?

【原文】

卫嗣君之时,有胥靡逃之魏,因为襄王之后治病,卫嗣君闻之,使人请以五十金买之,五反而魏王不予,乃以左氏易之。群臣左右谏曰:"夫以一都买胥靡可乎?"王曰:"非子之所知也。夫治无小而乱无大,法不立而诛不必,虽有十左氏无益也。法立而诛必,虽失十左氏无害也。"魏王闻之曰:"主欲治而不听之,不祥。"因载而往,徒献之。

【译文】

卫嗣君在位时,有个囚犯逃往魏国后,就替魏襄王的王后治病。卫嗣君听说了,就派人求襄王允许用五十金赎回囚犯,使者往返五趟,魏王就是不给人,卫嗣君就用左氏城来交换囚犯。群臣近侍劝卫君说:"用一个大城邑去买一个囚犯,可行吗?"卫君说:"不是你们所能理解的。治不在小,乱不在大;如果法令不设立,诛罚不兑现,即使有十个左氏城也没有裨益;如果法令设立,诛罚兑现,即使失去十个左氏城也没有损害。"魏王听说后说:"卫君想治理好国家,我却不答应他的要求,不吉利。"于是用车子装了囚犯送到卫国,无代价地交付给卫君。

说 三

【原文】

齐王问于文子曰:"治国何如?"对曰:"夫赏罚之为道,利器也。君固握之,不可以示人。若如臣者,犹兽鹿也,唯荐草而就。"

【译文】

齐王向文子询问道:"怎样治理国家?"文子回答说:"赏罚作为治国原则,是一种锐利的兵器,君主要牢固地掌握它,不可把它拿给别人看。至于臣子们,也就像兽鹿一样,只要有肥美的草地,就会跑过去的。"

【原文】

越王问于大夫文种曰:"吾欲伐吴可乎?"对曰:"可矣。吾赏厚而信,罚严而必。君欲知之,何不试焚宫室?"于是遂焚宫室,人莫救之,乃下令曰:"人之救火者,死,比死敌之赏。救火而不死者,比胜敌之赏。不救火者,比降北之罪。"人涂其体、被濡衣而走火者,左三千人,右三千人。此知必胜之势也。

【译文】

越王向大夫文种询问道:"我想攻打吴国,行吗?"文种回答说:"行。我们的赏赐优厚而守信,惩罚严厉而坚决。您想了解清楚,为什么不用焚烧宫室来做个试验?"于是就纵火烧了宫室,没有人去救它。越王就下令说:"为救火而死的,和战场牺牲同赏;救了火而没死的,和战胜敌人同赏;不救火的人,和投降败北同罪。"人们泥土涂身、蒙上湿衣而奔赴火场的,左面三千人,右面三千人。由此知道伐吴已成必胜之势。

【原文】

吴起为魏武侯西河之守,秦有小亭临境,吴起欲攻之。不去,则甚害田者;去之,则不足以征甲兵。于是乃倚一车辕于北门之外而令之曰:"有能徙此南门之外者赐之上田上宅。"人莫之徙也,及有徙之者,还,赐之如令。俄又置一石赤菽东门之外而令之曰:"有能徙此于西门之外者赐之如初。"人争徙之。乃下令曰:"明日且攻亭,有能先登者,仕之国大夫,赐之上田宅。"人争趋之,于是攻亭一朝而拔之。

【译文】

吴起担任魏武侯时的西河郡守。秦国有个小哨亭靠近魏境,吴起想攻下它。不除掉小哨亭吧,会对魏国的种田人构成很大危害;要除掉小哨亭吧,又不值得为此征集军队。于是吴起就在北门外靠置了一根辕木,然后下令道:"谁能把它搬到南门外,就赏给谁上等田地、上等住宅。"没有人去搬它。等到有了搬动它的人,立即按照命令行了赏。不久吴起又在东门外放了一石赤豆,并下令说:"谁能把它搬到西门,赏赐如前。"人们抢着搬它。于是吴起下令道:"明天将攻打哨亭,有能先上去的,任命他做国大夫,赏他上等田地住宅。"人们争先恐后。于是攻打哨亭,一个早上就拿下了。

【原文】

李悝为魏文侯上地之守,而欲人之善射也,乃下令曰:"人之有狐疑之讼者,令之射的,中之者胜,不中者负。令下而人皆疾习射,日夜不休。及与秦人战,大败之,以人之善射也。"

【译文】

李悝担任魏文侯时的上地郡守,他想要人们都善于射箭,就下令道:"人们遇着难断是非的诉讼时,就让他们用弓箭射靶,射中的胜诉,射不中的败诉。"命令下达后,人们都急忙去练习射击,日夜不停。等到和秦军打起仗来,大胜敌人,这是因为上地人善于打仗射击的缘故。"

【原文】

宋崇门之巷人服丧,而毁甚瘠,上以为慈爱于亲,举以为官师。明年,人之所以毁死者岁十余人。子之服亲丧者为爱之也,而尚可以赏劝也,况君上之于民乎?

【译文】

宋国都城东门有个平民服丧时,因为过度悲哀,显得非常瘦弱,宋君认为他对父母慈爱,就提升他为官长。第二年,人们因服丧时过度悲哀而死的一岁之中就有十几个人。儿子为父母服丧,是因为爱父母,这种情形尚且可以用奖赏来加以劝勉,何况君主对于民众呢?

【原文】

越王虑伐吴,欲人之轻死也,出见怒蛙乃为之式,从者曰:"奚敬于此?"王曰:"为其有气故也。"明年之请以头献王者岁十余人。由此观之,誉之足以杀人矣。

【译文】

越王计划着去攻打吴国,想要民众轻视死亡,外出时看见一只发怒的青蛙,就向它凭示致敬。随从说:"干什么对怒蛙致敬?"越王说:"为的这只青蛙气势汹汹的缘故。"第二年,请求把头颅献给越王的人,一岁中就有十多位。由此看来,赞誉足以鼓动人们舍生忘死啊!

【原文】

一曰:越王勾践见怒蛙而式之,御者曰:"何为式?"王曰:"蛙有气如此,可无为式乎?"士人闻之曰:"蛙有气,王犹为式,况士人之有勇者乎!"是岁人有自到死以其头献者。故越王将复吴而试其教,燔台而鼓之,使民赴火者,赏在火也,临江而鼓之,使人赴水者,赏在水也,临战而使人绝头刳腹而无顾心者,赏在兵也,又况据法而进贤,其助甚此矣。

【译文】

另一种说法:越王勾践看见一只怒蛙,就向它凭示致敬。车夫说:"干吗要凭示致敬?"越王说:"青蛙这般气势汹汹,怎么可以不向它凭轼致敬呢?"武士们听到后说:"青蛙气势汹汹,为王尚且向它致敬,何况勇敢的武士呢!"这一年,有人自刎后将头献给越王。所以越王准备向吴国复仇,就试行这样的教育:放火焚烧高台后,击鼓令人前进;使人冲到火里的原因,是进火有赏。靠近江边后,击鼓令人前进;使人冲向水中的原因,是进水有赏。临作战时,使人断头剖腹而义无反顾的原因,是作战有赏。又何况根据法制进用贤人,它的鼓舞作用就比这些更进一层了。

【原文】

韩昭侯使人藏弊裤,侍者曰:"君亦不仁矣,弊裤不以赐左右而藏之。"昭侯曰:"非子之所知也,吾闻明主之爱,一颦一笑,颦有为颦,而笑有为笑。今夫裤岂特颦笑哉!裤之与颦笑相去远矣,吾必待有功者,故藏之未有予也。"鳝似蛇,蚕似蠋。人见蛇则惊骇,见蠋则毛起。然而妇人拾蚕,渔者握鳝,利之所在,则忘其所恶,皆为孟贲。

【译文】

韩昭侯让人把破旧裤子收藏起来,侍从说:"君王太不仁爱了,破旧裤子不赏给近侍们,却要收藏起来。"昭侯说:"这不是你理解得了的。我听说明君连自己的一颦一笑都要加以珍惜,颦有颦的目的,笑有笑的目的。现在是裤子了,岂止是一颦一笑啊:裤子和一颦一笑相差太远了。我一定要等待有功人,所以要收藏好,现在还没有给予的对象哩。"黄鳝像蛇,蚕像毛虫。人们看见蛇就惊恐害怕,看见毛虫就汗毛竖起。但是养蚕的妇女拾蚕,捕鱼的人捉黄鳝,因为利益在这上面,也就忘记了害怕,都成了孟贲那样的勇士。

说 四

【原文】

魏王谓郑王曰:"始郑、梁一国也,已而别,今愿复得郑而合之梁。"郑君患之,召群臣而与之谋所以对魏,郑公子谓郑君曰:"此甚易应也。"君对魏曰:"以郑为故魏而可合也,则弊邑亦愿得梁而合之郑。魏王乃止。"

【译文】

魏王对郑王说:"当初郑、魏属同一个国家,后来才分开的,现在我希望重新把郑国并入魏国。"郑王很为这件事担忧,召集群臣,和他们商量如何答复魏国。公子对郑王说:"这很容易回答。"您对魏王说:"假如认为郑与魏原属一国而可以合并,那么敝国也希望把魏国并入郑国。"魏王因此不再提出合并要求了。

【原文】

齐宣王使人吹竽,必三百人,南郭处士请为王吹竽,宣王说之,廪食以数百人。宣王死,愍王立,好一一听之,处士逃。

【译文】

齐宣王让人吹竽,一定要有三百个人来同时演奏。南郭处士请求替宣王吹竽,宣王很高兴,伙食待遇和那几百号吃官粮的同等标准。宣王死,潜王立。潜王喜欢一个一个地听他们吹竽,南郭处士便逃跑了。

【原文】

一曰:韩昭侯曰:"吹竽者众,吾无以知其善者。"田严对曰:"一一而听之。"

【译文】

另一种说法：韩昭侯说："吹竽的人多，我无法知道其中吹得好的人。"田严回答说："不妨逐个地听他们演奏。"

【原文】

赵令人因申子于韩请兵，将以攻魏，申子欲言之君，而恐君之疑己外市也，不则恐恶于赵，乃令赵绍、韩沓尝试君之动貌而后言之，内则知昭侯之意，外则有得赵之功。

【译文】

赵派人通过申不害向韩借兵，准备用来进攻魏国。申不害想对韩国国君说这件事，又怕韩王怀疑自己与外国勾结，不说吧，又怕被赵国厌恶，于是他就让赵绍、韩沓试探韩王的态度，然后才去讲了这件事。这样，申不害对内则明白了韩王的意图，对外则有拉拢了赵国的收效。

【原文】

三国兵至韩，秦王谓楼缓曰："三国之兵深矣，寡人欲割河东而讲，何如？"对曰："夫割河东，大费也；免国于患，大功也。此父兄之任也，王何不召公子泛而问焉？"王召公子泛而告之，对曰："讲亦悔，不讲亦悔。王今割河东而讲，三国归，王必曰：'三国固且去矣，吾特以三城送之。'不讲，三国也入韩，则国必大举矣，王必大悔，王曰：'不献三城也'。臣故曰：王讲亦悔，不讲亦悔。"王曰："为我悔也，宁亡三城而悔，无危乃悔。寡人断讲矣。"

【译文】

韩、魏、齐三国军队集结到了韩国，秦王对楼缓说："三国军队就要深入我国了！我想割让河东之地和他们讲和，怎么样？"楼缓回答说："割让河东，是大代价；免除国家祸患，是大功劳。这是宗族老臣的责任，大王为什么不召见公子泛来征询意见呢？"秦王召见公子泛并告知了有关情况，公子汜对答说："讲和也会后悔，不讲和也会后悔。大王眼下如果割让河东而讲和，三国撤兵，大王一定会说：'三国本来就会回去了，我白白地把三座城送给了他们。'如果不讲和吧，三国军队进入韩国，那么秦国一定要大动干戈了，大王您一定会非常后悔。您会说：'这是没有献出三座城的过错。'我所以说：大王讲和也会后悔，不讲和也会后悔。"秦王说："既然都会后悔，我宁可丧失三城而后悔，不能等到国家危亡了才去后悔，我决定讲和了。"

【原文】

应侯谓秦王曰:"王得宛叶、蓝田、阳夏,断河内,因梁、郑,所以未王者,赵未服也。弛上党在一而已以临东阳,则邯郸口中虱也。王拱而朝天下,后者以兵中之。然上党之安乐,其处甚剧,臣恐弛之而不听,奈何?"王曰:"必弛易之矣。"

【译文】

应侯对秦王说:"大王占领了宛、叶、兰田、阳夏几个地方,拦腰切断了河内,围困了魏、韩,之所以到现在还没有称王天下,是因为赵还没有顺服。即使放弃上党,那不过是丢掉一个郡罢了;用兵逼近东阳的话,邯郸就成了口中的虱子。大王拱手而使天下来朝,迟到的就用兵拿下它!但是上党是个安乐之乡,它的地位很要紧,我怕劝您放弃了您不会听从,怎么办呢?"秦王说:"我一定放弃上党,改变进攻目标了。"

说 五

【原文】

庞敬,县令也,遣市者行,而召公大夫而还之,立有间,无以诏之,卒遣行,市者以为令与公大夫有言,不相信,以至无奸。

【译文】

庞敬是个县令,他派遣一种管理市场的人员——市者出发,又召回另一位管理市场的官员——公大夫来见。公大夫站了一会儿,庞敬并没有什么可告诫的,最后还是让他走了。市者以为县令对公大夫有所指示,而对自己不予信任,因此再不敢作奸犯科。

【原文】

戴欢、宋太宰,夜使人曰:"吾闻数夜有乘辒车至李史门者,谨为我伺之。"使人报曰:"不见辒车,见有奉笥而与李史语者,有间,李史受笥。"

【译文】

戴欢是宋国的太宰,夜晚支使人说:"我听说这几天夜里有人坐着卧车到了李史门口。请你替我监视一下。"派出去的人回报说:"没有看到卧车,只看到有人捧着竹器和李史说话,过了一会儿,李史收下了竹器。"

【原文】

周主亡玉簪,令吏求之,三日不能得也,周主令人求而得之家人之屋闲,周主曰:"吾知吏之不事事也。求簪,三日不得之,吾令人求之,不移日而得之。"于是吏皆耸惧,以为君、神明也。

【译文】

东周君丢了玉簪,让官吏们去找,三天没能找到。东周君又派人寻找,结果在居民的房子中间找到了。东周君说:"我的官吏都不做事。找根玉簪,三天没有找到;我派人寻找,不到一天就拿回来了。"于是官吏都震恐不已,认为君主神明。

【原文】

商太宰使少庶子之市,顾反而问之曰:"何见于市?"对曰:"无见也。"太宰曰:"虽然何见也?"对曰:"市南门之外甚众牛车,仅可以行耳。"太宰因诫使者无敢告人吾所问于女,因召市吏而诮曰:"市门之外何多牛屎?"市吏甚怪太宰知之疾也,乃悚惧其所也。

【译文】

商太宰派遣年轻的侍仆到市场上去,等他回来后问道:"在市场上见到了什么?"侍仆回答说:"没见到什么"太宰说:"虽说如此,究竟见到了什么呢?"侍仆回答说:"市场南门外牛车很多,仅能勉强地通行。"太宰就告诫他说:"不准告诉别人我问你的话"。于是太宰召来市场官吏并责骂说:"市场门外为什么有那么多的牛屎?"市场官吏很奇怪太宰知道得这么快,于是开始惶恐小心地对待职守了。

说 六

【原文】

韩昭侯握爪而佯亡一爪,求之甚急,左右因割其爪而效之,昭侯以此察左右之诚不。

【译文】

韩昭侯用手包住指甲,然后假装掉了一个指甲,寻找得非常着急,于是近侍就割掉自己的指甲呈献给他。昭侯通过此事来考察近侍忠诚与否。

【原文】

韩昭侯使骑于县,使者报,昭侯问曰:"何见也?"对曰:"无所见也。"昭侯曰:"虽然何见?"曰:"南门之外,有黄犊食苗道左者。"昭侯谓使者"毋敢泄吾所问于女",乃下令曰:"当苗时,禁牛马入人田中固有令,而吏不以为事,牛马甚多入人田中,亟举其数上之,不得,将重其罪。"于是三乡举而上之,昭侯曰:"未尽也。复往审之,乃得南门之外黄犊,吏以昭侯为明察,皆悚惧其所而不敢为非。"

【译文】

韩昭侯派人骑马到县里巡视。使者回报,昭侯问道:"见到过什么?"使者回答说:"没见到什么。"昭侯说:"虽说如此,到底见到什么呢?"使者说:"南门外有小黄牛在大路左边吃禾苗。"昭侯对使者说:"不准泄露我问你的话。"就下命令说:"正值禾苗生长时,本来就有命令禁止牛马进入农田里边,但官吏们却不把这当回事,有很多牛马进到农田里边了。立即把这个数目报上来;有漏掉的,将加重他的罪过。"于是东、西、北三面报了上来。昭侯说:"还没有报全。"经官吏再去细查,才发现南门外的小黄牛。官吏认为昭侯明察,都惶恐小心地对待职守,再不敢为非作歹了。

【原文】

周主下令索曲杖,吏求之数日不能得,周主私使人求之,不移日而得之,乃谓吏曰:"吾知吏不事事也。曲杖甚易也,而吏不能得,我令人求之,不移日而得之,岂可谓忠哉?"吏乃皆悚惧其所,以君为神明。

【译文】

东周君下令寻找弯曲的手杖,官吏找了几天没能找到。东周君私下派人再找,不到一天就找到了。东周君就对官吏说:"我就知道你们不干事情。弯曲的手杖很容易找,但你们却没能找到;我派人寻找,不到一天就找到了。你们怎么能算忠诚啊!"官吏们于是都惶恐小心地对待职守,认为东周君神明。

【原文】

卜皮为县令。其御史污秽,而有爱妾,卜皮乃使少庶子佯爱之以知御史阴情。

【译文】

卜皮做县令,他的监察官行为肮脏而有宠妾,卜皮就派遣年轻的侍仆假装喜欢她,靠这种办法来探知监察官的隐情。

【原文】

西门豹为邺令,佯亡其车辖,令吏求之不能得,使人求之而得之家人屋间。

【译文】

西门豹做邺县令,假装丢失了车辖,命令官吏寻找,结果没能找到。西门豹再派专人寻找,结果在居民的房子中间找到了。

说 七

【原文】

阳山君相卫,闻王之疑己也,乃伪谤樛竖以知之。

【译文】

阳山君做卫相,听说卫君怀疑自己,就假装诽谤卫君近侍樛竖来探测端的。

【原文】

淖齿闻齐王之恶己也,乃矫为秦使以知之。

【译文】

淖齿听说齐王厌恶自己,就派人假装秦国使臣来探测真情。

【原文】

齐人有欲为乱者,恐王知之,因诈逐所爱者,令走王知之。

【译文】

有个想作乱的齐人,怕齐王知道,就假装驱逐自己喜爱的人,让他跑到齐王那里,以图探明究竟。

【原文】

子之相燕,坐而佯言曰:"走出门者何白马也?"左右皆言不见。有一人走追之,报曰:"有。"子之以此知左右之诚信不。

【译文】

子之做燕相,坐在那里撒谎说:"跑出去的是什么?是白马吗?"侍从都说没看见。有一个人跑出去追赶,回报说:"有白马。"子之通过这种方法了解侍从中那些不诚实的人。

【原文】

有相与讼者,子产离之而无使得通辞,倒其言以告而知之。

【译文】

有对互相诉讼的人,子产把他们隔离开来,以便使他们无法互相通话,然后将他们的话反过来通知对方,结果了解到了实情。

【原文】

卫嗣公使人为客过关市,关市苛难之,因事关市以金,关吏乃舍之,嗣公为关吏曰:"某时有客过而所,与汝金,而汝因遣之。"关市乃大恐,而以嗣公为明察。

【译文】

卫嗣公派人装扮成客商通过关口上的集市。管理关市的官吏刁难他,他就用金贿赂了关吏,这样,关吏才放他过关。"嗣公对关吏说:"某时有个客商经过你的地方,给了你金,你才放他走的。"关吏因而非常害怕,认为嗣公明察。

内储说下六微第三十一

权借一

【原文】

权势不可以借人,上失其一,臣以为百。故臣得借则力多,力多则内外为用,内外为用则人主壅。其说在老聃之言失鱼也。是以人主久语,而左右鬻怀刷。其患在胥僮之谏厉公,与州侯之一言,而燕人浴矢也。

【译文】

权力和威势不可以让给别人去用。君主失去一分权势,臣下就会把它当作百分去争。所以臣下得到君主的权势,力量就会强大起来;臣下力量强大起来了,朝廷内外就会被利用;朝廷内外一旦被利用,君主就会受到蒙蔽。有关的解说在:"说一"中老聃说的"鱼不可脱于渊"部分。因此君主同臣下谈话的时间长,臣下就以此作为抬高身价的资本;近侍会卖弄主子赐给的一些小物品。其中的祸患表现在:胥僮劝谏晋厉公,州侯手下的人异口同声为他解脱,燕人受骗用屎浴身。

利异二

【原文】

君臣之利异,故人臣莫忠,故臣利立而主利灭。是以奸臣者,召敌兵以内除,举外事以眩主,苟成其私利,不顾国患。其说在卫人之夫妻祷祝也。故戴歇议子弟,而三桓攻昭公;公叔内齐军,而翟黄召韩兵;太宰嚭说大夫种,大成牛教申不害;司马喜告赵王,吕仓规秦、楚;宋石遗卫君书,白圭教暴谴。

【译文】

群臣的利益不同,所以臣下没有一个是忠诚的。所以臣下的利益确立了,君主的利益就失去了。因此那些奸臣贼子,招致敌国军队来除掉国内私敌,用涉外事情来迷惑君主,假如能取得他的私利,就会不顾国家的忧患。有关的解说,在"说二"中卫国某对夫妻祈祷求神赐福一段。所以戴歇要议论诸公子,鲁国的三桓要合力攻打鲁昭公;韩相公叔要引进齐国的军队,魏臣翟黄要招韩军攻魏;太宰嚭要劝说大夫种,大成牛要开导申不害;中山国司马喜要私送情报给赵王,魏臣吕仓要劝秦、楚攻魏;魏将宋石要写信给楚将卫君,魏相白圭要开导韩相暴谴。

似类三

【原文】

似类之事,人主之所以失诛,而大臣之所以成私也。是以门人捐水而夷射诛,济阳自矫而二人罪,司马喜杀爰骞而季辛诛,郑袖言恶臭而新人劓,费无忌教郤宛而令尹诛,陈需杀张寿而犀首走。故烧刍廥而中山罪,杀老儒而济阳赏也。

【译文】

那些似是而非的假象,是使君主处罚不当,而大臣能够谋取私利的原因。因此守门人泼水而夷射被诛杀;济阳君伪造王命而二人获罪;司马喜杀掉爰骞而季辛被诛杀;郑袖说新来的美人厌恶楚王的气味,美人被割去了鼻子;费无忌引诱郤宛上当,令尹把郤宛杀了;陈需暗杀张寿,迫使犀首出逃。所以近侍烧掉马草仓库,中山国君就加罪于公子;济阳君门客杀掉老儒,济阳君会奖赏他。

有反四

【原文】

事起而有所利，其尸主之；有所害，必反察之。是以明主之论也，国害则省其利者，臣害则察其反者。其说在楚兵至而陈需相，黍种贵而廪吏覆。是以昭奚恤执贩茅，而不僖侯谯其次；文公发绕炙，而穰侯请立帝。

【译文】

事情发生了，如果有利可得，应当牢牢掌握它；如果有害，一定要从反面加以考察。因此明君考虑问题时，国家受害，就要察看谁能从中得到好处；臣下受害，就要考察与他利害相反的人。有关的解说在"说四"中楚军攻魏而陈需升任魏相，黍种价高而粮仓官吏受到检查。因此昭奚恤逮捕贩茅草的人，韩昭侯怒责厨师的副手；晋文公追查把头发缠在烤肉上的人；穰侯请齐王称帝。

废置五

【原文】

敌之所务在淫察而就靡，人主不察则敌废置矣。故文王资费仲，而秦王患楚使，黎且去仲尼，而干象沮甘茂。是以子胥宣言而子常用，内美人而虞、虢亡，佯遗书而苌宏死，用鸡猳而郐桀尽。

【译文】

敌国力求要做到的，是使对立国家的君主观察错乱而造成失误；君主如果不能明察，就会按敌国的意图来任免自己的大臣。所以周文王资助商臣费仲，秦王担忧楚国使者能干，齐臣黎且设法让鲁君赶走孔子，楚臣干象阻止楚王扶持甘茂。因此伍子胥散布舆论而楚国子常得以任用，因为收纳晋君献来的美女而虞虢两国终于灭亡，叔向故意丢失书信而使苌弘被杀，郑桓公制造订立盟约的假象而使邻国残杀自己的豪杰。

庙 攻

【原文】

参疑废置之事,明主绝之于而施之于外。资其轻者,辅其弱者,此谓庙攻。参伍既用于内,观听又行于外,则敌伪得。其说在秦侏儒之告惠文君也。故襄疵言袭邺,而嗣公赐令席。

【译文】

"参疑内争""敌国废置"的事情,明君要严格地禁止它在国内出现,而应该把它作为一种策略运用于国外。资助那些权势轻的,支持那些地位弱的,这就叫作庙攻。君主既能在内检查、验证,又能对国外观察、探听,那么敌人的一切诈伪都可以识破。有关的解说在秦国侏儒告诉秦惠文王自己偷听到的楚国计谋。所以襄疵告诉魏王赵想偷袭邺,卫嗣公赐给县令席子。

说 一

【原文】

势重者,人主之渊也;臣者,势重之鱼也。鱼失于渊而不可复得也,人主失其势重于臣而不可复收也。古之人难正言,故托之于鱼。

【译文】

权势好比是君主的深渊,臣子好比是君主权势这一深渊里的鱼,鱼离开深渊,就不能再得到它了;君主把权势失落给臣子,就不能再收回来。古人难于直陈事理,所以把事理假托成鱼来作比喻。

【原文】

赏罚者,利器也。君操之以制臣,臣得之以拥主。故君先见所赏则臣鬻之以为德,君先见所罚则臣鬻之以为威。故曰:"国之利器,不可以示人。"

【译文】

赏罚是锐利的武器,君主掌握它来制服臣子,臣子盗用它来蒙蔽君主。

所以君主事先显露出行赏苗头，臣子就会予以兜售来作为自己的恩德；君主事先显露出行罚苗头，臣子就会予以兜售来作为自己的权威。所以《老子》说："国家的锐利武器，是不能显露出来给别人看到的。"

【原文】

靖郭君相齐，与故人久语则故人富，怀左右刷则左右重。久语怀刷，小资也，犹以成富，况于吏势乎？

【译文】

靖郭君田婴任齐相，和老相识谈话的时间长，老相识就变得富有；赏赐近侍小物品，近侍地位就会抬高。谈话时间长、赏赐小物品，都是微小的资助，尚且可以借此致富，何况把权势让给官吏呢？

【原文】

晋厉公之时，六卿贵。胥僮长鱼矫谏曰："大臣贵重，敌主争事，外市树党，下乱国法，上以劫主，而国不危者，未尝有也。"公曰："善。乃诛三卿。"胥僮长鱼矫又谏曰："夫同罪之人偏诛而不尽，是怀怨而借之闲也。"公曰："吾一朝而夷三卿，予不忍尽也。"长鱼矫对曰："公不忍之，彼将忍公。公不听，居三月，诸卿作难，遂杀厉公而分其地。"

【译文】

晋厉公时，六卿地位很高。胥僮长鱼矫劝谏说："大臣地位高，权势重，敌国君主争相给他们捧场，他们与外国勾结，树立私党，对下扰乱国法，对上挟持君主，出现了这样的局面而国家不危乱的，从来就不曾有过。"晋厉公说："讲得好。"于是就杀了三卿。胥僮长鱼矫又劝谏说："对于罪状相同的人，杀了一部分，却不予涤除净尽，是让留下的人怀恨在心，是让他们有机可乘啊。"晋厉公说："我一下子就杀了三位大卿，我再也不忍心全部杀光了。"长鱼矫接话说："您不忍心动手，他们倒要狠下心来害您的。"晋厉公没有听从劝告。过了三个月，诸卿作乱，结果杀了厉公，并瓜分了晋地。

【原文】

州侯相荆，贵而主断，荆王疑之，因问左右，左右对曰"无有"，如出一口也。

【译文】

州侯担任楚相，地位显贵并专权独断。楚王怀疑他有二心，就问左右近侍,左右近侍回答说没那么回事,众人同声,如出一口。

【原文】

一曰:燕人李季好远出,其妻私有通于士,季突至,士在内中,妻患之,其室妇曰:"令公子裸而解发直出门,吾属佯不见也。"于是公子从其计,疾走出门,季曰:"是何人也?"家室皆曰:"无有。"季曰:"吾见鬼乎?"妇人曰:"然。"为之奈何?曰:"取五姓之矢浴之。"季曰:"诺。"乃浴以矢。一曰浴以兰汤。

【译文】

又一种说法:燕人李季喜欢出远门,他妻子私下和某士通奸,李季突然回来了,某士还在屋内,做妻子的非常担忧。她的女仆说:"让这位公子光着身子,解开发结,径直走出门外,我们这些人都假装没看见。"于是这位公子听从她的计谋,快步跑出门外。李季说:"这是什么人?"家里的人都说:"没有人啊。"李季说:"我看见鬼了吗?"他妻子说:"是的。""怎么办呢?"妻子说:"拿各种牲畜的屎来洗身。"李季说:"好吧。"于是就用屎来洗身。一说是用兰草煮的水来洗身。

说 二

【原文】

卫人有夫妻祷者,而祝曰:"使我无故,得百束布。"其夫曰:"何少也?"对曰:"益是,子将以买妾。"

【译文】

卫人有一对夫妻在祈祷,妻子祝愿说:"让我没有灾难,得到一百捆布币。"她丈夫说:"为什么这么少"?妻子回答说:"超过这个数目,您将会用它去买小老婆。"

【原文】

荆王欲宦诸公子于四邻,戴歇曰:"不可。宦公子于四邻,四邻必重之。"曰:"子出者重,重则必为所重之国党,则是教子于外市也,不便。"

【译文】

楚王想让几个儿子到四周邻国去做官,戴歇说:"不行。""让儿子到四周邻国去做官，四周邻国一定器重他们。"戴歇说："公子出国做官受到器重，受到器重必然成为这些国家的党羽，也就是用与外国勾结的方式来教育儿子了。这样做不利。"

【原文】

鲁孟孙、叔孙、季孙相戮力劫昭公，遂夺其国而擅其制。鲁三桓公偪，昭公攻季孙氏，而孟孙氏、叔孙氏相与谋曰："救之乎？"叔孙氏之御者曰："我，家臣也，安知公家？凡有季孙与无季孙于我孰利？"皆曰："无季孙必无叔孙。"然则救之。于是撞西北隅而入，孟孙见叔孙之旗入，亦救之，三桓为一，昭公不胜，逐之死于干侯。

【译文】

鲁国的三桓——孟孙、叔孙、季孙通力合作挟制了鲁昭公，结果占有了他的国家，垄断了他的权势。鲁国的三桓威逼昭公朝廷，昭公进攻季孙，孟孙、叔孙互相商量说："去救援吗？"叔孙的车夫说："我是个家臣，哪里知道公室大事？大致看来，有季孙和无季孙哪一样对我们更有利？"大家都说："没有季孙就没有叔孙了。""既然这样，那么就去救他。"于是他们就从西北角冲了进去。孟孙见叔孙的旗帜已经进入战场，也去救援。三桓合兵一处，鲁昭公失败了。三桓驱逐了鲁昭公，结果鲁昭公死在晋国的乾侯。

【原文】

公叔相韩而有攻齐，公仲甚重于王，公叔恐王之相公仲也，使齐、韩约而攻魏，公叔因内齐军于郑，以劫其君，以固其位，而信两国之约。

【译文】

公孙伯婴担任韩相，又要拼命和齐国交好。公仲朋很受韩王器重。公叔伯婴担心韩王让公仲朋担任韩相，就让齐、韩结约去攻打魏国。公孙伯婴乘机把齐军引入韩国国都，用来威胁他的君主，巩固他的相位，并重申两国的协约。

【原文】

翟璜，魏王之臣也，而善于韩，乃召韩兵令之攻魏，因请为魏王构之以自重也。

【译文】

翟璜是魏王的大臣，却又和韩国交好。他竟要召来韩国军队，让他们攻打魏国,接着请求替魏王去讲和,以便提高自己的地位。

【原文】

越王攻吴,吴王谢而告服,越王欲许之,范蠡、大夫种曰:"不可。昔天以越与吴,吴不受,今天反夫差,亦天祸也。以吴予越,再拜受之,不可许也。"太宰嚭遗大夫种书曰:"狡兔尽则良犬烹,敌国灭则谋臣亡。大夫何不释吴而患越乎?"大夫种受书读之,太息而叹曰:"杀之,越与吴同命。"

【译文】

越王攻打吴王,吴王谢罪并宣布臣服,越王准备答应。范蠡和大夫文种说:"不行。过去上天把越国给了吴国,吴国不接受,现在上天不帮助吴王夫差,这也是天灾啊。上天把吴国给了越国,应当拜两拜接受下来,不能答应吴王的要求。"越国的太宰嚭送给大夫文种的信上说:"狡猾的兔子捕完了,好猎狗就会被煮来吃;敌国灭亡了,谋臣就会遭到杀害。大夫您为什么不放过吴国,让它成为越国的忧患呢?"大夫文种接信读罢,长叹一声说:"杀掉谋臣,越和吴将会遭到同样的下场。"

【原文】

大成牛从赵谓申不害于韩曰:"以韩重我于赵,请以赵重子于韩,是子有两韩,我有两赵。"

【译文】

大成牛从赵国对在韩国的申不害说:"您用韩国的力量使我得到赵国的重用,我再用赵国的力量使您得到韩国的重用,这样一来,就像您有两个韩国,我有两个赵国一样了。"

【原文】

司马喜,中山君之臣也,而善于赵,尝以中山之谋微告赵王。

【译文】

司马喜是中山国君的臣子,但和赵国交好,曾经把中山国的谋略密告给赵王。

【原文】

吕仓,魏王之臣也,而善于秦、荆,微讽秦、荆令之攻魏,因请行和以自重也。

【译文】

吕仓是魏王的臣子,但和秦、楚两国交好。他暗示秦、楚,让两国攻魏,以便借机请求前去讲和来提高自己的地位。

【原文】

宋石,魏将也。卫君,荆将也。两国构难,二子皆将,宋石遗卫君书曰:"二军相当,两旗相望,唯毋一战,战必不两存,此乃两主之事也,与子无有私怨,善者相避也。"

【译文】

宋石是魏国的将领,卫君是楚国的将领。两国交战,宋石、卫君分别担任两国将领。宋石送信给卫君说:"双方兵力相当,双方军旗相望,希望不要交战,交战后一定不能两存。这是两国君主的事,我和您没有私仇,最好的办法是相互避开。"

【原文】

白圭相魏,暴谴相韩。白圭谓暴谴曰:"子以韩辅我于魏,我请以魏待子于韩,臣长用魏,子长用韩。"

【译文】

白圭担任魏相,暴谴担任韩相。白圭对暴谴说:"您用韩国的力量帮助我在魏国任职,我用魏国的力量扶助您在韩国任职,我长期在魏国掌权、您长期在韩国掌权。"

说 三

【原文】

齐中大夫有夷射者,御饮于王,醉甚而出,倚于郎门,门者刖跪请曰:"足下无意赐之余沥乎?"夷射曰:"叱去!刑余之人,何事乃敢乞饮长者?"刖跪走退,及夷射去,刖跪因捐水郎门霤下,类溺者之状。明日,王出而诃之曰:"谁溺于是?"刖跪对曰:"臣不见也。虽然,昨日中大夫夷射立于此。"王因诛夷射而杀之。

【译文】

齐国有个叫夷射的中大夫,在齐王那里侍酒,喝得酩酊大醉后出来,倚靠在廊门上。守门人刖跪请求说："您无意于赏给我一点吃剩下的酒吗？"夷射斥骂道："滚！受过刑的人怎么竟敢向尊长要酒喝！"刖跪慌忙退下。等到夷射离开后，刖跪就把水泼在廊门的檐沟下，像尿湿的样子。第二天，齐王出来看见了，怒责道："谁在这儿撒尿？"刖跪回答说："我没看见。虽说如此，昨天中大夫夷射在这儿站过。"齐王因而对夷射进行惩罚并杀了他。

【原文】

魏王臣二人不善济阳君，济阳君因伪令人矫王命而谋攻己，王使人问济阳君曰："谁与恨？"对曰："无敢与恨，虽然，尝与二人不善，不足以至于此。"王问左右，左右曰："固然。"王因诛二人者。

【译文】

魏王臣子中有两个人与济阳君不和，济阳君就作假让人伪造王命而谋划进攻自己。魏王派人问济阳君说："你与谁有仇？"济阳君回答说："我不敢和谁有仇。虽说如此，也曾和两个人关系不好，但还不至于到这种地步。"魏王问左右近侍，都说："确实如此。"魏王就杀了这两个人。

【原文】

季辛与爰骞相怨。司马喜新与季辛恶，因微令人杀爰骞，中山之君以为季辛也，因诛之。

【译文】

季辛和爰骞相互怨恨。司马喜和季辛的关系刚刚恶化，就暗地派人杀了爰骞。中山国君以为是季辛干的，于是就杀了季辛。

【原文】

荆王所爱妾有郑袖者。荆王新得美女，郑袖因教之曰："王甚喜人之掩口也，为近王，必掩口。"美女入见，近王，因掩口，王问其故，郑袖曰："此固言恶王之臭。"及王与郑袖、美女三人坐，袖因先诫御者曰："王适有言，必亟听从。"王言美女前，近王，甚数掩口，王悖然怒曰："劓之。"御因揄刀而劓美人。"

【译文】

楚王宠妾中有个叫郑袖的。楚王刚弄来了一个美女，郑袖就开导她说："楚王非常喜欢别人捂住嘴巴，你要是靠近大王，一定要捂住嘴巴。"美女入见，走近楚王就捂住嘴巴。楚王询问其中的原因，郑袖说："她本来就说过讨厌大王的气味。"等到楚王和郑袖、美女三人坐在一起的时候，郑袖就事先告诚侍从说:"大王如果发话,一定要立即听从大王的话!"美女上前来到靠楚王很近的地方,多次捂住嘴巴。楚王勃然大怒说:"割掉她的鼻子!"侍从于是拔出刀来割掉了美人的鼻子。

【原文】

一曰:魏王遗荆王美人,荆王甚悦之,夫人郑袖知王悦爱之也,亦悦爱之,甚于王,衣服玩好择其所欲为之,王曰:"夫人知我爱新人也,其悦爱之甚于寡人,此孝子所以养亲,忠臣之所以事君也。"夫人知王之不以己为妒也,因为新人曰:"王甚悦爱子,然恶子之鼻,子见王,常掩鼻,则王长幸子矣。"于是新人从之,每见王,常掩鼻,王谓夫人曰:"新人见寡人常掩鼻何也?"对曰:"不已知也。"王强问之,对曰:"顷尝言恶闻王臭。"王怒曰:"劓之。"夫人先诚御者曰:"王适有言,必可从命。御者因揄刀而劓美人。"

【译文】

另一种说法:魏王送给楚王一个美女,楚王非常喜欢。楚王夫人郑袖知道楚王喜欢、宠爱这位美女,她就也喜欢、宠爱这位美女,胜过了楚王。衣服珍宝,挑选美女想要的给她。楚王说:"夫人知道我宠爱新来的美人,她喜欢、宠爱这位美人超过了我,这也就是孝子奉养父母、忠臣奉侍君主的方法。"郑袖知道楚王已不认为自己嫉妒,就对新来的美人说:"大王非常喜欢、宠爱你,但讨厌你的鼻子。你见到大王,时常捂住鼻子,大王就会长久宠爱你了。"于是美人听从了郑袖的话,每次见到楚王,常常捂住鼻子。楚王对郑袖说:"新人见我时常捂住鼻子,为什么?"郑袖回答说:"我不知道。"楚王硬是追问她,她回答说:"不久前新人曾说讨厌闻到大王的气味。"楚王发怒说:"割了她的鼻子。"郑袖预先告诫侍从说:"大王如果发了话,一定要听从命令。"侍从于是就拔出刀来割掉了美人的鼻子。

【原文】

费无极,荆令尹之近者也。郤宛新事令尹,令尹甚爱之,无极因谓令尹曰:"君爱宛甚,何不一为酒其家?"令尹曰:"善。因令之为具于郤宛之家。"无极教宛曰:"令尹甚傲而好兵,子必谨敬,先嚁陈兵堂下及门庭。宛因为之。"令尹往而大惊曰:"此何也?"无极曰:"君殆去之,事未可知也。"令尹大怒,举兵而诛郤宛,遂杀之。

【译文】

费无极是楚国令尹亲近的人。郄宛新近侍奉令尹,令尹非常喜欢他。费无极就对令尹说:"您很喜欢郄宛,为什么不到他家喝一次酒?"令尹说:"好吧。"令尹就让费无极到郄宛家置办酒席。费无极开导郄宛说:"令尹非常高傲而喜欢兵器,您一定要小心遵奉他,先快些把兵器陈列在厅堂下面和院子门口。"郄宛就照办了。令尹前往,大吃一惊,说:"这是什么?"费无极说:"您危险了,快离开这里!事情还不知会怎样呢。"令尹非常愤怒,发兵讨伐郄宛,接着就杀了他。

【原文】

犀首与张寿为怨,陈需新入,不善犀首,因使人微杀张寿,魏王以为犀首也,乃诛之。

【译文】

犀首和张寿结下怨仇,陈需刚到魏国,与犀首不和,就派人暗杀了张寿。魏王以为是犀首干的,就处罚了他。

【原文】

中山有贱公子,马甚瘦,车甚弊,左右有私不善者,乃为之请王曰:"公子甚贫,马甚瘦,王何不益之马食?"王不许,左右因微令夜烧刍厩,王以为贱公子也,乃诛之。

【译文】

中山国有个地位低下的公子,他的马很瘦,他的车很破。有个和他私下不和的国君近侍,就替他向国君请求说:"公子很贫困,他的马很瘦,大王为什么不增加他的马料?"国君不答应。近侍就暗中派人在晚上烧了草库马棚。国君认为是这个地位低下的公子干的,就处罚了他。

【原文】

魏有老儒而不善济阳君,客有与老儒私怨者,因攻老儒杀之以德于济阳君曰:"臣为其不善君也,故为君杀之。"济阳君因不察而赏之。

【译文】

魏国有个老儒与济阳君不和。济阳君的门客中有个和老儒有私仇的,乘机攻击老儒并杀了他,以图讨好济阳君,说:"我因他与您不和,所以替您杀了他。"于是济阳君不加明察就奖赏了他。

【原文】

一曰：济阳君有少庶子，有不见知，欲入爱于君者，齐使老儒掘药于马梨之山，济阳少庶子欲以为功，入见于君曰："齐使老儒掘药于马梨之山，名掘药也，实闲君之国，君杀之，是将以济阳君抵罪于齐矣。臣请刺之。"君曰："可。"于是明日得之城阴而刺之，济阳君还益亲之。

【译文】

另一种说法：济阳君家的年轻侍从中，有一个未被济阳君赏识而想得到宠爱的。齐派老儒到马梨山挖草药，这个侍从想借这件事立功，进见济阳君说："齐派老儒到马梨山挖草药，名义上是挖草药，实际上是刺探您的封地。您若不杀他，他就要拿济阳君受到魏国惩处的事去齐国报功了。请让我去刺杀他。"济阳君说："行。"于是第二天侍仆在城北找到老儒并刺杀他，济阳君随即就加倍亲近这个侍仆了。

说　四

【原文】

陈需，魏王之臣也，善于荆王而令荆攻魏，荆攻魏，陈需因请为魏王行解之，因以荆势相魏。

【译文】

陈需是魏王的臣子，又和楚王友好，就叫楚国攻打魏国。楚国攻打魏国，陈需乘机请求替魏王去解围，于是利用楚国攻魏的形势做了魏相。

【原文】

韩昭侯之时，黍种尝贵甚，昭侯令人覆廪，吏果窃黍种而粜之甚多。

【译文】

韩昭侯时期，黍种价格曾很高。昭侯派人检查粮仓，官吏果然盗窃了黍种并且卖掉了很多。

【原文】

昭奚恤之用荆也，有烧仓廥窌者，而不知其人，昭奚恤令吏执贩茅者而问之，果烧也。

【译文】

昭奚恤在楚国执政时,有人纵火烧了用茅草盖的粮仓,但不知道纵火的是谁。昭奚恤命令官吏逮捕贩卖茅草的人并加以审问,果然是他放的火。

【原文】

昭僖侯之时,宰人上食而羹中有生肝焉。昭侯召宰人之次而诮之曰:"若何为置生肝寡人羹中?"宰人顿首服死罪曰:"窃欲去尚宰人也。"

【译文】

韩昭侯时期,厨师上饭,肉汁中却有生肝。昭侯召来厨师的助手,责骂他说:"你为什么把生肝放到我的肉汁中?"厨师助手叩头承认死罪,说:"我私下想除掉主管大王膳食的人。"

【原文】

一曰:僖侯浴,汤中有砾,僖侯曰:"尚浴免则有当代者乎?"左右对曰:"有。"僖侯曰:"召而来。"谯之曰:"何为置砾汤中?"对曰:"尚浴免,则臣得代之,是以置砾汤中。"

【译文】

另一种说法:韩昭侯洗澡,热水中有小石子。昭侯说:"主管洗澡的如果免职,那么有应当继任的人吗?"左右近侍回答说:"有。"昭侯说:"叫他来。"叫来后昭侯怒责他说:"为什么在热水里放小石子?"他回答说:"主管洗澡的如果免职,我就能够代替他,因此在热水中放了小石子。"

【原文】

文公之时,宰臣上炙而发绕之,文公召宰人而谯之曰:"女欲寡人之哽邪?奚为以发绕炙。"宰人顿首再拜请曰:"臣有死罪三:援砺砥刀,利犹干将也,切肉,肉断而发不断,臣之罪一也;援木而贯脔而不见发,臣之罪二也;奉炽炉,炭火尽赤红,而炙熟而发不烧,臣之罪三也。堂下得无微有疾臣者乎?"公曰:"善。"乃召其堂下而谯之,果然,乃诛之。

【译文】

晋文公时期,厨师端上烤肉而有头发缠在肉上。文公召厨师而怒责他说:"你想让我哽死啊,为什么用头发缠肉?"厨师叩头拜过两拜请罪说:"我有三条死罪:拿来磨刀石磨刀,磨得像宝剑干将一样锋利,用来切肉,肉给切断了,但头发却不断,这是我的第一条罪状;拿起木棒穿透肉片却没有看见头发，这是我的第二条罪状；捧着烧得很旺的炉子，炭火都烧得通红，肉都熟了，头发却没有烧掉，这是我的第三条罪状。次等侍从中该没有暗中嫉恨我的人吧？"文公说："说得对。"就召来次等侍从，果真这样，于是加以处罚。

【原文】

一曰：晋平公觞客，少庶子进炙而发绕之，平公趣杀炮人，毋有反令，炮人呼天曰："嗟乎！臣有三罪，死而不自知乎？"平公曰："何谓也？"对曰："臣刀之利，风靡骨断而发不断，是臣之一死也；桑炭炙之，肉红白而发不焦，是臣之二死也；炙熟又重睫而视之，发绕炙而目不见，是臣之三死也。意者堂下其有翳憎臣者乎？杀臣不亦蚤乎！"

【译文】

另一种说法：晋平公请客喝酒，年轻的侍从端来烤肉，却有头发缠在肉上，平公催促去杀掉厨师，不得赦免。厨师大声叫着老天说：哎呀！我有三条罪状，死了也不知是犯的哪一条啊！平公说："这话怎么说？"厨师回答说："我的刀很锋利，锋利得能斩断骨头，头发却斩不断，这是我的第一条死罪；用桑树烧成的木炭烤肉，肉烤熟了，该红的红了，该白的白了，头发却没烧焦，这是我的第二条死罪；烤肉熟了，又眯着眼睛细看，头发缠在烤肉上，眼睛却看不见，这是我的第三条死罪。想来次等侍从中该有暗恨我的吧？杀我不也太早点了吗？"

【原文】

穰侯相秦而齐强，穰侯欲立秦为帝而齐不听，因请立齐为东帝而不能成也。

【译文】

穰侯魏冉任秦相时，齐国强大。穰侯想立秦王为帝，齐国不予承认，他就请求立齐王为东帝，但事情没有成功。

说　五

【原文】

晋献公之时，骊姬贵，拟于后妻，而欲以其子奚齐代太子申生，因患申生于君而杀之,遂立奚齐为太子。

【译文】

晋献公时期,骊姬地位高,可以和君主的正妻匹敌。她想用自己的儿子奚齐来取代太子申生,就在献公面前陷害申生并杀了他,于是献公立奚齐为太子。

【原文】

郑君已立太子矣,而有所爱美女欲以其子为后,夫人恐,因用毒药贼君杀之。

【译文】

郑君已经确立太子了,而有个受宠的美女想让自己的儿子当继承人,郑君夫人害怕,就用毒药暗杀了郑君。

【原文】

卫州吁重于卫,拟于君,群臣百姓尽畏其势重,州吁果杀其君而夺之政。

【译文】

卫州吁在卫国地位很高,可以和卫君匹敌,群臣百姓都害怕他大权在握,州吁果真杀了他的君主并夺取了政权。

【原文】

公子朝,周太子也,弟公子根甚有宠于君,君死,遂以东周叛,分为两国。

【译文】

公子朝是周君太子,他的弟弟公子根很受周君的宠爱。周君死后,公子根就率领东周叛乱,周分裂为两个小国。

【原文】

楚成王以商臣为太子,既而又欲置公子职。商臣作乱,遂攻杀成王。

【译文】

楚成王把商臣立为太子,随后又想立公子职为太子。商臣发动叛乱,于是起兵杀了成王。

【原文】

一曰:楚成王商臣为太子,既欲置公子职。商臣闻之,未察也,乃为其傅潘崇曰:"奈何察之也?"潘崇曰:"飨江芈而勿敬也。"太子听之。江芈曰:"呼役夫!宜君王之欲废女而立职也。"商臣曰:"信矣。"潘崇曰:"能事之乎?"曰:"不能。"能为之诸侯乎？曰:"不能。"能举大事乎？曰:"能。"于是乃起宿营之甲而攻成王,成王请食能膰而死,不许,遂自杀。

【译文】

另一种说法:楚成王把商臣立为太子,过后又想立公子职为太子。商臣听说了这件事,但没有弄清,于是就对他师傅潘崇说:"怎样查清这件事呢?"潘崇说:"设宴招待成王妹妹江芈,但不要尊敬她。"太子接受了潘崇的建议。江芈说:"呸,下贱的东西难怪君主想废掉你而立职呢。"商臣说:"事情得到了证实。"潘崇说:"你能侍奉职吗?"商臣说:"不能。""能做职的诸侯吗?"商臣说:"不能。""能发动大事吗?"商臣说:"能。"于是商臣就发动守卫宫殿的军队去攻打成王。成王请求吃过烤熟的熊掌再死去,商臣不答应,于是成王只好自杀。

【原文】

韩廆相韩哀侯,严遂重于君,二人甚相害也,严遂乃令人刺韩廆于朝,韩廆走君而抱之,遂刺韩廆而兼哀侯。

【译文】

韩廆担任韩哀侯的国相,而严遂受着韩君的器重,韩廆和严遂相互仇恨,情形已很严重,于是严遂就派人在朝廷上刺杀韩廆,韩廆跑到哀侯身边抱住哀侯,刺客就刺杀韩廆,连哀侯也一起刺死了。

【原文】

田恒相齐,阚止重于简公,二人相憎而欲相贼也,田恒因行私惠以取其国,遂杀简公而夺之政。

【译文】

田常担任齐相,而阚止受着齐简公的器重,田常、阚止这两个人互相憎恨并想杀掉对方。田常因此施行私人恩惠收买了人心,用来夺取国家政权,结果杀掉了简公,夺取了政权。

【原文】

戴欢为宋太宰,皇喜重于君,二人争事而相害也,皇喜遂杀宋君而夺其政。

【译文】

戴欢担任宋国的太宰,而皇喜受着宋桓侯的器重,戴欢、皇喜争权夺利而互相伤害,结果皇喜杀了宋君,夺取了政权。

【原文】

狐突曰:"国君好内则太子危,好外则相室危。"

【译文】

狐突说:"君王宠爱姬妾,太子就会危险;宠信近臣,相室就会危险。"

【原文】

郑君问郑昭曰:"太子亦何如?"对曰:"太子未生也。"君曰:"太子已置而曰未生何也?"对曰:"太子虽置,然而君之好色不已,所爱有子,君必爱之,爱之则必欲以为后,臣故曰太子未生也。"

【译文】

郑国国君问郑昭说:"太子到底怎么样?"郑昭回答说:"太子还没出生呢。"郑君说:"太子已经确立了,您却说没有出生,为什么?"郑昭回答说:"太子虽然确立了,但是君王的好色之心不减;宠爱的姬妾如果有了儿子,君主必定喜爱他;喜爱他,就一定想把他立为继承人,所以我说太子还没有出生。"

说 六

【原文】

文王资费仲而游于纣之旁,令之谏纣而乱其心。

【译文】

周文王帮助费仲在商纣身边活动,让他劝谏纣王,扰乱纣王的心思。

【原文】

荆王使人之秦,秦王甚礼之。王曰:"敌国有贤者,国之忧也。今荆王之使者甚贤,寡人患之。"群臣谏曰:"以王之贤圣与国之资厚,愿荆王之贤人。王何不深知之而阴有之,荆以为外用也,则必诛之。"

【译文】

楚王派人到秦国去,秦王很尊敬这位使者。秦王说:"敌国有贤人,就是我国的忧患。现在楚王的使者很能干,我很担心。"群臣劝谏说:"凭大王的圣明和国家资财的丰富,而羡慕楚王手下的贤人,大王何不与他深深地结交,暗中加以笼络呢?楚国以为他被外国利用,一定会处罚他的。"

【原文】

仲尼为政于鲁,道不拾遗,齐景公患之,梨且谓景公曰:"去仲尼犹吹毛耳。君何不迎之以重禄高位,遗哀公女乐以骄荣其意。哀公新乐之,必怠于政,仲尼必谏,谏必轻绝于鲁。"景公曰:"善。"乃令梨且以女乐二八遗哀公,哀公乐之,果怠于政,仲尼谏,不听,去而之楚。

【译文】

孔子在鲁国执政,路不拾遗,齐景公很忧虑。黎且对齐景公说:"除去孔子,像吹毛一样省事。您何不用厚禄高官招引孔子,送给鲁哀公女子歌舞乐队来助长哀公的骄傲和虚荣心。哀公新得欢乐,对政事一定懈怠,孔子一定会加以劝谏;他一劝谏,必定会和鲁国轻易地断绝关系。"景公说:"很好。"就让黎且把四十八人的女子歌舞乐队送给哀公,哀公非常高兴,果真懒于理事。孔子劝谏,哀公不听,孔子就离开鲁国到楚国去了。

【原文】

楚王谓干象曰:"吾欲以楚扶甘茂而相之秦可乎?"干象对曰:"不可也。"王曰:"何也?"曰:"甘茂少而事史举先生,史举,上蔡之监门也,大不事君,小不事家,以苛刻闻天下,茂事之顺焉。惠王之明,张仪之辨也,茂事之,取十官而免于罪,是茂贤也。"王曰:"相人敌国而相贤,其不可何也?"干象曰:"前时王使邵滑之越,五年而能亡越,所以然者,越乱而楚治也。日者知用之越,今亡之秦,不亦太亟忘乎!"王曰:"然则为之奈何?"干象对曰:"不如相共立。"王曰:"共立可相何也?"对曰:"共立少见爱幸,长为贵卿,被王衣,含杜若,握玉环,以听于朝。且利以乱秦矣。"

【译文】

楚王对干象说:"我想用楚国的力量扶持甘茂,让他做秦相,可以吗?"干象回答说:"不可以。"楚王说:"为什么?"干象说:"甘茂年轻时师事史举先生。史举是上蔡的看门人,从大的方面说不侍奉君主,从小的方面说理不好家庭,以刻薄闻名天下。甘茂侍奉史举,顺着他刻薄的作风办事。即使有秦惠王那样的明智,张仪那样的明察,甘茂侍奉他们,还是得到了十种官职,又能够免于罪过,这些都说明甘茂很能干。"楚王说:"替与楚对等的国家设立能干的相,为什么不可以呢?"干象说:"过去大王派邵滑去越国做官,五年就能灭掉越国。之所以能够这样,是因为越国危乱而楚国太平。过去大王懂得用不贤的人去灭掉越国,现在忘了把这个经验用到秦国去,不也忘得太快了吗!"楚王说:"那么该怎么办?"干象回答说:"不如让共立做相。"楚王说:"共立可以做相,为什么呢?"干象回答说:"共立年轻时就受秦王喜爱和宠信,年长时又被封为贵卿,穿着秦王的衣服,嘴里含着香草,手里拿着玉环,就这样在朝廷上处理问题,将有利于扰乱秦国了。"

【原文】

吴政荆,子胥使人宣言于荆曰:"子期用,将击之。子常用,将去之。荆人闻之,因用子常而退子期也。吴人击之,遂胜之。"

【译文】

吴国征伐楚国,伍子胥派人向楚国宣称:"子期用为将军;吴将进攻楚国;子常用为将军,吴将离开楚国。"楚人听说后,就用子常为将,罢免了子期,吴人进攻楚国,结果取得了胜利。

【原文】

晋献公伐虞、虢,乃遗之屈产之乘,垂棘之璧,女乐二八,以荣其意而乱其政。

【译文】

晋献公讨伐虞、虢两国之前,就曾送给他们屈产的良马,垂棘的宝玉,四十八人的女子歌舞乐队,以便助长他们的信任之心,扰乱他们的国家政事。

【原文】

叔向之谗苌弘也,为书曰:"苌弘谓叔向曰:子为我谓晋君,所与君期者时可矣,何不亟以兵来?"因佯遗其书周君之庭而急去行,周以苌弘为卖周也,乃诛苌弘而杀之。"

【译文】

晋人叔向陷害周人苌弘时,伪造书信说:"苌弘对叔向说:'你代我告诉晋君,和他的约会时机已经到了,为什么还不快点带兵来攻打呢?'"随后假装把书信丢在周君朝廷上,接着就急忙离去了,周君认为苌弘出卖周朝,就处罚了苌弘,并加以杀戮。

【原文】

郑桓公将欲袭郐,先问郐之豪杰良臣辩智果敢之士,尽与其姓名,择郐之良田赂之,为官爵之名而书之,因为设坛场郭门之外而埋之,衅之以鸡猳,若盟状。郐君以为内难也而尽杀其良臣,桓公袭郐,遂取之。

【译文】

郑桓公准备袭击郐国时,先打听郐国的豪杰、良臣和明智果断的人士,全部记下他们的名字,选择郐国好的田地写在他们名下表示已通贿赂,又在他们名下写上官爵名称表示已被收买。然后假装在外城门外设了坛场,把有关记录掩埋在下面,洒上鸡和猪的血来加以祭祀,像结盟似的。郐君认为内部将有大难,因而杀了全部良臣。郑桓公偷袭郐国,结果把它攻取了。

说 七

【原文】

秦侏儒善于荆王,而阴有善荆王左右而内重于惠文君,荆适有谋,侏儒常先闻之以告惠文君。

【译文】

秦国的侏儒得到楚王的喜欢,暗中又结交了楚王的左右侍从,在国内被秦惠文王器重。碰上楚国有什么打算时,侏儒常常预先知道,把它告诉给秦惠文王。

【原文】

邺令襄疵,阴善赵王左右,赵王谋袭邺,襄疵常辄闻而先言之魏王,魏王备之,赵乃辄还。

【译文】

魏邺县县令襄疵暗中结交赵王的左右侍从,赵王谋划偷袭邺县,襄疵每每能够马上得到情报,并事先告诉魏王。魏王加以防备,随后赵国每次都撤兵了。

【原文】

卫嗣君之时,有人于令之左右,县令有发蓐而席弊甚,嗣公还令人遗之席曰:"吾闻汝今者发蓐而席弊甚,赐汝席。"县令大惊,以君为神也。

【译文】

卫嗣君的时候,有人受命在县令身边窥探。县令掀起褥子时,露出了很破旧的席子,嗣公马上派人赠送他席子,说:"我听说你今天掀起褥子时,席子很破旧,赏赐给你席子。"县令非常吃惊,认为卫嗣君神明。

中国古典名著精华

韩非子(下)

〔战国〕韩非 著 〔清〕王先慎 译注

刘枫 主编

黄河出版传媒集团
阳光出版社

目 录

外储说左上第三十二	221
外储说左下第三十三	247
外储说右上第三十四	264
外储说右下第三十五	285
难一第三十六	302
难二第三十七	314
难三第三十八	324
难四第三十九	336
难势第四十	343
问辩第四十一	348
问田第四十二	350
定法第四十三	352
说疑第四十四	355
诡使第四十五	363
六反第四十六	367
八说第四十七	375
八经第四十八	382
五蠹第四十九	391
显学第五十	405
忠孝第五十一	413
人主第五十二	418
饬令第五十三	421
心度第五十四	423

外储说左上第三十二

一

【原文】

明主之道，如有若之应密子也。明主之听言也美其辩，其观行也贤其远，故群臣士民之道言者迂弘，其行身也离世。其说在田鸠对荆王也。故墨子为木鸢，讴癸筑武宫。夫药酒用言，明君圣主之以独知也。

【译文】

明君治理国家的原则，像有若回答密子所说的那样，要有办法。君主听取言论时，一味欣赏说话人的口才；观察行动时，一味赞赏远离实际的作风。所以臣子和民众讲起话来就高深莫测，做起事来就远离实际。这章的解说反映在"说一"中田鸠回答楚王一段。所以有墨子用木头做会飞的鹰而无用，讴癸用唱歌鼓舞修筑武宫的故事。药酒苦口利于病，忠言逆耳利于行，这是只有明君圣主才能理解的。

二

【原文】

人主之听言也，不以功用为的，则说者多棘刺白马之说；不以仪的为关，则射者皆如羿也。人主于说也，皆如燕王学道也；而长说者，皆如郑人争年也。是以言有纤察微难而非务也，故李、惠、宋、墨皆画策也；论有迂深闳大非用也，故畏震瞻车状皆鬼魅也；言而拂难坚确非功也，故务、卞、鲍、介、墨翟皆坚瓠也。且虞庆诎匠也而屋坏，范雎穷工而弓折。是故求其诚者，非归饷也不可。

【译文】

君主听取意见，不把功效作为目的，进说的人就多半说些在棘刺上刻猴子、白马不是马那样的话;不把箭靶作为射击目标,射箭的人就都成为像后羿一样的射箭能手了。君主对待进说,都像燕王派人学习不死之道一样被欺骗;而擅长辩说的人,都像郑人争论年龄长短一样没完没了。因此,言谈也有细致、明察、微妙、难能,但却不是迫切需要的,所以像季良、惠施、末研、墨翟这些人的学说,都像精绘竹筒一样,华丽而无用;议论也有深远阔大但却不切实用的,所以像魏牟、长卢子、詹何、陈骈、庄周这些人的学说,都是像乱画鬼怪一样,空洞而失真;行动也有违反常规,一般人难以做到,表现十分坚定固执的,但对于国家并不实用,所以像务光、卞随、鲍焦、介子推、墨翟这些人的作为,都和坚硬的实心葫芦一样,厚重而无益。再说虞庆虽能把匠人驳得无话可说,匠人照他的话造出屋来最终还得坍塌;范雎虽能把匠人说得无言可对,匠人照他的话造出弓来最终还得折断。因此要想得到真实的东西,(不能像小孩做游戏那样把泥巴当饭吃),最终还是不得不回去吃饭的。

三

【原文】

挟夫相为则责望,自为则事行。故父子或怨噪,取庸作者进美羹。说在文公之先宣言,与句践之称如皇也。故桓公藏蔡怒而攻楚,吴起怀瘳实而吮伤。且先王之赋颂,钟鼎之铭,皆播吾之迹,华山之博也。然先王所期者利也,所用者力也。筑社之谚,目辞说也。请许学者而行宛曼于先王,或者不宜今乎?如是不能更也。郑县人得车厄也,卫人佐弋也,卜子妻写弊裤也,而其少者也。先王之言,有其所为小而世意之大者,有其所为大而世意之小者,未可必知也。说在宋人之解书,与梁人之读记也。故先王有郢书而后世多燕说。夫不适国事而谋先王,皆归取度者也。

【译文】

怀着互相依赖的心理,就会责备和埋怨;怀着自己依靠自己的心理,事情就能办成。所以父子之间有时也会埋怨和责怪,而为了争取雇工多干活却给他们丰美的饭菜。有关的解说在"说三"中文公伐宋先宣布宋君的罪状,越王勾践伐吴之前先宣布吴王筑如皇之台的罪状。所以齐桓公隐藏对蔡国的恼怒,而以攻楚为幌子去灭掉蔡国;吴起怀着使士兵伤愈去拼命作战的念头而为他们吮吸伤口。再说颂扬先王的赋颂,铸刻在钟鼎上的铭文,都和赵武灵王在播吾山上刻的大脚印、秦昭襄王在华山上刻的大棋局一样,是虚假的。然而前代帝王所期求的是利益,需要使用的是气力。运用修筑社坛的谚语,是晋文公为自己辩解而鼓动他人卖力的办法。允许学者瞎说,实行渺茫迂阔的先王之道,恐怕不适用于现在吧?虽然这样,却又不能改变它。这就像郑县人得到车轭却误以为被人所欺,掌管射飞禽的卫国人射不到鸟,卜子之妻照旧裤子的样子毁坏新裤子,以及年轻人侍候年纪大的人喝酒而机械模仿一样愚蠢。先王的言论,有涉及小事,当今社会上却理解为意义重大的;有涉及大事,当今社会上却理解为意义小的;这是没有人能够真正弄清楚的。有关的解说是宋国人误解书意做了蠢事,以及梁国人读书变呆。所以先王的话有时像郢人写信那样,而后人理解起来,却多属燕相看信时胡乱解释一类。不适合国家政事需要,却要谋求先王之道,全都如同郑人买鞋不相信自己的脚,却要回家去拿尺码一样。

四

【原文】

利之所在民归之,名之所彰士死之。是以功外于法而赏加焉,则上不能得所利于下;名外于法而誉加焉,则士劝名而不畜之于君。故中章、胥己仕,而中牟之民弃田圃而随文学者邑之半;平公腓痛足痹而不敢坏坐,晋国之辞仕托者国之锤。此三士者,言袭法则官府之籍也,行中事则如令之民也,二君之礼太甚;若言离法而行远功,则绳外民也,二君又何礼之,礼之当亡。且居学之士,国无事不用力,有难不被甲;礼之则惰修耕战之功,不礼则周主上之法;国安则尊显,危则为屈公之威;人主奚得于居学之士哉?故明王论李疵视中山也。

【译文】

利益在什么地方,民众就归向什么地方;宣扬什么好名声,士人就拼死为它奋斗。因此对不符合法制的功劳给予赏赐,君主就不能从臣下那里得到利益;对不符合法制的名声给予赞誉,士人就会追求名誉而不顺从君主。所以中章、胥己做了官,中牟县的人就放弃田地而追随私学人士,人数占到全县的一半;晋平公敬重叔向,坐得腿痛脚麻也不敢违礼,晋国辞去官职和对贵族的依附,以便仿效叔向的人,就占到国家的一半。这三个人,假如言论合法,那也不过是照官府中的法典讲话;行为合宜,那也不过是遵从法令的人;而两个君主对他们的礼遇太过分了。如果他们的言论背离法制而行动没有什么功劳,那就是法度之外的人了,两个君主又为什么要敬重他们呢?敬重这种人,国家必定要灭亡。况且那些隐居而从事私学的人,国家没有战争时不耕田出力,国家有难时又不披甲打仗。敬重这种人,就会使那些守法的民众不再努力从事耕战;不敬重这种人,他们就会危害君主的法制。国家安定,他们就尊贵显赫;国家遭到危难,他们就像屈公一样感到畏惧;君主从这些隐居而从事私学的人那里能得到什么呢?所以明君肯定李疵对中山国君的看法。

五

【原文】

诗曰:"不躬不亲,庶民不信。"傅说之以无衣紫,缓之以郑简、宋襄,责之以尊厚耕战。夫不明分,不责诚,而以躬亲位下,且为下走睡卧,与夫掩弊微服。孔丘不知,故称犹盂。邹君不知,故先自僇。明主之道,如叔向赋猎,与昭侯之奚听也。

【译文】

《诗》上说:"君主不以身作则,民众就不会相信。"商王武丁的大臣傅说用君主自己不穿紫衣服以影响民众来说明这个道理;可以援引郑简公委任臣子做事而国治、宋襄公亲自参战而兵败的事例印证得失,根据尊重耕战的观点来加以批评。如果不明确君臣名分,不要求臣下真心实意地效力,反要亲自出马管理臣下,那将会像齐景公不用车子而下去奔跑,魏昭王读简学法而昏昏睡去,以及那种秘密巡视、微服出行的事情一样愚蠢。孔子不懂这个道理,所以会说出君主像盂之类的话;邹君不懂这个道理,所以会做出先行羞辱自己的事情。明君的治国原则,就要像叔向分配猎获物和韩昭侯听取意见那样。

六

【原文】

小信成则大信立,故明主积于信。赏罚不信,则禁令不行。说在文公之攻原与箕郑救饿也。是以吴起须故人而食,文侯会虞人而猎。故明主表信,如曾子杀彘也。患在尊厉王击警鼓与李悝谩两和也。

【译文】

在小事上能够讲求信用，在大事上就能够建立起信用，所以明君要在遵守信用上逐步积累声望。赏罚不讲信用，禁令就无法推行。有关的解说在"说六"中晋文公攻打原国和箕郑谈论救济饥荒。因此吴起宁愿饿着肚子也要按照约定等老朋友来吃饭。魏文侯宁愿冒着大风也要守约和虞人说罢猎。所以明君表明信用，要像曾子杀猪那样说到做到。不讲信用的祸患表现在楚厉王酒醉误击报警军鼓以及李悝欺骗左右两军。

说 一

【原文】

宓子贱治单父，有若见之曰："子何臞也？"宓子曰："君不知贱不肖，使治单父，官事急，心忧之，故臞也。"有若曰："昔者舜鼓五弦之琴，歌南风之诗而天下治。今以单父之细也，治之而忧，治天下将奈何乎？"故有术而御之，身坐于庙堂之上，有处女子之色，无害于治；无术而御之，身虽瘁臞，犹未有益。

【译文】

宓子贱治理单父，有若会见他说："您为什么瘦了？"宓子贱说："君王不知道我没有德才，派我治理单父，政务紧急，心里忧愁，所以瘦了。"有若说："从前舜弹奏着五弦琴，歌唱着《南风》诗，天下就太平了。现在单父这么个小地方，治理起来却要发愁，那么治理天下该怎么办呢？"所以有了办法来统治国家，就是安闲地坐在朝廷里，脸上有少女般红润的气色，对治理国家也没有什么妨害；没有办法去统治国家，身体即便又累又瘦，也还是没有什么好处。

【原文】

楚王谓田鸠曰："墨子者，显学也。其身体则可，其言多而不辩何也？"曰："昔秦伯嫁其女于晋公子，令晋为之饰装，从衣文之媵七十人，至晋，晋人爱其妾而贱公女，此可谓善嫁妾而未可谓善嫁女也。楚人有卖其珠于郑者，为木兰之柜，熏以桂椒，缀以珠玉，饰以玫瑰，辑以翡翠，郑人买其椟而还其珠，此可谓善卖椟矣，未可谓善鬻珠也。今世之谈也，皆道辩说文辞之言，人主览其文而忘有用。墨子之说，传先王之道，论圣人之言以宣告人，若辩其辞，则恐人怀其文忘其直，以文害用也。此与楚人鬻珠，秦伯嫁女同类，故其言多不辩。"

【译文】

楚王对田鸠说："墨子是个声名显赫的学者。他亲自实践起来还是不错的,他讲的话很多,但不动听,为什么?"田鸠说:"过去秦国君主把女儿嫁给晋国公子,叫晋国为他女儿准备好装饰,衣着华丽的陪嫁女子有七十人。到了晋国,晋国人喜欢陪嫁媵妾,却看不起秦君的女儿。这可以叫作善于嫁妾,不能说是善于嫁女。楚国有个在郑国出卖宝珠的人,他用木兰做了一个匣子,匣子用香料熏过,用珠玉作缀,用玫瑰装饰,用翡翠连结。郑国人买了他的匣子,却把珠子还给了他,这可以叫作善于卖匣子,不能说是善于卖宝珠。现在社会上的言论,都是一些漂亮动听的话,君主只看文采而不管它是否有用。墨子的学说,传扬先王道术,阐明圣人言论,希望广泛地告知人们。如果修饰文辞的话,他就担心人们会留意于文采而忘了它的内在价值,从而造成因为文辞而损害实用的恶果。这和楚人卖宝珠、秦君嫁女儿是同一类型的事,所以墨子的话很多,但不动听。"

【原文】

墨子为木鸢,三年而成,蜚一日而败。弟子曰:"先生之巧,至能使木鸢飞。"墨子曰:"吾不如为车輗者巧也,用咫尺之木,不费一朝之事,而引三十石之任致远,力多,久于岁数。今我为鸢,三年成,蜚一日而败。"惠子闻之曰:"墨子大巧,巧为輗,拙为鸢。"

【译文】

墨子用木头制作了一只老鹰,经过三年才制成,飞了一天就坏了。弟子说:"先生手艺真巧,竟能达到让木老鹰高飞。"墨子说:"我比不上制造车的人手艺高超。他们用细小的木头,不费一天功夫,就能牵引三十石的重量,走很远的路,出很大的力,并且可以用很多年。现在我做了木鸢,三年做成,才飞了一天就坏了。"惠子听到后说:"墨子真精明——他知道做车輗是精明的,做木鸢是笨拙的。"

【原文】

宋王与齐仇也,筑武宫。讴癸倡,行者止观,筑者不倦,王闻召而赐之,对曰:"臣师射稽之讴又贤于癸。"王召射稽使之讴,行者不止,筑者知倦,王曰:"行者不止,筑者知倦,其讴不胜如癸美何也?"对曰:"王试度其功,癸四板,射稽八板;擿其坚,癸五寸,射稽二寸。"

【译文】

宋王和齐国作对时,专为习武修建宫殿。讴癸唱起歌来,走路的人停下来观看，建筑的人不感到疲劳。宋王听说后，召见讴癸并加以赏赐。讴癸回答说："我老师射稽的歌，唱得比我还好。"宋王召来射稽让他唱歌，但走路的人还不停地走，建筑的人也感到疲倦。宋王说："走路的人还不停地走，建筑的人也感到疲劳，射稽唱得不如你好，这是为什么？"讴癸回答说："大王可以检查一下我们两人的功效。讴癸唱歌时建筑的人只筑了四板，射稽唱歌时却筑了八板；再检查墙的坚固程度，讴癸唱歌时筑的墙能打进去五寸，射稽唱歌时筑的墙只能打进去两寸。"

【原文】

夫良药苦于口，而智者劝而饮之，知其入而已己疾也。忠言拂于耳，而明主听之，知其可以致功也。

【译文】

良药苦口，但聪明人却要努力喝下去，这是因为他知道喝下去后能使自己疾病痊愈。忠言逆耳，但明智君主愿意听取，这是因为他知道由此可以获得成功。

说 二

【原文】

宋人有请为燕王以棘刺之端为母猴者，必三月斋然后能观之，燕王因以三乘养之。右御、冶工言王曰："臣闻人主无十日不燕之斋。今知王不能久斋以观无用之器也，故以三月为期。"

【译文】

宋国有个请求替燕王在棘刺尖上雕刻猕猴的人，让燕王一定要在斋戒三个月以后才能观看，燕王就用近二十平方公里土地的俸禄来供养他。右御属下的冶铁工匠对燕王说："我听说君主没有十天不喝酒作乐的斋戒。现在他知道君主不能长时间斋戒去观看那件没有用处的东西，所以定了三个月期限。"

【原文】

凡刻削者，以其所以削必小。今臣治人也，无以为之削，此不然物也，王必察之。王因囚而问之，果妄，乃杀之。治人谓王曰："计无度量，言谈之士多棘刺之说也。"

【译文】

　　凡是需要刻削的东西,用来刻削它的东西一定更小。我是个铁匠,没有办法给他制作刻刀。那猕猴是不可能有的东西,大王一定要予以明察才是。燕王于是把那个宋人拘禁起来加以盘问,那个宋人果然在弄虚作假,燕王随后就杀了他。铁匠对燕王说:"计谋是没有一定的标准加以衡量的。进说献计人士说的话,多半是这种要在棘刺尖上刻制称霸之类的胡言乱语。"

【原文】

　　一曰:燕王好微巧,卫人曰:"能以棘刺之端为母猴。燕王说之,养之以五乘之奉。"王曰:"吾试观客为棘刺之母猴。"客曰:"人主欲观之,必半岁不入宫,不饮酒食肉,雨霁日出视之晏阴之间,而棘刺之母猴乃可见也。燕王因养卫人不能观其母猴。"郑有台下之治者谓燕王曰:"臣为削者也,诸微物必以削削之,而所削必大于削。今棘刺之端不容削锋,难以治棘刺之端。王试观客之削能与不能可知也。"王曰:"善。"谓卫人曰:"客为棘削之?"曰:"以削。"王曰:"吾欲观见之。"客曰:"臣请之舍取之。"因逃。

【译文】

　　另一种说法:燕王喜欢小巧玲珑的东西。有个卫人说:"我能在棘刺尖上雕刻猕猴。"燕王很高兴,用三十平方公里土地的俸禄去供养他。燕王说:"我想看看你雕刻在棘刺尖上弥猴。"卫人说:"君王要想看它,必须在半年中不到内宫住宿,不饮酒吃肉。在雨停日出、阴晴交错的时候再观赏,只有这样,才能看清楚我在棘刺尖上刻的猕猴。"燕王因而把这个卫人供养了起来,但不能看他刻的猕猴。郑国有个台下地方的铁匠对燕王说:"我是做削刀的人。各种微小的东西一定要用削刀来雕刻,被雕刻的东西一定会比削刀大。现在的情形是棘刺尖上容纳不下削刀的刀锋,削刀的刀锋难以刻削棘刺的顶端,大王不妨看看他的削刀,能不能在棘刺尖上刻东西也就清楚了。"燕王说:"好。"于是对那个卫人说:"你在棘刺尖上制作猕猴,用什么来刻削?"卫人说:"用削刀。"燕王说:"我想看看你的削刀。"卫人说:"请您允许我到居处去取削刀。"于是趁机就逃跑了。

【原文】

　　兒说,宋人,善辩者也。持白马非马也服齐稷下之辩者,乘白马而过关,则顾白马之赋。故籍之虚辞则能胜一国,考实按形不能谩于一人。

【译文】

　　兒说是宋国人,是个善于辩说的学者。他曾经提出"白马不是马"的命题说服了齐稷下的辩说家们。他有一次着白马过关口,终究得交纳白马税。

所以,凭借虚浮言辞,他可以压倒一个国家;考察实际情形,他连一个人也欺骗不了。

【原文】

夫新砥砺杀矢,彀弩而射,虽冥而妄发,其端未尝不中秋毫也,然而莫能复其处,不可谓善射,无常仪的也;设五寸之的,引十步之远,非羿、逢蒙不能必全者,有常仪的也;有度难而无度易也。有常仪的则羿、逢蒙以五寸为巧,无常仪的则以妄发而中秋毫为拙,故无度而应之则辩士繁说,设度而持之虽知者犹畏失也不敢妄言。今人主听说不应之以度,而说其辩不度以功,誉其行而不入关,此人主所以长欺、而说者所以长养也。

【译文】

用新磨磨出的利箭,张满弓弩发射出去,即使闭着眼睛胡乱发射,箭头没有不射中细小东西的。然而他不能再次射中原处,是不能认为该人善于射箭的,因为没有固定的箭靶作目标。设置一个直径五寸的箭靶,射程只有十步那么远,不是后羿和逢蒙这样的射箭能手,就不一定能全部射中了,因为已有固定的箭靶作为目标。设靶射箭是困难的,无靶射箭是容易的。有固定的箭靶作为目标,人们会把后羿和逢蒙射中五寸直径的范围认作精巧;没有固定的箭靶作为目标,人们会把乱射射中细小的东西认作笨拙。所以,没有一定的标准加以衡量的话,辩士们就会用繁言絮语进说;设置一定的标准加以衡量的话,即便是很有智慧的人也怕言辞有失,不敢乱说。现在君主听取言论,不是用一定的标准去衡量,而是喜欢他们动听的言辞;不是用功效去衡量,而是赞赏他们的行为,不问是否合乎准则。这是君主长期受欺骗,而游说的人长期被供养的原因。

【原文】

客有教燕王为不死之道者,王使人学之,所使学者未及学而客死。王大怒,诛之。王不知客之欺己,而诛学者之晚也。夫信不然之物,而诛无罪之臣,不察之患也。且人所急无如其身,不能自使其无死,安能使王长生哉?

【译文】

有个愿教燕王学习长生不死道术的客人,燕王派人去向他学习。派去学习的人还没来得及学到手,那个客人先死了。燕王非常恼怒,杀了去学的人。燕王不明白客人在欺骗自己,却怪罪去学的人太迟笨。相信没有根据的东西,而杀掉没有罪过的臣子,这就是不能明察的危害。况且人们最看重的无过于自己的生命,那个客人不能使自己不死,又怎能使燕王长生呢?

【原文】

郑人有相与争年者,一人曰:"吾与尧同年。"其一人曰:"我与黄帝之兄同年。"讼此而不决,以后息者为胜耳。

【译文】

郑国有一对相互争论年龄大小的人。一个说:"我和唐尧同岁。"另一说:"我和黄帝的哥哥同岁。"为此争执不下,只能是把最后停止争辩的人作为胜利者罢了。

【原文】

客有为周君画荚者,三年而成,君观之,与髹荚者同状,周君大怒,画荚者曰:"筑十版之墙,凿八尺之牖,而以日始出时加之其上而观。"周君为之,望见其状尽成龙蛇禽兽车马,万物之状备具,周君大悦。此荚之功非不微难也,然其用与素髹筴同。

【译文】

有个为周君画竹简的客人,过了三年才完成。周君前去观看,和漆过的竹简一样,周君非常气愤。画竹简的人说:"筑一道十板高的墙,在墙上凿一个八尺大的窗,然后等到太阳刚出来时把竹简放在窗上对着阳光看看。"周君照他的话做了,看见竹简上画的形状都成了龙、蛇、飞禽、走兽、车马等,万事万物的形状全都具备,周君非常高兴。画这个竹简的功夫并非不微妙和难能,然而它的用途和未画花纹、只用漆漆过的竹简完全一样。

【原文】

客有为齐王画者,齐王问曰:"画孰最难者?"曰:"犬马最难"。"孰最易者?"曰:"鬼魅最易。夫犬马、人所知也,旦暮罄于前,不可类之,故难。鬼魅、无形者,不罄于前,故易之也。"

【译文】

有个替齐王画画的客人,齐王问道:"画什么最难?"客人说:"画狗马难。""画什么容易?"客人说:"画鬼怪容易。狗马是人们都知道的,天天在人们的面前出现,不可能画得很像,所以难;鬼怪是无形的东西,不会在人们面前出现,所以画起来很容易"。

【原文】

齐有居士田仲者,宋人屈谷见之曰:"谷闻先生之义,不恃仰人而食。今谷有树瓠之道,坚如石,厚而无窍,献之。"仲曰:"夫瓠所贵者,可以盛也。谓其,今厚而无窍,则不可剖以盛物,而任重如坚石,则不可以剖而以斟,吾无以瓠为也。"曰："然,谷将弃之。今田仲不恃仰人而食,亦无益人之国,亦坚瓠之类也。"

【译文】

齐国有个隐士叫田仲,宋人屈谷见到他说："我听说您很有骨气,不依靠别人吃饭。现在我有一个大葫芦,坚硬得像块石头,厚实得没有空隙,把它献给您了。"田仲说："葫芦可贵的地方在于可以用它装东西。现在它厚实得没有空隙,就不能剖开来装东西了;它重得像块坚硬的石头,就不能剖开来斟酒了。我拿这个葫芦是毫无用处的。"屈谷说："说得对,我准备把它扔了。现在田仲不依靠别人吃饭,同时对国家也没有什么用处,正和坚硬的实心葫芦同一类型。"

【原文】

虞庆为屋,谓匠人曰："屋太尊。"匠人对曰："此新屋也,涂濡而椽生。"虞庆曰："不然。"夫濡涂重而生椽挠,以挠椽任重涂,此宜卑。更日久则涂干而椽燥,涂干则轻,椽燥则直,以直椽任轻涂,此益尊。匠人诎,为之而屋坏。

【译文】

赵人虞庆建造房子,对工匠说："房顶太高了。"工匠回答说："这是新房子,泥巴是潮湿的,椽木也没有干透。"虞庆说："不对。潮湿的泥巴重量大,不干的椽木形体曲,用弯曲的椽木承受很重的泥巴,房顶就应当造得低一些。再过很长一段时间,泥巴也干了,椽木也干了。泥巴干了就会变轻,椽木干了就会变直,用变直的椽木承受变轻的泥巴,房顶就会逐渐增高。"工匠无话可说,按照虞庆的话造出房子来,房子坍塌了。

【原文】

一曰:虞庆将为屋,匠人曰："材生而涂濡。夫材生则挠,涂濡则重,以挠任重,今虽成,久必坏。"虞庆曰："材干则直,涂干则轻,今诚得干,日以轻直,虽久必不坏。"匠人诎,作之,成,有间,屋果坏。

【译文】

另一种说法:虞庆打算造房子,工匠说："木材没有干透,泥巴是潮湿的。木材没干透就会弯曲,泥巴潮湿重量就大;用弯曲的木材承受重量大的泥巴,现在即使造成了,时间一长,必然坍塌。"虞庆说："木材干了就会变直,泥巴干了就会变轻。现在的情形是,木材和泥巴如果确实干起来后,它们会一天比一天变直变轻,即使是经时历久,房子一定不会坍塌。"工匠无话可说,就把房子造了起来。又过了些时候,房子果然坍塌了。

【原文】

范雎曰:"弓之折必于其尽也,不于其始也。"夫工人张弓也,伏檠三旬而蹈弦,一日犯机,是节之其始而暴之其尽也,焉得无折? 范雎曰:"不然。伏檠一日而蹈弦,三旬而犯机,是暴之其始而节之其尽也。"工人穷也,为之,弓折。

【译文】

范雎说:"弓折断的时候,一定是在制作的最后阶段,而不是在制作的开始阶段。工匠张弓时,把弓放在校正器具上三十天,然后装上弦,却在一天内就把箭发射出去了。这是开始调节时缓慢而最后使用时急促,怎么能不折断呢? 我范雎张弓时就不是这样:用校正工具校上一天,随即装上弦,上弦三十天后才把箭发射出去,这就是开始的时候粗率,而最后有所节制。"工匠无言可对,照范雎的话去做,结果弓折断了。

【原文】

范雎、虞庆之言皆文辩辞胜而反事之情,人主说而不禁,此所以败也。夫不谋治强之功,而艳乎辩说文丽之声,是却有术之士而任坏屋折弓也。故人主之于国事也,皆不达乎工匠之构屋张弓也,然而士穷乎范雎、虞庆者,为虚辞、其无用而胜,实事、其无易而穷也。人主多无用之辩,而少无易之言,此所以乱也。今世之为范雎、虞庆者不辍,而人主说之不止,是贵败折之类而以知术之人为工匠也。不得施其技巧,故屋坏弓折。知治之人不得行其方术,故国乱而主危。

【译文】

范雎、虞庆的言论,都能做到文辞动听过人,但却违背了实际情况。君主对这一类话喜爱而不加禁止,这就是事情败坏的根源。不谋求治国强兵的实际功效,却羡慕那些华丽动听的诡辩,这就是排斥有法术的人士,而去采纳那种导致屋塌、弓折之类的胡说。所以君主处理国事时,总也不能通晓工匠造屋和张弓的道理。然而有术之士之所以被范雎、虞庆那样的人物所困窘,是因为他们讲起虚浮的话来,虽属毫无用处,却能取得胜利,干起实际的事来,虽属不可改变,却会受到失败。君主看重毫无用处的诡辩,看轻不可改变的言论,这也就是国家危乱的原因。当代像范雎、虞庆那样的人物还在不断出现,而君主对他们仍然欣赏不止,这就是尊重导致屋塌、弓折之类的议论,而把懂得法术的人当作被动的工匠看待。工匠不能施展技巧,所以会有屋塌、弓折的结果;懂得治理国家的人不能实行自己的方略,所以国家混乱而君主处于险境。

【原文】

夫婴儿相与戏也,以尘为饭,以涂为羹,以木为胾,然至日晚必归饟者,尘饭涂羹可以戏而不可食也。夫称上古之传颂,辩而不悫;道先王仁义而不能正国者,此亦可以戏而不可以为治也。夫慕仁义而弱乱者,三晋也;不慕而治强者,秦也。然而未帝者,治未毕也。

【译文】

小孩在一起做游戏时,把尘土当饭食,用泥巴当肉汁,用木头当肉块。但他们到了晚上是一定要回家吃饭的,因为泥巴做的饭菜可以玩耍,却不能真吃。称说上古传颂的东西,动听却不真实;称道先王的仁义道德,却不能使国家走上正路,这样的情形也只能用来做游戏,而不能真的用来治国。因追求仁义而使国家衰弱混乱的,韩、赵、魏三国就是例子;不追求仁义而把国家治理得强盛的,秦国就是例子。然而秦国至今没有称帝,只是因为治理还不完善。

说 三

【原文】

人为婴儿也,父母养之简,子长而怨。子盛壮成人,其供养薄,父母怒而诮之。子、父,至亲也,而或谯、或怨者,皆挟相为而不周于为己也。夫卖庸而播耕者,主人费家而美食、调布而求易钱者,非爱庸客也,曰:如是,耕者且深耨者熟耘也。庸客致力而疾耘耕者,尽巧而正畦陌畦畤者,非爱主人也,曰:如是,羹且美钱布且易云也。此其养功力,有父子之泽矣,而心调于用者,皆挟自为心也。故人行事施予,以利之为心,则越人易和;以害之为心,则父子离且怨。

【译文】

人在婴儿时,父母对他扶养马虎,儿子长大了就要埋怨父母;儿子长大成人,对父母的供养微薄,父母就要怒责儿子。父子是至亲骨肉,但有时怒责,有时埋怨,都是因为怀着相互依赖的心理而又认为对方不能周到地照顾自己。雇佣工人来播种耕耘,主人花费家财准备美食,挑选布帛去交换钱币以便给予报酬,并不是喜欢雇工,而是说:这样做,耕地的人才会耕得深,锄草的人才会锄得净;雇工卖力而快速地耘田耕田,使尽技巧整理畦埂,目的并不是爱主人,而是说:这样做,饭菜才会丰美,钱币才容易得到。主人这样供养雇工,爱惜劳力,有父子之间的恩惠,而雇工专心一意地工作,都是怀着为自己的打算。所以人们办事给人好处,如果从对人有利处着想,那么疏远的人也容易和好;如果从对人有害处着想,那么父子间也会分离并相互埋怨。

【原文】

文公伐宋,乃先宣言曰:"吾闻宋君无道,蔑侮长老,分财不中,教令不信,余来为民诛之。"

【译文】

文公讨伐宋国,预先就公开宣布说:"我听说宋君昏聩,轻视侮辱德高望重的人,分配财产不公平,教诲和命令不守信用。我来此目的是为民除害。"

【原文】

越伐吴,乃先宣言曰:"我闻吴王筑如皇之台,掘深池,罢苦百姓,煎靡财货,以尽民力,余来为民诛之。"

【译文】

越国讨伐吴国,事先就公开宣布说:"我听说吴王修筑如皇台观,挖掘深池,使百姓疲劳困苦,耗费财物,竭尽人力。我前来为民除害。"

【原文】

蔡女为桓公妻。桓公与之乘舟,夫人荡舟,桓公大惧,禁之不止,怒而出之,乃且复召之,因复更嫁之,桓公大怒,将伐蔡,仲父谏曰:"夫以寝席之戏,不足以伐人之国,功业不可冀也,请无以此为稽也。"桓公不听,仲父曰:"必不得已,楚之菁茅不贡于天子三年矣,君不如举兵为天子伐楚,楚服,因还袭蔡曰:余为天子伐楚而蔡不以兵听从,因遂灭之。此义于名而利于实,故必有为天子诛之名,而有报雠之实。"

【译文】

蔡侯的女儿是齐桓公的夫人。桓公和夫人一起坐船,夫人摇晃小船,桓公非常害怕,制止她但她也不停下来,桓公忿怒地离弃了她。后来桓公想再召回她,蔡国却进而把她改嫁了。桓公非常气愤,准备讨伐蔡国。管仲劝谏说:"为了夫妻之间的一个玩笑,不值得讨伐人家的国家,既然不能指望因此建立什么功业,就请不要计较这件事了。"桓公不听劝谏。管仲说:"必不得已的话,楚国不向周王朝进贡菁茅已有三年了,您不如起兵替天子讨伐楚国。楚顺服了,随后回兵袭击蔡国,就说:'我替天子讨伐楚国,而你们却不率领军队听命助攻。'然后就灭掉它。这样在名义上是正义的,在实际上是有利的,所以一定会有替天子讨伐的名义,同时有报仇的实效。"

【原文】

吴起为魏将而攻中山,军人有病疽者,吴起跪而自吮其脓,伤者之母立泣,人问曰:"将军于若子如是,尚何为而泣?"对曰:"吴起吮其父之创而父死,今是子又将死也,今吾是以泣。"

【译文】

吴起担任魏军将领攻打中山国。士兵中有一个患了毒疮的人,吴起跪着亲自为他吸掉脓血。这个士兵的母亲马上哭起来,有人问道:"将军如此对待你的儿子,还有什么可哭的?"这位母亲回答说:"吴起吸他父亲的伤口,他父亲奋战而死;现在这孩子又会奋战而死了,现在我就是为此哭泣的。"

【原文】

赵主父令工施钩梯而缘播吾,刻疏人迹其上,广三尺,长五尺,而勒之曰:"主父常游于此。"

【译文】

赵武灵王命令工匠用钩梯攀登播吾山,在山上刻上脚印,宽三尺,长五尺,并刻上字说:"主父曾在此游玩。"

【原文】

秦昭王令工施钩梯而上华山,以松柏之心为博,箭长八尺,棋长八寸,而勒之曰"昭王尝与天神博于此"矣。

【译文】

秦昭王命令工匠用钩梯登上华山,用松柏的心做成一副棋,箭长八尺,棋子长八寸,并刻上字说:"昭王曾在这里和天神下过棋。"

【原文】

文公反国,至河,令笾豆捐之,席蓐捐之,手足胼胝、面目黧黑者后之,咎犯闻之而夜哭,公曰:"寡人出亡二十年,乃今得反国,咎犯闻之不喜而哭,意不欲寡人反国邪?"犯对曰:"笾豆所以食也,席蓐所以卧也,而君捐之;手足胼胝、面目黧黑,劳有功者也,而君后之。今臣有与在后,中不胜其哀,故哭。且臣为君行诈伪以反国者众矣,臣尚自恶也,而况于君?"再拜而辞,文公止之曰:"谚曰:筑社者,攘撅而置之,端冕而祀之。今子与我取之,而不与我治之;与我置之,而不与我祀之;焉可?"解左骖而盟于河。

【译文】

晋文公回国,到黄河边,命令把流亡过程中用旧的食物用具、睡觉用具都丢掉,叫手脚磨出老茧和脸色黑的人退到后面去。狐偃听说后,就在晚上哭了起来,文公说:"我流亡二十年,现在才得以回国。你听说后不高兴,反而哭,你的意思是不想我回国吧?"狐偃回答说:"笾豆是用来盛食物的,席蓐是用来睡觉的,您却把它们扔了;手脚上有老茧,脸色发黑的,是劳而有功的人,您却让他们退到后面。现在我也有理由被归在后面,心中有说不出的哀痛,所以哭了。况且我为您返回曾多次采用诈伪欺骗的手段,我自己都感到讨厌自己,何况您呢?"连拜两拜就要告辞。文公阻止他说:"俗话说:'修筑土地神坛的人,撩起衣服树立社神,穿起礼服、戴上礼帽又去审讯祭祀。'现在你为我取得了国家,而不和我一起去治理;好比为我树立了社神,却不和我一起去祭祀一样。这怎么行呢?"文公解下车子左边的马沉到河里,对着河神起了誓。

【原文】

郑县人卜子,使其妻为裤,其妻问曰:"今裤何如?"夫曰:"像吾故苦。"妻子因毁新令如故裤。

【译文】

郑县有个叫卜子的人,叫他的妻子做裤子,他妻子问:"现在这条裤子做成什么样子?"卜子说:"像我的旧裤子。"他妻子因而把新裤子弄破,使它像旧裤子。

【原文】

郑县人有得车轭者,而不知其名,问人曰:"此何种也?"对曰:"此车轭也。"俄又复得一,问人曰:"此是何种也?"对曰:"此车轭也。"问者大怒曰:"曩者曰车轭,今又曰车轭,是何众也?此女欺我也。"遂与之斗。

【译文】

郑县有人得到一个车轭,但不知它的名称,就问别人说:"这是什么东西?"别人回答说:"这是车轭。"不久他又得到一个车轭,又问别人说:"这是什么?"别人回答说:"这是车轭。"问话的人非常气愤地说:"刚才说是车轭,现在又说是车轭,车轭怎么这样多呢?你在欺骗我!"于是和答话人发生了争斗。

【原文】

卫人有佐弋者,鸟至,因先以其裷麾之,鸟惊而不射也。

【译文】

卫国有个管射飞禽的小官,鸟飞来后,就先用头巾向鸟挥动,鸟受惊飞去而无法射中。

【原文】

郑县人卜子妻之市,买鳖以归,过颍水,以为渴也,因纵而饮之,遂亡其鳖。

【译文】

郑县人卜子的妻子来到集市,买条甲鱼回家,过颍河时,以为甲鱼渴了,就放它到河里去喝水,结果丢了买的甲鱼。

【原文】

夫少者侍长者饮,长者饮亦自饮也。

【译文】

年纪轻的侍候年纪大的人喝酒,年纪大的人喝,他自己也喝。

【原文】

一曰:鲁人有自喜者,见长年饮酒不能釂则唾之,亦效唾之。

【译文】

另一种说法:鲁国有个自以为高明的人,看见年纪大的人没能把杯中酒喝完就呕吐,也仿效着呕吐起来。

【原文】

一曰:宋人有少者亦欲效善,见长者饮无余,非斟酒饮也而欲尽之。

【译文】

另一种说法:宋国有个年轻的人也想仿效高明的样子,看见年纪大的人喝酒一饮而尽,自己不会喝酒也想一饮而尽。

【原文】

书曰:"绅之束之。宋人有治者,因重带自绅束也。"人曰:"是何也?"对曰:"书言之,固然。"

【译文】

古书上说:"反复约束自己。宋国有个研究这部书的人,就用重迭的带子把自己束缚起来。"别人问:"这是为什么?"他回答说:"书上是这样说的,当然要这样做。"

【原文】

书曰:"既雕既琢,还归其朴。"梁人有治者,动作言学,举事于文,曰难之,顾失其实,人曰:"是何也?"对曰:"书言之固然。"

【译文】

古书上说:"又雕又琢,还原它的本来面目。"魏国有个研究这部书的人,一言一行都学习这句话,做任何事都讲求修饰,说道:"真是困难啊。"结果反而失掉了他原来的样子。别人说:"这是为什么?"他回答说:"书上是这样说的,当然要这样做。"

【原文】

郢人有遗燕相国书者,夜书,火不明,因谓持烛者曰:"举烛。"云而过书举烛,举烛,非书意也,燕相受书而说之,曰:"举烛者,尚明也,尚明也者,举贤而任之。"燕相白王,王大说,国以治,治则治矣,非书意也。今世举学者多似此类。

【译文】

郢地有个给燕相写信的人,晚上正在写着,烛火不亮,就对拿烛的人说:"举烛。"嘴里说着"举烛",信中也误写上了"举烛"。举烛,并不是信的本意。燕相收到信后却解释说:"举烛,也就是崇尚光明;所谓崇尚光明,也就是要选拔贤人加以任用。"燕相告诉燕王,燕王非常高兴。国家因此治理好了。治理是治理好了,但这并不是信的本意。当代被提拔的学者大多都像这类人。

【原文】

郑人有且置履者,先自度其足而置之其坐,至之市而忘操之,已得履,乃曰:"吾忘持度。"反归取之,及反,市罢,遂不得履,人曰:"何不试之以足?"曰:"宁信度,无自信也。"

【译文】

郑国有个打算买鞋的人,先自己量好脚的尺码,然后把它放在座位上,等到去集市时却忘了带上。已经挑好了鞋,才说道:"我忘记拿尺码了。"于是返回家里去取。等到再返回集市时,集市已经散了,结果没有买到鞋。有人说:"为什么不用脚试试?"他说:"我宁愿相信尺码,不能相信自己的脚。"

说 四

【原文】

王登为中牟令,上言于襄主曰:"中牟有士曰中章、胥己者,其身甚修,其学甚博,君何不举之?"主曰:"子见之,我将为中大夫。"相室谏曰:"中大夫,晋重列也,今无功而受,非晋臣之意。君其耳而未之目邪?"襄主曰:"我取登既耳而目之矣,登之所取又耳而目之,是耳目人绝无已也。"王登一日而见二中大夫,予之田宅,中牟之人弃其田耘、卖宅圃,而随文学者邑之半。

【译文】

王登任中牟县县令时,向赵襄子进言说:"中牟有中章和胥己两位文士,他们的品行很好,学识很渊博,您何不举用他们呢?"赵襄子说:"你让他们来见我,我将任命他们为中大夫。"赵襄子的家臣头目劝他说:"中大夫是晋国的重要官位,现在他们没有功劳就接受这么高的职权,不符合晋国提拔大臣的原意。您恐也只是耳闻他们的名声,没有亲眼看到他们的实效吧!"赵襄子说:"我取用王登,就是既用耳听又用眼看的;王登选拔的人,又要我亲自用耳听和用眼看。这样亲自考察,就永远没有个完了。"王登在一天内使两个人见到赵襄子,被任命为中大夫,授予他们土地和房屋。中牟县里的人放弃耕田除草的农活,卖掉住宅和菜园,以便追随搞私学的文士,占了这个地区人口的一半。

【原文】

叔向御坐平公请事,公腓痛足痹转筋而不敢坏坐,晋国闻之,皆曰:"叔向贤者,平公礼之,转筋而不敢坏坐。"晋国之辞仕托、慕叔向者国之锤矣。

【译文】

叔向在晋平公处陪坐,平公和他商量事情,平公腿痛脚麻以至抽筋,还是不敢坐得不端正。晋国人听说后,都说:"叔向是个贤人,平公对他有礼,以致抽筋也不敢坐得不端正。"晋国辞去官职以及对于贵族的依附而仿效叔向的人,一时间占了全国的一半。

【原文】

郑县人有屈公者,闻敌恐,因死;恐已,因生。

【译文】

郑县有个叫屈公的人,听到敌人来了,很害怕,吓得死了过去;害怕的情绪一过去,又活了过来。

【原文】

赵主父使李疵视中山可攻不也?还报曰:"中山可伐也,君不亟伐,将后齐、燕。"主父曰:"何故可攻?"李疵对曰:"其君见好岩穴之士,所倾盖与车以见穷闾隘巷之士以十数,伉礼下布衣之士以百数矣。君曰:"以子言论,是贤君也,安可攻?"疵曰:"不然。夫好显岩穴之士而朝之,则战士怠于行阵;上尊学者,下士居朝,则农夫惰于田。战士怠于行陈者则兵弱也,农夫惰于田者则国贫也。兵弱于敌,国贫于内,而不亡者,未之有也,伐之不亦可乎?"主父曰:"善。"举兵而伐中山,遂灭也。

【译文】

赵武灵王派李疵察看中山国可不可以攻打。李疵回来报告说:"中山国可以攻打,您不赶快攻打的话,就要落在齐国和燕国的后面。"武灵王说:"根据什么说可以攻打?"李疵回答说:"中山国君亲近隐居的人。他亲自驱车拜访并和他们同车,以便显扬居住在小街小巷里的读书人,人数要用十来计算。他用平等的礼节来对待不做官的读书人,人数要用百来计算了。"赵武灵王说:"按你的话来判断,中山国君是个贤明的君主,怎么可以攻打呢?"李疵说:"不是这样的,喜欢显扬隐士并让他们参加朝会,战士们打仗时就会懈怠;君主尊重学者,文士高居朝廷,农夫就懒于耕作。战士打仗时懈怠,兵力就削弱了;农夫懒于耕作,国家就贫穷了。兵力比敌人弱,国家内部又穷,这样还不衰亡,从未有过。攻打中山不是可行的吗?"赵武灵王说:"很好。"起兵攻打中山,随后灭亡了它。

说 五

【原文】

齐桓公好服紫,一国尽服紫,当是时也,五素不得一紫,桓公患之,谓管仲曰:"寡人好服紫,紫贵甚,一国百姓好服紫不已,寡人奈何?"管仲曰:"君欲止何不试勿衣紫也,谓左右曰,'吾甚恶紫之臭。'于是左右适有衣紫而进者,公必曰:'少却,吾恶紫臭。'公曰:"诺。"于是日郎中莫衣紫,其明日国中莫衣紫,三日境内莫衣紫也。

【译文】

齐桓公喜欢穿紫衣服,全国的人就都穿紫衣服。在那时,五匹素布还抵不上一匹紫布。桓公为此事担忧,对管仲说:"我喜欢穿紫衣服,紫衣服特别贵,全国百姓喜欢穿紫衣服,日甚一日,不能停止,我对此怎么办?"管仲说:"君王想要制止这种状况,为何不尝试着自己不去穿紫衣服呢?您就对近侍说:'我特别厌恶紫衣服的气味。'如果在这个时候近侍中恰巧有穿紫衣服进见的人,您一定要说:'稍微退后一点,我厌恶紫衣服的气味。'"桓公说:"好吧。"在这一天,君主的侍从官没有一个人穿紫衣服;第二天,国都中没有一个人穿紫衣服;第三天,齐国境内没有一个人穿紫衣服。

【原文】

一曰:齐王好衣紫,齐人皆好也。齐国五素不得一紫,齐王患紫贵。傅说王曰:"诗云:不躬不亲,庶民不信。今王欲民无衣紫者,王以自解紫衣而朝,群臣有紫衣进者,曰益远,寡人恶臭。"是日也,郎中莫衣紫;是月也,国中莫衣紫;是岁也,境内莫衣紫。

【译文】

另一种说法:齐王喜欢穿紫衣服,齐国人都喜欢穿紫衣服。齐国五匹素布抵不上一匹紫布,齐王担心紫布太贵。太傅规劝齐王说:"《诗》上说:'君主不以身作则,民众就不会相信。'现在大王要想使民众不穿紫衣服,就请先自己脱下紫衣服去上朝。群臣中有穿紫衣服进见的人,就说:'再离我远些,我厌恶那种气味。'"这一天,侍从官再没有一个穿紫衣服的;这个月,国都中再没有一个穿紫衣服的;这一年,齐国境内再没有一个穿紫衣服的。

【原文】

郑简公谓子产曰:"国小,迫于荆、晋之间。今城郭不完,兵甲不备,不可以待不虞。"子产曰:"臣闭其外也已远矣,而守其内也已固矣,虽国小犹不危之也。君其勿忧。"是以没简公身无患。

【译文】

郑简公对子产说:"郑国小,又夹在楚国和晋国的中间。现在内城外城不完整,兵器铠甲不齐备,不能用来应付意外事变。"子产说:"我对外关闭得已足够严了,在内防卫得已足够牢了,虽然国家不大,也还不认为会有什么危险。请您不必为这件事担忧。"因此直到郑简公去世,国家一直没有祸患。

【原文】

子产相郑,简公谓子产曰:"饮酒不乐也,俎豆不大,钟鼓竽瑟不鸣,寡人之事不一,国家不定,百姓不治,耕战不辑睦,亦子之罪。子有职,寡人亦有职,各守其职。"子产退而为政五年,国无盗贼,道不拾遗,桃枣荫于街者莫有援也,锥刀遗道三日可反,三年不变,民无饥也。

【译文】

子产担任郑相,郑简公对子产说:"喝起酒来都没法尽兴,放祭品的器具不够大,钟鼓竽瑟不够响,我的事务不能专一,国家不安定,百姓不太平,耕战之士不能和睦相处,过些也算你的过失了。你有你的职事,我也有我的职事,咱们各自顾好自己的职事吧。"子产下朝后,经过五年的政事经营,国内没有盗贼,路不拾遗,桃树枣树的果实遮蔽街道,也没人伸手去摘,锥子刀子丢在路上,三天内就有人送回,这种情形,其后三年不曾改变,民众没有挨饿的。

【原文】

宋襄公与楚人战于涿谷上，宋人既成列矣，楚人未及济，右司马购强趋而谏曰："楚人众而宋人寡，请使楚人半涉未成列而击之，必败。"襄公曰："寡人闻君子曰：'不重伤，不擒二毛，不推人于险，不迫人于陀，不鼓不成列。'今楚未济而击之，害义。请使楚人毕涉成阵而后鼓士进之。"右司马曰："君不爱宋民，腹心不完，特为义耳。"公曰："不反列，且行法。"右司马反列，楚人已成列撰阵矣，公乃鼓之，宋人大败，公伤股，三日而死，此乃慕自亲仁义之祸。夫必恃人主之自躬亲而后民听从，是则将令人主耕以为上，服战鴈行也民乃肯耕战，则人主不泰危乎？而人臣不泰安乎？

【译文】

宋襄公和楚人在涿谷上打仗，宋人已经摆好了阵势，楚人还没有完全过河。宋右司马官购强快步上前进言道："敌众我寡，请在楚人半渡，尚未摆好阵势时出击，一定能把他们打垮。"宋襄公说："我听君子说过：'不要再伤害已经受了伤的人，不要捉拿年事已高的人，不要在别人危险时再推一把，不要在别人困迫时再加一码，不要进攻没有摆好阵势的敌军。'现在楚军没有完全过河就去攻打，是有伤义理的。还是等到楚人全部过了河，摆好阵势，然后再击鼓让战士们进攻吧。"右司马说："君王不爱惜宋国民众，不保全国家根本，只不过为的仁义虚名罢了。"襄公说："不快回到队伍里去，将按军法处置！"右司马回到队伍时，楚人已经排好行列、摆好阵势了，襄公这才击鼓进攻。宋人大败，宋襄公伤及大腿，三天后就死了。这就是追求亲自实行仁义带来的祸害。一定要依靠君主亲自去干，然后民众才听从，这就是要君主自己种田吃饭，自己排在队伍里打仗，然后民众才肯从事耕战。这样一来，君主不是太危险了吗？而臣子不是太安全了吗？

【原文】

齐景公游少海，传骑从中来谒曰："婴疾甚，且死，恐公后之。"景公遽起，传骑又至。景公曰："趋驾烦且之乘，使驺子韩枢御之。"行数百步，以驺为不疾，夺辔代之，御可数百步，以马为不进，尽释车而走。以烦且之良，而驺子韩枢之巧，而以为不如下走也。

【译文】

齐景公在渤海边游玩，释使从国都跑来谒见说："晏婴病得很重，快要死了，恐怕您赶不上见他了。"景公立刻起身，又有驿使到达。景公说："赶快驾上烦且拉的车，叫马车官韩枢驾车。"才跑了几百步，景公认为韩枢赶得不快,夺过缰绳,代他驾车,又跑了几百步路,景公认为马不往前奔,就干脆丢下车子,自己向前奔跑。凭烦且这样的好马和车马官韩枢这样高超的驾驭本领,而齐景公竟会认为不如自己下车跑得快。

【原文】

魏昭王欲与官事,谓孟尝君曰:"寡人欲与官事。"君曰:"王欲与官事,则何不试习读法?"昭王读法十余简而睡卧矣,王曰:"寡人不能读此法。"夫不躬亲其势柄,而欲为人臣所宜为者也,睡不亦宜乎。

【译文】

魏昭王想亲自参与国家事务的管理,就对孟尝君说:"我想参与国家事务的管理。"孟尝君说:"大王想参与管理国家的事务,那么为什么不试着学习法令呢?"昭王才读过十几条法令就躺下打瞌睡了。昭王说:"我不能阅读这些法令。"君主不亲自掌握权势,却想做臣子应当做的事情,那么打瞌睡不也是很自然的吗?

【原文】

孔子曰:"为人君者犹盂也,民犹水也,盂方水方,盂圜水圜。"

【译文】

孔子说:"做君主的人好像盂,民众好像水。盂是方的,水就成方的;盂是圆的,水就成圆的。"

【原文】

邹君好服长缨,左右皆服长缨,缨甚贵,邹君患之,问左右,左右曰:"君好服,百姓亦多服,是以贵。"君因先自断其缨而出,国中皆不服长缨。君不能下令为百姓服度以禁之,乃断缨出以示民,是先戮以莅民也。叔向赋猎,功多者受多,功少者受少。

【译文】

邹国国君爱用长长的帽带,近侍也都跟着用上了长长的帽带,帽带价格很高。邹君为此担忧,问近侍,近侍说:"您喜欢佩带,百姓也都跟着佩带,因此贵了起来。"邹君于是先把自己的帽带割断,然后到外面出巡,邹国民众全都不再用长帽带了。君主不能下令定出民众佩带标准来加以禁止,却割断自己的帽带出巡,以示为民先导,这是先行侮辱自己,再去指导民众的做法。叔向分配猎获物时,功劳多的分得多,功劳少的分得少。

【原文】

韩昭侯谓申子曰:"法度甚易行也。"申子曰:"法者见功而与赏,因能而受官。今君设法度而听左右之请,此所以难行也。"昭侯曰:"吾自今以来知行法矣，寡人听矣。"一日，申子请仕其从兄官，昭侯曰："非所学于子也。听子之谒败子之道乎？亡其用子之谒。"申子辟舍请罪。

【译文】

韩昭侯对申不害说："法度非常不容易推行。"申不害说："所谓法，就是验明功劳而给予赏赐，依据才能而授予官职。现在君主设立了法度，却又听从近侍的请求，这是法度难以推行的原因。"昭侯说："我从今以后知道如何推行法度了，知道听取什么意见了。"一天，申不害请求委任他的堂兄做官。昭侯说："这不是我从你那儿学来的做法。要是听从你的请求，不就破坏你的治国原则了吗？没法采纳你的请求。"申不害诚惶诚恐地请求给予处罚。

说 六

【原文】

晋文公攻原，裹十日粮，遂与大夫期十日，至原十日而原不下，击金而退，罢兵而去，士有从原中出者曰："原三日即下矣。"群臣左右谏曰："夫原之食竭力尽矣，君姑待之。"公曰："吾与士期十日，不去，是亡吾信也。得原失信，吾不为也。遂罢兵而去。"原人闻曰："有君如彼其信也，可无归乎？"乃降公。卫人闻曰："有君如彼其信也，可无从乎？"乃降公。孔子闻而记之曰："攻原得卫者信也。"

【译文】

晋文公攻打原国时，携带了十天的粮食，于是和大夫约定在十天内收兵。到达原地十天，却没有攻下原国，文公鸣金后退，收兵离开原国。有个从原国都城中出来的文士说："原国三天内就可攻下了。"群臣近侍进谏说："原国城内已经粮食枯竭，力量耗尽了，君主暂且等一等吧。"文公说："我和武士约期十天，还不离开的话，那就失掉了我的信用。得到原国而失掉信用，我是不干的。"于是收兵离去。原国人听到后说："君主有像他那样守信用的，怎好不归顺呢？"就向晋文公投降了。卫国人听到后说："君主有像他那样守信用的，怎么能不跟从他呢？"随后投降了晋文公。孔子听到后记下来说："攻打原国而得到卫国，靠的是信用。"

【原文】

文公问箕郑曰："救饿奈何？"对曰："信。"公曰："安信？"曰："信名。信名，则群臣守职，善恶不踰，百事不怠。信事，则不失天时，百姓不踰。信义，则近亲劝勉而远者归之矣。"

【译文】

晋文公问箕郑说:"怎样救济饥荒?"箕郑回答说:"守信用。"文公说:"怎样守信用呢?"箕郑说:"在名位、政事、道义上都要守信用:名位上守信用,群臣就会尽职尽责,好的坏的不会混杂,各种政事不会懈怠;政事上守信用,就不会错过天时季节,百姓不会三心二意;道义上守信用,亲近的人就会努力工作,疏远的人就会前来归顺了。"

【原文】

吴起出,遇故人而止之食,故人曰:"诺,今返而御。"吴子曰:"待公而食。"故人至暮不来,起不食待之,明日早,令人求故人,故人来方与之食。

【译文】

吴起出门,碰到了老朋友,就留人家一起吃饭。老朋友说:"好吧。马上就会回来吃饭的。"吴起说:"我等您来吃饭。"老朋友到晚上还没来,吴起不吃饭等候着他。第二天早上,派人去请老朋友。老朋友来了,吴起才和他一起吃饭。

【原文】

魏文侯与虞人期猎。明日,会天疾风,左右止,文侯不听,曰:"不可。以风疾之故而失信,吾不为也。遂自驱车往,犯风而罢虞人。"

【译文】

魏文侯和守山的人约定了打猎时间。第二天,正巧碰上刮大风,近侍劝阻文侯不要再去,文侯不听,说:"不可因风大的缘故而失掉信用,我不能那样处身行事。"于是亲自驾车前去,冒风告诉守山人打猎的事作罢。

【原文】

曾子之妻之市,其子随之而泣,其母曰:"女还,顾反为女杀彘。"妻适市来,曾子欲捕彘杀之,妻止之曰:"特与婴儿戏耳。"曾子曰:"婴儿非与戏也。婴儿非有知也,待父母而学者也,听父母之教,今子欺之,是教子欺也。母欺子,子而不信其母,非所以成教也。"遂烹彘也。

【译文】

曾子的妻子上集市去,小儿子跟在后面哭泣。孩子母亲说:"你回去,等我回来给你杀个猪吃。"她去集市回来,曾子打算抓猪来杀。妻子阻止说:"不过是和小孩开玩笑罢了。"曾子说:"小孩可不是开玩笑的对象。小孩没什么才智,要靠父母作出样子才会跟着学,完全听从父母的教诲。现在你欺骗了他,也就是教儿子学会骗人。做母亲的欺骗孩子,孩子就不相信母亲了,这不是进行教育的方法。"于是就把猪杀掉煮了。

【原文】

楚厉王有警,为鼓以与百姓为戍,饮酒醉,过而击之也,民大惊,使人止之。曰:"吾醉而与左右戏,过击之也。"民皆罢。居数月,有警,击鼓而民不赴,乃更令明号而民信之。

【译文】

楚厉王遇到军情警报,就立起军鼓作为号召,通知民众一起防守。他喝酒喝醉后,错误地敲响了军鼓,民众都非常惊慌。厉王派人安抚大家说:"我是醉酒后和近侍开玩笑,才错误地击了鼓。"于是民众都松懈了下来。过了几个月,又遇到军情警报,厉王击鼓,民众却不去备战。于是他更改命令,明确信号,这样民众才信从了。

【原文】

李悝警其两和曰:"谨警敌人,且暮且至击汝。"如是者再三而敌不至,两和懈怠,不信李悝。居数月,秦人来袭之,至,几夺其军,此不信患也。"

【译文】

李悝警告左有壁垒的军队说:"小心地警惕敌人,他们早晚就会来袭击你们。"像这样的警告说了好多次,但敌人却没有来。左右壁垒的军队都松懈了下来,不再相信李悝。过了几个月,秦人前来袭击他们,打起来后,几乎消灭李悝全军,这是不讲信用的祸害。

【原文】

一曰:李悝与秦人战,谓左和曰:"速上,右和已上矣。"又驰而至右和曰:"左和已上矣。"左右和曰:"上矣。"于是皆争上。其明年与秦人战,秦人袭之,至,几夺其军,此不信之患。

【译文】

另一种说法:李悝和秦人就要交战。他对左边壁垒的军队说:"快上。右边壁垒的军队已经上阵了。"又骑马到右边壁垒的军队说:"左边壁垒的军队已经上阵了。"两翼军队都说:"上阵吧。"于是都争先恐后地上了阵。过后第二年,和秦人交战。秦人前来偷袭,一交手,差点儿消灭魏军。这是不讲信用的祸害。

外储说左下第三十三

一

【原文】

以罪受诛,人不怨上,刖危坐子皋。以功受赏,臣不德君,翟璜操右契而乘轩。襄王不知,故昭卯五乘而履属。上不过任,臣不诬能,即臣将为失少室周。

【译文】

由于犯罪而受到惩罚,被惩罚的人不会怨恨君上,所以被子皋处以刖刑的人反而保全了子皋;由于建立功劳而受到赏赐,臣下就用不着感激君主,所以翟璜理所当然地乘着尊贵的轩车。魏襄王不懂得这个道理,对建立大功的昭卯只赏给三十里食邑,所以昭卯认为这好比是赚了很多钱的人穿着草鞋。君主不错误地用人,臣下不隐瞒有能力的人,那么臣下都将成为少室周那样的诚实人。

二

【原文】

恃势而不恃信,故东郭牙议管仲。恃术而不恃信,故浑轩非文公。故有术之主,信赏以尽能,必罚以禁邪,虽有骏行,必得所利,简主之相阳虎,哀公问一足。

【译文】

君主倚仗权势而不依赖臣下的诚实,所以东郭牙建议不能把大权全部交给管仲;君主依仗权术而不依赖臣下的诚实,所以浑轩反对晋文公断定箕郑以后不会背叛。所以懂得法术的君主,有功必赏,以便人尽其能;有罪必罚,以便禁止奸邪;即使臣下有乱七八糟的行为,也一定有可以利用的地方。

赵简子任阳虎为相室,充分发挥了他的才能。鲁哀公了解到夔只有一个特长,认为也足可利用。

三

【原文】

失臣主之理,则文王自履而矜。不易朝燕之处,则季孙终身庄而遇贼。

【译文】

不顾君臣之间的等级关系,周文王亲自系好鞋带却要夸耀一番。不论是上朝还是平日在家都一个模样,季孙尽管一生庄重,最终还是被人杀害了。

四

【原文】

利所禁,禁所利,虽神不行;誉所罪,毁所赏,虽尧不治。夫为门而不使入,委利而不使进,乱之所以产也。齐侯不听左右,魏主不听誉者,而明察群臣,则钜不费金钱,孱不用璧,西门豹请复治邺足以知之。犹盗婴儿之矜裘,与刖危子荣衣。子绰左右画,去蚁驱蝇,安得无桓公之忧索官,与宣王之患臞马也。

【译文】

应当禁止的,反而使其得利,对于有利的,反而加以禁止,即便是神,也不能办好事情;该惩罚的,反而加以称赞,该奖赏的,反而加以诋毁,即便是尧也不能治理好国家。造了门又不让人进里边,放出利又不让人前去取,这就是祸乱产生的根源。如果齐侯不听信近侍,魏王不听信捧场的人,而能洞察臣下的一切,那么钜这个人就不会花费钱财了,孱这个人就不用璧玉了。从西门豹再次请求治理邺地这件事,就足以明白这个道理。好像盗贼的孩子以他父亲的皮衣有尾巴而自夸,以及受刑断足人的孩子为他父亲冬天不费裤子而感到荣耀。像子绰说的那样,人不能左手画方右手画圆,以及拿肉去赶蚂蚁,拿鱼去驱苍蝇。如果不依法治国,怎能不发生齐桓公为臣下要求做官而担忧和韩宣王为马的消瘦而忧虑一类的事情呢?

五

【原文】

　　臣以卑俭为行,则爵不足以观赏;宠光无节,则臣下侵偪。说在苗贲皇非献伯,孔子议晏婴,故仲尼论管仲与叔孙敖。而出入之容变,阳虎之言见其臣也。而简主之应人臣也失主术。朋党相和,臣下得欲,则人主孤;群臣公举,下不相和,则人主明。阳虎将为赵武之贤、解狐之公。而简主以为枳棘,非所以教国也。

【译文】

　　臣下的行为谦恭、节俭,那么爵位就不足以鼓励他们;尊宠和表彰没有节制,那么臣下就会侵害、威胁君主。有关的解说在"说五"中苗贲皇非难献伯,孔子议论晏婴。所以孔子要议论管仲和孙叔敖。阳虎说他在鲁、齐所荐举的臣子,当他在职时和出逃时态度完全不同。赵简子答复说要多栽橘柚、少栽枳棘,失去了君主应当掌握的权术。朋党勾结,互相应和,臣下的私欲就会得逞,君主就会孤立。群臣都为公推举人才,下面不互相拉拢,君主就能明察。阳虎想做到赵武那样贤良、解狐那样公正,而赵简子却以为是栽了多刺的枳棘,这实在不是教化国人的方法。

六

【原文】

　　公室卑则忌直言,私行胜则少公功。说在文子之直言,武子之用杖;子产忠谏,子国谯怒;梁车用法,而成侯收玺;管仲以公,而国人谤怨。

【译文】

　　公室实力衰弱,就会忌讳直言;谋私行为盛行,为国建功就会减少。有关的解说在"说六"中范文子喜欢直说,父亲武子用手杖打他;子产忠君进谏,父亲子国对他加以怒责;梁东行法不避亲贵,赵成侯夺了他的官印;管仲公心待人,遭到边防官的怨恨。

说　一

【原文】

孔子相卫,弟子子皋为狱吏,刖人足,所刖者守门,人有恶孔子于卫君者曰:"尼欲作乱。"卫君欲执孔子,孔子走,弟子皆逃,子皋从出门,刖危引之而逃之门下室中,吏追不得,夜半,子皋问刖危曰:"吾不能亏主之法令而亲刖子之足,是子报仇之时也,而子何故乃肯逃我?我何以得此于子?"刖危曰:"吾断足也,固吾罪当之,不可奈何。然方公之狱治臣也,公倾侧法令,先后臣以言,欲臣之免也甚,而臣知之。及狱决罪定,公憱然不悦,形于颜色,臣见又知之。非私臣而然也,夫天性仁心固然也,此臣之所以悦而德公也。"

【译文】

孔子担任卫相,他的弟子子皋担任狱吏。子皋依法砍掉一个犯人的脚,被砍脚的人得看守大门。有个在卫君面前中伤孔子的人说:"孔子图谋作乱。"卫君打算捉拿孔子。孔子逃跑了,弟子们也都逃跑。子皋跟着跑出门,断足守门人引导他逃到门边屋子里,官吏没有捕到他。半夜,子皋问断足守门人说:"我不能破坏君主的法令,只得亲自砍掉了你的脚,现在是你报仇的时候,为什么竟肯帮我逃走?我凭什么得到你的帮助呢?"断足守门人说:"我被砍掉脚,本来就是我罪有应得,没有办法的事。但是当您按刑法给我定罪时,您反复推敲法令,先后为我说话,很想让我免罪,这些我也清楚。等到案子和罪刑决定了,您心里十分不快,脸色上都表露了出来,这我又清楚地看在眼里。您并不是彻私照顾我才这样做,而是与生俱来的仁爱之心本就这样。这便是我心悦诚服并要报答您的原因。"

【原文】

田子方从齐之魏,望翟黄乘轩骑驾出,方以为文侯也,移车异路而避之,则徒翟黄也,方问曰:"子奚乘是车也?"曰:"君谋欲伐中山,臣荐翟角而谋得果。且伐之,臣荐乐羊而中山拔。得中山,忧欲治之,臣荐李克而中山治。是以君赐臣此车。"方曰:"宠之称功尚薄"。

【译文】

田子方从齐国来到魏国,远远看见翟黄乘着尊贵的轩车出行,田子方以为是魏文侯,就把车子赶到旁路上回避。车到跟前,原来只有翟黄。田子方问道:"您怎么乘这样的车?"翟黄说:"魏君计划着攻打中山,我推荐了翟角,使他的计划得以实施;将要攻打中山,我推荐乐羊,结果中山被攻下了;得到中山后,魏君忧虑如何治理,我推荐了李克,中山得以治理。因此,魏君就把这辆车赏赐给我。"田子方说:"翟黄得到的宠爱和他的功劳相比,还是薄了一些。"

【原文】

秦、韩攻魏,昭卯西说而秦、韩罢。齐、荆攻魏,卯东说而齐、荆罢。魏襄王养之以五乘将军,卯曰:"伯夷以将军葬于首阳山之下,而天下曰:夫以伯夷之贤与其称仁,而以将军葬,是手足不掩也。今臣罢四国之兵,而王乃与臣五乘,此其称功,犹赢胜而履屩。"

【译文】

秦、韩攻打魏国,昭卯西去秦、韩游说,结果两国退兵了;齐、楚攻打魏国,昭卯东到齐、楚游说,结果两国退兵了。魏襄王用三十里食邑的待遇供养昭卯。昭卯说:"伯夷按将军的礼仪葬在首阳山下,天下的人说:'凭伯夷的贤德和仁名,却只按将军的礼仪埋葬他,这就如同连手脚都没有掩好一样。现在我说退了四个国家的军队,但魏王竟只给我三十里食邑,这和我的功劳比起来,好比赚了很多钱的人却穿着草鞋一样。"

【原文】

孔子曰:"善为吏者树德,不能为吏者树怨。概者,平量者也,吏者,平法者也,治国者,不可失平也。"

【译文】

孔子说:"善于做官的人树立恩德,不会做官的人树立怨仇。概这种器物是用来量平斗斛的,吏这种官员是用来公平行法的。治理国家的人,不可以失去公正。"

【原文】

少室周者,古之贞廉洁悫者也,为赵襄主力士,与中牟徐子角力,不若也,入言之襄主以自代也,襄主曰:"子之处,人之所欲也,何为言徐子以自代?"曰:"臣以力事君者也,今徐子力多臣,臣不以自代,恐他人言之而为罪也。"

【译文】

少室周是古代正直诚实的人,担任着赵襄子的侍卫。他和中牟的徐子比力气,不如徐子力气大,就进去对赵襄子说,让徐子取代自己做侍卫。赵襄子说:"你的职位是别人希望得到的,为什么您要推荐徐子来取代自己呢?"少室周说:"我是凭力气侍奉君主的,现在徐子的力气比我大,我不让他取代我,恐怕别人说到这件事时会怪罪的。"

【原文】

一曰：少室周为襄主骖乘，至晋阳，有力士牛子耕与角力而不胜，周言于主曰："主之所以使臣骑乘者，以臣多力也，今有多力于臣者，愿进之。"

【译文】

另一种说法：少室周担任赵襄子的马上卫士，到了晋阳，有个叫牛子耕的大力士，两人比赛力气大小，少室周比不过牛子耕。少室周对赵襄子说："您之所以让我担任车上卫士，是因为我力气大。现在有个比我力气更大的人，我愿意推荐他。"

说 二

【原文】

齐桓公将立管仲，令群臣曰："寡人将立管仲为仲父，善者入门而左，不善者入门而右。"东郭牙中门而立，公曰："寡人立管仲为仲父，令曰善者左，不善者右，今子何为中门而立？"牙曰："以管仲之智为能谋天下乎？"公曰："能。"牙曰："以断为敢行大事乎？"公曰："敢。"牙曰："君知能谋天下，断敢行大事，君因专属之国柄焉。以管仲之能，乘公之势以治齐国，得无危乎？"公曰："善。"乃令隰朋治内，管仲治外以相参。

【译文】

齐桓公准备确立管仲的尊贵地位，命令群臣说："我准备立管仲为仲父。赞成的进门后站在左边，不赞成的进门后站在右边。"东郭牙在门中间站着。桓公说："我要立管仲为仲父，下令说：赞成的站左边，不赞成的站右边。现在你为什么在门中间站着？"东郭牙说："凭管仲的智慧，将能谋取天下吗？"桓公说："能。"东郭牙说："凭他的果断，是敢于干一番大事的吧？"桓公说："敢。"东郭牙说："如果他的智慧能够谋取天下，果断足能干成大事，您因而就把国家权力全部交给了他。以管仲的才能，凭借您的权势来治理齐国，您难道没危险吗？"桓公说："说得对。"于是就命令隰朋治理朝廷内部的事务，管仲治理朝廷外部的事务，以便使他们相互制约。

【原文】

晋文公出亡，箕郑挈壶餐而从，迷而失道，与公相失，饥而道泣，寝饿而不敢食。及文公反国，举兵攻原，克而拔之，文公曰："夫轻忍饥馁之患而必全壶餐，是将不以原叛。"乃举以为原令。大夫浑轩闻而非之曰："以不动壶餐之故,怙其不以原叛也,不亦无术乎！故明主者,不恃其不我叛也,恃吾不可叛也;不恃其不我欺也,恃吾不可欺也。"

【译文】

晋文公出逃,流亡在外,箕郑提着食物跟随着。箕郑迷失了道路,和文公走散了,饿得在路上哭,越来越饥,却不敢吃掉食物。等到文公返回晋国,起兵反攻原国,攻下后占领了它。文公说:"能不顾忍受饥饿的痛苦而坚决保全食物,这样的人将不会凭借原地叛变。"于是提拔箕郑做原地的行政长官。大夫浑轩听到后反对说:"因为不动食物的缘故,就信赖他不会凭借原地叛变,不也是没有手腕吗?"所以做明君的,不依靠别人不背叛我,而要依靠我的不可背叛;不依靠别人不欺骗我,而要依靠我的不可欺骗。"

【原文】

阳虎议曰:"主贤明则悉心以事之,不肖则饰奸而试之。"逐于鲁,疑于齐,走而之赵,赵简主迎而相之,左右曰:"虎善窃人国政,何故相也？"简主曰:"阳虎务取之,我务守之"。遂执术而御之,阳虎不敢为非,以善事简主,兴主之强,几至于霸也。

【译文】

阳虎发议论说:"君主贤明,就尽心去侍奉他;君主不贤,就掩饰邪念去试探他。"阳虎在鲁国被驱逐,在齐国受怀疑,逃到赵地,赵简子欢迎他,用他做相室。侍从说:"阳虎善于窃取别人的国家政权,为什么还用他做相室?"赵简子说:"阳虎致力于夺取政权,我致力于维护政权。"于是运用权术去驾驭阳虎。阳虎不敢做坏事,很好地侍奉赵简子,使赵简子强盛起来,几乎成了霸主。

【原文】

鲁哀公问于孔子曰:"吾闻古者有夔一足,其果信有一足乎?"孔子对曰:"不也,夔非一足也。夔者忿戾恶心,人多不说喜也。虽然,其所以得免于人害者,以其信也,人皆曰独此一足矣,夔非一足也,一而足也。"哀公曰:"审而是固足矣。"

【译文】

鲁哀公向孔子询问说:"我听说古代有个'夔一足',它果真只有一只脚吗?"孔子回答说:"不是的。夔并非仅有一只脚。因为夔这种东西残暴凶狠,人们大都不喜欢它。虽说如此。它之所以还能避免被人伤害,是因为它守信用。人们都说:'单是有这一点,就足够了。'夔不是仅有一只脚,而是有这么一点就足够了。"鲁哀公说:"确实是这样的话,自然足够了。"

【原文】

一曰:哀公问于孔子曰:"吾闻夔一足,信乎?"曰:"夔,人也,何故一足?彼其无他异,而独通于声,尧曰:'夔一而足矣。'使为乐正。故君子曰:'夔有一足。'非一足也。"

【译文】

另一种说法:鲁哀公向孔子询问说:"我听说夔仅一足,可信吗?"孔子说:"夔是人,怎么会仅有一只脚呢?他和别人没有什么差别,唯独能精通音律。尧说:'这种人有一个就足够了。'于是派他做主管音乐的官,所以君子说:'夔有一个就足够了。'并不是只有一只脚。"

说 三

【原文】

文王伐崇,至凤黄虚,袜系解,因自结,太公望曰:"何为也?"王曰:"君与处皆其师,中皆其友,下尽其使也。今皆先君之臣,故无可使也。"

【译文】

周文王攻打崇国,到凤黄墟时,袜带散了,就自己系好。姜太公说:"何苦亲自系袜带?"文王说:"对上等的人,君王和他们相处时都看作是自己的老师;对中等的人都看作是自己的朋友;对下等的人都看作是自己使唤的人。现在我周围都是已故父王的旧臣,所以没有可以使唤的人。"

【原文】

一曰:晋文公与楚战,至黄凤之陵,履系解,因自结之,左右曰:"不可以使人乎?"公曰:"吾闻上君所与居,皆其所畏也;中君之所与居,皆其所爱也;下君之所与居,皆其所侮也。寡人虽不肖,先君之人皆在,是以难之也。"

【译文】

另一种说法:晋文公和楚人交战,到了黄凤陵上时,鞋带散了,就自己系上。侍从说:"不能指派别人系吗?"文公说:"我听说,对上等的人,君主和他们相处在一起时,都是君主所敬畏的;对中等的人,君主和他们相处在一起时,都是君主所爱惜的;对下等的人,君主和他们相处在一起时,都是君主所使唤的。我虽然不贤,但先父的旧臣都在场,因此我难以使唤他们。"

【原文】

季孙好士,终身庄,居处衣服,常如朝廷,而季孙适懈,有过失,而不能长为也，故客以为厌易己，相与怨之，遂杀季孙。故君子去泰去甚。

【译文】

季孙喜欢文士，一生很庄重，日常的生活打扮常像在朝廷里一样。一次季孙偶尔疏忽，出了差错，不能够保持到底。所以门客便以为是讨厌和轻视自己，大家怨恨起来，于是杀了季孙。因此，君子行事不要太过分，不要趋于极端。

【原文】

南宫敬子问颜涿聚曰："季孙养孔子之徒，所朝服与坐者以十数而遇贼，何也？"曰："昔周成王近优侏儒以逞其意，而与君子断事，是能成其欲于天下。今季孙养孔子之徒，所朝服而与坐者以十数，而与优侏儒断事，是以遇贼。故曰：不在所与居，在所与谋也。"

【译文】

另一种说法：南宫敬叔问颜涿聚说："季孙蓄养孔子的门徒，穿着朝服同他坐在一起要以十为单位来计数，然而他终被刺杀，为什么呢？"颜涿聚说："过去周成王亲近优伶侏儒来放松他的思想，但要和君子一同决定事情，因此能够满足他想得到天下的欲望。现在季孙蓄养孔子的门徒，穿着朝服和他坐在一起的要以十为单位来计数，但却和优伶侏儒一同决定事情，因此被人刺杀了。所以说，不在于平时和什么人相处。而在于和什么人商量大事。"

【原文】

孔子御坐于鲁哀公，哀公赐之桃与黍。哀公曰："请用。"仲尼先饭黍而后啖桃，左右皆掩口而笑。哀公曰："黍者，非饭之也，以雪桃也。"仲尼对曰："丘知之矣。夫黍者五谷之长也，祭先王为上盛。果蓏有六，而桃为下，祭先王不得入庙。丘之闻也，君子以贱雪贵，不闻以贵雪贱。今以五谷之长雪果蓏之下，是从上雪下也，丘以为妨义，故不敢以先于宗庙之盛也。"

【译文】

孔子在鲁哀公处侍坐，鲁哀公赏给他桃子和黍子。哀公说："请吃吧。"孔子先吃黍子，然后吃桃子，旁边的人都捂嘴偷笑。哀公说："黍子不是当饭吃的，是用来擦拭桃子的。"孔子回答说："我早就懂得。黍子是五谷之首，祭祀先王时属于上等祭品。瓜果有六种，桃子属于最下等的，祭先王时不能进入宗庙。我听说，君主用低贱的擦拭高贵的，没听说过用高贵的擦拭低贱的。现在用五谷之首的黍去擦拭瓜果中最下等的桃子，这是用上等的去擦拭下等的。我认为这有害于礼义，所以不敢把桃子放到宗庙祭品的前面来吃。"

【原文】

赵简子谓左右曰："车席泰美。夫冠虽贱,头必戴之;履虽贵,足必履之。今车席如此,大美,吾将何属以履之?夫美下而耗上,妨义之本也。"

【译文】

赵简子对侍从说："车上铺的席子过分华美了。帽子虽贱,一定要戴在头上;鞋子虽贵,一定是踩在脚下。现在车上铺的席子这么过分地华美,我该用什么鞋子去踩在上面呢?美化了下面,损耗了上面,就是妨害了义的根本。"

【原文】

费仲说纣曰："西伯昌贤,百姓悦之,诸侯附焉,不可不诛,不诛必为殷患。"纣曰："子言,义主,何可诛?"费仲曰："冠虽穿弊,必戴于头;履虽五采,必践之于地。今西伯昌,人臣也,修义而人向之,卒为天下患,其必昌乎!人人不以其贤为其主,非可不诛也。且主而诛臣,焉有过?"纣曰："夫仁义者,上所以劝下也。今昌好仁义,诛之不可。"三说不用,故亡。

【译文】

费仲劝说商纣："西伯姬昌能干,百姓喜欢他,诸侯依附他,不能不杀;如果不杀,一定会成为商朝的祸根。"纣王说："你说的是讲仁义的君主,哪能杀呢?"费仲说："帽子虽然破旧,一定要戴在头上;鞋子虽然华丽,一定要踩到地上。如今西伯姬昌是个做臣子的,修行仁义而人心归附,最终成为天下的祸患,他大概一定会昌盛吧?臣子不用他的才能为君主效力,是不可不杀的。况且是君主杀臣子,怎么会有过错呢?"商纣说："仁义是君主用来勉励臣下的。现在西伯昌爱好仁义,不能杀掉他。"再三劝说纣都不听,所以商朝终于灭亡了。

【原文】

齐宣王问匡倩曰："儒者博乎?"曰："不也。"王曰："何也?"匡倩对曰:"博者贵枭,胜者必杀枭,杀枭者,是杀所贵也,儒者以为害义,故不博也。"又问曰:"儒者弋乎?"曰:"不也。弋者从下害于上者也,是从下伤君也,儒者以为害义,故不弋。又问:"儒者鼓瑟乎?"曰:"不也。夫瑟以小弦为大声,以大弦为小声,是大小易序,贵贱易位,儒者以为害义,故不鼓也。"宣王曰:"善。"仲尼曰:"与其使民谄下也,宁使民谄上。"

【译文】

齐宣王问匡倩说:"儒家人士弈棋吗?"匡倩说:"不弈棋。"宣王说:"为什么？"匡倩回答说："弈棋的人看重枭这颗子，取胜的一方一定要杀枭。杀枭，也就是杀掉尊贵的东西。儒家人士认为这有害于礼义，所以不弈。"宣王又问道："儒家人士射鸟吗？"匡倩说："不射。射鸟，是从下面向上面射去，正像臣下伤害君主。儒家人士认为这有害于礼义，所以不射。"宣王又问："儒家人士弹瑟吗？"匡倩说："不弹。瑟是弹小弦发出大声，弹大弦发出小声，即是大小颠倒了次序，贵贱改变了位置。儒家人士认为这有害于礼义，所以不弹。"宣王说："说得好。"孔子说："与其使人们讨好下级，不如使他们奉承上级。"

说 四

【原文】

钜者，齐之居士。屡者，魏之居士。齐、魏之君不明，不能亲照境内，而听左右之言，故二子费金璧而求入仕也。

【译文】

钜是齐国的隐士，屡是魏国的隐士。齐、魏两国君主不明察，不能亲自洞悉国内情况，却偏听亲信的话，所以这两个隐士花费金钱玉璧来求得做官。

【原文】

西门豹为邺令，清克洁悫，秋毫之端无私利也，而甚简左右，左右因相与比周而恶之。居期年，上计，君收其玺，豹自请曰："臣昔者不知所以治邺，今臣得矣，愿请玺复以治邺，不当，请伏斧锧之罪。"文侯不忍而复与之，豹因重敛百姓，急事左右，期年，上计，文侯迎而拜之，豹对曰："往年臣为君治邺，而君夺臣玺，今臣为左右治邺，而君拜臣，臣不能治矣。"遂纳玺而去，文侯不受，曰："寡人曩不知子，今知矣，愿子勉为寡人治之。"遂不受。

【译文】

西门豹做邺地的行政长官，清廉正直，一丝半毫都不谋私利，但很轻慢君主的近侍，近侍因此相互勾结中伤他。过了一年，西门豹去上缴赋税，汇报政绩，魏文侯收回了他的官印。西门豹请求说："我过去不知道治理邺地的方法，现在我懂了，希望发还官印，让我再去治理邺地。如果治理不好，愿受重刑处死。"文侯不忍心拒绝，又把官印交给他。西门豹因而加重搜刮百姓钱财，极力侍奉君主近侍。过了一年，西门豹前去上缴赋税，汇报政绩，文侯亲自迎接,并加礼拜。西门豹回答说:"往年我为您治理邺地,而您要收回我的官印,现在我为您的近侍治理邺地,您反而要礼拜我。我无法治理邺地了。"于是交还官印离去。文侯不接受官印说:"我过去不了解您,现在了解了。希望您尽力为我治理邺地。"最后没有接受西门豹的官印。

【原文】

齐有狗盗之子与刖危子戏而相夸,盗子曰:"吾父之裘独有尾。"危子曰:"吾父独冬不失裤。"子绰曰:"人莫能左画方而右画圆也。以肉去蚁蚁愈多,以鱼驱蝇蝇愈至。"

【译文】

齐地有披狗皮行窃的贼的儿子与受刑砍断脚的人的儿子在一起开玩笑并相互夸耀。盗贼的儿子说:"唯独我父亲的皮衣上有尾巴。"断脚人的儿子说:"唯独我父亲冬天不费裤子。"子绰说:"没有人能够同时用左手画方,用右手画圆。用肉去赶蚂蚁,蚂蚁会越来越多;用鱼去赶苍蝇,苍蝇会越聚越多。"

【原文】

桓公谓管仲曰:"官少而索者众,寡人忧之。"管仲曰:"君无听左右之谓请,因能而受禄,录功而与官,则莫敢索官,君何患焉?"

【译文】

齐桓公对管仲说:"官位少,但求官的人却多,我很为此担忧。"管仲说:"您不要听从亲信的请求,根据才能而授予俸禄,记录功劳而给予官职,就没人敢要求官职了,您还担忧什么?"

【原文】

韩宣子曰:"吾马菽粟多矣,甚臞,何也?寡人患之。"周市对曰:"使驺尽粟以食,虽无肥,不可得也。名为多与之,其实少,虽无臞,亦不可得也。主不审其情实,坐而患之,马犹不肥也。"

【译文】

韩宣子说:"我的马,豆谷饲料很多,马却很瘦,为什么?我为此担忧。"周市回答说:"让养马的人用充足的饲料去喂马,即使不想让它肥,也是不可能的。嘴上说多给马吃,实际上给得很少,即使不想要它瘦,那也是不可能的。君王不去考察实情,而坐在那里担忧,马还是不会肥的。"

【原文】

桓公问置吏于管仲,管仲曰:"辩察于辞,清洁于货,习人情,夷吾不如弦商,请立以为大理。登降肃让,以明礼待宾,臣不如隰朋,请立以为大行。垦草刈邑,辟地生粟,臣不如宁武,请以为大田。三军既成陈,使士视死如归,臣不如公子成父,请以为大司马。犯颜极谏,臣不如东郭牙,请立以为谏臣。治齐此五子足矣,将欲霸王,夷吾在此。"

【译文】

齐桓公向管仲问设置官吏的事,管仲说:"辨别清楚诉讼双方的言辞,廉洁不贪财物,熟悉人情世故,我比不上弦商,请您任命他为主管刑狱的官。升升降降,恭敬谦让,用明确无误的礼仪接待宾客,我比不上隰朋,请您任命他为主管礼宾的官。开垦荒地,充实城市,开辟土地,种植粮食,我比不上宁武,请您任命他为主管农业的官。三军已经摆好阵势,使士兵视死如归,我比不上公子成父,请您任命他为主管军政的官。冒犯龙颜,极力劝谏,我比不上东郭牙,请您任命他为主管谏议的官。治理好齐国,这五个人就够用了;若要成就霸王之业,则有我管夷吾在这里。"

说　五

【原文】

孟献伯相鲁,堂下生藿藜,门外长荆棘,食不二味,坐不重席,晋无衣帛之妾,居不粟马,出不从车,叔向闻之,以告苗贲皇,贲皇非之曰:"是出主之爵禄以附下也。"

【译文】

孟献伯做晋相,院子里生出野草,大门外长起荆棘,吃饭没有两样菜,坐时不垫两层席,内室没有穿丝织品的妾,居家不用谷芽喂马,外出没有副车随从。叔向听说后。把这件事告诉给苗贲皇。苗贲皇非议说:"这是弃置君主的爵禄赏赐而讨好下人。"

【原文】

一曰:孟献伯拜上卿,叔向往贺,门有御,马不食禾。向曰:"子无二马二舆何也?"献伯曰:"吾观国人尚有饥色,是以不秣马。班白者多以徒行,故不二舆。"向曰:"吾始贺子之拜卿,今贺子之俭也。"向出,语苗贲皇曰:"助吾贺献伯之俭也。"苗子曰:"何贺焉!夫爵禄旗章,所以异功伐别贤不肖也。故晋国之法,上大夫二舆二乘,中大夫二舆一乘,下大夫专乘,此明等级也。且夫卿必有军事,是故循车马,比卒乘,以备戎事。有难则以备不虞,平夷则以给朝事。今乱晋国之政,乏不虞之备,以成节,以絜私名,献伯之俭也可与?又何贺?"

【译文】

另一种说法：孟献伯被封为上卿，叔向前去祝贺，孟家门外有车马，马不吃谷子。叔向说："您没有两套马、两辆车，为什么？"献伯说："我看到国人脸上还有饥色，因此不用谷子喂马；看到头发斑白的老人大多步行，所以不用两辆车子。"叔向说："我起先来祝贺您封为上卿，现在要祝贺您的节俭了。"叔向出来，告诉苗贲皇说："帮助我去祝贺献伯的节俭。"苗贲皇说："这有什么好祝贺的呢？爵禄和旗帜是用来标明功劳大小、区别贤和不贤的。所以晋国的礼法是，上大夫拥有两辆车两套马。中大夫拥有两辆车一套马，下大夫拥有一套马，这是用来标明等级的。再说卿一定要掌管军事，因而要修整车马，训练步卒、战车，以便准备好打仗。国家有难时就可以用来防备意外，太平时就可以供朝事使用。现在他扰乱晋国的政事，缺乏预防不测的准备，却用来成全自己的节操，用来光耀私人的名声，孟献伯的这种俭省，能容许吗？又祝贺什么呢？"

【原文】

管仲相齐，曰："臣贵矣，然而臣贫。"桓公曰："使子有三归之家。"曰："臣富矣，然而臣卑。"桓公使立于高、国之上。曰："臣尊矣，然而臣疏"。乃立为仲父。孔子闻而非之曰："泰侈偪上。"

【译文】

管仲担任齐相，说："我已经得宠了，但我贫困。"齐桓公说："让你拥有三归俸禄的家业。"管仲说："我富有了，但我地位低下。"桓公把管仲的地位提到高、国两姓贵族之上。管仲说："我地位尊贵了，但是我和您的关系疏远。"于是桓公立管仲为仲父。孔子听到后非议说："管仲威胁君主太过分了。"

【原文】

一曰：管仲父出，朱盖青衣，置鼓而归，庭有陈鼎，家有三归，孔子曰："良大夫也，其侈偪上。"

【译文】

另一种说法：管仲出门时，坐的车用朱红车盖和青色车衣；回来时，用鼓乐引路。庭院有陈列的大鼎，家里有十分之三的商税收入。孔子说："管仲是个优秀大夫，但他过分威胁君主了。"

【原文】

孙叔敖相楚，栈车牝马，粝饼菜羹，枯鱼之膳，冬羔裘，夏葛衣，面有饥色，则良大夫也，其俭偪下。

【译文】

孙叔敖任楚相，坐的是母马拉的普通运输车，吃的是粗饭、菜羹和干鱼的膳食,冬天穿羊皮衣,夏天穿葛布衣,面带饥色,他确实是个良大夫了,但过于俭省,威胁到了下层官员。

【原文】

阳虎去齐走赵,简主问曰:"吾闻子善树人。"虎曰:"臣居鲁,树三人,皆为令尹,及虎抵罪于鲁,皆搜索于虎也。臣居齐,荐三人,一人得近王,一人为县令,一人为候吏,及臣得罪,近王者不见臣,县令者迎臣执缚,候吏者追臣至境上,不及而止。虎不善树人。"主俯而笑曰:"夫树橘柚者,食之则甘,嗅之则香;树枳棘者,成而刺人。故君子慎所树。"

【译文】

阳虎离开齐国逃奔赵地,赵简子问道:"我听说你善于栽培人。"阳虎说:"我在鲁时,栽培过三个人,都做了令尹;等到我在鲁获罪,都来搜索我。我在齐时,推荐了三个人,一个人能接近国君,一个人做县令,一个人做边防官;等到我获罪了,接近国君的不会见我,做县令的前来捉拿捆绑我。做边防官的追我直到边境,没有追上才罢休。我不善于栽培人。"赵简子低头笑着说:"种植橘柚,吃起来是甜的,闻起来是香的;种植枳棘,长大后反而刺人。所以君子栽培人时要慎重。"

【原文】

中牟无令,晋平公问赵武曰:"中牟,三国之股肱,邯郸之肩髀,寡人欲得其良令也,谁使而可?"武曰:"邢伯子可。"公曰:"非子之雠也?"曰:"私雠不入公门。"公又问曰:"中府之令谁使而可?"曰:"臣子可。"故曰:"外举不避雠,内举不避子。赵武所荐四十六人,及武死,各就宾位,其无私德若此也。"

【译文】

中牟地方没有县令。晋平公问赵武说:"中牟是我国的要地,是邯郸的重镇。我想选用一个好县令,派谁去好呢?"赵武说:"邢伯子可以。"平公说:"他不是你的仇人吗?"赵武说:"私仇不关公事。"平公又问道:"内库的主管,派谁行呢?"赵武说:"我的儿子就行。"所以说,对外举荐不避开仇人,对内举荐不避开儿子。赵武举荐的四十六个人,到他死后,来吊唁时都坐在客位上,他就是这样的不考虑个人恩德。

【原文】

平公问叔向曰:"群臣孰贤?"曰:"赵武。"公曰:"子党于师人。"曰:"武立如不胜衣,言如不出口,然所举士也数十人,皆得其意,而公家甚赖之,及武子之生也不利于家,死不托于孤,臣敢以为贤也。"

【译文】

晋平公问叔向说:"群臣中谁贤能?"叔向说:"赵武贤能。"平公说:"你跟老上级结成私党了。"叔向说:"赵武站立时好像连穿的衣服都负担不了,讲话时好像讷讷不能出口,可是他举荐的几十个人,个个都发挥了自己才能,公家很依靠他们。赵武活着时不为自家谋取私利,死了又不将孤儿委托给国家,因此我敢认为他贤能。"

【原文】

解狐荐其雠于简主以为相,其雠以为且幸释己也,乃因往拜谢,狐乃引弓送而射之,曰:"夫荐汝公也,以汝能当之也。夫雠汝,吾私怨也,不以私怨汝之故拥汝于吾君。"故私怨不入公门。

【译文】

解狐举荐他的仇人做赵简子的相。他的仇人以为关系好转而消除了对自己的仇怨,就前去拜谢。解狐于是拉开弓迎头射去,说:"我举荐你是为公,是因为你能胜任。和你有仇,这是我的私怨。不能因为与你有私仇,就让君主不能了解任用你。"所以私怨不关公事。

【原文】

一曰:解狐举邢伯柳为上党守,柳往谢之曰:"子释罪,敢不再拜?"曰:"举子公也,怨子私也,子往矣,怨子如初也。"

【译文】

另一种说法:解狐推荐邢伯柳做上党太守,邢伯柳前往拜谢,说:"你开脱了我的罪过,岂敢不来拜谢?"解狐说:"推荐你是为公,怨恨你是私仇。你走吧,我跟原先一样怨恨你。"

【原文】

郑县人卖豚,人问其价,曰:"道日暮安暇语汝。"

【译文】

郑县人卖小猪,别人问他价钱,他说:"路远,天晚,我哪有空告诉你。"

说 六

【原文】

范文子喜直言,武子击之以杖:"夫直议者不为人所容,无所容则危身,非徒危身,又将危父。"

【译文】

范文子喜欢直说,他父亲武子用手杖打他:"直说的人不被人所宽容,不被宽容就危及自身。不只是危及自身,还将危及父亲。"

【原文】

子产者,子国之子也。子产忠于郑君,子国谯怒之曰:"夫介异于人臣,而独忠于主,主贤明,能听汝,不明,将不汝听,听与不听,未可必知,而汝已离于群臣,离于群臣则必危汝身矣,非徒危己也,又且危父矣。"

【译文】

子产是子国的儿子,子产忠于郑国国君,子国怒责他说:"孤傲地离异臣子,独独去忠于君主。君主贤明,能听从你;君主不贤明,就不会听从你。听或不听,还不能确知,你却已经脱离群臣了。脱离群臣,就一定会危及自身了。不只是危及自身,又将危及父亲。"

【原文】

梁车新为邺令,其姊往看之,暮而后门闭,因踰郭而入,车遂刖其足,赵成侯以为不慈,夺之玺而免之令。

【译文】

梁车刚担任邺县县令,他姐姐前去看他,天晚了才赶到,城门已关,于是她越过外城进去,梁车就依法砍断了她的脚。赵成侯认为梁车不慈善,就收回他的官印,罢免他的官职。

【原文】

管仲束缚,自鲁之齐,道而饥渴,过绮乌封人而乞食,乌封人跪而食之,甚敬,封人因窃谓仲曰:"适幸及齐不死而用齐,将何报我?"曰:"如子之言,我且贤之用,能之使,劳之论,我何以报子?"封人怨之。

【译文】

管仲被捆绑起来,从鲁国押送到齐国,路上又饥又渴,他路过绮乌边防时,就向边防官讨食。绮乌边防官跪着给管仲进食,非常恭敬。边防官于是私下对管仲说:"如能侥幸到齐不死,并在齐国执政,该怎样报答我呢?"管仲说:"果真如你所说那样,我将任用贤人,使用能人,论功行赏,我能用什么报答你呢?"边防官因此怨恨管仲。

外储说右上第三十四

一

【原文】

君所以治臣者有三：

势不足以化则除之。师旷之对，晏子之说，皆合势之易也而道行之难，是与兽逐走也，未知除患。患之可除，在子夏之说春秋也。善持势者蚤绝其奸萌，故季孙让仲尼以遇势，而况错之于君乎？是以太公望杀狂矞，而臧获不乘骥。嗣公知之，故不驾鹿。薛公知之，故与二栾博。此皆知同异之反也。故明主之牧臣也，说在畜乌。

【译文】

君主用来控制臣下的方法有三种：

对权势不能加以驯化的臣下，君主就要把他除掉。师旷的回答，晏婴的议论，都丢掉了利用权势控制臣下这种易行的办法，而去称道实施恩惠争取民众这种困难的办法，这就如同，和野兽赛跑，不知道除掉祸害。祸害可以及早除掉。在子夏解释《春秋》时所说的话中已表达出来了："善于掌握权势的君主，及早杜绝臣下作奸的苗头。"所以，季孙为孔子的门徒滥用权势而向他提出指责，何况把这样的事移于君主呢？因此，姜太公杀掉不为君主所用的狂矞，就像奴仆不乘貌似雄骏的劣马一样。卫嗣公懂得这个道理，所以拿鹿不能驾车来说明不能用如耳为相；薛公懂得这个道理，所以在一对孪生子赌博时用权术吓唬他们。这些人都懂得君臣之间利害关系是相反的。所以明君豢养臣下的道理，在养乌鸦的故事中可以体现出来。

二

【原文】

人主者，利害之轺毂也，射者众，故人主共矣。是以好恶见则下有因，而人主惑矣；辞言通则臣难言，而主不神矣。说在申子之言六慎，与唐易之言弋也。患在国羊之请变，与宣王之太息也。明之以靖郭氏之献十珥也，与犀首、甘茂之道穴闻也。堂谿公知术，故问玉卮。昭侯能术，故以听独寝。明主之道，在申子之劝独断也。

【译文】

人主成了群臣共同对准的目标，因此，君主如果表现出爱憎，就会被臣下利用，这样君主就被迷惑了；君主把听到的话泄露出去，臣下就难以向君主进言，君主也就做不到神明了。有关的解说在"说二"中申不害讲君主应该在六个方面谨慎小心，以及唐易鞠谈论七射飞禽的道理。不这样做的祸患在国羊用表示悔改来试探君主对他的态度和韩宣王的近侍从宣王的叹息中窥探到他的态度。阐明上述观点的有靖郭君用十个玉珥测试齐威王爱哪个妾，以及甘茂派人从小洞里偷听到秦惠王的话，因而用计陷害犀首，堂谿公懂得术，所以问及玉杯无底来说明君主不能把群臣的话泄露出去；韩昭侯能用术，所以才能听取堂谿公的话而独自睡觉以免泄密。明君的治国原则，表现在申不害劝说君主遇事要能独断的议论里。

三

【原文】

术之不行，有故。不杀其狗则酒酸。夫国亦有狗，且左右皆社鼠也。人主无尧之再诛，与庄王之应太子，而皆有薄媪之决蔡妪也。知贵不能以教歌之法先揆之，吴起之出爱妻，文公之斩颠颉，皆违其情者也。故能使人弹疽者，必其忍痛者也。

【译文】

法术不能推行，总是有缘故的。卖酒人不杀掉他的恶狗，酒就会发酸。国家也有恶狗，况且君主的近侍都像是躲在社坛里的老鼠。一般的君主都不能像尧那样，一再杀掉反对自己决定的人；不能像楚庄王答复太子时那样，把坚决执法的臣子看作是最好的臣子；而都像薄媪那样，自家的主张却要取决于蔡巫婆。要区分贤能的人和无能的人，就用教歌之类的方法先予以测试。吴起因为爱妻织的布不合规定而把她休掉，晋文公因爱臣颠颉不遵从法令而把他杀掉，都是违反自身感情的。所以能让人治疗毒疮的人，一定是那些能忍痛的人。

说 一

【原文】

赏之誉之不劝,罚之毁之不畏,四者加焉不变,则其除之。

【译文】

奖赏、称赞不能使他奋勉,惩罚、谴责不能使他畏惧,赏、誉、罚、责加到身上都无动于衷,就应当除掉他。

【原文】

齐景公之晋,从平公饮,师旷侍坐,始坐,景公问政于师旷曰:"太师将奚以教寡人?"师旷曰:"君必惠民而已。"中坐,酒酣,将出,又复问政于师旷曰:"太师奚以教寡人?"曰:"君必惠民而已矣。"景公出之舍,师旷送之,又问政于师旷,师旷曰:"君必惠民而已矣。"景公归,思,未醒,而得师旷之所谓:公子尾、公子夏者,景公之二弟也,甚得齐民,家富贵而民说之,拟于公室,此危吾位者也,今谓我惠民者,使我与二弟争民邪?于是反国发廪粟以赋众贫,散府余财以赐孤寡,仓无陈粟,府无余财,宫妇不御者出嫁之,七十受禄米,鬻德惠施于民也,已与二弟争。居二年,二弟出走,公子夏逃楚,公子尾走晋。

【译文】

齐景公到晋国,随晋平公饮酒,师旷陪坐。才坐下齐景公向师旷请教如何处理政事,说:"您将用什么来教我呢?"师旷说:"您一定要施惠于民罢了。"饮到一半的时候,酒兴正浓,又向师旷请教如何处理政事:"您用什么来教我?"师旷说"您一定要施惠于民罢了。"景公出门去住处,师旷送行。景公又向师旷请教如何处理政事。师旷说:"您一定要施惠于民罢了!"景公回到住处,考虑着这句话,酒还没有醒,就明白了师旷说话的意思——公子尾、公子夏是齐景公的两个弟弟,很得齐国民众的心。他们的私家又富又贵,民众又喜欢他们,可以和公室相比,这是危及君位的事情。现在叫我施惠于民,大概就是让我和两个弟弟争夺民众吧?——于是景公回到齐国,发放米仓粮食给予贫困民众,散发财库多余钱财去赏给孤寡人家。米仓没有陈年的粮食,财库没有多余的钱财,君主没有临幸过的宫女嫁了出去,七十岁以上的人可以得到国家供给的粮食。这是把恩德布施给民众,用来和两个弟弟争夺民众。过了两年,两个弟弟出逃,公子夏逃到楚国,公子尾逃到晋国。

【原文】

景公与晏子游于少海,登柏寝之台而还望其国,曰:"美哉,泱泱乎,堂堂乎,后世将孰有此?"晏子对曰:"其田成氏乎?"景公曰:"寡人有此国也,而曰田成氏有之,何也?"晏子对曰:"夫田成氏甚得齐民,其于民也,上之请爵禄行诸大臣,下之私大斗斛区釜以出贷,小斗斛区釜以收之。杀一牛,取一豆肉,余以食士。终岁,布帛取二制焉,余以衣士。"

【译文】

齐景公和晏子在渤海游玩,登上柏寝的台观,回头眺望自己的国都,说:"真美啊,广大弘阔,雄伟壮观!后代谁能拥有这样的国都?"晏子回答说:"大概是田成子吧!"景公说:"我拥有这个国都,却说田成子会拥有,为什么?"晏子回答说:"田成子很得齐国的民心。他对待民众,向上请求爵位俸禄赐给大臣,向下私自增大量器出贷粮食,缩小量器来回收。杀一头牛,自己只拿一盘肉,剩下的用来供养士人。一整年的布帛,自己只取七丈二尺,剩下的都给士人穿。"

【原文】

故市木之价不加贵于山,泽之鱼盐龟鳖赢蚌不加贵于海。君重敛,而田成氏厚施。齐尝大饥,道旁饿死者不可胜数也,父子相牵而趋田成氏者不闻不生。故周秦之民相与歌之曰:讴乎,其己乎苞乎,其往归田成子乎!诗曰:虽无德与女,式歌且舞。今田成氏之德,而民之歌舞,民德归之矣。故曰:其田成氏乎。公泫然出涕曰:"不亦悲乎!寡人有国而田成氏有之,今为之奈何?"晏子对曰:"君何患焉!若君欲夺之,则近贤而远不肖,治其烦乱,缓其刑罚,振贫穷而恤孤寡,行恩惠而给不足,民将归君,则虽有十田成氏,其如君何?"

【译文】

所以集市上木头的价格不比山上的贵,湖泊里的鱼、盐、龟、鳖、螺、蚌的价格不比海里的贵。您加重搜刮,而田成子更多地施舍,齐国曾遇特大荒年,路边饿死的人不能数清,父子相携投奔田成子的,没有听说不能活下去的,所以全国民众都相聚歌唱道:"'哎呀,快要完了吧!完了,还是去投奔田成子!'《诗》上说:'虽然没有什么恩德施给你们,你们却高兴得又歌又舞。'现在从田成子的恩德和民众的歌舞来看,民众都将情愿投奔他了。所以说:'大概是田成子吧。'"齐景公眼泪汪汪地说:"不是太悲哀了吗?我享有的国家却被田成子占去了。现在该怎么办呢?"晏子回答说:"您何必担忧呢?如果您想夺回它,就亲近贤人,疏远不贤的人,治理混乱的局面,放宽刑罚,救济贫困,抚恤,孤寡,施行恩惠,资助不富裕的人,民众就会归心于您。那么即使有十个田成子,又能把您怎么样呢?"

【原文】

或曰:景公不知用势,而师旷、晏子不知除患。夫猎者,托车舆之安,用六马之足,使王良佐骖,则身不劳而易及轻兽矣。今释车舆之利,捐六马之足与王良之御,而下走逐兽,则虽楼季之足无时及兽矣,托良马固车则臧获有余。国者、君之车也,势者、君之马也。夫不处势以禁诛擅爱之臣,而必德厚以与天下齐行以争民,是皆不乘君之车,不因马之利车而下走者也。故曰:景公不知用势之主也,而师旷、晏子不知除患之臣也。

【译文】

有人说:景公不懂得使用权势,师旷、晏子不懂得除去祸患。打猎的人凭借车厢的安稳,依靠六匹马的脚力,用王良帮助驾车,那么自身毫不费力就可以轻易地追上轻捷的野兽了。现在丢掉车厢的便利,舍弃六匹马的脚力和王良的驾驭,却下车跑着追逐野兽,那么即使是楼季那样的快腿也没有追上野兽的时候了。依靠良马坚车,就是奴仆驾车追赶野兽,力量也会有余。国家好比君主的车,权势好比君主的马。不运用权势来限制和处罚那些擅施仁爱的臣子,而一定要用丰厚的恩惠,和普通人同样做法去争取民众。这样的做法,都像是不利用君主的车子,不依仗马的便利,丢掉车子而下地跑路一样。所以说:齐景公是不懂得运用权势的君主,而师旷、晏子是不懂得除去祸患的臣子。

【原文】

子夏曰:"《春秋》之记臣杀君,子杀父者,以十数矣,皆非一日之积也,有渐而以至矣"。凡奸者,行久而成积,积成而力多,力多而能杀,故明主蚤绝之。今田常之为乱,有渐见矣,而君不诛。晏子不使其君禁侵陵之臣,而使其主行惠,故简公受其祸。故子夏曰:"善持势者蚤绝奸之萌。"

【译文】

子夏说:"《春秋》上记载臣杀君、子杀父的事件,要以十为单位来计算。这不是一天就都积累起来的,而是逐渐积累以至于此的。"凡是奸人,阴谋活动的时间长了,势力就有所积累;积累多了,力量就大;力量大了,就能杀人,所以明君应该及早消灭他们。现在田成子作乱,有苗头露出来了,但君主不杀他。晏子不让他的君主禁止侵权犯法的臣子,却让他的君主施行恩惠,结果齐简公受到了祸害。所以子夏说:"善于掌握权势的人,要及早杜绝奸邪的苗头。"

【原文】

季孙相鲁,子路为郈令。鲁以五月起众为长沟,当此之为,子路以其私秩粟为浆饭,要作沟者于五父之衢而餐之。孔子闻之,使子贡往覆其饭,击毁其器,曰:"鲁君有民,子奚为乃餐之?"子路怫然怒,攘肱而入请曰:"夫子疾由之为仁义乎?所学于夫子者仁义也,仁义者,与天下共其所有而同其利者也。今以由之秩粟而餐民,不可何也?"孔子曰:"由之野也!吾以女知之,女徒未及也,女故如是之不知礼也!女之餐之,为爱之也。夫礼,天子爱天下,诸侯爱境内,大夫爱官职,士爱其家,过其所爱曰侵。今鲁君有民而子擅爱之,是子侵也,不亦诬乎!"言未卒,而季孙使者至,让曰:"肥也起民而使之,先生使弟子令徒役而餐之,将夺肥之民耶?"孔子驾而去鲁。以孔子之贤,而季孙非鲁君也,以人臣之资,假人主之术,蚤禁于未形,而子路不得行其私惠,而害不得生,况人主乎?以景公之势而禁田常之侵也,则必无劫弑之患矣。

【译文】

季孙做鲁相,子路做郈邑的长官。鲁国在五月份发动民众开挖长沟,在开工期间,子路用自己的俸粮做成稀饭,邀请挖沟的人到五父路上来吃。孔子听说后,叫子贡去倒掉他的饭,砸烂盛饭的器皿,说:"这些民众是属于鲁君的,你干吗要给他们饭吃?"子路勃然大怒,握拳露臂走进来,质问说:"先生憎恨我施行仁义吗?从先生那里学到的就是仁义;所谓仁义,就是与天下的人共同享有自己的东西,共同享受自己的利益。现在用我自己的俸粮去供养民众,为什么不行?"孔子说:"子路好粗野啊!我以为你懂了,你竟还不懂。你原来是这样的不懂得礼,你供养民众,是爱他们。礼法规定,天子爱天下,诸侯爱国境以内,大夫爱官职所辖,士人爱自己的家人,越过应爱的范围就叫冒犯。现在对于鲁君统治下的民众,你却擅自去爱,这是你在侵权,不也属胆大妄为吗!"话没说完,季孙的使者就到了,责备说:"我发动民众而驱使他们,先生让弟子给徒役吃饭,是想夺取我的民众吗?"孔子驾车离开了鲁国。以孔子的贤明,而季孙又不是鲁君,对于以臣子的身份,借用君主的权术,能在危害还没有形成之前就及早杜绝,使子路不能施行个人的恩惠,使危害不致发生,何况是君主呢?用齐景公的权势去禁止田常争取民众的越轨行为,那就必定不会出现被劫杀的祸患了。

【原文】

太公望东封于齐,齐东海上有居士曰狂矞、华士,昆弟二人者立议曰:"吾不臣天子,不友诸侯,耕作而食之,掘井而饮之,吾无求于人也。无上之名,无君之禄,不事仕而事力。"太公望至于营丘,使吏执杀之以为首诛。周公旦从鲁闻之,发急传而问之曰:"夫二子,贤者也。今日飨国而杀贤者,何也?"太公望曰:"是昆弟二人立议曰:'吾不臣天子,不友诸侯,耕作而食之,掘井而饮之,吾无求于人也,无上之名,无君之禄,不事仕而事力。'彼不臣天子者,是望不得而臣也。不友诸侯者,是望不得而使。耕作而食之,掘井而饮之,无求于人者,是望不得以赏罚劝禁也。且无上名,虽知、不为望用;不仰君禄,虽贤、不为望功。不仕则不治,不任则不忠。且先王之所以使其臣民者,非爵禄则刑罚也。今四者不足以使之,则望当谁为君乎?不服兵革而显,不亲耕耨而名,又所以教于国也。今有马于此,如骥之状者,天下之至良也。然而驱之不前,却之不止,左之不左,右之不右,则臧获虽贱,不托其足。臧获之所愿托其足于骥者,以骥之可以追利辟害也。今不为人用,臧获虽贱,不托其足焉。已自谓以为世之贤士,而不为主用,行极贤而不用于君,此非明主之所臣也,亦骥之不可左右矣,是以诛之。"

【译文】

姜太公受封于东方的齐国。齐国东海边上有兄弟二人,名叫狂矞、华士,是隐居的士人。他们确定为人宗旨说:"我们不臣服天子,不交结诸侯。靠自己耕作吃饭,靠自己挖井喝水,我们无求于人。不要君主给的名声,不要君主给的俸禄,我们不为做官忙碌而要从事体力劳动。"姜太公到了齐都营丘,派官吏捕杀了他们,作为最先问斩的对象。周公旦在鲁国听到这件事后,派出紧急的传信专车前往,向姜太公询问说:"这两位是贤士,现在您有了封国而杀了贤士,为什么?"姜太公说:"这兄弟两个确定为人宗旨说:'我们不臣服天子,不交结诸侯。靠自己耕作吃饭,靠自己挖井喝水,我们无求于人,不要君主给的名声,不要君主给的俸禄,我们不为做官忙碌而要从事体力劳动。'他们不臣服天子的话,那我就不可能把他们看作臣子了;他们不结交诸侯的话,那我就不可能派他们出使了;靠自己耕作吃饭,靠自己挖井喝水,不求助于别人的话,那我就不可能用赏罚来勉励和约束他们。况且他们不要君主给的名位,即使聪明,也不能为我所用;他们不仰望君主授予的俸禄,即使贤明,也不能为我立功。他们不愿意做官就无法管教,不接受任用就对上不忠。再说先王之所以能驱使臣民,不是依靠爵禄,就是依靠刑罚。现在爵、禄、刑、罚都不足以驱使他们,那么我将做谁的主子呢?不打仗立功而显贵,不耕田种地而扬名,这又不是来教化国人的办法。假如有匹马在这儿,像良马的样子,是天下最好的马。但驱赶它,它不上前;制止它,它不停步;叫它左,它不左;叫它右,它不右;那么奴仆虽然低贱,也不依托它的脚力。奴仆之所以希望把脚力寄托在良马身上，是因为依托良马可以得到利益，避免危害。现在不受人的支配，奴仆虽然低贱，也不依托它的脚力了。这样，他们自以为是世上的贤士，而不愿为君主所用，自以为行为好到了极点，而不肯为君主卖力，这不是明君可以用作臣子的，也就像良马不可以使唤一样。因此，我要杀掉他们。"

【原文】

一曰：太公望东封于齐，海上有贤者狂矞，太公望闻之往请焉，三却马于门而狂矞不报见也，太公望诛之。当是时也，周公旦在鲁，驰往止之，比至，已诛之矣。周公旦曰："狂矞，天下贤者也，夫子何为诛之？"太公望曰："狂矞也议不臣天子，不友诸侯，吾恐其乱法易教也，故以为首诛。今有马于此，形容似骥也，然驱之不往，引之不前，虽臧获不托足以旋其轸也。"

【译文】

另一种说法：姜太公被封在东方的齐国。东海边有个贤士叫狂矞，姜太公听说后，前去登门求见，三次在门前停下马车，狂矞都不答应见面。姜太公将处死他。当此之时，周公旦在鲁国，驾车前去制止。等赶到齐地，姜太公已杀了狂矞。周公旦说："狂矞是天下的贤士，您为什么要杀他？"姜太公说："狂矞主张不臣服天子，不交结诸侯，我怕他扰乱法度改变教令，所以拿他作第一个问斩的对象。假如有一匹马在这里，样子很像良马，但是赶了它不走动，拉了它不前进，即使是奴仆也不会把脚力寄托在它拉的车子。"

【原文】

如耳说卫嗣公，卫嗣公说而太息。左右曰："公何为不相也？"公曰："夫马似鹿者而题之千金，然而有百金之马而无一金之鹿者，马为人用而鹿不为人用也。今如耳，万乘之相也，外有大国之意，其心不在卫，虽辩智，亦不为寡人用，吾是以不相也。"

【译文】

如耳游说卫嗣公，卫嗣公又高兴又叹息。近侍说："您为什么不任命他为相国？"卫嗣公说："一匹像鹿的马可以标价千金，然而有价值千金的马，没有价值千金的鹿，因为马能为人所用而鹿不能为人所用。现在如耳是做大国相国的材料，表现出要到大国谋职的意愿，他的心不在卫国，虽有辩才和智谋，也不能为我所用，我因此不任他为相。"

【原文】

薛公之相魏昭侯也，左右有栾子者曰阳胡、潘，其于王甚重，而不为薛公，薛公患之。于是乃召与之博，予之人百金，令之昆弟博，俄又益之人二百金。方博有闲,谒者言客张季之子在门,公怫然怒,抚兵而授谒者曰:"杀之,吾闻季之不为文也。"立有间,时季羽在侧,曰:"不然。窃闻季为公甚,顾其人阴未闻耳。"乃辍不杀客,而大礼之曰:"曩者闻季之不为文也,故欲杀之。今诚为文也,岂忘季哉!"告廪献千石之粟,告府献五百金,告驺私厩献良马固车二乘,因令奄将宫人之美妾二十人并遗季也。栾子因相谓曰:"为公者必利,不为公者必害,吾曹何爱不为公?"因私竞劝而遂为之。薛公以人臣之势,假人主之术也,而害不得生,况错之人主乎?

【译文】

薛公做魏昭王的相国时,昭王近侍中有一对孪生子名叫阳胡、潘其,很受昭王的器重,但不肯替薛公效劳。薛公为此感到忧虑,于是就召他们来赌博。薛公给他们每人一百金,让他们兄弟二人赌博;一会儿又给每人增加两百金。刚赌了一会儿,传达官通报门客张季的儿子在门口。薛公悖然大怒,拿出兵器交给传达官说:"杀了他!我听说张季不肯为我效劳。"一会儿,刚好张季的党羽在边上,说:"不是这样的。我私下听说张季为您出力很多,只是他暗中出力,您没有听到罢了。"薛公就停了下来,不再杀门客张季的儿子,并厚礼相待,说:"过去我听说张季不为我效劳,所以想杀他;现在知道他确实为我出力,我怎么能忘了他呢!"于是通知管粮仓的人送给他千石粮食,通知管财库的人送给他五百金,通知养马的人从自己的马棚里拿出好马坚车二乘送给他,接着还命令宦官把宫中的二十个美女一并送给张季。孪生子就商量说:"既然为薛公效劳一定获利,不为薛公效劳一定受害,我们为什么不情愿为薛公效劳?"因而私下争相劝勉并行动起来替薛公效劳。薛公以臣子的势位,假借君王的权术,使祸害不能发生,何况把这种权术移用到君主身上呢?

【原文】

夫驯乌者断其下翎焉,断其下翎则必恃人而食,焉得不驯乎?夫明主畜臣亦然,令臣不得不利君之禄,不得无服上之名;夫利君之禄,服上之名,焉得不服?

【译文】

驯养乌鸦的人要剪断乌鸦的翅膀和尾巴下边的羽毛。剪断翅膀和尾巴上的羽毛后,乌鸦就必须靠人喂养,怎能不驯服呢?明君蓄养臣子也是这样,要使臣子不得不贪图君主给他的俸禄,不得不臣服君主给他的名位。贪图君主给的俸禄,臣服君主给的名位,怎么能不驯服呢?

说 二

【原文】

申子曰:"上明见,人备之;其不明见,人惑之。其知见,人惑之;不知见,人匿之。其无欲见,人司之;其有欲见,人饵之。故曰:吾无从知之,惟无为可以规之。"

【译文】

申不害说:"君主的明察如果显露出来,人们就会防备他;君主的糊涂如果显露出来,人们就会迷惑他。君主的智慧显露出来,人们就会美化他;君主的愚蠢显露出来,人们就会蒙蔽他;君主没有欲望显露出来,人们就会探测他;君主有欲望显露出来,人们就要引诱他。所以说,我没有办法知道其中奥妙,只有无为可以窥测它的端倪。"

【原文】

一曰:申子曰:"慎而言也,人且知女;慎而行也,人且随女。而有知见也,人且匿女;而无知见也,人且意女。女有知也,人且臧女;女无知也,人且行女。故曰:惟无为可以规之。"

【译文】

另一种说法:申不害说:"言行谨慎了,人们将会探测你;行动谨慎了,人们将会跟踪你。智慧显露出来了,人们将会躲开你;愚蠢显露出来了,人们将会算计你。有智慧,人们将躲避你;没有智慧,人们将对你采取行动。所以说,只有无为可以窥测其中奥妙。"

【原文】

田子方问唐易鞠曰:"弋者何慎?"对曰:"鸟以数百目视子,子以二目御之,子谨周子廪。"田子方曰:"善。子加之弋,我加之国。"郑长者闻之曰:"田子方知欲为廪,而未得所以为廪。夫虚无无见者廪也。"

【译文】

田子方问唐易鞠说:"射飞禽的人要谨慎什么?"唐易鞠回答说:"鸟用几百只眼睛看着你,你只用两只眼睛防备它们,你要谨慎地密闭你的谷仓。"田子方说:"好。你把这个道理用在射飞鸟上,我把这个道理用在治理国家上。"郑长者听到后说:"田子方知道要守护谷仓,却不知道守护谷仓的办法。那些虚静无为、不外露的人才能守护谷仓。"

【原文】

一曰:齐宣王问弋于唐易子曰:"弋者奚贵?"唐易子曰:"在于谨廪。"王曰:"何谓谨廪?"对曰:"鸟以数十目视人,人以二目视鸟,奈何不谨廪也?故曰在于谨廪也。"王曰:"然则为天下何以为此廪?今人主以二目视一国,一国以万目视人主,将何以自为廪乎?"对曰:"郑长者有言曰:'夫虚静无为而无见也。'其可以为此廪乎。"

【译文】

另一种说法:齐宣王向唐易鞠求问射飞鸟的方法,说:"射飞鸟的人看重什么?"唐易鞠说:"在于谨慎地守护谷仓。"宣王说:"什么叫作谨慎地守护谷仓?"唐易鞠说:"鸟用几十只眼睛看着人,人用两只眼睛看着鸟,怎么能不谨慎地守护谷仓。"宣王说:"那么用什么方法像守护谷仓那样来守护国家呢?现在君主用两只眼睛看着全国,而一国的人用上万只眼睛看着君主,将用什么方法自己守护国家这个谷仓呢?"唐易鞠回答说:"郑长者说过这样的话:'虚静无为,不要外露',大概这样的方法就可以防卫国家这个谷仓了。"

【原文】

国羊重于郑君,闻君之恶己也,侍饮,因先谓君曰:"臣适不幸而有过,愿君幸而告之,臣请变更,则臣免死罪矣"。

【译文】

国羊受到郑君重用,听说郑君厌恶自己,就在侍奉饮酒时,趁机先对郑君说:"我如果不幸犯有错误,深望您能告诉我。请让我改正过错,那样我就可以免除死罪了。"

【原文】

客有说韩宣王,宣王说而太息,左右引王之说之以先告客以为德。

【译文】

有个客人向韩宣王游说,宣王又高兴又叹息。君王近侍就把韩王对说客表示满意的态度争先告诉说客,以此做人情。

【原文】

靖郭君之相齐也,王后死,未知所置,乃献玉珥以知之。

【译文】

靖郭君田婴做齐相时,齐王的正妃死了,田婴不知道立谁为正纪,就进献珠玉耳饰来了解真情。

【原文】

一曰:薛公相齐,齐威王夫人死,中有十孺子皆贵于王,薛公欲知王所欲立而请置一人以为夫人,王听之,则是说行于王而重于置夫人也。王不听,是说不行而轻于置夫人也,欲先知王之所欲置以劝王置之,于是为十玉珥而美其一而献之,王以赋十孺子,明日坐,视美珥之所在而劝王以为夫人。

【译文】

另一种说法:薛公田婴担任齐相,齐威王的夫人死了,宫中有十个姬妾都被王宠爱着,薛公想了解齐王打算立哪个姬妾为夫人,然后请求立这个人为夫人。齐王听从了,就是建议取得成功,而在立夫人这件事上被齐王看重;齐王不听,就是建议失败,而在立夫人这件事上被齐王看轻。田婴想先知道齐王想立的人,然后再去劝王立她,于是制作了十个珠玉耳饰,并把其中一个制作得特别精美,一起献给齐王。齐王把十个耳饰授给十个姬妾。第二天侍坐时,田婴就观察那只精美的耳饰由谁佩带,就劝齐王立谁为夫人。

【原文】

甘茂相秦惠王,惠王爱公孙衍,与之闲有所言,曰:"寡人将相子。"甘茂之吏道穴闻之,以告甘茂,甘茂入见王,曰:"王得贤相,臣敢再拜贺。"王曰:"寡人托国于子,安更得贤相?"对曰:"将相犀首。"王曰:"子安闻之?"对曰:"犀首告臣"。王怒犀首之泄,乃逐之。

【译文】

甘茂做秦惠王的相,惠王喜爱公孙衍,和他私下有话说:"我准备立你为相。"甘茂手下的小官吏从孔洞里偷听到这件事,就去告诉了甘茂。甘茂进见惠王,说:"大王得到贤相,我冒昧前来拜贺。"惠王说:"我把国家托付给你,怎会另外得到贤相?"甘茂回答说:"您准备立犀首将军公孙衍为相。"惠王说:"你怎么听说的?"甘茂回答说:"公孙衍告诉我的。"惠王对公孙衍泄露秘密很生气。就赶走了他。

【原文】

一曰:犀首,天下之善将也,梁王之臣也。秦王欲得之与治天下,犀首曰:"衍其人臣者也,不敢离主之国"。居期年,犀首抵罪于梁王,逃而入秦,秦王甚善之。樗里疾,秦之将也,恐犀首之代之将也,凿穴于王之所常隐语者,俄而王果与犀首计曰:"吾欲攻韩,奚如?"犀首曰:"秋可矣。"王曰:"吾欲以国累子,子必勿泄也。"犀首反走再拜曰:"受命。"于是樗里疾也道穴听之,矣郎中皆曰:"兵秋起攻韩犀首为将"。于是日也郎中尽知之,于是月也境内尽知之。王召樗里疾曰:"是何匈匈也,何道出?"樗里疾曰:"似犀首也。"王曰:"吾无与犀首言也,其犀首何哉?"樗里疾曰:"犀首也羁旅,新抵罪,其心孤,是言自嫁于众。"王曰:"然"。使人召犀首,已逃诸侯矣。

【译文】

另一种说法:犀首是天下的良将,是梁惠王的臣子。秦惠王想用犀首一起治理国家,犀首说:"我是做人臣子的,不敢离开魏国。"过了一年,犀首因犯罪受到梁王的处罚,逃到秦国,秦王对他很好。樗里疾是秦国的将领,担心犀首会代他为将,在秦王经常说秘密话的地方挖了一个小洞。不久秦王果真和犀首商量,说:"我想攻打韩国,怎么样?"犀首说:"秋天可以。"秦王说:"我想劳你负责国家大事,你一定不要外泄。"犀首倒退着拜两拜说:"接受命令。"这时候樗里疾也从小洞里听到他们的谈话了。秦王近侍都说:"秋天起兵攻打韩国,犀首担任将领。"就在这一天里侍从都知道了,就在这个月里,国境以内都知道。秦王召见樗里疾说:"为什么这样喧哗?消息是从哪里出去的?"樗里疾说:"好像是犀首。"秦王说:"我没有跟犀首讲过,为什么说是犀首讲的呢?"樗里疾说:"犀首在秦国寄居,由于刚受过处罚,心里感到孤单,想通过这样的话取悦于众人。"秦王说:"对。"派人召见犀首,犀首已逃往别国了。

【原文】

堂谿公谓昭侯曰:"今有千金之玉卮,通而无当,可以盛水乎?"昭侯曰:"不可"。"有瓦器而不漏,可以盛酒乎?"昭侯曰:"可。"对曰:"夫瓦器至贱也,不漏,可以盛酒。虽有乎千金之玉卮,至贵,而无当,漏,不可盛水,则人孰注浆哉?今为人主而漏其群臣之语,是犹无当之玉卮也,虽有圣智,莫尽其术,为其漏也。"昭侯曰:"然。"昭侯闻堂谿公之言,自此之后,欲发天下之大事,未尝不独寝,恐梦言而使人知其谋也。

【译文】

堂溪公对韩昭侯说:"假如有个价值千金的玉杯,上下贯通没有底子,可以用来盛水吗?"昭侯说:"不可以。""有陶器不漏水,可以用来盛酒吗?"昭侯说:"可以。"堂谿公说:"陶器是最不值钱的,如果不漏,就可用它盛酒。虽然有价值千金的玉杯,最值钱,但没有底,不能盛水,那么还有什么人往里面倒饮料呢?现在贵为人君而泄漏群臣言论,这就好像没有底的玉杯一样。臣下虽有极高的智慧,也不肯充分献出自己的谋略,因为怕它被泄露出去。"昭侯说:"对。"昭侯听了堂谿公的话,从这以后,想对天下采取大的行动,没有不是单独睡觉的,唯恐说梦话而让别人知道计谋。

【原文】

一曰:堂溪公见昭侯曰:"今有白玉之卮而无当,有瓦卮而有当,君渴,将何以饮？"君曰："以瓦卮。"堂溪公曰："白玉之卮美，而君不以饮者，以其无当耶？"君曰："然。"堂溪公曰："为人主而漏泄其群臣之语，譬犹玉卮之无当。"堂溪公每见而出，昭侯必独卧，惟恐梦言泄于妻妾。

【译文】

另一种说法：堂谿公进见韩昭侯说："假如有白玉杯而没底，有陶瓷杯而有底。你渴了，将用什么喝水？"昭侯说："用陶瓷杯。"堂谿公说："白玉杯很美，而您不用它喝水，是因为它没有底吧？"昭侯说："是的。"堂谿公说："做君主的泄露群臣的言论，就好比玉杯没有底。"堂谿公每次进见完出去后，昭侯必定单独睡觉，唯恐讲梦话泄密给妻妾。

【原文】

申子曰："独视者谓明，独听者谓聪。能独断者，故可以为天下主。"

【译文】

申不害说："能独自观察问题叫明，能独自听取意见叫聪；能独自决断的人，就可以做天下的王。"

说 三

【原文】

宋人有酤酒者，升概甚平，遇客甚谨，为酒甚美，县帜甚高，着然不售，酒酸，怪其故，问其所知，问长者杨倩，倩曰："汝狗猛耶？"曰："狗猛则酒何故而不售？"曰："人畏焉。或令孺子怀钱挈壶瓮而往酤，而狗迓而龁之，此酒所以酸而不售也"。夫国亦有狗，有道之士怀其术而欲以明万乘之主，大臣为猛狗迎而龁之，此人主之所以蔽胁，而有道之士所以不用也。故桓公问管仲："治国最奚患？"对曰："最患社鼠矣。"公曰："何患社鼠哉？"对曰："君亦见夫为社者乎？树木而涂之，鼠穿其间，掘穴托其中，熏之则恐焚木，灌之则恐涂阤，此社鼠之所以不得也。今人君之左右，出则为势重而收利于民，入则比周而蔽恶于君，内间主之情以告外，外内为重，诸臣百吏以为富，吏不诛则乱法，诛之则君不安，据而有之，此亦国之社鼠也。故人臣执柄而擅禁，明为己者必利，而不为己者必害，此亦猛狗也。夫大臣为猛狗而龁有道之士矣，左右又为社鼠而间主之情，人主不觉，如此，主焉得无壅，国焉得无亡乎？"

【译文】

宋国有一个卖酒的人，量酒非常公平，待客非常殷勤，酿酒非常醇美，酒旗挂得又高又显眼,但却卖不出去,酒都变酸了。他对此感到诧异,不知原因何在,就去问他熟悉的地方长老杨倩,杨倩说:"你养的狗凶吗?"他说:"狗凶。可是酒为什么就卖不出去呢?"杨倩说:"人们怕狗呀。有人让小孩子揣着钱拿着壶瓮去买酒,猛狗却迎上来咬他。这就是酒变酸而卖不出去的原因。"国家也有猛狗。法术之士怀有治国的策略,想使大国的君主明察起来,大臣却像猛狗一样迎上去乱咬,这也就是君主被蒙蔽和挟持,而法术之士不能受到重用的原因所在。所以齐桓公问管仲:"治理国家最怕什么?"管仲回答说:"最怕社坛里的老鼠呀。"桓公说:"干吗要怕社坛里的老鼠呢?"管仲回答说:"您曾看见过那些做社坛的人吗?把木头树起来,涂上泥巴,老鼠咬穿了木头,挖洞藏身在里面,用烟火熏它吧,又怕涂上的泥巴掉下来:这就是捉不到社鼠的原因。现在君主身边的近侍,在朝廷外就卖弄权势,从民众那里榨取利益;在朝廷内就紧密勾结,在君主面前隐瞒罪恶。在宫内刺探君主的情况告诉宫外的同党,内外勾结助长权势,群臣百官以此获得富贵。官吏不诛杀他们,国法就要受到扰乱;诛杀他们,君主就不得安宁。他们控制着君主,也就是国家的社鼠啊。所以臣子掌握权势,操纵法令,向人表明:为他卖力的人必有好处,不为他卖力的人必有祸患。这也就是猛狗。大臣既像猛狗一样迫害法术之士,左右近侍又像社鼠一样刺探君主内情,而君主却不能察觉。这样,君主怎能不受蒙骗,国家怎能不衰亡呢?"

【原文】

　　一曰:宋之酤酒者有庄氏者,其酒常美。或使仆往酤庄氏之酒。其狗龁人,使者不敢往,乃酤佗家之酒,问曰:"何为不酤庄氏之酒?"对曰:"今日庄氏之酒酸。"故曰:不杀其狗则酒酸。一曰。桓公问管仲曰:"治国何患?"对曰:"最苦社鼠。夫社木而涂之,鼠因自托也。熏之则木焚,灌之则涂阤,此所以苦于社鼠也。今人君左右,出则为势重以收利于民,入则比周谩侮蔽恶以欺于君,不诛则乱法,诛之则人主危,据而有之,此亦社鼠也。故人臣执柄擅禁,明为己者必利,不为己者必害,亦猛狗也。故左右为社鼠,用事者为猛狗,则术不行矣。"

【译文】

　　另一种说法:宋国卖酒的人中有个叫庄氏的,他的酒一直很美。有人派仆人前去买庄氏的酒,庄家的狗乱咬,仆人不敢去,就买了别家的酒。有人问道:"为什么不买庄氏的酒?"仆人回答说:"今天庄氏的酒酸。"所以说,不杀掉庄氏的狗,酒就会变酸。桓公问管仲说:"治理国家害怕什么?"管仲回答说:"最怕社鼠。社坛,立了木头,涂上泥巴,老鼠趁势藏身在里面。用烟熏它，木头就会烧毁；用水灌它，涂上的泥巴就会掉下来。这就是人们苦于社鼠的原因。现在君主的左右近侍，在朝廷外就卖弄权势，从民众那里榨取利益，在朝廷内就紧密勾结，欺瞒隐罪来蒙骗君主。不诛杀他们，就会扰乱国法；诛杀他们，君主就会不安。他们控制着君主，也就是社鼠了。所以臣子掌握权势，操纵法令，向人表明：为他卖力的人必有好处，不为他卖力的人必有祸患。这也就是猛狗。所以左右近侍像社鼠，掌权的大臣像猛狗，治国的法术就行不通了。"

【原文】

尧欲传天下于舜，鲧谏曰："不祥哉！孰以天下而传之于匹夫乎？"尧不听，举兵而诛，杀鲧于羽山之郊。共工又谏曰："孰以天下而传之于匹夫乎？"尧不听，又举兵而诛，共工于幽州之都。于是天下莫敢言无传天下于舜。仲尼闻之曰："尧之知，舜之贤，非其难者也。夫至乎诛谏者必传之舜，乃其难也"。一曰："不以其所疑败其所察则难也。"

【译文】

尧想把天下传让给舜。鲧劝谏道："不吉利啊！谁会把天下传让给平民呢？"尧不听，起兵在羽山郊外诛杀了鲧。共工又劝谏道："谁会把天下传让给平民呢？"尧不听，又起兵在幽州都城杀了共工。于是天下没有人敢说不要把天下传让给舜。孔子听到后说："尧知道舜的贤明，并不是困难的事。至于杀掉那些劝阻一定传位给舜的人，确实是困难的。"另一种说法是，孔子说："不因为进谏的人提出疑问而败坏自己明察的事情才是困难的啊。"

【原文】

荆庄王有茅门之法曰："群臣大夫诸公子入朝，马蹄践溜者，廷理斩其輈，戮其御。"于是太子入朝，马蹄践溜，廷理斩其輈，戮其御。太子怒，入为王泣曰："为我诛戮廷理。"王曰："法者所以敬宗庙，尊社稷。故能立法从令尊敬社稷者，社稷之臣也，焉可诛也？夫犯法废令不尊敬社稷者，是臣乘君而下尚校也。臣乘君则主失威，下尚校则上位危。威失位危，社稷不守，吾将何以遗子孙？"于是太子乃还走，避舍露宿三日，北面再拜请死罪。

【译文】

楚庄王有外朝的法规是："群臣、大夫、诸公子入朝，有马蹄踏到屋檐下滴水处的，执法官砍断他的车辕，杀掉他的车夫。"这期间太子入朝，马蹄踩到屋檐下滴水的地方，执法官砍断他的车辕，杀了他的车夫。太子发怒了，进去向庄王哭泣道："替我报仇，杀了执法官。"庄王说："法是用来敬宗庙，尊社稷的。所以能确定法制，遵从法令，尊敬社稷的，是国家的臣子，怎么可以诛杀呢？违犯法制，废除法令，不尊敬社稷的，是臣下凌驾君主之上，臣下侵犯君主。臣下凌驾君主之上，君主就失去威势，臣下侵犯君主，君主的地位就危险。威势失去，地位危险，国家不能保有，我将拿什么传给子孙？"于是太子就回头跑开，躲避到外面露宿了三天，面北一再拜请给予死罪。

【原文】

一曰：楚王急召太子。楚国之法，车不得至于茆门。天雨，廷中有潦，太子遂驱车至于茆门。廷理曰："车不得至茆门，非法也。"太子曰："王召急，不得须无潦。"遂驱之，廷理举殳而击其马，败其驾。太子入为王泣曰："廷中多潦，驱车至茆门，廷理曰非法也，举殳击臣马，败臣驾，王必诛之。"王曰："前有老主而不逾，后有储主而不属，矜矣。是真吾守法之臣也。"乃益爵二级，而开后门出太子。"勿复过。"

【译文】

另一种说法：楚王急召太子。楚国法令规定，车子不准坐到第二道门。天下着雨，院子里有积水，太子就把车子赶到了第二道门。执法官说："车子不能到达第二道门。到达第二道门是不合法的。"太子说："国王召唤得很急，我不能等到没有积水。"接着就赶马向前。执法官举起兵器刺向太子的马，摧毁太子的车。太子进去，对楚王哭诉道："院子里积水很多，我赶车到了第二道门。执法官说不合法，举起兵器刺我的马，毁我的车。父王一定要杀了他。"楚王说："前有年老的君主，他不越规办事；后有接位的太子，他也不去依附，贤啊！这真是我守法的臣子。"于是就给执法官加了两级爵位，开了后门让太子出去，说："不要再犯类似的错误。"

【原文】

卫嗣君谓薄疑曰："子小寡人之国以为不足仕，则寡人力能仕子，请进爵以子为上卿。"乃进田万顷。薄子曰："疑之母亲疑，以疑为能相万乘所不窕也。然疑家巫有蔡妪者，疑母甚爱信之，属之家事焉。疑智足以信言家事，疑母尽以听疑也。然已与疑言者，亦必复决之于蔡妪也。故论疑之智能，以疑为能相万乘而不窕也；论其亲，则子母之间也；然犹不免议之于蔡妪也。今疑之于人主也，非子母之亲也，而人主皆有蔡妪。人主之蔡妪，必其重人也。重人者，能行私者也。夫行私者，绳之外也；而疑之所言，法之内也。绳之外与法之内，雠也，不相受也。"

【译文】

卫嗣君对薄疑说："你嫌我国家小，以为不值得做官，我可是有能力满足你做官的要求，让你进爵做上卿。"就给了薄疑一万顷土地。薄疑说："我的母亲爱我,认为我能做到大国的相并有余力。但我家有个姓蔡的老巫婆,我母亲非常喜爱并听信她,把家政都委托给她。我的智慧足以议论家事,我的母亲也完全听信我。然而母亲已经和我商量过的事,还要由蔡巫婆再来决定。所以要说我的智慧才能,母亲认为我能做大国的相而有余力;要说亲密关系,则是母子两人。即使这样,母亲还是不免要和蔡巫婆商量。现在我和君主,没有母子之间的亲密关系,而君主身边却都是蔡巫婆之类的人物。君主身边的蔡巫婆,一定是握有权势的人。握有权势的人是能够行私的人。那些行私的人,是可以逍遥法外的;而我讲的,则是按法办事。非法与合法,是完全对立的,是不能相容的。"

【原文】

一曰:卫君之晋,谓薄疑曰:"吾欲与子皆行。"薄疑曰:"媪也在中,请归与媪计之。"卫君自请薄媪,薄媪曰:"疑,君之臣也,君有意从之,甚善。"卫君曰:"吾以请之媪,媪许我矣。"薄疑归言之媪也,曰:"卫君之爱疑奚与媪?"媪曰:"不如吾爱子也。""卫君之贤疑奚与媪也?"曰:"不如吾贤子也"。"媪与疑计家事,已决矣,乃请决之于卜者蔡妪。今卫君从疑而行,虽与疑决计,必与他蔡妪败之,如是则疑不得长为臣矣。"

【译文】

另一种说法:卫君要去晋国,对薄疑说:"我想和你一起走。"薄疑说:"老太太在家里,请让我回去和她商量一下。"卫君亲自请问薄疑的老母亲。薄疑母亲说:"薄疑是您的臣子,您有意让他随从您,很好。"卫君对薄疑说:"我已经问过你母亲,她答应我了。"薄疑回家,向母亲谈起这件事,说:"卫君对我的爱和您对我的爱比起来,怎么样呢?"老太太说:"不如我爱你。""卫君说我能干和母亲说我能干比起来,怎么样呢?"老太太说:"不如我说你能干。""您和我商量家事,已经决定了的,还要和占卜的蔡老婆子商量后才决定。现在卫君想让我跟他一起走,虽已和我说定,日后必会和其他像蔡老婆子一样的人去败坏它,这样一来,我就不能长久做臣子了。"

【原文】

夫教歌者,使先呼而诎之,其声反清征者乃教之。

【译文】

教歌的人先叫学唱的人放声高呼,然后转变音调。对那些能在转音之后回复到清越徵音的,才加以教授。

【原文】

一曰:教歌者,先揆以法,疾呼中宫,徐呼中征。疾不中宫,徐不中征,不可谓教。

【译文】

另一种说法:教歌的人先用音法测验,要求学唱的人急呼合于宫调,慢呼合于徵调。急呼不合宫调,慢呼不合徵调,就不能算是教歌。

【原文】

吴起,卫左氏中人也。使其妻织组而幅狭于度,吴子使更之,其妻曰:"诺。"及成,复度之,果不中度,吴子大怒。其妻对曰:"吾始经之而不可更也。"吴子出之,其妻请其兄而索入,其兄曰:"吴子,为法者也。其为法也,且欲以与万乘致功,必先践之妻妾然后行之,子毋几索入矣。"其妻之弟又重于卫君,乃因以卫君之重请吴子,吴子不听,遂去卫而入荆也。

【译文】

吴起是卫国左氏邑中乡的人,让他妻子织丝带,结果幅宽比要求的尺度窄些。吴起让她改一下,他妻子说:"行。"等到织成,又量了量,结果还是不符合要求的尺度,吴起非常生气。他妻子回答说:"我开头就把经线确定好了。不可以更改了。"吴起休掉了她。吴起妻子请求哥哥去要求回去。她哥哥说:"吴起是制定法令的人,他制定法令,是想用来为大国建立功业。他必须首先在自己妻妾身上兑现,然后才能推行开去,你不要希望回去了。"吴起妻子的弟弟被卫君重用,就凭着被卫君器重的身份去请求吴起。吴起不听从,便离开卫国到楚国去了。

【原文】

一曰:吴起示其妻以组曰:"子为我织组,令之如是。"组已就而效之,其组异善。起曰:"使子为组,令之如是,而今也异善何也?"其妻曰:"用财若一也,加务善之。"吴起曰:"非语也。使之衣归。"其父往请之,吴起曰:"起家无虚言。"

【译文】

另一种说法:吴起把丝织的带拿给他妻子看过,说:"你为我织条丝带,织成这样。"丝带织成后一经比较,新织的那条特别好。吴起说:"让你织条丝带,要求像样品一样。现在织得特别好,为什么?"他妻子说:"用的材料是一样的,只是额外多用了工夫,所以更好。"吴起说:"这不是我的吩咐。"让她穿好衣服,把她休回娘家。她父亲前去求情,吴起说:"我在家从不说空话。"

【原文】

晋文公问于狐偃曰:"寡人甘肥周于堂,卮酒豆肉集于宫,壶酒不清,生肉不布,杀一牛遍于国中,一岁之功尽以衣士卒,其足以战民乎?"狐子曰:

"不足。"文公曰:"吾弛关市之征而缓刑罚,其足以战民乎?"狐子曰:"不足。"文公曰:"吾民之有丧资者,寡人亲使郎中视事;有罪者赦之;贫穷不足者与之;其足以战民乎?"狐子对曰:"不足。此皆所以慎产也。而战之者,杀之也。民之从公也,为慎产也,公因而迎杀之,失所以为从公矣。"曰:"然则何如足以战民乎?"狐子对曰:"令无得不战。"公曰:"无得不战奈何?"狐子对曰:"信赏必罚,其足以战。"公曰:"刑罚之极安至?"对曰:"不辟亲贵,法行所爱。"文公曰:"善。"明日令田于圃陆,期以日中为期,后期者行军法焉。于是公有所爱者曰颠颉后期,吏请其罪,文公陨涕而忧。吏曰:"请用事焉。"遂斩颠颉之脊,以徇百姓,以明法之信也。而后百姓皆惧曰:"君于颠颉之贵重如彼甚也,而君犹行法焉,况于我则何有矣?"文公见民之可战也,于是遂兴兵伐原,克之。伐卫,东其亩,取五鹿。攻阳,胜虢,伐曹。南围郑,反之陴。罢宋围,还与荆人战城濮,大败荆人,返为践土之盟,遂成衡雍之义。一举而八有功。所以然者,无他故异物,从狐偃之谋,假颠颉之脊也。

【译文】

晋文公向狐偃询问道:"我把美味甘食遍赐朝内臣子,只有少量的酒肉放在宫内。酒酿成后尚未澄清就给大家饮,鲜肉不经存放就煮给大家吃,杀一头牛也要普遍分给国人,一年织成的布都给士兵做衣服穿,这足以使民众为我打仗了吧?"狐偃说:"还不行。"文公说:"我的民众有丧失财产的,我亲自派遣郎中去查看;对有罪的人予以赦免,对贫穷不足的人布施恩惠。这足以使民众为我打仗了吧?"狐偃回答说:"还不行。这些都是满足民众生存要求的办法。而要他们打仗,等于要杀死他们。民众追随您,是为了顺顺当当地活着,您却违反他们的意愿而杀掉他们,也就失去了民众跟从您的理由了。"文公说:"那么,要怎样做才足以使民众为我打仗呢?"狐偃说:"使他们不得不去打仗。"文公说:"不得不去打仗怎么说呢?"狐偃回答说:"有功必赏,有罪必罚,大概足以使他们打仗了。"文公说:"怎样达到刑罚的最高境界?"狐偃回答说:"刑罚不避开亲近和显贵的人,法治实施到你宠爱的人。"文公说:"好。"第二天,下令在圃陆打猎,约定以中午为期限,迟到的按军法处置。这时有个文公爱重的名叫颠颉的人迟到了,官吏请君主定他的罪,文公掉着眼泪,很是犯愁。官吏说:"请让我对他用刑。"于是腰斩了颠颉,拿他向百姓巡示,用来表明有法必依。此后百姓都非常害怕,说:"国君对颠颉的爱是那么深切,尚且按法治罪,何况对于我们,有什么值得留情的呢。"文公见百姓可用以打仗了,于是就起兵攻打原国,战胜了对方。攻打卫国,让卫国的田亩阡陌方向改为东西向,占领了五鹿地区。攻取阳樊,战胜虢国,讨伐曹国。向南围困郑国,破坏了郑国的城垛,解除对宋国的包围。回兵和楚军在城濮开战,大败楚军。班师北上,主持了在践土举行的盟会;接着又成就了衡雍的结盟。一下子就建立了八项功业。所以能够这样,没有其他原因,只是由于听从了狐偃的主张,借用了颠颉的脊梁。

【原文】

夫痤疽之痛也,非刺骨髓,则烦心不可支也;非如是不能使人以半寸砥石弹之。今人主之于治亦然,非不知有苦则安;欲治其国,非如是不能听圣知而诛乱臣。乱臣者,必重人。重人者,必人主所甚亲爱也。人主所甚亲爱也者,是同坚白也。夫以布衣之资,欲以离人主之坚白、所爱,是以解左髀说右髀者,是身必死而说不行者也。

【译文】

痤疽的疼痛,不用石针刺入骨髓,心里的烦苦就支持不了;如果不是这样,也就不肯让人用半寸长的石针去刺它。现在君主治理国家也是这样,不是不知道只有经过苦痛才能平安。要想治理好国家,不是这样就不能听信圣人智士而镇压作乱的奸臣。作乱的奸臣,一定是握有权势的人;握有权势的人,一定是君主非常亲近宠信的人。君主非常亲近宠信的人,就像坚和白不能离开石头而独立存在一样,不能离开君主而存在。以普通人的身份,想要把君主和他所亲近的权臣分开,等于是劝说右腿同意割掉左腿一样,是不可能办到的。这样一来,自己一定会遭杀害,而主张仍然不会被采纳的。

外储说右下第三十五

一

【原文】

赏罚共则禁令不行,何以明之?明之以造父、䮄。子罕为出彘,田恒为囿池,故宋君、简公弑。患在王良、造父之共车,田连、成窍之共琴也。

【译文】

君臣共同掌握赏罚大权,法令就不能推行,怎么说明这个道理呢?用造父、王良驾马的事来说明。子罕就像突然窜出的猪,田恒就像田囿里的水池,所以宋君和齐简公终于被他们杀掉了。祸害表现在王良、造父共驾一辆车而无法指挥马,田连、成窍共弹一张琴而不能成曲调。

二

【原文】

治强生于法,弱乱生于阿,君明于此,则正赏罚而非仁下也。爵禄生于功,诛罚生于罪,臣明于此,则尽死力而非忠君也。君通于不仁,臣通于不忠,则可以王矣。昭襄知主情,而不发五苑;田鲔知臣情,故教田章;而公仪辞鱼。

【译文】

国家的安定和强大来自依法办事,国家的衰弱和动乱来自枉法办事,君主明白这个道理,就要公正地实行赏罚而不对下面讲仁爱。爵位和俸禄来自功劳,杀戮和惩罚来自罪行,臣子明白这个道理,就会卖命出力而不对君主效私忠。君主明白不讲仁爱的道理,臣子明白不讲私忠的道理,就可以称王天下了。秦昭王懂得做君主的道理,所以不散发五苑的瓜果蔬菜去救济民众;田鲔懂得做臣子的道理,所以教育田章一切要从利害出发;公仪休虽爱吃鱼却不接受别人送的鱼,唯恐因此失去相位。

三

【原文】

明主者,鉴于外也,而外事不得不成,故苏代非齐王。人主鉴于士也,而居者不适不显,故潘寿言禹情。人主无所觉悟,方吾知之,故恐同衣于族,而况借于权乎?吴章知之,故说以偾,而况借于诚乎?赵王恶虎目而壅;明主之道,如周行人之却卫侯也。

【译文】

明君要借鉴国外的经验,然而对国外的事情借鉴不当还是不能成功,于是就有苏代批评齐王不信大臣的故事。君主要借鉴上古的事情,然而听隐士的话而借鉴不当还是不能显耀自己,于是就有潘寿谈论夏禹传位的故事。君主对这些一无所悟,方吾却懂得这个道理,所以他提到古礼上说穿同一服装的人不坐同一辆车子,同一家族的人不住一起,何况把君权随便转让给别人呢!吴章懂得这个道理,因此劝说君主连假的爱憎都不能表露出来,何况把真情流露给人呢!赵王厌恶老虎眼睛,结果却受到蒙蔽。明君的治国方法,就要像周王朝的外交官阻挡卫侯那样维护君主尊严。

四

【原文】

人主者,守法责成以立功者也。闻有吏虽乱而有独善之民,不闻有乱民而有独治之吏,故明主治吏不治民。说在摇木之本,与引网之纲。故失火之啬夫,不可不论也。救火者,吏操壶走火、则一人之用也,操鞭使人、则役万夫。故所遇术者,如造父之遇惊马,牵马推车则不能进,代御执辔持策则马咸骛矣。是以说在椎锻平夷,榜檠矫直。不然,败在淖齿用齐戮闵王,李兑用赵饿主父也。

【译文】

君主是依靠严守法令,责求臣下完成任务来建立功业的人。只听说官吏虽然胡作非为而仍有自行守法的民众,没听说民众作乱时仍有自行依法办事的官吏,所以明君致力于管理好官吏而不去管理民众。有关的解说在摇树要摇干、拉网要拉纲的故事里。所以失火时主管官员的作用是不能不弄清的。救火时,主管官员自己提壶赴火,只能起一个人的作用;如果拿着鞭子指挥,就能驱使上万的人去救火。所以对待法术,就像造父遇到惊马一样,别人牵马推车还是不能前进,而他夺过缰绳和马鞭代为驾驭,就能使几匹马一齐奔驰向前。因此这种说法可以借榫头、砧石用来整治不平,榜檠用来矫正不直的道理加以解释,不然的话,失败就会如同淖齿在赵国掌权而杀死齐闵王,李兑在齐国掌权而饿死主父。

五

【原文】

因事之理则不劳而成,故兹郑之踞辕而歌以上高梁也。其患在赵简主税吏请轻重,薄疑之言国中饱;简主喜而府库虚,百姓饿而奸吏富也。故桓公巡民而管仲省腐财怨女。不然,则在延陵乘马不得进,造父过之而为之泣也。

【译文】

遵循事物法则办事,不必劳苦就能成功。所以兹郑坐在车辕上唱歌来吸引行人帮他把车推上高桥。相应的祸害表现在赵简子的税官请求收税标准;薄疑说"国中饱",赵简子误认为国家富强而高兴,实际上却是府库空虚,百姓挨饿而奸吏富足。所以齐桓公视察民间发现有人家贫无妻,因而同意管仲发放国家多余财物、嫁出官中未用妇女。不遵循事物法则,就如同延陵卓子用自相矛盾的方法驾马,造父路过遇见后为之哭泣。

说 一

【原文】

造父御四马,驰骤周旋而恣欲于马。恣欲于马者,擅辔策之制也。然马惊于出彘,而造父不能禁制者,非辔策之严不足也,威分于出彘也。王子于期为驸驾,辔策不用而择欲于马,擅刍水之利也。然马过于圃池而驸马败者,非刍水之利不足也,德分于圃池也。故王良、造父,天下之善御者也,然而使王良操左革而叱咤之,使造父操右革而鞭笞之,马不能行十里,共故也。田连、成窍,天下善鼓琴者也,然而田连鼓上,成窍擫下,而不能成曲,亦共故也。夫以王良、造父之巧,共辔而御不能使马,人主安能与其臣共权以为治?以田连、成窍之巧,共琴而不能成曲,人主又安能与其臣共势以成功乎?

【译文】

造父驾驭拉车四马,时而向前奔驰,时而绕圈打转,是那么得心应手。之所以能如此得心应手地驭马,是因为他有独掌马缰和马鞭的权力。然而马被突然窜出来的猪所惊吓,造父不能控制的原因,并不是马缰和马鞭的威力不足,而是窜出来的猪把这种威力分散了。王良驾驭副车,不用马缰和马鞭,而是根据马的喜好,善用草料和水进行控制。然而马经过草圃水池而副车失去控制的原因,并不是草料和水不充足,而是草圃水池把马的注意力分散了。所以,王良、造父是天下驭车能手,然而使王良掌握马勒的左边大声呵斥,使造父掌握马勒的右边用鞭抽打,马连十里也走不上,这是由于两人共同驾驭、相互干扰的缘故。田连、成窍都是天下善于弹琴的人,然而让田连在琴首弹拨,让成窍在琴尾按捺,却不能构成曲调,也是由于两人共用一物的缘故。以王良、造父技能的高超,共掌马缰驾驭,却不能驱使马,君主怎能跟他的臣子共掌权力而治理国家?

【原文】

一曰:造父为齐王驸驾,渴马服成。效驾圃中,渴马见圃池,去车走池,驾败。王子于期为赵简主取道争千里之表,其始发也,彘伏沟中,王子于期齐辔策而进之,彘突出于沟中,马惊驾败。

【译文】

另一种说法:造父作为齐王副车的车夫,用控制饮水的方法把马训练成功,在园圃里试车。渴马见了圃中水池,就离开车子跑去,试车因此失败。王良驾车为赵简子争夺长途赛马的锦标。车子刚出发时,有头猪伏在沟里,当王良快马加鞭前进时,猪突然从沟里窜出,马受到惊吓,驾车失败。

【原文】

司城子罕谓宋君曰:"庆赏赐与,民之所喜也,君自行之。杀戮诛罚,民之所恶也,臣请当之。"宋君曰:"诺。"于是出威令,诛大臣,君曰"问子罕"也。于是大臣畏之,细民归之。处期年,子罕杀宋君而夺政。故子罕为出彘以夺其君国。

【译文】

司城子罕对宋君说:"奖励、赏赐是民众喜欢的,请君主自己去施行;杀戮、刑罚是民众所憎恶的,请让我来掌管。"宋君说:"行。"于是发布严令、诛杀大臣,宋君总问子罕。于是大臣害怕子罕,平民归附子罕。过了一年,子罕杀了宋君,夺取政权。所以说,子罕就像突然窜出来的猪一样夺取了宋君的国家。

【原文】

简公在上位,罚重而诛严,厚赋敛而杀戮民。田成恒设慈爱,明宽厚。简公以齐民为渴马,不以恩加民,而田成恒以仁厚为圃池也。

【译文】

齐简公处在君位,刑罚重而诛杀严厉,赋税重而杀戮百姓。田成子对百姓表示慈爱,显示宽厚。简公把齐国的民众当作渴马,不对他们施恩,而田成子用仁厚作为草圃水池来争取他们。

【原文】

一曰:造父为齐王驸驾,以渴服马,百日而服成。服成请效驾,齐王曰:"效驾于圃中。"造父驱车入圃,马见圃池而走,造父不能禁。造父以渴服马久矣,今马见池,駻而走,虽造父不能治。今简公之以法禁其众久矣,而田成恒利之,是田成恒倾圃池而示渴民也。

【译文】

另一种说法:造父作为齐王副车的车夫,用控制饮水的方法训马,一百天后把马训成了。训成后,请求驾车给齐王看,齐王说:"在草圃中驾车给我看。"造父把车赶入草圃,马看见圃中水池就跑了过去,造父不能阻止。造父用控制饮水的方法训马已有很长时间了,现在马一看见水池,就凶悍地跑去,即使造父也控制不住。现在齐简公用法令禁锢百姓很久了,而田成子却给百姓好处,这好比田成子倾倒出圃池里的水给陷于饥渴的百姓喝。

【原文】

一曰:王子于期为宋君为千里之逐。已驾,察手吻文。且发矣,驱而前之,轮中绳引而却之,马掩迹。拊而发之,彘逸出于窦中,马退而却,筴不能进前也,马駻而走,辔不能正也。

【译文】

另一种说法:王良为宋君进行千里赛马。车已备好,马情况正常。将要出发,王良赶车前进,轮子正好对着车辙;赶车后退,马的前蹄正好掩盖了后蹄的脚印。策马出发,猪从洞里跑出来。马受惊而后退缩,鞭打也不能使它前进;马凶悍地乱奔,缰绳也管不住了。

【原文】

一曰:司城子罕谓宋君曰:"庆赏赐予者,民之所好也,君自行之。诛罚杀戮者，民之所恶也，臣请当之。"于是戮细民而诛大臣，君曰"与子罕议之"。居期年，民知杀生之命制于子罕也，故一国归焉。故子罕劫宋君而夺其政，法不能禁也。故曰："子罕为出彘，而田成常为囿池也。"令王良、造父共车，人操一边辔而入门闾，驾必败而道不至也。令田连、成窍共琴，人抚一弦而挥，则音必败曲不遂矣。

【译文】

另一种说法，司城子罕对宋君说："奖励、赏赐是民众喜欢的，请君主自己去施行；杀戮、刑罚是民众所憎恶的，请让我来掌管。"于是屠戮百姓和诛杀大臣，宋君就说："去和子罕商量吧。"过了一年，百姓知道生杀大权掌握在子罕手里，所以全国都依附了他。所以子罕挟持宋君，篡夺了政权，法令不能禁止。所以说："子罕是窜出的猪，田成子是囿池中的水。"让王良、造父共驾一辆车，一人掌握一边的经缰从里巷门中出发，驾驭定会失败，目的地一定到达不了。让田连、成窍共弹一张琴，一人按一根弦弹，弹奏就必定失败，曲子无法演完。

说 二

【原文】

秦昭王有病，百姓里买牛而家为王祷。公孙述出见之，入贺王曰："百姓乃皆里买牛为王祷。"王使人问之，果有之。王曰："訾之人二甲。夫非令而擅祷，是爱寡人也。夫爱寡人，寡人亦且改法而心与之相循者，是法不立，法不立，乱亡之道也。不如人罚二甲而复与为治。"

【译文】

秦昭王生病，每个里的百姓都买牛祭神，家家为他祈祷。公孙述出门看见这种情形，入宫祝贺昭王说："百姓都已在买牛为您祈祷。"昭王派人查问，果有这回事。昭王说："罚他们每人出两副甲。没有命令而擅自祈祷，这是爱我。他们爱我，我如果也改变法令，用同样的心去爱他们，这样法就立不起来；法立不起来，是乱国亡身之道。不如每人罚两副甲，重新跟他们搞好国家的治理。"

【原文】

一曰：秦襄王病，百姓为之祷，病愈，杀牛塞祷。郎中阎遏、公孙衍出见之曰："非社腊之时也，奚自杀牛而祠社？"怪而问之。百姓曰："人主病，为之祷,今病愈,杀牛塞祷。"阎遏、公孙衍说,见王,拜贺曰:"过尧、舜矣。"王惊曰:"何谓也?"对曰:"尧、舜,其民未至为之祷也,今王病,而民以牛祷,病愈,杀牛塞祷,故臣窃以王为过尧、舜也"。王因使人问之何里为之,訾其里正与伍老屯二甲。阎遏、公孙衍愧不敢言。居数月,王饮酒酣乐,阎遏、公孙衍谓王曰:"前时臣窃以王为过尧、舜,非直敢谀也。尧、舜病,且其民未至为之祷也。今王病而民以牛祷,病愈,杀牛塞祷。今乃訾其里正与伍老屯二甲,臣窃怪之。"王曰:"子何故不知于此。彼民之所以为我用者,非以吾爱之为我用者也,以吾势之为我用者也。吾释势与民相收,若是,吾适不爱,而民因不为我用也,故遂绝爱道也。"

【译文】

另一种说法:秦昭王生病,百姓为他祈祷;病好后,百姓杀牛向神还愿。侍从官阎遏、公孙衍出门看见了,说:"现在不是祭土地神和腊祭的时候,为什么要杀牛祭袍呢?"他们感到奇怪,就问百姓。百姓说:"国君生病,我们为他祈祷;现在他病好了,我们杀牛向神还愿。"阎遏、公孙衍很高兴,晋见昭王拜贺道:"您胜过尧、舜了。"昭王吃惊地说:"此话怎讲?"他们答说:"尧和舜,还没到百姓为他们祈祷的地步。现在大王生病,百姓用牛许愿;大王病愈,百姓杀牛还愿。所以我们私下认为大王是胜过尧和舜了。"于是昭王派人查问,看是哪个里这样干的,要罚该里的里正和伍老各出两副甲。阎遏、公孙衍惭愧得不敢吭声。过了几个月,昭王饮酒正痛快时,阎遏、公孙衍对昭王说:"前段时间我们私下以为大王胜过尧和舜,并非胆敢故意讨好。尧和舜生病,百姓还不至于为他们祈祷;现在大王生病,百姓用牛许愿,大王病愈,百姓杀牛还愿。现在竟然罚那个里的里正和伍老各出两副甲,我们私下深感奇怪。"昭王说:"你们为什么不懂这些? 那些百姓为我所用的原因,并不是因为我爱他们,他们就为我所用,而是因为我有权势,他们才为我所用。我放弃了权势和他们相互交结,那样的话,我如果不爱他们,他们马上就不为我所用了。所以,终归是应该摒弃仁爱的做法。"

【原文】

秦大饥,应侯请曰:"五苑之草著、蔬菜、橡果、枣栗,足以活民,请发之。"昭襄王曰:"吾秦法,使民有功而受赏,有罪而受诛。今发五苑之蔬草者,使民有功与无功俱赏也。夫使民有功与无功俱赏者,此乱之道也。夫发五苑而乱,不如弃枣蔬而治。"

【译文】

秦国遇到严重饥荒,应侯请求说:"五苑的草木植物,蔬菜、橡树果、枣子、栗子，足以养活百姓，请您开放了。"秦昭王说："我们秦国的法令，是让百姓有功受赏，有罪受罚。现在如果开放五苑的蔬菜瓜果，却是不论有功无功都要让百姓受到赏赐。不论有功无功都让百姓受到赏赐，那是使国家混乱的做法。开放五苑而使国家混乱，不如委弃瓜果蔬菜而使国家太平。"

【原文】

一曰："今发五苑之蓏蔬枣栗足以活民，是用民有功与无功争取也。夫生而乱，不如死而治，大夫其释之。"

【译文】

另一种说法是："如果命令开放五苑的瓜果蔬菜，倒也足以养活百姓，但却会使有功的人和无功的人相互争夺。与其让他们活着而使国家混乱，不如让他们死掉而使国家安定，你们还是放弃自己的主张吧！"

【原文】

田鲔教其子田章曰："欲利而身，先利而君；欲富而家，先富而国。"

【译文】

田鲔教育儿子田章说："你要想自己得到好处，首先要使你的君主得到好处；你要想使家庭富有，首先要使你的国家富有。"

【原文】

一曰：田鲔教其子田章曰："主卖官爵，臣卖智力，故自恃无恃人。"

【译文】

另一种说法：田鲔教育儿子田章说："君主出售爵位给臣子，臣子出售智力给君主。所以说只能自己依靠自己，不能依靠别人。"

【原文】

公仪休相鲁而嗜鱼，一国尽争买鱼而献之，公仪子不受，其弟谏曰："夫子嗜鱼而不受者何也？"对曰："夫唯嗜鱼，故不受也。夫即受鱼，必有下人之色，有下人之色，将枉于法，枉于法则免于相，虽嗜鱼，此不必能自给致我鱼，我又不能自给鱼。即无受鱼而不免于相，虽嗜鱼，我能长自给鱼。"此明夫恃人不如自恃也，明于人之为己者不如己之自为也。

【译文】

公仪休担任鲁相。他爱吃鱼，全国的人都争相买鱼进献给他。公仪休不收，他弟弟规劝说："您爱吃鱼，却不收鱼，为什么？"公仪休回答说："正因为爱吃鱼，我才不收。假如收了，一定会有迁就他们的表现；有迁就他们的表现，就将违背法令；违背法令就会罢免相位。这样一来，我即使爱吃鱼，他们也不一定再给我鱼，我也不能自己再搞到鱼。假使不收鱼，因而不被免相,尽管再爱吃鱼,我也能够经常自己搞到鱼。"这是懂得依靠别人不如依靠自己,懂得靠别人相助,不如自己帮助自己的道理。

说 三

【原文】

子之相燕,贵而主断。苏代为齐使燕,王问之曰:"齐王亦何如主也?"对曰:"必不霸矣。"燕王曰:"何也?"对曰:"昔桓公之霸也,内事属鲍叔,外事属管仲,桓公被发而御妇人,日游于市。今齐王不信其大臣。"于是燕王因益大信子之。子之闻之,使人遗苏代金百镒,而听其所使之。

【译文】

子之担任燕相,地位尊贵并专权独断。苏代为齐国出使燕国,燕王问他说:"齐宣王是怎样的一个君主?"苏代回答说:"一定不会称霸天下了。"燕王说:"为什么?"苏代回答说:"过去齐桓公称霸的时候,朝廷内的事托付给鲍叔牙,朝廷外的事托付给管仲,桓公蓬头散发和宫女厮混,每天在宫中市场游玩。现在的齐王不相信他的大臣。"于是燕王就更加信赖子之。子之听说后,派人赠给苏代一百镒金,随便他派什么用场。

【原文】

一曰:苏代为秦使燕,见无益子之,则必不得事而还,贡赐又不出,于是见燕王乃誉齐王。燕王曰:"齐王何若是之贤也!则将必王乎?"苏代曰:"救亡不暇,安得王哉?"燕王曰:"何也?"曰:"其任所爱不均。"燕王曰:"其亡何也?"曰:"昔者齐桓公爱管仲,置以为仲父,内事理焉,外事断焉,举国而归之,故一匡天下,九合诸侯。今齐任所爱不均,是以知其亡也。"燕王曰:"今吾任子之,天下未之闻也。"于是明日张朝而听子之。

【译文】

另一种说法:苏代为齐国出使燕国,看到不使子之获得好处,就一定不能办成事情回国,奉献和赏赐的东西也不会拿出来。于是见到燕王,就称赞齐王。燕王说:"齐王这样贤明,那不是一定要称王天下了吗?"苏代说:"挽救危亡都来不及,怎么能称王呢?"燕王说:"为什么?"苏代说:"他对所爱的大臣任用不当。"燕王说:"齐国灭亡又是为什么呢?"苏代说:"过去齐桓公敬爱管仲,立为仲父,国内大事由他处理,国外大事由他决断,全国的事都由他掌握,所以能够彻底匡正天下,多次会合诸侯。现在的齐王对所爱的大臣任用不当,所以知道齐国要灭亡。"燕王说:"现在我任用子之,天下的人还没有听说呐。"于是第二天大行朝会,全听子之。

【原文】

潘寿谓燕王曰:"王不如以国让子之。人所以谓尧贤者,以其让天下于许由,许由必不受也,则是尧有让许由之名而实不失天下也。今王以国让子之,子之必不受也,则是王有让子之之名而与尧同行也。"于是燕王因举国而属之,子之大重。

【译文】

潘寿对燕王说:"大王不如把国家让给子之。人们所以说尧很贤明,是因为他把天下让给了许由,而许由又肯定不接受,那就是尧有让天下的名声而实际上又不失去天下。现在大王把国家让给子之,子之肯定不接受,这样就是大王有让国家给子之的名声而和尧有同样的行为。"于是燕王就把国家整个地托付给了子之,子之异常尊贵。

【原文】

一曰:潘寿,阙者。燕使人聘之。潘寿见燕王曰:"臣恐子之之如益也。"王曰:"何益哉?"对曰:"古者禹死,将传天下于益,启之人因相与攻益而立启。今王信爱子之,将传国子之,太子之人尽怀印为,子之之人无一人在朝廷者,王不幸弃群臣,则子之亦益也。"王因收吏玺自三百石以上皆效之子之,子之大重。夫人主之所以镜照者,诸侯之士徒也,今诸侯之士徒皆私门之党也。人主之所以自浅娟者,岩穴之士徒也,今岩穴之士徒皆私门之舍人也。是何也?夺褫之资在子之也。故吴章曰:"人主不佯憎爱人,佯爱人不得复憎也,佯憎人不得复爱也。"

【译文】

另一种说法:潘寿是个隐士。燕王派人召请他。潘寿拜见燕王说:"我担心子之会像益一样。"燕王说:"怎么像益一样呢?"潘寿回答说:"古时禹死时,本打算把天下传给益,禹的儿子启的手下人就相互勾结攻益而立启。现在大王相信宠爱子之,准备把国家传给子之,而太子的手下人都怀有官印,子之的手下人却没有一个在朝廷做官的。大王如果不幸去世,那么子之也就要像益一样了。"燕王因而把官吏的印都收上来,凡是俸禄在三百石以上的官印都交给子之处理,子之的地位大大尊贵了。君主用来作为借鉴的,是诸侯手下的士人们,而现在诸侯手下的士人们都是一些私人的党羽。君主用来作为荣誉的,是隐居山林的士人们,而现在隐居山林的士人们都是一些私人的门客。这是为什么呢?因为剥夺的权力在子之手里。所以吴章说:

"君主不假装恨人或爱人。因为假装爱某人之后,就不好再恨他;假装恨某人之后,就不好再爱他了。"

【原文】

一曰:燕王欲传国于子之也,问之潘寿,对曰:"禹爱益,而任天下于益,已而以启人为吏。及老,而以启为不足任天下,故传天下于益,而势重尽在启也。已而启与友党攻益而夺之天下,是禹名传天下于益,而实令启自取之也。此禹之不及尧、舜明矣。今王欲传之子之,而吏无非太子之人者也。是名传之,而实令太子自取之也。"燕王乃收玺自三百石以上皆效之子之,子之遂重。

【译文】

另一种说法:燕王想把国家传给子之,向潘寿讨教,潘寿回答说:"禹宠爱益,要把天下托付给益,过后不久又把启手下的人任为官吏。禹到年老的时候,又认为启不足以担任天下大事,所以把天下传给益,但权势都在启手中。过后不久启和他的朋党向益进攻,夺了益的天下。这是禹名义上把天下传给益,实际上是叫启自己夺取天下。这表明禹远远比不上尧和舜。现在大王想把国家传给子之,而官吏没有一个不是太子手下的人,这是名义上传子之而实际上让太子自己夺回。"燕王于是收回官印,凡是俸禄在三百石以上的官印都交子之处理,子之地位就尊贵了。

【原文】

方吾子曰:"吾闻之古礼,行不与同服者同车,不与同族者共家,而况君人者乃借其权而外其势乎!"

【译文】

方吾说:"我听说古礼上讲:出外不和穿同样服装的人坐同一辆车,居家不和同一家族的人聚居在一起,何况做君主的把权势外借呢?"

【原文】

吴章谓韩宣王曰:"人主不可佯爱人,一日不可复憎;不可以佯憎人,一日不可复爱也。故佯憎佯爱之征见,则谀者因资而毁誉之,虽有明主不能复收,而况于以诚借人也!"

【译文】

吴章对韩宣王说:"君主不可以假装爱人,否则,其他时候就不能再恨他了;也不可以假装恨人,否则,其他时候就不能再爱他了。所以假装恨、假装爱的感情稍有表现,阿谀奉承者就会根据这个去诋毁或称赞他人。即使是明君也不能再把爱憎收回来的,更何况是把真实的感情表露给人呢!"

【原文】

赵王游于囿中,左右以菟与虎而辍,盼然环其眼,王曰:"可恶哉,虎目也!"左右曰:"平阳君之目可恶过此。见此未有害也,见平阳君之目如此者则必死矣。"其明日,平阳君闻之,使人杀言者,而王不诛也。

【译文】

赵王在花园里游玩,侍从拿兔子给老虎吃又收回来,老虎发怒地圆瞪着眼睛。赵王说:"老虎的眼睛真可恶啊!"侍从说:"平阳君的眼睛比老虎的眼睛还要可恶。看到老虎瞪眼还没有危险,看到平阳君瞪眼,别人就一定要死了。"第二天平阳君听说后,派人杀了进言的侍从,而赵王却不责备平阳君。

【原文】

卫君入朝于周,周行人问其号,对曰:"诸侯辟疆。"周行人却之曰:"诸侯不得与天子同号。"卫君乃自更曰:"诸侯毁。"而后内之。仲尼闻之曰:"远哉禁偪,虚名不以借人,况实事乎!"

【译文】

卫君去朝见周天子,周外交官问卫君的名号,卫君回答说:"诸侯辟疆。"周外交官拒绝他说:"诸侯不能和天子用相同的名号。"卫君于是自动改口说:"诸侯毁。"然后周外交官才接纳了他。孔子听到后说:"禁止冒犯君主,意义是多么深远啊!虚名都不能拿来借给别人,何况有关实权呢?"

说 四

【原文】

摇木者一一摄其叶则劳而不遍,左右拊其本而叶遍摇矣。临渊而摇木,鸟惊而高,鱼恐而下。善张网者引其纲,不一一摄万目而后得则是劳而难,引其纲而鱼已囊矣。故吏者,民之本纲者也,故圣人治吏不治民。

【译文】

摇树的人如果逐一地掀动树叶,即使很劳累,也不能把叶子全部揭遍;如果左右拍打树干,那么所有的树叶就都会晃动了。在深潭的边上摇树,鸟惊而高飞,鱼恐而深游。善于张网捕鱼的人牵引渔网的纲绳,如果逐一地拨弄网眼,然后捉鱼,那就不但劳苦,而且也难以捕到鱼了;牵引网上的纲绳,鱼就自然被网住了。所以官吏是民众的树干和纲绳,因此圣明的君主管理官吏而不去管理民众。

【原文】

救火者,令吏挈壶瓮而走火则一人之用也,操鞭棰指麾而趣使人则制万夫。是以圣人不亲细民,明主不躬小事。

【译文】

救火时,叫主管官员提着水壶水罐跑去救火,只能起一个人的作用;拿了鞭子、短棍指挥,驱使人们,就能役使上万的人去救火。因此圣明的君主不亲自治理民众,不亲自处理小事。

【原文】

造父方耨,得有子父乘车过者,马惊而不行,其子下车牵马,父子推车请造父助我推车,造父因收器辍而寄载之,援其子之乘,乃始检辔持筴,未之用也而马骏惊矣。使造父而不能御,虽尽力劳身助之推车,马犹不肯行也。今身使佚,且寄载,有德于人者,有术而御之也。故国者君之车也,势者君之马也,无术以御之,身虽劳犹不免乱,有术以御之,身处佚乐之地,又致帝王之功也。

【译文】

造父正在锄草,这时有父子坐车路过,马受惊不肯前行,一个儿子拉住马,父子几人推车,还请造父帮他们推。于是造父收拾好农具,停止操作而把它寄放在车上,拽住那个儿子拉的马,然后才拿起缰绳和鞭子,还没有使上绳、鞭,马就一起向前奔跑了。假使造父不会驾驭,即使全力帮忙推车,马还是不肯前行。现在他自身操作得很安逸,而且把农具寄放在车上,又有恩德施于人家,是因为有办法驾驭惊马啊。所以国家是君主的车,权势是君主的马。君主没有法术驾驭它,自己即使很劳苦,国家还是不免于乱;有法术来驾驭它,自己不但能处在安逸快乐的地位,还能取得帝王的功业。

【原文】

椎锻者所以平不夷也,榜檠者所以矫不直也,圣人之为法也,所以平不夷矫不直也。淖齿之用齐也擢闵王之筋,李兑之用赵也饿杀主父。此二君者皆不能用其椎锻榜檠,故身死为戮而为天下笑。

【译文】

榔头、砧石等是用来整治不平的;附在弓弩上的榜檠是用来矫正不直的。圣人制定法令,就是用来整治不平、矫正不直的。淖齿在齐国掌权,抽了齐闵王的筋;李兑在赵国掌权,饿死了赵武灵王。这两个君主都不能运用如同榔头、砧石和榜檠一样的法令,终于自己被杀死,并为天下人所耻笑。

【原文】

一曰:入齐则独闻淖齿而不闻齐王,入赵则独闻李兑而不闻赵王。故曰：人主者不操术，则威势轻而臣擅名。

【译文】

另一种说法：到了齐国，只会听说有淖齿，而不会听说有齐王；到了赵国，只会听说有李兑，而不会听说有赵王。所以说，君主不掌握法术，威势就会减弱而使大臣垄断名望。

【原文】

一曰：武灵王使惠文王莅政，李兑为相，武灵王不以身躬亲杀生之柄，故劫于李兑。

【译文】

另一种说法：赵武灵王让他儿子惠文王临政，李兑任国相，武灵王不自己亲手掌握生杀大权，所以被李兑劫杀。

【原文】

一曰：田婴相齐，人有说王者曰："终岁之计，王不一以数日之间自听之，则无以知吏之奸邪得失也。"王曰："善。"田婴闻之，即遽请于王而听其计，王将听之矣，田婴令官具押券斗石参升之计，王自听计，计不胜听，罢食，后复坐，不复暮食矣。田婴复谓曰："群臣所终岁日夜不敢偷怠之事也，王以一夕听之，则群臣有为劝勉矣。"王曰："诺。"俄而王已睡矣，吏尽揄刀削其押券升石之计。王自听之，乱乃始生。

【译文】

另一种说法：田婴担任齐相。有人对齐王说："一年的财政结算，大王如果不用几天时间逐一亲自听取报告，就无法知道官吏的营私舞弊和政事得失。"齐王说："讲得好。"田婴听到后，就立即向齐王要求去听自己的财政结算。齐王准备去听了，田婴让官吏准备好全年的财政大小收入的账目和凭证。齐王亲自听取财政结算，但听不胜听，吃完饭，又坐下来，累得不再吃晚饭了。田婴又对齐王说："群臣一年到头日日夜夜不敢马虎和懈怠的事情，大王用一个晚上听取报告，群臣就由此得到鼓励了。"齐王说："好吧。"一会儿齐王已睡着了，官吏抽刀削掉凭证上的结算。君主亲自听取结算，就是国家混乱的开始。

说 五

【原文】

兹郑子引辇上高梁而不能支。兹郑踞辕而歌，前者止，后者趋，辇乃上。

使兹郑无术以致人,则身虽绝力至死,辇犹不上也。今身不至劳苦而辇以上者,有术以致人之故也。

【译文】
兹郑拉车过高桥而上不去。他坐在车辕上唱歌,前面行人止步,后面的行人赶上来,大家帮着推,车才上了桥。假如兹郑没有办法招人来,那么即使他用尽力气以至于累死,车子还是上不了桥。现在兹郑不受劳苦而车却上了桥,是因为他有办法招人来的缘故。

【原文】
赵简主出税者,吏请轻重,简主曰:"勿轻勿重。重则利入于上,若轻则利归于民,吏无私利而正矣。"

【译文】
赵简子派出收税的官吏,官吏请示收税标准的高低。赵简子说:"要不轻不重。税收重了,利就归于国家;轻了,利就归于民众。官吏从中捞不到私利,轻重就适中了。"

【原文】
薄疑谓赵简子曰:"君之国中饱。"简子欣然而喜曰:"何如焉?"对曰:"府库空虚于上,百姓贫饿于下,然而奸吏富矣。"

【译文】
薄疑对赵简子说:"您的国家中间富足。"简子高兴地说:"怎么呢?"薄疑回答说:"上面财库粮仓空虚匮乏,下面平民百姓贫穷饥饿,但是处在中间的奸吏富足了。"

【原文】
齐桓公微服以巡民家,人有年老而自养者,桓公问其故,对曰:"臣有子三人,家贫,无以妻之,佣未反。"桓公归,以告管仲,管仲曰:"畜积有腐弃之财则人饥饿,宫中有怨女则民无妻。"桓公曰:"善。"乃论宫中有妇人而嫁之,下令于民曰:"丈夫二十而室,妇人十五而嫁。"

【译文】
齐桓公微服出访百姓家,有一个年老而自己料理生活的人,桓公问他什么缘故。老人回答说:"我有三个儿子,家里穷,无法为他们娶妻,出去当雇工还没有回来。"桓公回到宫里,把这件事告诉管仲。管仲说:"朝廷积蓄中有腐败的财物,民众就得挨饿;宫中有年长而不能及时出嫁的女子,民众就娶不到妻子。"桓公说:"对。"就考察宫中有未婚的女子让她们出嫁。对百姓下令道:"男子二十岁娶妻,女子十五岁嫁人。"

【原文】

一曰：桓公微服而行于民间，有鹿门稷者，行年七十而无妻，桓公问管仲曰："有民老而无妻者乎？"管仲曰："有鹿门稷者，行年七十矣而无妻"桓公曰："何以令之有妻？"管仲曰："臣闻之，上有积财则民臣必匮乏于下，宫中有怨女则有老而无妻者。"桓公曰："善。"令于宫中女子未尝御出嫁之，乃令男子年二十而室，女年十五而嫁。则内无怨女，外无旷夫。

【译文】

另一种说法：齐桓公微服出访民间，有一个叫鹿门稷的人，年已七十而没有妻子。桓公问管仲说："有年老而没有妻子的人吗？"管仲说："有个叫鹿门稷的人，年已七十了，却没有妻子。"桓公说："怎样才能让他有妻子？"管仲说："我听说：君主有积蓄财物，臣民在下面就一定穷困匮乏；宫中有年长而不能及时出嫁的女子，就会有年老而没有妻子的人。"桓公说："对。"于是下令宫中，让君主没有临幸过的女子出嫁。然后下令，男子二十娶妻，女子十五出嫁。这样宫内就没有年长而不及时出嫁的女子，宫外也没有无妻的成年男子。

【原文】

延陵卓子乘苍龙挑文之乘，钩饰在前，错錣在后，马欲进则钩饰禁之，欲退则错錣贯之，马因旁出。造父过而为之泣涕曰："古之治人亦然矣。夫赏所以劝之而毁存焉，罚所以禁之而誉加焉，民中立而不知所由，此亦圣人之所为泣也。"

【译文】

延陵卓子乘坐的车子由画着"苍龙"和细花纹，马身装饰华贵，前有钩、勒等物，后有上了针的鞭子。马想前进，就会碰到钩、勒禁止，马想后退就有鞭针戳刺，于是马就往斜里乱跑。造父路过时看到了，为马哭泣说："古时治人也是这样。赏赐是用来勉励立功的，但毁谤也夹杂在里面；刑罚是用来禁止犯罪的，但赞美却也夹杂在里面。人们只好呆着不动，不知所措。这也就是圣人为之哭泣的原因。"

【原文】

一曰：延陵卓子乘"苍龙"与"翟文"之乘，前则有错饰，后则有利錣，进则引之，退则筴之，马前不得进，后不得退，遂避而逸，因下抽刀而刎其脚。造父见之，泣，终日不食，因仰天而叹曰："筴所以进之也，错饰在前；引所以退之也，利錣在后。今人主以其清洁也进之，以其不适左右也退之，以其公正也誉之，以其不听从也废之，民惧，中立而不知所由，此圣人之所为泣也。"

【译文】

另一种说法:延陵卓子乘坐的车子画着苍龙和和细花纹,马装扮得十分华贵,前面有交错的钩、勒等饰物,后面有锋利的鞭针。马前进时就向后紧拉,马后退就用鞭抽打。马前不能进,后不能退,于是就避开前后而乱跑,于是卓子就下车抽刀砍断了马的腿。造父看见了,流泪不止,整天不吃饭,仰天叹息说:"马鞭是用来让马前进的,钩勒却又在前;缰绳是用来让马后退的,鞭针却又在后。现在君主因为臣下廉洁而加以任用,却又因为他不迎合身边亲信而予以辞退;因为他公正而加以称赞,却又因为他不听从旨意而予以废黜。人们因此而害怕,站着不动,不知所措。这也就是圣人为之哭泣的原因。"

难一第三十六

一

【原文】

晋文公将与楚人战,召舅犯问之,曰:"吾将与楚人战,彼众我寡,为之奈何?"舅犯曰:"臣闻之,繁礼君子,不厌忠信;战阵之闲,不厌诈伪。君其诈之而已矣。"文公辞舅犯,因召雍季而问之,曰:"我将与楚人战,彼众我寡,为之奈何?"雍季对曰:"焚林而田,偷取多兽,后必无兽;以诈遇民,偷取一时,后必无复。"文公曰:"善。辞雍季,以舅犯之谋与楚人战以败之。归而行爵,先雍季而后舅犯。群臣曰:"城濮之事,舅犯谋也,夫用其言而后其身可乎?"文公曰:"此非君所知也。夫舅犯言,一时之权也;雍季言,万世之利也。"仲尼闻之,曰:"文公之霸也宜哉!既知一时之权,又知万世之利。"

【译文】

晋文公准备和楚军作战,召来舅犯询问说:"我准备和楚军作战,敌众我寡,怎么办?"舅犯说:"我听说,讲究礼仪的君子,不嫌忠信多;战场上兵戎相见,不嫌欺诈多。您还是使用欺诈手段罢了。"文公辞退舅犯,又召来雍季问道:"我准备和楚军作战,敌众我寡,怎么办?"雍季回答说:"焚烧树林来打猎,能暂且多猎取些野兽,以后必定再猎不到野兽;用欺诈的手段对待民众,暂且能得到一时的利益,以后民众就不会再上当了。"文公说:"好。"辞退了雍季。文公用舅犯的谋略和楚军作战,结果打败了敌人。回来后用封爵行赏,先赏雍季而后赏舅犯。群臣说:"城濮的胜仗,靠的是舅犯的计谋。采用了他的计谋,却把他摆在后面,行吗?"文公说:"这不是你们能理解的。舅犯的主张是权宜之计,雍季的主张才是符合长远利益的。"孔子听到后说:"晋文公称霸是完全应该的啊!他既懂得权宜之计,又懂得长远利益。"

【原文】

或曰:雍季之对,不当文公之问。凡对问者,有因问小大缓急而对也,所问高大而对以卑狭,则明主弗受也。今文公问以少遇众,而对曰"后必无复",此非所以应也。且文公不知一时之权,又不知万世之利。战而胜,则国安而身定,兵强而威立,虽有后复,莫大于此,万世之利,奚患不至?战而不胜,则国亡兵弱,身死名息,拔拂今日之死不及,安暇待万世之利?待万世之利在今日之胜,今日之胜在诈于敌,诈敌,万世之利而已。故曰:雍季之对不当文公之问。且文公又不知舅犯之言,舅犯所谓不厌诈伪者,不谓诈其民,请诈其敌也。敌者,所伐之国也,后虽无复,何伤哉?文公之所以先雍季者,以其功耶?则所以胜楚破军者,舅犯之谋也;以其善言耶?则雍季乃道其后之无复也,此未有善言也。舅犯则以兼之矣。舅犯曰"繁礼君子,不厌忠信"者,忠、所以爱其下也,信、所以不欺其民也。夫既以爱而不欺矣,言孰善于此?然必曰出于诈伪者,军旅之计也。舅犯前有善言,后有战胜,故舅犯有二功而后论,雍季无一焉而先赏。"文公之霸,不亦宜乎?"仲尼不知善赏也。

【译文】

　　有人说:雍季的回答没有针对文公的提问。凡是回答问题,要根据问题的大小缓急而作相应的回答。提的问题博大,却用狭小事理去回答,明君是不能接受的。现在文公问的是"以少敌众",回答却是"以后一定不再上当",这不是针对问题作出的回答。再说,文公也不懂得权宜之计,又不懂得长远利益。打仗如果取胜,就会国家安全,君位稳定,兵力强盛,威势确立,即使以后能出现同样情况,也不会比这次胜利获益更大的了,还担心什么长远利益不来呢?打仗如果不胜,就会国家危亡,兵力削弱,君主身死名灭,想免除眼前的灾难都来不及,哪有时间去等待长远利益呢?期待长远利益,在于今日战胜敌军;今日的胜利,在于对敌人使用欺诈手段;欺诈敌人,不过是为了长远利益罢了。所以说,雍季的回答没有针对文公的提问。再说文公又没有理解舅犯的话。舅犯所说"不嫌欺诈多"的话,不是指欺诈民众,而是指欺诈敌人。敌人,是要讨伐的国家,以使不再欺诈,又有什么损害呢?文公之所以先赏雍季,是因为他有功吗?然而用来战胜楚国打败楚军的,却是舅犯的计谋。是因为雍季说得好吗?然而雍季说"以后不再上当",这表明他并没有讲出什么正确意见。舅犯则已经兼有功劳和正确的意见。舅犯说:"讲究礼仪的君子,不嫌忠信多。"忠诚,是用来爱护下属的;信义,是用来不欺骗民众的。已经注意到既爱护下属又不欺骗民众,还有什么比这更好的话呢?但他之所以一定主张采用欺诈手段,因为这是战争计谋。舅犯前有正确的言论,后有战胜的功劳,结果,舅犯兼有二功却排在雍季后面,雍季没有一点功劳却排在前面受赏。"文公称霸不也是很应该的吗?"正表明孔子是不懂得正确行赏的。

二

【原文】

历山之农者侵畔,舜往耕焉,期年,甽亩正。河滨之渔者争坻,舜往渔焉,期年,而让长。东夷之陶者器苦窳,舜往陶焉,期年而器牢。仲尼叹曰:"耕、渔与陶,非舜官也,而舜往为之者,所以救败也。舜其信仁乎!乃躬藉处苦而民从之,故曰:圣人之德化乎!"

【译文】

历山一带的农民相互侵占田界,舜到那里种田,一年后,各自的田界都恢复了正常。黄河边的渔夫相互争夺水中高地,舜到那里打鱼,一年后,大家都礼让年长的人。东夷的陶工制出的陶器质量粗劣,舜到那里制陶,一年后,大家制出的陶器很牢固。孔子赞叹说:"种田、打鱼和制陶,都不是舜的职责,而舜前去干这些活,是为了纠正败坏的风气。舜确实仁厚啊!竟能亲自吃苦操劳而使民众都听从他。所以说,圣人的道德能感化人啊!"

【原文】

或问儒者曰:"方此时也,尧安在?"其人曰:"尧为天子。""然则仲尼之圣尧奈何?圣人明察在上位,将使天下无奸也。今耕渔不争,陶器不窳,舜又何德而化?舜之救败也,则是尧有失也;贤舜则去尧之明察,圣尧则去舜之德化;不可两得也。楚人有鬻楯与矛者,誉之曰:'吾楯之坚,莫能陷也。'又誉其矛曰:'吾矛之利,于物无不陷也。'或曰:'以子之矛陷子之楯何如?'其人弗能应也。夫不可陷之楯与无不陷之矛,不可同世而立。今尧、舜之不可两誉,矛楯之说也。且舜救败,期年已一过,三年已三过,舜有尽,寿有尽,天下过无已者,以有尽逐无已,所止者寡矣。赏罚使天下必行之,令曰:'中程者赏,弗中程者诛。'令朝至暮变,暮至朝变,十日而海内毕矣,奚待期年?舜犹不以此说尧令从己,乃躬亲,不亦无术乎?且夫以身为苦而后化民者,尧、舜之所难也;处势而骄下者,庸主之所易也。将治天下,释庸主之所易,道尧、舜之所难,未可与为政也。"

【译文】

有人问儒者说:"当此之时,尧在哪里?"儒者说:"尧在做天子。""既然这样,孔子说尧是圣人又该如何解释呢?圣人处在君位上,明察一切,会使天下没有坏风气。如果种田的、打鱼的没有争执,陶器也不粗劣,舜又何必用道德去感化他们呢？舜去纠正败坏的风气，又证明尧有过失。认为舜贤，就是否定尧的明察；认为尧圣，就是否定舜的德化；不可能二者都对。楚国有个卖矛和盾的人，夸他的盾说：'我的盾最坚固，没有什么东西能够刺穿它。'又夸他的矛说：'我的矛最锐利，没有什么东西刺不穿的。'有人说：'拿你的矛来刺你的盾，会怎么样呢？'卖矛和盾的人就无法回答了。不能被刺穿的盾和没有什么刺不穿的矛，是不可能同时存在的。现在尧和舜不能同时称赞，是同上面讲到的矛和盾不能同时存在有着同样道理的。再说舜纠正败坏的风气，一年纠正一个过错，三年纠正三个过错。像舜一样的人为数有限，人的寿命有限，而天下的过错却没有休止；以有限的寿命对待没有休止的错误，能纠正的就很少了。赏罚能使天下人必须遵行，命令说：'符合条令的赏，不符合条令的罚。'法令早上下达，过错傍晚就纠正了，法令傍晚下达，过错第二天早上就纠正了；十天之后，全国都可以纠正完毕，何苦要等上一年？舜还不据此说服尧让天下人听从自己，却要亲自操劳，不也是没有统治办法吗？况且那种自身受苦感化民众的做法，是尧、舜也难以做到的；据有势位而纠正臣民的做法，是庸君也容易做到的。要想治理天下，放弃庸君都容易成功的方法，遵行尧、舜都难以实行的办法，是不能说他懂得治国之道的。"

三

【原文】

管仲有病，桓公往问之，曰："仲父病，不幸卒于大命，将奚以告寡人？"管仲曰："微君言，臣故将谒之。愿君去竖刁，除易牙，远卫公子开方。易牙为君主味，君惟人肉未尝，易牙烝其子首而进之；夫人情莫不爱其子，今弗爱其子，安能爱君？君妒而好内，竖刁自宫以治内，人情莫不爱其身，身且不爱，安能爱君？闻开方事君十五年，齐、卫之间不容数日行，弃其母久宦不归，其母不爱，安能爱君？臣闻之：'矜伪不长，盖虚不久'。愿君去此三子者也。"管仲卒死，桓公弗行，及桓公死，虫出尸不葬。

【译文】

管仲有病，齐桓公前去探望，询问说："您病了，万一不幸寿终死去，有什么话准备告诉我？"管仲说："您就是不问我，我本来也要告诉您的。希望您赶走竖刁，除去易牙，远离卫公子开方。易牙为您主管伙食，您只有人肉没吃过,易牙就把自己儿子的头蒸了献给您。人之常情没有不喜爱自己儿子的,现在易牙不爱自己儿子,又怎么能爱您呢?您本性好妒而喜欢女色,竖刁就自己施行宫刑,以便管理宫女。人之常情没有不喜爱自己身体的,竖刁连自己身体都不爱,又怎么能爱您呢?卫公子开方侍奉您十五年,齐国和卫国之间要不了几天的行程,开方丢下自己母亲,做官很久也不回家,他连自己母亲都不爱,又怎么能爱您呢?我听说:'弄虚作假的不会长久,掩盖虚假的不能持久。'希望您能远离这三个人。"管仲已死,桓公不按他的话去做。等到桓公死后,蛆虫爬出门外也得不到埋葬。

【原文】

或曰:管仲所以见告桓公者,非有度者之言也。所以去竖刁、易牙者,以不爱其身,适君之欲也。曰"不爱其身,安能爱君",然则臣有尽死力以为其主者,管仲将弗用也。曰:"不爱其死力,安能爱君",是君去忠臣也。且以不爱其身,度其不爱其君,是将以管仲之不能死公子纠度其不死桓公也,是管仲亦在所去之域矣。明主之道不然,设民所欲以求其功,故为爵禄以劝之;设民所恶以禁其奸,故为刑罚以威之。庆赏信而刑罚必,故君举功于臣,而奸不用于上,虽有竖刁,其奈君何?且臣尽死力以与君市,君垂爵禄以与臣市,君臣之际,非父子之亲也,计数之所出也。君有道,则臣尽力而奸不生;无道,则臣上塞主明而下成私。管仲非明此度数于桓公也,使去竖刁,一竖刁又至,非绝奸之道也。且桓公所以身死虫流出尸不葬者,是臣重也;臣重之实,擅主也。有擅主之臣,则君令不下究,臣情不上通,一人之力能隔君臣之间,使善败不闻,祸福不通,故有不葬之患也。明主之道,一人不兼官,一官不兼事。卑贱不待尊贵而进,论大臣不因左右而见。百官修通,群臣辐凑。有赏者君见其功,有罚者君知其罪。见知不悖于前,赏罚不弊于后,安有不葬之患?管仲非明此言于桓公也,使去三子,故曰管仲无度矣。

【译文】

有人说:管仲用来面告桓公的话,不是懂法度的人所说的话。要除去竖刁、易牙的理由,是因为他们不看重自身,而去迎合君主的欲望。管仲说"不爱自身,又怎么能爱君主",那么臣下有拼死出力来为君主的人,管仲就不会任用了。他会说"不爱惜自身而拼死出力的人,怎么能爱君主"。这是要君主去掉忠臣啊!况且用不爱自身来推断他不爱君主,这就可以用管仲不能为公子纠而死来推断管仲不能为桓公而死,这样管仲也在应当除去的范围之内了。明君的原则不是这样,他会设置臣民所希望的东西来求得他们立功,所以制定爵禄而鼓励他们;设置臣民所厌恶的东西来禁止奸邪行为,所以建立刑罚来威慑他们。奖赏守信而刑罚坚决，所以君主在臣子中选拔有功的人而奸人不会被任用，即使有竖刁一类的人，又能把君主怎么样呢？况且臣下尽死力来换取君主的爵禄，君主设置爵禄来换取臣下的死力。君臣之间，不是父子那样的亲属关系，而是从计算利害出发的。君主有正确的治国原则，臣下就会尽力，奸邪也不会产生；君主没有正确的治国原则，臣下就会对上蒙蔽君主而在下谋取私利。管仲对桓公没有阐明这种法术。他让桓公赶走竖刁，另一个竖刁又会出现，这不是杜绝奸邪的方法。再说桓公死后蛆虫爬出门外还不得埋葬的原因，是臣下的权力过大。臣下权力过大的结果，就是挟持君主。有了挟持君主的奸臣，君主的命令就无法下达，群臣的情况也不能上通。一个人的力量能隔断君臣之间的联系，使君主听不到好坏，不了解祸福，所以有死后不葬的祸患。明君的治国原则：一人不兼任他职，一职不兼管他事；地位低的人不必等待地位高的人来推荐，大臣不必通过君主近侍来引见；百官都能逐级上通，群臣好像车辐聚集到中心一样归附君主；受赏的人君主能了解他的功劳，受罚的人君主能知道他的罪过。君主事先对群臣的功过了解得清楚，然后进行赏罚，就不会受蒙蔽，怎么会有死后不葬的祸患呢？管仲不对桓公讲明这个道理，只是让他赶走三个人，所以说管仲不懂法度。

四

【原文】

　　襄子围于晋阳中，出围，赏有功者五人，高赫为赏首。张孟谈曰："晋阳之事，赫无大功，今为赏首何也？"襄子曰："晋阳之事，寡人国家危，社稷殆矣。吾群臣无有不骄侮之意者，惟赫子不失君臣之礼，是以先之。"仲尼闻之曰："善赏哉襄子！赏一人而天下为人臣者莫敢失礼矣。"

　　或曰：仲尼不知善赏矣。夫善赏罚者，百官不敢侵职，群臣不敢失礼。上设其法，而下无奸诈之心，如此，则可谓善赏罚矣。使襄子于晋阳也，令不行，禁不止，是襄子无国，晋阳无君也，尚谁与守哉？今襄子于晋阳也，知氏灌之，臼灶生龟，而民无反心，是君臣亲也；襄子有君臣亲之泽，操令行禁止之法，而犹有骄侮之臣，是襄子失罚也。为人臣者，乘事而有功则赏。今赫仅不骄侮而襄子赏之，是失赏也。明主赏不加于无功，罚不加于无罪。今襄子不诛骄侮之臣，而赏无功之赫，安在襄子之善赏也？故曰仲尼不知善赏。

【译文】

赵襄子被围在晋阳城中,晋阳解围后,他奖赏有功的五个人,高赫是受赏的首位。张孟谈说:"晋阳的战事,高赫并没有大功,现在成了第一个受赏的,为什么?"赵襄子说:"晋阳的战事,我的国家危急,宗庙快完了。我的群臣没有一个不对我表现出骄傲轻慢样子的,只有高赫不失君臣之礼,因此先奖赏他。"孔子听到后说:"善于奖赏啊!襄子奖赏一个人,能使天下做臣子的没有一个敢失礼了。"

有人说:孔子不懂得何为善于奖赏。善于赏罚的人,百官不敢越权,群臣不敢失礼。君主设置法令,臣下没有奸诈之心。这样的话,就可以算是善于赏罚了。假使襄子被围晋阳时,不能做到令行禁止,这就等于襄子失掉了国家,晋阳没有了主子,还有谁替他守城呢?现在襄子在晋阳被围,智伯引水灌城,石臼、锅灶进水,成了乌龟出没场所,而百姓没有背叛,证明君臣关系密切。襄子有君臣关系密切的恩泽,掌握着令行禁止的法令,这样也还有骄傲轻慢的臣子,证明襄子失于惩罚。做臣子的,谋事有功就赏。现在高赫仅仅是不骄傲轻慢,襄子却赏他,这是失于奖赏。明君赏赐不授给无功的人,惩罚不施于无罪的人。现在襄子不责罚骄傲轻慢的臣子,而奖赏没有功劳的高赫,哪里看得出襄子是善于奖赏的呢?所以说,孔子不懂得何为善于奖赏。

五

【原文】

晋平公与群臣饮,饮酣,乃喟然叹曰:"莫乐为人君!惟其言而莫之违。"师旷侍坐于前,援琴撞之,公披衽而避,琴坏于壁。公曰:"太师谁撞?"师旷曰:"今者有小人言于侧者,故撞之。"公曰:"寡人也。"师旷曰:"哑!是非君人者之言也。"左右请除之。公曰:"释之,以为寡人戒。"

【译文】

晋平公和群臣一起喝酒。喝得痛快了,于是感慨地说:"没有谁比做君主更快乐的了,只有他的话没人敢于违背。"师旷在前面陪坐,拿起琴撞了过去。平公拉开衣襟躲避,琴在墙上撞坏了。平公说:"太师撞谁?"师旷说:"现在边上有个小人说话,所以撞他。"平公说:"是我呀。"师旷说:"呀!这不是做君主的人该讲的话。"近侍要求处罚师旷,平公说:"免了,把这作为我的鉴戒。"

【原文】

或曰：平公失君道，师旷失臣礼。夫非其行而诛其身，君之于臣也；非其行则陈其言，善谏不听则远其身者，臣之于君也。今师旷非平公之行，不陈人臣之谏，而行人主之诛，举琴而亲其体，是逆上下之位，而失人臣之礼也。夫为人臣者，君有过则谏，谏不听则轻爵禄以待之，此人臣之礼义也。今师旷非平公之过，举琴而亲其体，虽严父不加于子，而师旷行之于君，此大逆之术也。臣行大逆，平公喜而听之，是失君道也。

【译文】

有人说：平公失去了做君主的原则，师旷失去了做臣子的礼节。认为对方行为不对，就给予惩罚，这是君主对臣下应有的做法；认为对方行为不对，就陈述自己的意见，如果善意劝告仍然不听，就离开他，这是臣下对君主应取的态度。现在师旷认为平公的行为不对，不去陈述臣子的忠告，而用君主才能使用的惩罚，拿琴去撞平公的身体，这是颠倒了君臣的位置，因而失掉了臣下的礼节。做臣子的，君主有过失就规劝，规劝不听就放弃爵禄，来等待君主的省悟，这是臣下应有的礼义。现在师旷认为平公的行为不对，就拿琴去撞平公身体，即使严厉的父亲也不会这样对待儿子，但师旷却用来对待君主，这是大逆不道的做法。臣下做了大逆不道的事，平公反而高兴地听从，这是失掉了做君主的原则。

六

【原文】

齐桓公时，有处士曰小臣稷，桓公三往而弗得见。桓公曰："吾闻布衣之士，不轻爵禄，无以易万乘之主；万乘之主，不好仁义，亦无以下布衣之士。"于是五往乃得见之。

【译文】

齐桓公时，有个没做官的读书人名叫小臣稷，桓公去了三次也没能见到他。桓公说："我听说布衣之士不看轻爵禄，就没有轻视大国君主的资本；大国君主不爱好仁义，也就没有谦卑地对待布衣之士的肚量。"于是去了五次才见到小臣稷。

【原文】

或曰：桓公不知仁义。夫仁义者，忧天下之害，趋一国之患，不避卑辱谓之仁义。故伊尹以中国为乱,道为宰于汤;百里奚以秦为乱,道为虏于穆公;皆忧天下之害,趋一国之患,不辞卑辱,故谓之仁义。今桓公以万乘之势,下匹夫之士,将欲忧齐国,而小臣不行,见小臣之忘民也,忘民不可谓仁义。仁义者,不失人臣之礼,不败君臣之位者也。是故四封之内,执会而朝名曰臣,臣吏分职受事名曰萌。今小臣在民萌之众,而逆君上之欲,故不可谓仁义。仁义不在焉,桓公又从而礼之。使小臣有智能而遁桓公,是隐也,宜刑;若无智能而虚骄矜桓公,是诬也,宜戮;小臣之行,非刑则戮。桓公不能领臣主之理,而礼刑戮之人,是桓公以轻上侮君之俗教于齐国也,非所以为治也。故曰:桓公不知仁义。

【译文】

有人说:桓公不懂得仁义。所谓仁义,就是为了忧虑天下的灾害,奔赴国家的祸患,而不顾及个人卑贱的地位和屈辱的待遇,才叫仁义。所以伊尹认为中原国家混乱,通过做厨师向成汤献策求得任用;百里奚认为秦国混乱,通过做俘虏向秦穆公献策求得任用。他们都是忧虑天下的灾害,奔赴国家的祸患,因而不顾及卑贱的地位和屈辱的待遇,所以叫作仁义。现在桓公以大国君主的势位,谦卑地去见一个普通的读书人,是打算忧虑齐国的政事,而小臣稷不愿出来做官,足见小臣稷忘记了民众。忘记民众不能叫作仁义。所谓仁义,是不失掉当臣子的礼节,不颠倒君臣之间的位置。因此国境之内,把握时机朝见君主的,叫作臣;臣子的下属官吏按不同职务掌理政事的,叫作萌。现在小臣稷在民萌之列,又违背国君的愿望,因而不能叫作仁义;仁义不在小臣稷处,桓公却又跟着礼遇他。假使小臣稷有智慧才能而躲避桓公,则是躲避,应当对他用刑;假使小臣稷没有智慧才能而平白无故地在桓公面前倨傲逞强,则是欺骗,应当把他杀掉。小臣稷的行为,不是该罚就是该杀。桓公不能整治君臣关系而去礼遇该罚该杀的人,这是桓公用轻视和侮慢君主的风气来教化齐国,是不能用来作为治国之道的。所以说,桓公不懂得仁义。

七

【原文】

靡笄之役,韩献子将斩人,郤献子闻之,驾往救之,比至,则已斩之矣。郤子因曰:"胡不以徇?"其仆曰:"囊不将救之乎?"郤子曰:"吾敢不分谤乎?"

【译文】

晋齐靡笄之战,晋中军司马韩厥将斩人。主帅郤克听说后,驾车前去救人。等他赶到,人却已给斩了。郤克就说:"为什么不用他巡行示众?"郤克的侍仆说:"先前您不是要救他吗?"郤克说:"我怎敢不为韩厥分担别人的非议呢?"

【原文】

或曰:郤子言不可不察也,非分谤也。韩子之所斩也,若罪人则不可救,救罪人,法之所以败也,法败则国乱;若非罪人,则劝之以徇,劝之以徇,是重不辜也,重不辜,民所以起怨者也,民怨则国危。郤子之言,非危则乱,不可不察也。且韩子之所斩若罪人,郤子奚分焉?斩若非罪人,则已斩之矣,而郤子乃至,是韩子之谤已成,而郤子且后至也。夫郤子曰"以徇",不足以分斩人之谤,而又生徇之谤。是子言分谤也?昔者纣为炮烙,崇侯、恶来又曰斩涉者之胫也,奚分于纣之谤?且民之望于上也甚矣,韩子弗得,且望郤子之得也;今郤子俱弗得,则民绝望于上矣,故曰:郤子之言非分谤也,益谤也。且郤子之往救罪也,以韩子为非也,不道其所以为非,而劝之"以徇",是使韩子不知其过也。夫下使民望绝于上,又使韩子不知其失,吾未得郤子之所以分谤者也。

【译文】

有人说:"郤克的话,不能不加考察,它不是分担非议的。韩厥要斩的如果是罪人,就不能去救;救有罪的人,是法令败坏的原因;法令败坏,国家就混乱了。如果不是罪人,郤克就不能劝韩厥把尸体巡行示众;劝韩厥把尸体巡行示众,这就使无辜的人更加冤枉;双重冤枉,正是民众产生怨恨的原因;民众有怨恨,国家就危险了。郤克的话,不是危险就是混乱,不能不明察。况且韩厥要斩的若是罪人,郤克要分担什么非议呢?要斩的如果不是罪人,那么已经斩杀了,郤克才到,这是韩厥的非议已经构成而郤克后来方才赶到。郤克说把尸体巡行示众,不足以分担斩人的非议,而又产生巡尸的非议,这就是郤克所谓的分担非议。过去商纣造出炮烙之刑,崇侯、恶来又说斩涉水者的小腿,哪里就分担了对纣的非议?况且民众对上面按法办事的希望是很强烈的,假使韩厥没能做到,民众就会希望郤克做到;现在郤克一样没有做到,那么民众对上面就绝望了。所以说:郤克的话不是分担别人对韩厥的非议,而是增加了非议。再说郤克前去救人,是认为韩厥错了;不讲清他做错的原因,而劝他拿尸体巡行示众,这是使韩厥不知道自己的过错。使下面的民众对上面绝望,又使韩厥不知道自己的过失,我不知道郤克是怎样来分担非议的。

八

【原文】

桓公解管仲之束缚而相之。管仲曰:"臣有宠矣,然而臣卑。"公曰:"使子立高、国之上。"管仲曰:"臣贵矣,然而臣贫。"公曰:"使子有三归之家。"管仲曰:"臣富矣,然而臣疏。"于是立以为仲父。霄略曰:"管仲以贱为不可以治国,故请高、国之上;以贫为不可以治富,故请三归;以疏为不可以治亲,故处仲父。管仲非贪,以便治也。"

【译文】

齐桓公解了管仲的捆绑而任他为相。管仲说:"我已经得宠了,但我地位低下。"桓公说:"把你的地位提到高、国两大贵族之上。"管仲说:"我地位尊贵了,但我还贫穷。"桓公说:"让你享有俸禄丰厚的家业。"管仲说:"我富裕了,但我和您的关系还疏远。"于是桓公把他立为仲父。霄略说:"管仲认为地位低下的人不能治理地位尊贵的人,所以要求位在高、国两大贵族之上;认为贫穷的人不能治理富裕的人,所以请求有俸禄丰厚的家业;认为和君主关系疏远的人不能治理和君主关系亲密的人,所以得到了仲父的称号。管仲并非贪心不足,而是为了便于治理。"

【原文】

或曰:今使臧获奉君令诏卿相,莫敢不听,非卿相卑而臧获尊也,主令所加,莫敢不从也。今使管仲之治,不缘桓公,是无君也,国无君不可以为治。若负桓公之威,下桓公之令,是臧获之所以信也,奚待高、国、仲父之尊而后行哉?当世之行事都丞之下征令者,不辟尊贵,不就卑贱。故行之而法者,虽巷伯信乎卿相;行之而非法者,虽大吏诎乎民萌。今管仲不务尊主明法,而事增宠益爵,是非管仲贪欲富贵,必闇而不知术也。故曰:管仲有失行,霄略有过誉。

【译文】

有人说:假使让奴仆奉君命去告知卿相,没谁敢于不听。这不是因为卿相地位低下而奴仆地位尊贵,而是因为君命下达,没有人敢于不从。假使管仲治理国家而不遵循桓公的旨意,即是没有君主,国家没有君主就不能进行治理。如果凭借桓公的威势,下达桓公的命令,这是奴仆都可以取信于人的条件,何必要等待像高、国、仲父之类的高贵地位,然后才能行事呢?当今行事、都丞这些小官下达征兵征税的命令,不回避尊贵的人,不欺侮卑贱的人。所以,如果依法办事,即使宦官也可使卿相信从;不依法办事的话,即使大官也会在民众面前感到理亏。现在管仲不致力于尊敬君主、彰明法度,而干着增加宠信和爵禄的事情,这要不是管仲贪心富贵,就一定是他糊涂而不懂得法术。所以说:管仲有错误的行为,霄略有错误的赞美。

九

【原文】

韩宣王问于樛留:"吾欲两用公仲、公叔其可乎?"樛留对曰:"昔魏两用楼、翟而亡西河,楚两用昭、景而亡鄢、郢,今君两用公仲、公叔,此必将争事而外市,则国必忧矣。"

【译文】

韩宣王向樛留询问:"我想同时重用公仲和公叔,可以吗?"樛留回答说:"过去魏国同时重用楼鼻、翟强而丧失了黄河以西的领土,楚国同时重用昭、景两大姓而丧失了鄢、郢两地。现在您要同时重用公仲、公叔,他们必将内争权势而外通敌国,国家就一定要有忧患了。"

【原文】

或曰:昔者齐桓公两用管仲、鲍叔,成汤两用伊尹、仲虺。夫两用臣者国之忧,则是桓公不霸,成汤不王也。愍王一用淖齿而手死乎东庙,主父一用李兑,减食而死。主有术,两用不为患;无术,两用则争事而外市,一则专制而劫弑。今留无术以规上,使其主去两用一,是不有西河、鄢、郢之忧,则必有身死减食之患。是樛留未有善以知言也。

【译文】

有人说:过去齐桓公同时重用管仲、鲍叔,成汤同时重用伊尹、仲虺。如果同时重用两个大臣是国家的忧患,那么桓公就不能称霸,成汤就不能称王。齐湣王只重用一个淖齿,结果自己被淖齿杀死在东庙;赵武灵王只重用一个李兑,结果自己被李兑围困饿死。君主有术,同时重用两个人也不构成忧患;君主无术,同时重用两个人就会导致内争权势而外通敌国,重用一个人就会导致大臣专权而劫杀君主。现在樛留不能用术去劝说君主,却叫他的君主不同时重用两个人而只重用一个人。这种做法,若没有丧失西河、鄢、郢的忧患,就定有杀身饿死的祸害。即是说,樛留没有好见解向君主恰当进言。

难二第三十七

一

【原文】

景公过晏子曰:"子宫小,近市,请徙子家豫章之圃。"晏子再拜而辞曰:"且婴家贫,待市食,而朝暮趋之,不可以远。"景公笑曰:"子家习市,识贵贱乎?"是时景公繁于刑,晏子对曰:"踊贵而履贱。"景公曰:"何故?"对曰:"刑多也。"景公造然变色曰:"寡人其暴乎!"于是损刑五。

【译文】

齐景公走访晏子,说:"您的住宅太小,又靠近集市,请把您家搬到豫章的园地去。"晏子拜了两拜推辞说:"我家穷,靠上集市买东西吃,早晚都要赶集,不能离得远。"景公笑着说:"您家人熟悉市场行情,知道什么贵什么便宜吗?"这时景公刑罚繁多。晏子回答说:"断脚人穿的踊贵,常人穿的鞋便宜。"景公说:"什么缘故?"晏子回答说:"刑罚太多。"景公惊讶得脸色大变,说:"我大概太残暴了吧!"于是减去五种刑罚。

【原文】

或曰:晏子之贵踊,非其诚也,欲便辞以止多刑也,此不察治之患也。夫刑当无多,不当无少,无以不当闻,而以太多说,无术之患也。败军之诛以千百数,犹北不止。即治乱之刑如恐不胜,而奸尚不尽。今晏子不察其当否,而以太多为说,不亦妄乎!夫惜草茅者耗禾穗,惠盗贼者伤良民。今缓刑罚,行宽惠,是利奸邪而害善人也,此非所以为治也。

【译文】

有人说:晏子说踊贵,不是他的真心话,是想借此来劝说景公不要多用刑罚。这是他不懂治国之道的过错。刑罚恰当不嫌多,刑罚不当不在少。晏子不以刑罚不当告诉景公,而以用刑太多劝说景公,这是不懂法术的过错。打败仗的军队被杀掉的人虽以千百计算,还是败逃不止;即使治理祸乱的刑罚用得唯恐不够,奸邪还是不能除尽。现在晏子不去考察景公的刑罚是否用得恰当,却拿刑罚太多劝说景公,不是很荒唐吗?爱惜茅草便会损害庄稼,宽容盗贼便会伤害良民。现在减轻刑罚,实行宽惠,就是便利奸邪而伤害好人,这不是用来治国的办法。

二

【原文】

齐桓公饮酒醉,遗其冠,耻之,三日不朝。管仲曰:"此非有国之耻也,公胡其不雪之以政?"公曰:"胡其善。"因发仓囷,赐贫穷;论囹圄,出薄罪。处三日而民歌之曰:"公胡不复遗冠乎!"

【译文】

齐桓公喝酒喝醉后,丢了帽子,他觉得丢人,三天不去上朝。管仲说:"这是做国君的耻辱,您何不用搞好政事来洗刷它呢?"桓公说:"您的意见多么好啊!"于是开仓赈济贫苦的人,审查囚犯放掉轻罪的人。过了三天,民众就唱道:"桓公为什么不再丢失帽子呢?"

【原文】

或曰:管仲雪桓公之耻于小人,而生桓公之耻于君子矣。使桓公发仓囷而赐贫穷,论囹圄而出薄罪,非义也,不可以雪耻;使之而义也,桓公宿义,须遗冠而后行之,则是桓公行义,非为遗冠也。是虽雪遗冠之耻于小人,而亦遗义之耻于君子矣。且夫发囷仓而赐贫穷者,是赏无功也;论囹圄而出薄罪者,是不诛过也。夫赏无功则民偷幸而望于上,不诛过则民不惩而易为非,此乱之本也,安可以雪耻哉?

【译文】

有人说:管仲在小人中洗刷了桓公的耻辱,却在君子中滋长了桓公的耻辱。假使桓公开仓赈济贫苦的人,审查囚犯放掉轻罪的人,不合乎义的话,就不能洗刷耻辱;假使这样做是合乎义的,桓公不及时去做,而要等到丢了帽子才去做,那么桓公的行义岂不是为的丢了帽子?这样说来,即使在小人中洗刷了丢帽的耻辱,却又在君子中滋长了失义的耻辱。况且开仓赈济穷人,这是赏赐无功的人;审查囚犯放掉轻罪的人,这不是惩罚有罪的人。赏赐无功的人,民众就会侥幸地希望从君主那里获得意外的赏赐;不惩罚有罪的人,民众不受惩罚就容易为非作歹。这是国家混乱的根源,怎能用来洗刷耻辱呢?

三

【原文】

昔者文王侵孟、克莒、举酆，三举事而纣恶之，文王乃惧，请入洛西之地、赤壤之国、方千里以请解炮烙之刑，天下皆说。仲尼闻之曰："仁哉文王！轻千里之国而请解炮烙之刑。智哉文王！出千里之地而得天下之心。"

【译文】

从前周文王侵占孟地、攻克莒地、夺取酆地，办过三件事后，引起了纣王的厌恶。文王于是很害怕，要求进献给纣王洛水西边、赤壤地方方圆千里的土地，用来请求废除炮烙这种酷刑。天下人都很高兴。孔子听到后说："文王真仁慈啊！不看重方圆千里的土地而请求废除炮烙之刑。文王真聪明啊！献出方圆千里的土地而得到天下的人心。"

【原文】

或曰：仲尼以文王为智也，不亦过乎！夫智者知祸难之地而辟之者也，是以身不及于患也。使文王所以见恶于纣者，以其不得人心耶？则虽索人心以解恶可也。纣以其大得人心而恶之，己又轻地以收人心，是重见疑也。固其所以桎梏囚于羑里也。郑长者有言："体道，无为、无见也"。此最宜于文王矣，不使人疑之也。仲尼以文王为智，未及此论也。"

【译文】

有人说：孔子认为文王聪明，不也是错的么？聪明的人，是能够知道祸难所在从而避开的人，因此自身不会遭到祸患。假使文王被纣王憎恨的原因，是因为纣王不得人心吧，那么文王虽用求得人心的办法来解除纣王的憎恶也是可以的。纣王因文王大得人心而厌恶他，他自己又轻易放弃土地而争取人心，这就更使纣王怀疑。正因如此，他才被戴上刑具监禁在羑里。郑长者说过："能领会和实行道的人是无所作为、无所表现的。"这话最适用于文王了，这样做就可以不使人怀疑他。孔子认为文王聪明，还没有达到郑长者论点的水平。

四

【原文】

晋平公问叔向曰："昔者齐桓公九合诸侯，一匡天下，不识臣之力也？君之力也?"叔向对曰:"管仲善制割,宾胥无善削缝,隰朋善纯缘,衣成,君举而服之,亦臣之力也,君何力之有?"师旷伏琴而笑之。公曰:"太师奚笑也?"师旷对曰:"臣笑叔向之对君也。凡为人臣者,犹炮宰和五味而进之君,君弗食,孰敢强之也。臣请譬之:君者、壤地也,臣者、草木也,必壤地美然后草木硕大,亦君之力也,臣何力之有?"

【译文】

晋平公问叔向说:"从前齐桓公多次会合诸侯,匡正天下,不知靠的是臣子的力量,还是君主的力量?"叔向回答说:"管仲善于裁剪,宾胥无善于缝纫,隰朋善于镶边,衣服做成了,君主拿起来穿上。这是臣子的力量,君主出了什么力呢?"师旷趴在琴上笑起来。平公说:"大师笑什么?"师旷回答说:"我笑叔向回答君主的话。大凡做臣子的,好比厨师调好了五味送给君主吃。君主不吃,谁敢强迫他呢?让我打个比方:君主好比土地,臣子好比草木。一定是土地肥好,然后草木才茂盛。这是君主的力量,臣子出了什么力呢?"

【原文】

或曰:叔向、师旷之对皆偏辞也。夫一匡天下,九合诸侯,美之大者也,非专君之力也,又非专臣之力也。昔者宫之奇在虞,僖负羁在曹,二臣之智,言中事,发中功,虞、曹俱亡者何也?此有其臣而无其君者也。且蹇叔处于而干亡,处秦而秦霸,非蹇叔愚于干而智于秦也,此有君与无臣。向曰"臣之力也"不然矣。昔者桓公宫中二市,妇闾二百,被发而御妇人,得管仲为五伯长,失管仲得竖刁,而身死,虫流出尸不葬。以为非臣之力也,且不以管仲为霸;以为君之力也,且不以竖刁为乱。昔者晋文公慕于齐女而亡归,咎犯极谏,故使反晋国。故桓公以管仲合,文公以舅犯霸,而师旷曰"君之力也"又不然矣。凡五霸所以能成功名于天下者,必君臣俱有力焉。故曰:叔向、师旷之对皆偏辞也。

【译文】

有人说:叔向、师旷的回答,都是片面的说法。匡正天下,多次会合诸侯,是美好事业中最大的了,不独是君主的力量,也不独是臣子的力量。过去宫之奇在虞国,僖负羁在曹国,两位臣子才智之高,能使说的话都合于事实,行动都合于功利,虞、曹终于都灭亡了的原因,是什么呢?这是因为有好的臣子却没有好的君主。再说蹇叔在虞国时虞国灭亡,到秦国后秦国称霸,并非蹇叔在虞国就笨,到秦国就聪明,而是取决于有没有好的君主。叔向说靠臣子的力量,是不对的。过去桓公宫中有两处集市,妇女住所有两百处,桓公披头散发去玩弄妇女。得到管仲，成为五霸中居于首位的人；失去管仲，得到竖刁而自身死亡，蛆虫爬出门外也得不到安葬。如果认为不是臣子的力量，就说不上因为管仲而称霸；如果认为是君主的力量，就谈不到因为竖刁而产生祸乱。过去晋文公爱恋齐女而不想回国，狐偃极力劝谏，结果才使他返回晋国。所以齐桓公因管仲而会合诸侯，晋文公因狐偃而称霸天下，而师旷说这是"靠君主的力量"，也是不对的。所有春秋五霸能在天下成功扬名的原因，一定是君臣都出力了。所以说：叔向和师旷的回答都是片面的说法。

五

【原文】

齐桓公之时，晋客至，有司请礼，桓公曰"告仲父"者三。而优笑曰："易哉为君，一曰仲父，二曰仲父。"桓公曰："吾闻君人者劳于索人，佚于使人。吾得仲父已难矣，得仲父之后，何为不易乎哉？"

【译文】

齐桓公时，晋国客人到了，负责接待的官吏请问用什么礼仪。桓公说了三遍"告诉仲父管仲去"。优人笑着说："做君主真容易啊！一声仲父，两声仲父的。"桓公说："我听说做君主的要寻求人才很费力，使用人时就安逸了。我得到仲父已费力过了，得到仲父之后，为什么不能容易呢？"

【原文】

或曰：桓公之所应优，非君人者之言也。桓公以君人为劳于索人，何索人为劳哉？伊尹自以为宰干汤，百里奚自以为虏干穆公，虏所辱也，宰所羞也，蒙羞辱而接君上，贤者之忧世急也；然则君人者无逆贤而已矣，索贤不为人主难。且官职所以任贤也，爵禄所以赏功也，设官职，陈爵禄，而士自至，君人者奚其劳哉！使人又非所佚也，人主虽使人必以度量准之，以刑名参之，以事；遇于法则行，不遇于法则止；功当其言则赏，不当则诛；以刑名收臣，以度量准下；此不可释也，君人者焉佚哉？

【译文】

有人说：桓公回答优人的话，不像做君主的人该讲的话。桓公认为君主寻求人才费力，寻求人才有什么费力呢？伊尹自己去做厨师向商汤献策求得任用，百里奚自己去做俘虏向秦穆公献策求得任用。做俘虏是耻辱的事，做厨师是羞耻的事。蒙受羞辱来接近君主，因为贤人忧虑天下的心情非常急切。那么君主只要不拒绝贤人就足够了，寻求贤人并不是君主的难事。况且官职是用来任用贤人的，爵禄是用来奖赏功劳的。设置官职，安排爵禄，人才自会到来，君主有什么费力呢？使用人也不是安逸的事。君主虽然是使用人，但必须用法度来衡量他们，用名实是否相符来检验他们；事情合于法就实行，不合于法就禁止；功劳同主张相符就赏，不符就罚。用名实相符来选用臣子，用法度来衡量臣下，这是不可以放弃的，做君主的哪能安逸呢？

【原文】

索人不劳，使人不佚，而桓公曰"劳于索人，佚于使人"者，不然。且桓公得管仲又不难，管仲不死其君而归桓公，鲍叔轻官让能而任之，桓公得管仲又不难明矣。已得管仲之后，奚遽易哉！管仲非周公旦，周公旦假为天子七年，成王壮，授之以政，非为天下计也，为其职也。夫不夺子而行天下者，必不背死君而事其雠，背死君而事其雠者，必不难夺子而行天下，不难夺子而行天下者，必不难夺其君国矣。管仲，公子纠之臣也，谋杀桓公而不能，其君死而臣桓公，管仲之取舍非周公旦未可知也。若使管仲大贤也，且为汤、武，汤、武，桀、纣之臣也，桀、纣作乱，汤、武夺之，今桓公以易居其上，是以桀、纣之行居汤、武之上，桓公危矣。若使管仲不肖人也，且为田常，田常，简公之臣也，而弑其君，今桓公以易居其上，是以简公之易居田常之上也，桓公又危矣。管仲非周公旦以明矣，然为汤、武与田常未可知也，为汤、武有桀、纣之危，为田常有简公之乱也。已得仲父之后，桓公奚遽易哉！若使桓公之任管仲必知不欺己也，是知不欺主之臣也；然虽知不欺主之臣，今桓公以任管仲之专借竖刁、易牙，虫流出尸而不葬，桓公不知臣欺主与不欺主已明矣，而任臣如彼其专也，故曰：桓公闇主。

【译文】

寻求人才不费力，使用人才不安逸，桓公说"寻求人才费力，使用人才安逸"，这话不对。况且桓公得到管仲并不难。管仲不为他的主人公子纠殉身而顺归桓公，鲍叔不看重自己的职位而让给有才能的管仲担任，桓公得到管仲并不难，是很明白了。已经得到管仲之后，哪里就能掉以轻心啊？管仲并不是周公旦。周公旦代行天子之事七年，成王长大后，他便把政权交给成王，周公旦不是为自己得天下着想，而为了尽他的职责。不篡夺幼君的君位而去治理天下的人，必定不肯背叛已死的君主去侍奉先君的仇敌；背叛先君而去侍奉先君仇敌的人，一定不难于夺取幼君的君位而统治天下；不难于夺取幼君君位而统治天下的人，一定不难于夺取他的君主的国家。管仲是公子纠的臣子，谋杀桓公而没有得逞，他的主人死了，又去做桓公的臣子，管仲的取舍不像周公旦，是可得而知的。假使管仲是个大贤人，他将成为商汤和周武王。商汤和武王是夏桀和商纣的臣子。夏桀和商纣政治混乱，商汤和武王就夺取了他们的君位。现在桓公掉以轻心地处在管仲之上，这就好比有桀、纣一样的行为而处在汤、武之上，桓公是很危险的。假使管仲德行不好，他将成为田常。田常是齐简公的臣子，结果杀死了君主简公。现在桓公掉以轻心地处在管仲之上，这就好比简公掉以轻心地处在田常之上，桓公又很危险了。管仲不是周公旦已经清楚了，但是他将做汤、武还是做田常，不得而知。如果做汤、武，桓公就有桀、纣的危险；如果做田常，桓公就有简公的祸乱。已经得到管仲之后，桓公哪里就能掉以轻心呢？假使桓公任用管仲时，确实知道他不会欺骗自己，证明桓公能识别不欺骗君主的臣子。但是虽说桓公能识别不欺骗君主的臣子。现在他像信任管仲那样使用竖刁、易牙，以致死后蛆虫爬出门外还不能安葬。桓公不能识别臣子欺主还是不欺主，已是很明白的了，而他任用臣子又是那样专一，所以说：桓公是昏庸糊涂的君主。

六

【原文】

李克治中山，苦陉令上计而入多。李克曰："语言辨，听之说，不度于义，谓之窕言。无山林泽谷之利而入多者，谓之窕货。君子不听窕言，不受窕货，子姑免矣。"

【译文】

李克治理中山，苦陉县令年终上报时钱粮收入多。李克说："言语动听，听了叫人喜欢，但不符合常理，这种话叫作窕言。没有山林川泽等自然资源而收入多的，这种收入叫作窕货。君子不听窕言，不受窕货。你就此免除职务吧。"

【原文】

或曰：李子设辞曰："夫言语辨，听之说，不度于义者，谓之窕言。"辩、在言者，说、在听者，言非听者也。所谓不度于义，非谓听者必谓所听也。听者非小人则君子也，小人无义必不能度之义也，君子度之义必不肯说也。夫曰

"言语辨,听之说,不度于义"者,必不诚之言也。人多之为窕货也,未可远行也。李子之奸弗蚤禁,使至于计,是遂过也。无术以知而入多,入多者,穰也,虽倍入将奈何! 举事慎阴阳之和,种树节四时之适,无早晚之失,寒温之灾,则入多。不以小功妨大务,不以私欲害人事,丈夫尽于耕农,妇人力于织纴,则入多。务于畜养之理,察于土地之宜,六畜遂,五谷殖,则入多。明于权计,审于地形、舟车机械之利,用力少致功大,则入多。利商市关梁之行,能以所有致所无,客商归之,外货留之,俭于财用,节于衣食,宫室器械,周于资用,不事玩好,则入多。入多,皆人为也。若天事、风雨时,寒温适,土地不加大,而有丰年之功,则入多。人事、天功,二物者皆入多,非山林泽谷之利也。夫无山林泽谷之利入多,因谓之窕货者,无术之言也。

【译文】

有人说:李克提出的论点说:"言语动听,听了使人喜欢,但不符合常理,这种话叫作窕言。"动听不动听在于说话的人,喜欢不喜欢在于听话的人,说话的人不是听话的人。所谓说话不符合常理,不是指听话的人,必定指听到的话。听话的人不是小人就是君子。小人不懂得常理,一定不能用常理去度量它;君子用常理去度量它,一定不会喜欢窕言的。所谓"言语动听,听了叫人喜欢,但不符合常理",一定是不可靠的话。收入多叫作窕货,不是到处都行得通的道理。李克对于奸邪的行为不及早禁止,一直等到年终上报,这是李克造成了过错。李克没有办法去了解情况而只知道收入多了;收入多,是因为庄稼丰收,即使有加倍的收入,又怎么样呢? 农耕顺应自然的变化,种植根据四季作合理的安排,没有种早、种迟的失误和天寒、天热的灾祸,收入就多。不用小事妨害要务,不用私欲妨害耕织,男子尽力于农耕,女子致力于纺织,收入就多。注意饲养牲畜的道理,按照土地的情况合理种植,六畜兴旺,五谷善殖,收入就多。善于权衡计算,周密了解地形、舟车和机械的作用,花的力气少,得到的功效大,收入就多。使商市、关口、桥梁便利于通行,能用自己已有的东西换取没有的东西,客商闻风而至,外来的货物存放下来,节俭财用,节约衣食,宫室、器具合于实用,不贪图珍贵的玩物,收入就多。收入增多,都是人为的结果。至于自然界的情况,风雨适时,冷暖适宜,土地不增加,却有丰收的年景,收入就多。人的努力、天时的作用,这两方面都能使收入增多,并不是山林川泽给予的利益。不因为山林川泽给予的利益而收入多,却硬把它们叫作窕货,是不懂法术的言论。

七

【原文】

赵简子围卫之郛郭，犀楯、犀橹立于矢石之所不及，鼓之而士不起，简子投枹曰："乌乎！吾之士数弊也。"行人烛过免胄而对曰："臣闻之，亦有君之不能耳，士无弊者。昔者吾先君献公并国十七，服国三十八，战十有二胜，是民之用也。献公没，惠公即位，淫衍暴乱，身好玉女，秦人恣侵，去绛十七里，亦是人之用也。惠公没，文公授之，围卫、取邺，城濮之战，五败荆人，取尊名于天下，亦此人之用也。亦有君不能耳，士无弊也。"简子乃去楯、橹立矢石之所及，鼓之而士乘之，战大胜。简子曰："与吾得革车千乘，不如闻行人烛过之一言也。"

【译文】

赵简子包围卫国国都的外城，拿着用犀牛皮做的大小盾牌，站在箭和滚石达不到地方，击鼓奋进，然而战士却不响应。简子扔了鼓槌说："哎呀！我的战士这么快就疲困了。"外交官烛过脱下头盔回答说："我听说：只有君主不会使用战士的，战士没有会疲困的。过去我们的先君晋献公吞并了十七个国家，迫使三十八个国家顺服，打了十二次胜仗，用的是这些民众。献公死了，惠公即位，他荒淫无度，残暴昏乱，喜欢美女，秦人肆意入侵，离晋都绛城只有十七里，用的也是这些民众。惠公死，文公继承君位，围攻卫国，得到邺地；城濮之战，五次打败楚军，在天下得到霸主之名，用的也还是这些民众。只有君主不会使用战士的，战士没有会疲困的。"简子于是拿下大小盾牌，站在箭和滚石够得着的地方，击鼓奋进，战士闻声响应，打了个大胜仗。简子说："我与其得到一千辆兵车，还不如听到外交官烛过的一番话。"

【原文】

或曰：行人未有以说也，乃道惠公以此人是败，文公以此人是霸，未见所以用人也；简子未可以速去楯、橹。严亲在围，轻犯矢石，孝子之所爱亲也。孝子爱亲，百数之一也。今以为身处危而人尚可战，是以百族之子于上皆若孝子之爱亲也，是行人之诬也。好利恶害，夫人之所有也。赏厚而信，人轻敌矣；刑重而必，失人不北矣。长行徇上，数百不一失。喜利畏罪，人莫不然。将众者不出乎莫不然之数，而道乎百无一人之行，行人未知用众之道也。

【译文】
　　有人说：外交官烛过没有拿出什么道理来进说，只是说晋惠公用这些人而失败，晋文公用这些人而称霸，没有指出用人的办法。简子不该这么快就丢掉大小盾牌。父亲被包围，儿子不怕箭和滚石的危险去救的，是因为孝子爱父。孝子爱父，百人中才有一个。现在认为君主处在危险之中而战士尚可打仗，就是认为分属于各个宗族的战士对于君主，都像孝子爱父一样，这是外交官的谎言。好利恶害，是人固有的本性。赏赐多而严守信用，人们就不怕敌人；刑罚重而一定实行，人们就不敢败逃了。为了君主而义无反顾地牺牲自己，几百人中挑不出一个；喜欢得赏而害怕犯罪，没有一个人不是这样的。统率士兵的人不采用必要的术数，而根据百人中没有一个能做到的行为，说明外交官并不懂得使用战士的办法。

难三第三十八

一

【原文】

鲁穆公问于子思曰:"吾闻庞𤈶氏之子不孝,其行奚如?"子思对曰:"君子尊贤以崇德,举善以观民。若夫过行,是细人之所识也,臣不知也。"子思出,子服厉伯入见,问庞(𤈶)氏子,子服厉伯对曰:"其过三,皆君之所未尝闻。"自是之后,君贵子思而贱子服厉伯也。

【译文】

鲁穆公向子思询问道:"我听说庞𤈶氏的孩子不孝顺,他的行为怎么样?"子思回答说:"君子尊重贤人来崇尚道德,提倡好事来给民众作出表率。至于错误行为,那是小人才会记住的,我不知道。"子思出去了。子服厉伯进见,穆公问他庞𤈶氏孩子的劣行,子服厉伯回答说:"这孩子的过错有三条,都是穆公不曾听说过的。"从此以后,穆公看重子思而看轻子服厉伯。

【原文】

或曰:鲁之公室,三世劫于季氏,不亦宜乎!明君求善而赏之,求奸而诛之,其得之一也。故以善闻之者,以说善同于上者也;以奸闻之者,以恶奸同于上者也;此宜赏誉之所力也。不以奸闻,是异于上而下比周于奸者也,此宜毁罚之所及也。今子思不以过闻,而穆公贵之,厉伯以奸闻而穆公贱之,人情皆喜贵而恶贱,故季氏之乱成而不上闻,此鲁君之所以劫也。且此亡王之俗,取、鲁之民所以自美,而穆公独贵之,不亦倒乎!

【译文】

有人说:鲁国的君权,三代都被季孙氏控制着,不是应该的吗?明君发现好事就给予赏赐,发觉坏事就给予惩罚,两者目的是一致的。所以把好事报告给君主的人,也就是和君主同样喜欢好事的;把坏事报告给君主的人,也就是和君主同样厌恶坏事的;都是应该奖赏和赞誉的。不把坏事报告给君主,是和君主离心离德而和坏人紧密勾结的行为,这是应该贬斥相处罚的。现在子思不把庞子的过错告知穆公，穆公却尊重他；厉伯把庞子的过错告知穆公，穆公却鄙视他。人的心情都是喜欢受尊重而厌恶被鄙视的，所以季氏已酿成祸乱了，却没人向上报告，这就是鲁君被挟持的原因。况且这种亡国的风气，是邹、鲁地方的人自我欣赏的东西，而穆公偏偏予以推崇，不是弄反了吗？

二

【原文】

文公出亡,献公使寺人披攻之蒲城,披斩其袪,文公奔翟。惠公即位,又使攻之惠窦,不得也。及文公反国,披求见。公曰:"蒲城之役,君令一宿,而汝即至;难,君令三宿,而汝一宿,何其速也?"披对曰:"君令不二,除君之恶,唯恐不堪,蒲人、狄人余何有焉?今公即位,其无蒲、狄乎!且桓公置射钩而相管仲。"君乃见之。

【译文】

晋文公为公子时,出逃到蒲城,晋献公派宦官披前去进攻。披斩断了文公的衣袖,文公出逃到狄。晋惠公即位,又派披到惠窦攻杀文公,没有抓到。等到文公返回晋国,披求见文公。文公说:"蒲城的事,献公限令你过一夜赶到,而你当天就赶到了;惠窦的事,惠公限令你过三夜赶到,而你过了一夜就赶到了,干吗那样快啊!"披回答说:"君命说一不二。除掉君主仇敌,唯恐不能完成,我管你什么蒲人、狄人呢?现在您即位了,难道就没有追到蒲、狄那样的仇人吗?再说齐桓公能不记管仲射中带钩的事,而任他为相。"文公于是接见了披。

【原文】

或曰:齐、晋绝祀,不亦宜乎?桓公能用管仲之功而忘射钩之怨,文公能听寺人之言而弃斩袪之罪,桓公、文公能容二子者也。后世之君,明不及二公;后世之臣,贤不如二子。以不忠之臣事不明之君。君不知,则有燕操、子罕、田常之贼;知之,则以管仲、寺人自解。君必不诛,而自以为有桓、文之德,是臣雠而明不能烛,多假之资。自以为贤而不戒,则虽无后嗣,不亦可乎!且寺人之言也,直饰君令而不贰者,则是贞于君也。死君后生臣不愧而复为贞,今惠公朝卒而暮事文公,寺人之不贰何如?

【译文】

有人说:齐、晋灭亡,不是理所当然的吗?齐桓公能任用管仲建立功业,却忘掉他射中钩带的仇恨;晋文公能听从宦官的说辞,却饶恕他斩断衣袖的罪责。桓公、文公是能容忍他们的人。后代的君主,明智比不上桓公、文公;后代的臣子,德行比不上管仲和披。不忠的臣子去侍奉昏庸的君主,君主不察觉,就会出现公孙操杀掉燕惠文王、子罕杀掉宋桓侯、田常杀掉齐简公这样的祸害；君主察觉了，奸臣就会用管仲、宦官披的事例来自我开脱。君主如果不处罚他们而自以为有齐桓公、晋文公的德行，就是用仇人为臣而不能洞察阴谋，反而给他们提供很多活动条件，自认为他们都是贤臣而不加戒备。那么他们即使丧失了政权，不也是理所当然的吗？再说照宦官披的话，只要是遵守君命而没有二心的，就是忠于君主。君主死而复生，臣子无愧于心，这才叫作忠贞。现在惠公早上死去，披傍晚就侍奉文公，宦官披究竟是怎样的忠贞不贰啊？

三

【原文】

人有设桓公隐者曰："一难，二难，三难，何也？"桓公不能对，以告管仲。管仲对曰："一难也，近优而远士。二难也，去其国而数之海。三难也，君老而晚置太子。"桓公曰："善。"不择日而庙礼太子。

【译文】

有人出了个隐语让齐桓公猜，他说："一难，二难，三难，是指什么？"桓公不能回答，把它告诉管仲。管仲回答说："一难，是指君主亲近优人而疏远文士；二难，是指君主离开了国都而屡次去海边游玩；三难，是指君主年迈而迟立太子。"桓公说："好。"也不择定吉日就在宗庙里举行设立太子的仪式。

【原文】

或曰：管仲之射隐不得也。士之用不在近远。而俳优侏儒，固人主之所与燕也。则近优而远士，而以为治，非其难者也。夫处势而不能用其有，而悖不去国，是以一人之力禁一国。以一人之力禁一国者，少能胜之。明能照远奸而见隐微，必行之令，虽远于海，内必无变；然则去国之海而不劫杀，非其难者也。楚成王置商臣以为太子，又欲置公子职，商臣作难，遂弑成王。公子宰，周太子也，公子根有宠，遂以东州反，分而为两国。此皆非晚置太子之患也。夫分势不二，庶孽卑，宠无藉，虽处大臣，晚置太子可也；然则晚置太子，庶孽不乱，又非其难也。物之所谓难者；必借人成势而勿使侵害己，可谓一难也。贵妾不使二后，二难也。爱孽不使危正适，专听一臣而不敢隅君，此则可谓三难也。

【译文】

有人说：管仲猜隐语，并没有猜中。文士是否被任用不在于和君主离得远近,而俳优侏儒本来就是和君主一起娱乐的人,那么近优人远文士而治理国家,并不构成困难。君主掌握权势而不能运用它,反而糊涂到不敢离开国都,这是用一个人的力量来控制一国的人。用一个人的力量来控制一国的人,很少能够制服他们的。君主的明智能洞察远处的奸邪,发现隐蔽的祸患,他的命令必定得到执行,即使远游海边,内部一定没有变乱。那么离开国都去海边游玩而不被劫杀,并不构成困难。楚成王立商臣为太子,后来又想改立公子职,商臣作乱,就杀了成王。公子宰是周王朝太子,其弟公子根受宠,于是凭借东州争夺君位,周分成东、西两个小国。这些都不是迟立太子的祸患。权力分配不并重,把庶子的地位压低,宠爱他们但不给他们资本,这样庶子即使做了大臣,迟立太子也是可以的。既然如此,那么迟立太子,庶子不作乱,也不构成困难。事情中称得上困难的,一定要给予人家权力来形成威势,却又不想让对方侵害自己,这可说是第一件困难的事。宠爱姬妾,却又不使她与正妻地位相等,这是第二件困难事。喜爱庶子,却不想让他威胁太子,专听一个大臣的话,却又要他不敢与君主匹敌,这可以说就是第三件困难的事了。

四

【原文】

叶公子高问政于仲尼,仲尼曰:"政在悦近而来远。"哀公问政于仲尼,仲尼曰:"政在选贤。"齐景公问政于仲尼,仲尼曰:"政在节财。"三公出,子贡问曰:"三公问夫子政一也,夫子对之不同,何也?"仲尼曰:"叶都大而国小,民有背心,故曰政在悦近而来远。鲁哀公有大臣三人,外障距诸侯四邻之士,内比周而以愚其君,使宗庙不扫除,社稷不血食者,必是三臣也,故曰政在选贤。齐景公筑雍门,为路寝,一朝而以三百乘之家赐者三,故曰政在节财。"

【译文】

楚国的叶公子高向孔子询问政事,孔子说:"政事在于使近者高兴,远者归顺。"鲁哀公向孔子询问政事,孔子说:"政事在于选用贤才。"齐景公向孔子询问政事,孔子说:"政事在于节约财力。"这三个人走了,子贡问道:"三个人问您同样问的是政事,您回答他们的话却不同,为什么?"孔子说:"叶地附城大而都城小,民众有背叛之意,所以我说政事在于使近者高兴,远者则服。鲁哀公有三个大臣,他们对外阻挡四邻诸侯的士人到鲁国来,对内结党营私来愚弄君主。使宗庙得不到洒扫,社稷得不到血祭的一定是这三个大臣。所以我说政事在于选用贤才。齐景公修筑雍门,建造路寝高台,一个早上就赏赐了三个人,每个人都得到可以出三百套马车的户数,所以我说政事在于节约财力。"

【原文】

或曰:仲尼之对,亡国之言也。叶民有倍心,而说之悦近而来远,则是教民怀惠。惠之为政,无功者受赏,而有罪者免,此法之所以败也。法败而政乱,以乱政治败民,未见其可也。且民有倍心者,君上之明有所不及也。不绍叶公之明,而使之悦近而来远,是舍吾势之所能禁而使与不行惠以争民,非能持势者也。夫尧之贤,六王之冠也,舜一从而咸包,而尧无天下矣。有人无术以禁下,恃为舜而不失其民,不亦无术乎!明君见小奸于微,故民无大谋;行小诛于细,故民无大乱;此谓图难于其所易也,为大者于其所细也。今有功者必赏,赏者不得君,力之所致也;有罪者必诛,诛者不怨上,罪之所生也。民知诛罚之皆起于身也,故疾功利于业,而不受赐于君。"太上、下智有之。此言太上之下民无说也,安取怀惠之民?上君之民无利害,说以悦近来远,亦可舍己。"

【译文】

有人说:孔子的回答,是亡国的论调。叶地民众对国君有背叛之意,孔子却劝说叶公"使近者高兴,远者归顺",这便是要教人寄希望于恩赐。以恩赐作为治国手段,无功可以得赏,有罪可以免罚,这是法制败坏的原因。法制败坏,政治就会混乱,用乱政治理乱民,没有见过曾行得通的。再说民众有背叛之意,是由于君主的明察有所不周。不使叶公在明察上有所长进,却让他取悦近者而招顺远者,这是舍弃自身权势的制约作用,却使他和臣下一样用施惠手段去争夺民众,这不是能掌握权势的办法。尧的贤明,列于尧、舜、禹、汤、文、武六王之首,然而舜搬徙一次,所到之处就形成新的城邑,结果尧失去了天下。有人不能用术来控制臣下,指望仿效舜而不失民心,不也是没有治国的办法吗?明君能从细微处发现小的坏事,所以民众没有大阴谋;从小事上实行轻罚,所以民众没有大乱。这就是《老子》说的"处理难事要从易处着手,处理大事要从小处开始"。现在有功的人一定得赏,受赏的人并不感激君主的恩德,因为这是出力得来的;犯罪的人一定受罚,受罚的人并不怨恨君主,因为这是罪行造成的。民众知道受罚受赏的原因都在于自己,所以急于在事业上谋取功利,而不接受君主的恩赐。"最高明的君主,民众仅知道有那么一个人而已"。《老子》这话是说,最高明的君主统治下的民众没有什么爱悦可言！哪里还有什么希望恩赐的民众呢？最高明的君主统治下的民众对君主不讲利害，劝君主取悦近者、招徕远者，也可以作罢了！

【原文】

哀公有臣外障距内比周以愚其君，而说之以选贤，此非功伐之论也，选其心之所谓贤者也。使哀公知三子外障距内比周也，则三子不一日立矣。哀公不知选贤，选其心之所谓贤，故三子得任事。燕子哙贤子之而非孙卿，故身死为僇。夫差智太宰嚭而愚子胥，故灭于越。鲁君不必知贤，而说以选贤，是使哀公有夫差、燕哙之患也。

【译文】

鲁哀公有些臣子对外阻挡士人到鲁国来，对内结党营私来愚弄君主，而孔子劝说哀公选用贤人，这不是根据功劳来选用贤人的主张，而是要君主选择心目中所谓的贤人。假使哀公知道孟孙、季孙、叔孙三人对外阻挡士人到鲁国来，对内结党营私，那么这三个人一天也呆不下去了。哀公不知道选用贤人，选的只是他心目中的所谓的贤人，所以这三个人能够执政。燕王哙认为子之贤能而否定荀况，结果自己被杀，遭人羞辱。吴王夫差认为太宰嚭聪明而伍子胥愚蠢，结果被越国所灭。鲁君不一定知道贤人，却用选择贤人去劝说他，这是让哀公有夫差、燕王哙一样的祸患。

【原文】

明君不自举臣，臣相进也；不自贤，功自徇也。论之于任，试之于事，课之于功。故群臣公政而无私，不隐贤，不进不肖，然则人主奚劳于选贤？

【译文】

明君不凭个人心愿提拔臣子，臣子自会争相进用；不自以为谁是贤人，立功的人自会随之而来。从办事才能鉴别他们，用实际工作去测试他们，从成绩大小上考核他们。所以群臣公正而无私，不隐瞒贤人，不推荐不贤的人。既然这样，君主何必劳于选贤呢？

【原文】

景公以百乘之家赐，而说以节财，是使景公无术使智君之侈，而独俭于上，未免于贫也。有君以千里养其口腹，则虽桀、纣不侈焉。齐国方三千里，而桓公以其半自养，是侈于桀、纣也，然而能为五霸冠者，知侈俭之地也。为君不能禁下而自禁者谓之劫，不能饰下而自饰者谓之乱，不节下而自节者谓之贫。明君使人无私，以诈而食者禁；力尽于事，归利于上者必闻，闻者必赏；污秽为私者必知，知者必诛。然故忠臣尽忠于方公，民士竭力于家，百官精克于上，侈倍景公，非国之患也。然则说之以节财，非其急者也。

【译文】

齐景公用可出百套马车的户数进行赏赐，而孔子却劝他节约财力，这是要使景公没有办法去了解富家的奢侈，而独自在上面节俭，结果仍不免于贫穷。君主要是用千里土地的收入供养自己的口腹，那么即使是桀、纣也没他那样奢侈。齐国方圆三千里，而桓公用一半收入来供养自己，这样就比桀、纣还要奢侈了。然而桓公之所以能成为五霸之首，是因为他懂得什么是奢侈，什么是节俭。做君主的不能禁止臣下而只能约束自己的，叫作灾难；不能整治臣下而只是检点自己的，叫作混乱；不能节制臣下而只是节制自己的，叫作贫困。明君应使民众没有私心，禁止以诈骗为生的人。尽力办事，把利益归于君主的人，君主一定了解，了解了一定给予赏赐。行为污秽而图谋私利的人，君主一定知道，知道了就一定加以惩罚。这样的话，忠臣必能为公家尽忠，民众必能为家庭卖力，百官在朝廷上必能廉洁公正，即使比景公奢侈几倍，也不会成为国家的祸患。那么用节约财力劝说景公，并非当务之急。

【原文】

夫对三公一言而三公可以无患，知下之谓也。知下明则禁于微，禁于微则奸无积，奸无积则无比周。无比周则公私分，公私分则朋党散，朋党散则无外障距内比周之患。知下明则见精沐，见精沐则诛赏明，诛赏明则国不贫，故曰：一对而三公无患，知下之谓也。

【译文】

用一句话来回答三个人，就可以使他们没有祸患，那就是要了解下情。下情了解得清楚，坏事处于萌芽状态就能被禁止；坏事在萌芽状态就被禁止，奸邪就无从积累；奸邪无从积累，结党营私的事就不会发生；结党营私的事不会发生，公私就会分明；公私分明，朋党就会离散；朋党离散，就没有对外阻挡士人到鲁国来，对内结党营私的祸患，下情了解得清楚，就心明眼亮；心明眼亮，赏罚就公正；赏罚公正，国家就不贫困。所以说，用一句话回答就可以使三个人没有祸患，也就是说要了解下情。

五

【原文】

郑子产晨出，过东匠之间，闻妇人之哭，抚其御之手而听之。有间，遣吏执而问之,则手绞其夫者也。异日,其御问曰:"夫子何以知之?"子产曰:"其声惧。凡人于其亲爱也,始病而忧,临死而惧,已死而哀。今哭已死不哀而惧,是以知其有奸也。"

【译文】

郑相子产早晨出门,经过东匠闾时,听见有妇女在哭泣。子产按住车夫的手,示意停车,仔细听听。过了一会儿,子产派官吏把那个妇女抓来审问,她就是亲手绞死丈夫的人。另外一天,车夫问他说:"您凭什么知道那妇女是凶手?"子产说:"她的哭声显得恐惧。一般说来,大家对于亲爱的人,刚病时忧愁,临死时恐惧,既死后悲哀。现在她哭已死的丈夫,不是悲哀而是恐惧,所以知道她有奸情。"

【原文】

或曰:子产之治,不亦多事乎?奸必待耳目之所及而后知之,则郑国之得奸者寡矣。不任典成之吏,不察参伍之政,不明度量,恃尽聪明,劳智虑,而以知奸,不亦无术乎?且夫物众而智寡,寡不胜众,智不足以遍知物,故因物以治物。下众而上寡,寡不胜众,者言君不足以遍知臣也,故因人以知人。

【译文】

有人说:子产治国,不也是太多事了吗?奸情一定要等亲自听到和看到,然后才了解,那么郑国查到的奸情就太少了。不任用主管狱讼的官吏,不采用多方面考察验证的政治措施,不彰明法度,而依靠竭尽聪明劳心费神去获知奸情,不也是缺少治国办法吗?况且事物众多而个人智寡,寡不胜众,个人智力难以普遍地了解事物,所以要利用事物来治理事物。臣下多而君主少。少不胜多是指君主难以普遍地了解臣下,所以要依靠人来了解人。

六

【原文】

秦昭王问于左右曰:"今时韩、魏孰与始强?"左右对曰:"弱于始也。""今之如耳、魏齐孰与曩之孟常、芒卯?"对曰:"不及也。"王曰:"孟常、芒卯率强韩、魏犹无奈寡人何也!"左右对曰:"甚然!"中期推琴而对曰:"王之料天下过矣!夫六晋之时,知氏最强,灭范、中行而从韩、魏之兵以伐赵,灌以晋水,城之未沉者三板。知伯出,魏宣子御,韩康子为骖乘,知伯曰:'始吾不知水可以灭人之国,吾乃今知之。汾水可以灌安邑,绛水可以灌平阳。'魏宣子肘韩康子,康子践宣子之足,肘足接乎车上,而知氏分于晋阳之下。今足下虽强,未若知氏;韩、魏虽弱,未至如其在晋阳之下也。此天下方用肘足之时,愿王勿易之也。"

【译文】

秦昭王向左右近侍询问道:"现在的韩、魏和建国初期比较,哪个时候强大?"近侍回答说:"比初期衰弱。""现在的如耳、魏齐和过去的孟尝君、芒卯相比,哪个更能干?"近侍回答说:"不如过去。"昭王说:"孟尝君和芒卯统率强大的韩、魏联军,还不能把我怎么样哩。"近侍回答说:"确实是这样。"乐师中期推开琴而回答说:"大王把天下形势估计错了。晋国六卿执政时期,智伯最强大,智伯灭掉范氏、中行氏,率领韩、魏两家军队去攻打赵襄子,用晋水灌城,城墙只剩下三板的高度没有淹着。智伯出门,魏宣子驾车,韩康子作骖乘。智伯说:'开始我不知道水可以用来消灭别人的国家,我现在才知道了。汾水可以用来灌魏城安邑,绛水可以用来灌韩邑平阳。'魏宣子用肘碰一下韩康子,韩康子踩一下魏宣子的脚,肘和脚在车上这么一碰,终于联合反叛,智伯的土地就在晋阳城下被瓜分了。现在您虽然强大,却不如智伯;韩、魏虽然弱小,还不至于像它们在晋阳城下那般光景。现在正是诸侯各国碰肘踩脚合纵抗秦的时候,希望大王不要轻视了。"

【原文】

或曰:昭王之问也有失,左右中期之对也有过。凡明主之治国也,任其势。势不可害,则虽强天下无奈何也,而况孟常、芒卯、韩、魏能奈我何!其势可害也,则不肖如如耳、魏齐,及韩、魏犹能害之。然则害与不侵,在自恃而已矣,奚问乎?自恃其不可侵,则强与弱奚其择焉?失在不自恃,而问其奈何也,其不侵也幸矣!申子曰:"失之数而求之信则疑矣。"其昭王之谓也。知伯无度,从韩康、魏宣而图以水灌灭其国,此知伯之所以国亡而身死、头为饮杯之故也。今昭王乃问孰与始强,其畏有水人之患乎?虽有左右非韩、魏之二子也,安有肘足之事?而中期曰"勿易",此虚言也。且中期之所官、琴瑟也,弦不调,弄不明,中期之任也,此中期所以事昭王者也。

【译文】

有人说:昭王的提问有失,近侍和中期的回答都有错。大凡明君治理国家,依靠他的权势。权势不可侵害,那么即使天下最强大的国家对我也无可奈何,何况是孟尝君、芒卯以及韩、魏,能把我怎么样呢?君主的权势可以随便损害的话,那么像如耳、魏齐这样的无能之辈以及弱国韩、魏也能加以侵害。既然这样,那么受侵害和不受侵害,在于依靠自己罢了,何用问别人呢?

依靠自己的不可侵害,那么又何必去管别人的强和弱呢?错在不依靠自己,却问敌人能把我怎样,那不受侵害也只是侥幸了。申不害说:"丢掉术而要别人忠实,就糊涂了。"恐怕就是说昭王这种情况了。智伯没有节度,率领韩康子、魏宣子而企图用水灌城灭掉他们的国家,这就是智伯国亡身死、头盖骨被做成饮杯的缘故。现在昭王却问起目前的韩、魏与当初的韩、魏哪个强大,难道是害怕有引水灌城而自取灭亡的祸患吗?虽有左右近侍在旁,可他们并不是韩康子、魏宣子,哪有碰肘踩脚的勾当呢?而中期却说不要轻视,这是空话一句。况且中期掌管的是琴瑟。弦不调和,曲不清楚,属于中期的责任,这才是中期用来侍奉昭王的。

七

【原文】

管子曰:"见其可说之有证,见其不可恶之有形,赏罚信于所见,虽所不见,其敢为之乎?见其可说之无证,见其不可恶之无形,赏罚不信于所见,而求所不见之外,不可得也。"

【译文】

管仲说:"君主看到合法的事,喜欢它要有所证明,给予奖赏;看到非法的事,厌恶它要有所显露,给予惩罚。对于亲眼目睹的事情,赏罚能够兑现,那么,即使有察见不到的,谁还敢胡作非为呢?看到合法的事,虽然喜欢却没有奖赏作为证明;看到非法的事,虽然厌恶却没有惩罚作出表示。对于亲眼目睹的事,赏罚都不守信用,却要求查出看不到的违法行为,那是不可能的。"

【原文】

或曰:广廷严居,众人之所肃也;晏室独处,曾、史之所僈也。观人之所肃,非行、情也。且君上者,臣下之所为饰也。好恶在所见,臣下之饰奸物以愚其君,必也。明不能烛远奸,见隐微,而待之以观饰行,定赏罚,不亦弊乎?

【译文】

有人说:大庭广众和严肃场合,大家都会表现得很肃敬;私室独居,即便曾参、史䲡也会轻慢随便。仅注意人们肃敬的场合,就得不到行为的全部真情。再说作为君主,臣下在他面前总要掩饰自己的。只凭自己所见断定好恶,臣下掩饰自己的奸邪行为来愚弄君主,就是必然的了。君主的明察不能洞悉远处的坏人和隐蔽的坏事,却要根据看到的伪装行为去对待臣下、决定赏罚,不也是弊病吗?

八

【原文】

管子曰:"言于室满于室,言于堂满于堂,是谓天下王。"

【译文】

管仲说:"屋里讲话,声音满屋;堂上讲话,声音满堂。此人即可称为天下之主。"

【原文】

或曰:管仲之所谓言室满室、言堂满堂者,非特谓游戏饮食之言也,必谓大物也。人主之大物,非法则术也。法者,编着之图籍,设之于官府,而布之于百姓者也。术者,藏之于胸中,以偶众端而潜御群臣者也。故法莫如显,而术不欲见。是以明主言法,则境内卑贱莫不闻知也,不独满于堂。用术,则亲爱近习莫之得闻也,不得满室。而管子犹曰"言于室满室,言于堂满堂",非法术之言也。

【译文】

有人说:管仲所说的"屋里说话声满屋,堂上讲话声满堂",并不只说的饮食游戏方面的话,必定说的是大事。君主的大事,不是法,就是术。法是编写成文,设置在官府里,进而公布到民众中去的。术是藏在君主胸中,用来对付各种各样事情而暗中驾驭群臣的。所以法越公开越好,术却不该表露出来。因此,明君谈法时,就是国内卑贱的人也没有不知道的,不仅仅使满堂的人知道;用术时,就连君主宠幸的亲信也没有谁能听到,更不该让满屋子的人都知道。而管仲却还说"在屋里讲话声满屋,在堂上讲话声满堂",这就不是合乎法术的话了。

难四第三十九

一

【原文】

卫孙文子聘于鲁，公登亦登。叔孙穆子趋进曰："诸侯之会，寡君未尝后卫君也。今子不后寡君一等，寡君未知所过也，子其少安。"孙子无辞，亦无悛容。穆子退而告人曰："孙子必亡。亡臣而不后君，过而不悛，亡之本也。"

【译文】

卫国的孙文子到鲁国进行联姻国事访问，鲁襄公登上台阶，他也同时登上台阶。鲁卿叔孙穆子快步上前对孙文子说："各国诸侯聚会，敝国君主从来没有列在卫君后面。现在您不比敝国君主后一步，敝国君主不知道有什么过错。请您稍慢一点。"孙文子没有回答，也没有悔改的神色。叔孙穆子回来告诉别人说："孙文子一定会灭亡。忘记臣子的身份而不走在君主后面，有了错误又不改悔，这是灭亡的根源。"

【原文】

或曰：天子失道，诸侯伐之，故有汤、武。诸侯失道，大夫伐之，故有齐、晋。臣而伐君者必亡，则是汤、武不王，晋、齐不立也。孙子君于卫，而后不臣于鲁，臣之君也。君有失也，故臣有得也。不命亡于有失之君，而命亡于有得之臣，不察。鲁不得诛卫大夫，而卫君之明不知不悛之臣，孙子虽有是二也臣以亡？其所以亡其失所以得君也。

【译文】

有人说：天子失去治国之道，诸侯起而讨伐，所以才有商汤、周武王出现。诸侯失去治国之道，大夫起而讨伐，所以才有田氏代齐、三家分晋的事。如果做臣子却讨伐君主的人必定灭亡，那么商汤、武王就不能称王天下，韩、赵、魏三家和田氏也不能立国了。孙文子在卫国掌握了君主的权势，后来又不以使臣的身份对待鲁君，他名义上是臣子而实际上成了君主。君主有失，所以臣子有得。不断定有失的君主灭亡，却断定有得的臣子灭亡，这是不明察。鲁国不能处罚卫国的大夫,而卫君的明察又识别不了不知悔改的臣子,孙文子虽然有忘记使臣身份和不知悔改这两种表现,又怎么会灭亡呢?他正是因为忘记了自己的这种过失,所以才能取得君主的权势。

【原文】

或曰:臣主之施分也。臣能夺君者,以得相踦也。故非其分而取者,众之所夺也;辞其分而取者,民之所予也。是以桀索崏山之女,纣求比干之心,而天下离;汤身易名,武身受詈,而海内服;赵盾走山,田外仆,而齐、晋从。则汤、武之所以王,齐、晋之所以立,非必以其君也,彼得之而后以君处之也。今未有其所以得,而行其所以处,是倒义而逆德也。倒义,则事之所以败也,逆德,则怨之所以聚也;败亡之不察何也?

【译文】

有人说:君臣的设立是名分制度规定的。臣子能夺得君主的位置,是因为他比君主更得民心。所以不属本分而取得的,是民众要夺回的;辞去本分而取得的,是民众所给予的。因此夏桀索得崏山的琬、琰二女,商纣取出比干的心脏,结果天下人都离心离德;商汤自身改变姓名,武王自身受到责骂,结果海内的人都臣服了;赵盾进山避难,田氏出外当仆人,结果齐、晋两国民众都归附他们。那么成汤、武王之所以称王天下,田氏和三晋中的赵氏之所以立国,原因不一定在他们原来的君主身上,而是成汤他们得到民众拥护以后才当上君主的。现在孙文子还没有得到民众的拥护,却像君主一样去做,这是违反义和德的。违反义,是事情失败的原因;违反德,是怨恨聚集的原因。连失败和灭亡都不了解,为什么呢?

二

【原文】

鲁阳虎欲攻三桓,不克而奔齐,景公礼之。鲍文子谏曰:"不可。阳虎有宠于季氏而欲伐于季孙,贪其富也。今君富于季孙,而齐大于鲁,阳虎所以尽诈也。"景公乃囚阳虎。

【译文】

鲁国的阳虎想攻打季孙、叔孙、孟孙三家,失败后逃奔齐国,齐景公很敬重他。鲍文子劝谏说:"不行。阳虎得宠于季孙却想攻打季孙,是贪图季孙的财富。现在您比季孙还富,而齐国又比鲁国大,这是阳虎要全力欺诈的原因。"于是景公就拘禁了阳虎。

【原文】

或曰：千金之家，其子不仁，人之急利甚也。桓公，五伯之上也，争国而杀其兄，其利大也。臣主之间，非兄弟之亲也。劫杀之功，制万乘而享大利，则群臣孰非阳虎也。事以微巧成，以疏拙败。群臣之未起难也，其备未具也。群臣皆有阳虎之心，而君上不知，是微而巧也。阳虎贪，于天下，以欲攻上，是疏而拙也。不使景公加诛于拙虎，是鲍文子之说反也。臣之忠诈，在君所行也。君明而严则群臣忠，君懦而暗则群臣诈。知微之谓明，无赦之谓严。不知齐之巧臣而诛鲁之成乱，不亦妄乎！

【译文】

有人说：有千金财富的家庭，儿子们不和睦，因为人们追求利益的心情非常迫切。齐桓公是五霸之首，为了争当国君而杀掉哥哥公子纠。因为当国君利大，君臣之间没有兄弟之间的亲情。劫杀的结果，能统治大国而享有大利，那么群臣哪一个不是阳虎呢？事情因办得隐蔽巧妙而成功，因办得疏忽笨拙而失败。群臣还没有作乱，是因为条件还不具备。群臣都怀着阳虎一样的心思，而君主不知道，可见群臣办得隐蔽而巧妙。阳虎贪心，天下的人都知道，可见他干得疏忽而笨拙。不叫齐景公去处罚齐国巧妙的奸臣，却叫他去处罚笨拙的阳虎，这是鲍文子的话说反了。臣子的忠顺或欺诈，取决于君主的所作所为。君主明察而严厉，群臣就会忠顺；君主懦弱而昏庸，群臣就会欺诈。能察觉隐情的叫明，不赦免罪行的叫严。不知道齐国隐蔽巧妙的奸臣而去处罚鲁国已经作乱的笨臣，不是很荒谬的吗？

【原文】

或曰：仁贪不同心。故公子目夷辞宋，而楚商臣弑父，郑去疾予弟，而鲁桓弑兄，五伯兼并，而以桓律人；则是皆无贞廉也。且君明而严则群臣忠，阳虎为乱于鲁，不成而走，入齐而不诛，是承为乱也。君明则诛，知阳虎之可以济乱也，此见微之情也。语曰："诸侯以国为亲。"君严则阳虎之罪不可失，此无赦之实也。则诛阳虎，所以使群臣忠也。未知齐之巧臣，而废明乱之罚；责以未然，而不诛昭昭之罪；此则妄矣。今诛鲁之罪乱以威群臣之有奸心者，而可以得季、孟、叔孙之亲，鲍文之说，何以为反？

【译文】

有人说：仁者和贪者心地不同。所以公子目夷让出君位，而楚国商臣却逼死父王；郑公子去疾把君位让给弟弟，而鲁桓公杀掉哥哥自当国君。五霸都是从事兼并的，而以齐桓公为标准来衡量人，那就没有忠贞廉洁的人了。再说君主明察而严厉，群臣就会忠顺。阳虎在鲁国作乱，失败后逃跑，逃到齐国而不杀他的话，这是让他在齐国继续作乱。君主明察就会用刑，因为知道阳虎会促成叛乱，这是看到了隐微的阴谋。俗话说："诸侯把别国作为亲戚。"君主严厉，就不能放过阳虎的罪行，这是不赦免罪行主张的实施。杀了阳虎，是为了让群臣忠顺。不知道齐国巧妙的奸臣而免掉对公开作乱者的惩罚，追究还没有发生的事情而不惩罚明摆着的罪过，这是荒谬的。现在如能惩处在鲁国作乱的罪犯阳虎，用来警告臣子中那些心怀不良的人，从而又可以博得鲁国季孙、孟孙、叔孙的亲善。鲍文子的话，怎么就说反了呢？

三

【原文】

郑伯将以高渠弥为卿，昭公恶之，固谏不听。及昭公即位，惧其杀已也，辛卯，弑昭公而立子亹也。君子曰："昭公知所恶矣。"公子圉曰："高伯其为戮乎，报恶已甚矣。"或曰：公子圉之言也不亦反乎！昭公之及于难者，报恶晚也。然则高伯之晚于死者，报恶甚也。明君不悬怒，悬怒则臣罪轻举以行计，则人主危。故灵台之饮，卫侯怒而不诛，故褚师作难；食黿之羹，郑君怒而不诛，故子公杀君。君子之举知所恶，非甚之也，曰知之若是其明也，而不行诛焉，以及于死，故知所恶，以见其无权也。人君非独不足于见难而已，或不足于断制。今昭公见恶稽罪而不诛，使渠弥含憎惧死以徼幸，故不免于杀，是昭公之报恶不甚也。

【译文】

郑庄公要用高渠弥为卿，而太子昭公很讨厌高渠弥，再三劝阻，庄公不听。到昭公即位，高渠弥怕他杀害自己，就在辛卯这天，杀了昭公而立公子亹为国君。君子说："昭公知道自己讨厌的人。"公子圉说："高渠弥该被杀戮吧！报复人家对他的厌恶也太过分了点。"有人说：公子圉的话，不是说反了吗？昭公遭到死难，是因为他惩处讨厌的人太晚了。既然这样，高渠弥比昭公死得晚，恰恰因为他对昭公进行了过分的报复。明君不会把愤怒之情束之高阁，假使把愤怒之情束之高阁，不对罪臣及时予以处罚，罪臣就会轻率行动而行使计谋，这样君主就危险了。因此，在灵台饮酒时，卫出公对褚师有怒，但没有及时给予处罚，结果就发生了褚师作乱的事；吃大鳖的浓汁时，郑灵公对子公有怒,但没有及时给予处罚,结果子公就杀死了郑君。君子指出昭公知道自己厌恶的人,并非说得太过分了,他的意思是:昭公既已了解得这样清楚,却不立即把高渠弥杀掉,以致自己被杀。所以说昭公知道自己厌恶的人,意在表明他不懂得权衡得失。君主不只是不能充分地看到祸难,有时还会不能及时作出决断和加以制裁。现在昭公表露了对高渠弥的厌恶,又搁置他的罪过,迟迟不予惩处,结果使高渠弥怀恨在心,因为害怕被杀而想侥幸得免,所以昭公不能免于被杀,这是因为昭公惩处自己厌恶的人太软弱了。

【原文】

或曰:报恶甚者,大诛报小罪。大诛报小罪也者,狱之至也。狱之患,故非在所以诛也,以雠之众也。是以晋厉公灭三郤而栾中行作难,郑子都杀伯咺而食鼎起祸,吴王诛子胥而越勾践成霸。则卫侯之逐、郑灵之弑,不以褚师之不死而子公之不诛也,以未可以怒而有怒之色,未可诛而有诛之心。怒其当罪,而诛不逆人心,虽悬奚害?夫未立有罪,即位之后,宿罪而诛,齐胡之所以灭也。君行之臣,犹有后患,况为臣而行之君乎?诛既不当,而以尽为心,是与天下为雠也,则虽为戮,不亦可乎!

【译文】

有人说:报仇过分,就是用大的诛戮来报复小的罪过,是最严酷的刑狱。刑狱的危害,本来并不在于已经处罚了的人,而在于诛戮不当引起更多人的仇恨。因此晋厉公杀掉郤氏三卿,栾书、中行偃二卿就起而发难;郑子都杀掉伯咺,食鼎就起而作祸;吴王夫差杀掉伍子胥,越王勾践就乘机灭吴称霸。那么卫出公被逐,郑灵公被杀,并不因为卫出公没有杀掉褚师和郑灵公没有惩罚子公,而是因为不该发怒却表现出发怒的脸色,不该杀戮却产生出杀戮的想法。如果君主发怒符合臣下的罪过,如果臣子杀君不违背人心,即使蕴而未发,又有什么害处呢?君主未即位之前臣子有了罪,即位之后却把臣子的旧罪重提加以论处,这就是齐君胡公靖灭亡的原因。君主对臣子这样做,还会留下后患,何况作为臣子而对君主这样做呢?处罚已属不当,还要起心斩尽杀绝,这便是与天下人为仇了。那么公子围说高渠弥该杀,不也是可以的吗?

四

【原文】

卫灵公之时,弥子瑕有宠,于卫国。侏儒有见公者曰:"臣之梦浅矣。"公曰:"奚梦?""梦见灶者,为见公也。"公怒曰:"吾闻见人主者梦见日,奚为见寡人而梦见灶乎?"侏儒曰:"夫日兼照天下,一物不能当也。人君兼照一国,一人不能壅也,故将见人主而梦日也。夫灶,一人炀焉,则后人无从见矣。或者一人炀君邪?则臣虽梦灶,不亦可乎!"公曰:"善。"遂去雍鉏,退弥子瑕,而用司空狗。

【译文】

卫灵公时,弥子瑕受到宠信,在卫国专权。有个谒见灵公的侏儒说:"我的梦应验了。"灵公问:"梦见了什么?""梦见灶了,预示要见到您。"卫灵公发怒说:"我听说将见君主的人会梦见太阳。为什么你要见我,会梦见灶呢?"侏儒说:"太阳普照天下,一件东西遮挡不了它;君主普照一国人,一个人蒙蔽不了他。所以将见君主的人会梦见太阳。是灶的话,一人对着灶门烤火,后面的人就无法看见火光了。或许就有一个人挡住君主了吧?那么即使我梦见灶,不也是可以的吗?"卫灵公说:"好。"于是罢掉雍鉏,辞退弥子瑕,任用司空狗。

【原文】

或曰:侏儒善假于梦以见主道矣,然灵公不知侏儒之言也。去雍鉏,退弥子瑕,而用司空狗者,是去所爱而用所贤也。郑子都贤庆建而壅焉,燕子哙贤子之而壅焉,夫去所爱而用所贤,未免使一人炀已也。不肖者炀主不足以害明,今不加知而使贤者炀已,则必危矣。

【译文】

有人说:侏儒善于假借梦来阐明君主的治国原则,但是卫灵公不理解侏儒的话。罢掉雍鉏,辞退弥子瑕,任用司空狗,这是去掉自己宠爱的人而用自认为贤的人。郑子都认为庆建贤明,结果受到蒙蔽;燕王哙认为子之贤明,结果受到蒙蔽。去掉自己宠爱的人而用自认为贤的人,并不能免除使一个人遮蔽自己的祸患。不贤的人蒙蔽君主,不足以危害君主的明察;现在君主不加以了解而让贤人蒙蔽自己,那就一定危险了。

【原文】

或曰：屈到嗜芰，文王嗜菖蒲葅，非正味也，而二贤尚之，所味不必美。晋灵侯说参无恤，燕哙贤子之，非正士也，而二君尊之，所贤不必贤也。非贤而贤用之，与爱而用之同。贤诚贤而举之，与用所爱异状。故楚庄举叔孙而霸，商辛用费仲而灭，此皆用所贤而事相反也。燕哙虽举所贤而同于用所爱，卫奚距然哉？则侏儒之未可见也。君壅而不知其壅也，已见之后而知其壅也，故退壅臣，是加知之也。曰"不加知而使贤者炀己则必危"，而今以加知矣，则虽炀己必不危矣。

【译文】

有人说：屈到喜欢吃菱角，周文王喜欢吃菖蒲做腌菜，这两样东西都没有什么好的味道，但这两位贤人却很喜爱，可知人们喜欢的味道并不一定美。晋灵公喜欢参无恤，燕王哙认为子之贤明，参无恤、子之都不是正直的人，但两个君主却尊宠他们，可见君主认为贤的人并不一定是真正的贤人。不是贤人而作为贤人来用，和因为宠爱而使用他是一样的。君主认为贤的人确是真正的贤人而提拔他，和君主用自宠爱的人是不一样的。所以楚庄王提拔了孙叔敖而称霸，商纣任用了费仲而灭亡，这些都是任用自己认为贤的人而事情结果却相反的实例。燕王哙虽然用了他认为贤的人，其实与用他宠爱的人是一样的，卫灵公哪里是同样情形呢？这是侏儒认识不到的。君主被蒙蔽而不知道受到蒙蔽，听侏儒话后知道自己受了蒙蔽，因此辞退蒙蔽自己的臣子，证明他对此有了进一步的认识。说什么"不加以了解而让贤人蒙蔽自己，那就一定危险"，现在已经有了进一步的认识，那么即使蒙蔽自己，也一定没有危险了。

难势第四十

【原文】

慎子曰:飞龙乘云,腾蛇游雾,云罢雾霁,而龙蛇与螾蚁同矣,则失其所乘也。贤人而诎于不肖者,则权轻位卑也;不肖而能服于贤者,则权重位尊也。尧为匹夫不能治三人,而桀为天子能乱天下,吾以此知势位之足恃,而贤智之不足慕也。夫弩弱而矢高者,激于风也;身不肖而令行者,得助于众也。尧教于隶属而民不听,至于南面而王天下,令则行,禁则止。由此观之,贤智未足以服众,而势位足以诎贤者也。

【译文】

慎到说:飞龙乘云飞行,腾蛇乘雾游动,然而一旦云开雾散,它们未免就跟蚯蚓、蚂蚁一样了,因为它们失去了腾空飞行的凭借。贤人之所以屈服于不贤的人,是因为贤人权力小、地位低;不贤的人之所以能被贤人制服,是因为贤人的权力大、地位高。尧要是一个平民,他连三个人也管不住;而桀作为天子,却能搞乱整个天下。我由此得知,势位是足以依赖的,而贤智是不足以羡慕的。弓弩力弱而箭头飞得很高,这是因为借助于风力的推动;自身不贤而命令得以推行,这是因为得到了众人的帮助。尧在平民百姓中施行教化,平民百姓不听他的;等他南面称王统治天下的时候,就能有令则行,有禁则止。由此看来,贤智不足以制服民众,而势位是足以使贤人屈服的。

【原文】

应慎子曰:飞龙乘云,腾蛇游雾,吾不以龙蛇为不托于云雾之势也。虽然,夫释贤而专任势,足以为治乎?则吾未得见也。夫有云雾之势,而能乘游之者,龙蛇之材美也。今云盛而螾弗能乘也,雾醲而蚁不能游也,夫有盛云醲雾之势而不能乘游者,螾蚁之材薄也。今桀、纣南面而王天下,以天子之威为之云雾,而天下不免乎大乱者,桀、纣之材薄也。

【译文】

有人责难慎到说:飞龙乘云,腾蛇驾雾,我并不认为龙蛇是不依托云雾这种势的。虽说这样,但舍弃贤才而专靠权势,难道就可以治理好国家吗?那我可是从来没有见过的。有了云雾的依托,就能腾云驾雾飞行,是因为龙蛇天生资质高。现在同是厚云,蚯蚓并不能腾云,同是浓雾,蚂蚁并不能驾雾。有了厚云浓雾的依托,而不能腾云驾雾飞行,是因为蚯蚓、蚂蚁天生资质低。说到夏桀、商纣南面称王统治天下的情况,他们把天子的威势作为依托,而天下仍然不免于大乱的缘故,正说明夏桀、商纣的资质低。

【原文】

且其人以尧之势以治天下也,其势何以异桀之势也,乱天下者也。夫势者,非能必使贤者用已,而不肖者不用已也,贤者用之则天下治,不肖者用之则天下乱。人之情性,贤者寡而不肖者众,而以威势之利济乱世之不肖人,则是以势乱天下者多矣,以势治天下者寡矣。夫势者,便治而利乱者也,故周书曰:"毋为虎傅翼,将飞入邑,择人而食之。"夫乘不肖人于势,是为虎傅翼也。

【译文】

再说慎到认为尧凭权势来治理天下,而尧的权势和桀的权势没有什么不同,结果桀把天下扰乱了。权势这东西,既不能一定让贤人用它,也不能让不贤的人不用它。贤人用它天下就太平,不贤的人用它天下就混乱。按人的本性说,贤的少而不贤的多,如果用权势的便利来帮助那些扰乱社会的不贤的人,这种情况之下,用权势来扰乱天下的人就多了,用权势来治理天下的人就少了。权势这东西,既便于治理天下,也有利于扰乱天下。所以《周书》上说:"不要给老虎添上翅膀,否则它将飞进城邑,任意吃人。"要是让不贤的人凭借权势,这好比给老虎添上了翅膀。

【原文】

桀、纣为高台深池以尽民力,为炮烙以伤民性,桀、纣得乘四行者,南面之威为之翼也。使桀、纣为匹夫,未始行一而身在刑戮矣。势者,养虎狼之心,而成暴乱之事者也,此天下之大患也。势之于治乱,本末有位也,而语专言势之足以治天下者,则其智之所至者浅矣。

【译文】

夏桀、商纣造高台、挖深池来耗尽民力,用炮烙的酷刑来伤害民众的生命。桀、纣能够胡作非为,是因为天子的威势成了他们的翅膀。假使桀、纣只是普通的人,还没有开始干一件坏事,早就被处死了。可见权势是滋长虎狼之心、造成暴乱事件的东西,也就是天下的大祸害。权势对于国家的太平或混乱,本来没有什么固定的关系,可是慎到的言论专讲权势能用来治理天下,他的智力所能达到的程度是够浅薄的了。

【原文】

夫良马固车,使臧获御之则为人笑,王良御之而日取千里,车马非异也,或至乎千里,或为人笑,则巧拙相去远矣。今以国位为车,以势为马,以号令为辔,以刑罚为鞭筴,使尧、舜御之则天下治,桀、纣御之则天下乱,则贤不肖相去远矣。夫欲追速致远,不知任王良;欲进利除害,不知任贤能;此则不知类之患也。夫尧、舜亦治民之王良也。

【译文】

良马坚车,让奴仆驾驭就要被人讥笑,而让王良驾驭却能日行千里。车马没有两样,有的达到日行千里,有的却被人讥笑,这是因为驾车的灵巧和笨拙相差太远了。假如把国家当作车,把权势当作马,把号令当作缰绳,把刑罚当作马鞭,让尧、舜来驾驭天下就太平,让桀、纣来驾驭天下就混乱,可见贤和不贤相差太远了。要想跑得快走得远,不知道任用王良;要想兴利除害,不知道任用贤能;这是不懂得类比的毛病。尧、舜也就是治理民众方面的王良。

【原文】

复应之曰:其人以势为足恃以治官。客曰"必待贤乃治",则不然矣。夫势者,名一而变无数者也。势必于自然,则无为言于势矣。吾所为言势者,言人之所设也。今日尧、舜得势而治,桀、纣得势而乱,吾非以尧、桀为不然也。虽然,非一人之所得设也。夫尧、舜生而在上位,虽有十桀、纣不能乱者,则势治也;桀、纣亦生而在上位,虽有十尧、舜而亦不能治者,则势乱也。故曰:"势治者,则不可乱;而势乱者,则不可治也。此自然之势也,非人之所得设也。若吾所言,谓人之所得势也而已矣,贤何事焉?何以明其然也?"客曰:"人有鬻矛与楯者,誉其楯之坚,物莫能陷也。俄而又誉其矛曰:'吾矛之利,物无不陷也。'人应之曰:'以子之矛陷子之楯何如?'其人弗能应也。以为不可陷之楯,与无不陷之矛,为名不可两立。夫贤之为势不可禁,而势之为道也无不禁,以不可禁之势,此矛楯之说也;夫贤势之不兼容亦明矣。

【译文】

又有人驳斥那个责难慎到的人说:慎到认为权势是可以用来处理政事的,而你却说"一定要等到贤人,才能治理好天下",这是不对的。所谓权势,名称只有一个,但含义却是变化无穷的。权势一定要出于自然,那就用不着讨论它了。我要谈的权势,是人为设立的。现在你说"尧、舜得了权势天下就太平,桀、纣得了权势天下就混乱"。我并不认为尧、舜不是这样。但是,权势不是一个人能够设立起来的。假如尧、舜生来就处在君主的位置上,即使有十个桀、纣也不能扰乱天下,这就叫作"势治";假如桀、纣同样生来就处在君主的位置上,即使有十个尧、舜也不能治好天下,这就叫作"势乱"。所以说:"势治"就不可能扰乱,而"势乱"就不可能治理好。这都是自然之势,不是人能设立的。像我说的,是说人能设立的权势罢了,何必用什么贤人呢?怎样证明我的话是对的呢?某人讲了一个故事,说:有个卖矛和盾的人,夸耀他的盾很坚固,就说"没有东西能刺穿它",一会儿又夸耀他的矛说:"我的矛很锐利,没有什么东西刺不穿的。"有人驳斥他说:"用你的矛刺你的盾,会怎么样呢?"他没法回答。因为不能刺穿的盾和没有东西刺不穿的矛,在道理上是不能同时存在的。按照贤治的原则,贤人是不受约束的;按照势治的原则,是没有什么不能约束的,不受约束的贤治和没有什么不能约束的势治就构成了矛盾。贤治和势治的不能相容也就很清楚了。

【原文】

且夫尧、舜、桀、纣千世而一出,是比肩随踵而生也,世之治者不绝于中。吾所以为言势者,中也。中者,上不及尧、舜,而下亦不为桀、纣。抱法处势则治,背法去势则乱。今废势背法而待尧、舜,尧、舜至乃治,是千世乱而一治也。抱法处势而待桀、纣,桀、纣至乃乱,是千世治而一乱也。且夫治千而乱一,与治一而乱千也,是犹乘骥駬而分驰也,相去亦远矣。夫弃隐栝之法,去度量之数,使奚仲为车,不能成一轮。无庆赏之劝,刑罚之威,释势委法,尧、舜户说而人辩之,不能治三家。夫势之足用亦明矣,而曰必待贤则亦不然矣。

【译文】

再说,尧、舜、桀、纣这样的人,一千世才能出现一次,这就算是紧接着降生的了。世上的君主不断以中等人才出现。我之所以要讲权势,是为了这些中等人才。中等才能的君主,上比不过尧、舜,下也不至于成为桀、纣。掌握法度、据有权势就可以使天下太平,背离法度、丢掉权势就会使天下混乱。假如废弃权势、背离法度,专等尧、舜出现才使国家太平,这就会一千世混乱,然后才有一世太平。掌握法度、据有权势,等待桀、纣,桀、纣出现才使国家混乱,这就会一千世太平,然后才有一世混乱。依此而论,太平一千世才有一世混乱,和混乱一千世才有一世太平相比,就像骑着千里马背道而驰,相去是非常远的。如果放弃矫正木材的工具,不用度量尺寸的技术,就是让奚仲造车,也不能造出一个轮子。没有奖赏的鼓励,刑罚的威严,放弃了权势,不实行法治,只凭尧、舜挨户劝说,逢人辩论,连三户人家也管不好。权势的重要作用也够明显的了,而你说"一定要等待贤人",那也就不对了。

【原文】

且夫百日不食以待粱肉,饿者不活;今待尧、舜之贤乃治当世之民,是犹待粱肉而救饿之说也。夫曰："良马固车,臧获御之则为人笑,王良御之则日取乎千里",吾不以为然。夫待越人之善海游者以救中国之溺人,越人善游矣,而溺者不济矣。夫待古之王良以驭今之马,亦犹越人救溺之说也,不可亦明矣。夫良马固车,五十里而一置,使中手御之,追速致远,可以及也,而千里可日致也,何必待古之王良乎!且御,非使王良也,则必使臧获败之;治,非使尧、舜也,则必使桀、纣乱之。此味非饴蜜也,必苦菜亭历也。此则积辩累辞,离理失术,两末之议也,奚可以难,失道理之言乎哉!客议未及此论也。

【译文】

况且一百天不吃去等待好饭菜,挨饿的人就活不成;现在要等待尧、舜这样的贤人来治理当代的民众,这好比等将来的好饭菜来解救饥饿的说法一样。你说:"良马坚车,让奴仆驾驭就要被人讥笑,而让王良驾驭却能日行千里。"我认为是不对的。等待越国的游泳能手来救中原地区落水的人,越人固然善于游泳,但落水的人并不能得救。等待古代的王良来驾驭当今的车马,也好比等越人来救落水者的说法一样,显然也是行不通的。良马坚车,再加上五十里设一个驿站,让中等车夫来驾驭,要想跑得快走得远,是可以办到的,一千里路程一天就能到达,何必等待古代的王良呢?况且驾车,要是不用王良,就一定要让奴仆们把事办糟;治理国家,要是不用尧、舜,就一定要让桀、纣把国家搞乱。这就好比品味,不是蜜糖,就一定是苦菜。这也就是堆砌言辞,违背常理,而趋于极端化的理论,怎能用来责难那种合乎道理的言论呢?你的议论赶不上势治理论啊。

问辩第四十一

【原文】

或问曰:"辩安生乎?"

【译文】

有人问道:"辩说是怎么产生的呢?"

【原文】

对曰:"生于上之不明也。"

【译文】

韩非回答说:"产生于君主的不明智。"

【原文】

问者曰:"上之不明因生辩也,何哉?"

【译文】

问话的人说:"君主不明智就产生辩说,为什么呢?"

【原文】

对曰:"明主之国,令者、言最贵者也,法者、事最适者也。言无二贵,法不两适,故言行而不轨于法令者必禁。若其无法令而可以接诈应变生利揣事者,上必采其言而责其实,言当则有大利,不当则有重罪,是以愚者畏罪而不敢言,智者无以讼,此所以无辩之故也。乱世则不然,主有令而民以文学非之,官府有法民以私行矫之,人主顾渐其法令,而尊学者之智行,此世之所以多文学也。夫言行者,以功用为之的彀者也。夫砥砺杀矢而以妄发,其端未尝不中秋毫也,然而不可谓善射者,无常仪的也。设五寸之的,引十步之远,非羿、逢蒙不能必中者,有常也。故有常则羿、逢蒙以五寸的为巧,无常则以妄发之中秋毫为拙。今听言观行,不以功用为之的彀,言虽至察,行虽至坚,则妄发之说也。是以乱世之听言也,以难知为察,以博文为辩;其观行也,以离群为贤,以犯上为抗。人主者说辩察之言,尊贤抗之行,故夫作法术之人,立取舍之行,别辞争之论,而莫为之正。是以儒服带剑者众,而耕战之士寡;'坚白''无厚'之词章,而宪令之法息。故曰:上不明,则辩生焉。"

【译文】

韩非回答说:"在明君的国家里,命令是最尊贵的言辞,而法律是处理政事的最高准则。除命令外,没有第二种尊贵的言辞;除法律外,没有第二种行事的准则;所以言论和行动不合乎法令的必须禁止。如果言论没有法令作依据,但可以对付诡诈、适应事变、谋得利益、推断事理的,君主必须采纳这种言论并进而责求它的效果。言论和实效相符,就给重赏;言论和实效不符,就给重罚。因此愚笨的人畏罪而不敢说话,聪明的人没有什么可争论的。这就是没有辩说存在的原因。乱世就不是这样了。君主有命令,而平民可以用学术主张加以反对;官府有法律,而平民可以用私人行为加以违反。君主反而放弃法令而尊崇学者的智慧和行为,这就是世上有那么多人从事学术活动的原因。言行要以功用作为它的目的。磨快猎箭,用来无目的地乱射,箭头不曾不射中细小的东西,但是不能称为善于射箭的人,因为没有固定的靶子。设立直径五寸的箭靶,拉开十步的距离,不是羿和逢蒙不能一定射中,是因为有固定的靶子。所以有固定的靶子,羿和逢蒙射中五寸的靶子就算是技艺高的;没有固定的靶子,胡乱发射而射中微小的东西,仍然算是技艺差的。现在听取言论,观察行为,不把功用作为它的目的,言论虽然很明察、行为虽然很刚直,不过是些胡发乱射的言论。因此在乱世里,听取言论时把隐微难辨作为明察,把博学多文作为雄辩;观察行为时把远离社会作为贤能,把违抗君主作为刚直。做君主的喜欢这种明察;雄辩的言论,尊重这种贤能、刚直的行为,所以那些制订法术的人,虽然确定了行为的标准,分清了争辩的是非,但没有人加以肯定。因此儒生、游侠多了,耕战的人就少了;'坚白''无厚'的诡辩风行起来,宪章法令就会遭到破坏而消亡。所以说君主不明察,辩说就产生了。"

问田第四十二

【原文】

徐渠问田鸠曰:"臣闻智士不袭下而遇君,圣人不见功而接上。今阳成义渠,明将也,而措于毛伯;公孙亶回,圣相也,而关于州部;何哉?"田鸠曰:"此无他故异物,主有度,上有术之故也。且足下独不闻楚将宋觚而失其政,魏相冯离而亡其国。二君者驱于声词,眩乎辩说,不试于毛伯,不关乎州部,故有失政亡国之患。由是观之,夫无毛伯之试,州部之关,岂明主之备哉!"

【译文】

徐渠问田鸠说:"我听说智士不用历任低级职务就能被君主赏识,圣人不用显示出成绩就能被君主接纳。现在的阳城义渠是个英明的将领,可他曾被安排做个小官;公孙亶回是个杰出的相国,也安排做过地方官,为什么呢?"田鸠说:"这没有别的原因,就因为君主掌握了法和术。况且,难道您没听说楚国用宋觚为将而败坏了政事,魏国用冯离为相而断送了国家?两国的君主为花言巧语所驱使,被诡辩利说所迷惑,没通过低级职务的考验,不具备基层工作的经历,结果有败坏政事和断送国家的祸患。由此看来,那种不经低级职务和基层工作考验的办法,哪里该是明君采取的措施啊!"

【原文】

堂谿公谓韩子曰:"臣闻服礼辞让,全之术也;修行退智,遂之道也。今先生立法术,设度数,臣窃以为危于身而殆于躯。何以效之?所闻先生术曰:'楚不用吴起而削乱,秦行商君而富强,二子之言已当矣,然而吴起支解而商君车裂者,不逢世遇主之患也。'逢遇不可必也,患祸不可斥也,夫舍乎全遂之道而肆乎危殆之行,窃为先生无取焉。"韩子曰:"臣明先生之言矣。夫治天下之柄,齐民萌之度,甚未易处也。然所以废先王之教,而行贱臣之所取者,窃以为立法术,设度数,所以利民萌便众庶之道也。故不惮乱主暗上之患祸,而必思以齐民萌之资利者,仁智之行也。惮乱主暗上之患祸,而避乎死亡之害,知明夫身而不见民萌之资利者,贪鄙之为也。臣不忍向贪鄙之为,不敢伤仁智之行。先王有幸臣之意,然有大伤臣之实。"

【译文】

　　堂谿公对韩非说:"我听说遵循古礼、讲究谦让,是保全自己的方法;修养品行、隐藏才智,是达到顺心如意的途径。现在您立法术,设规章,我私下认为会给您生命带来危险。用什么加以验证呢? 听说您曾讲道:'楚国不用吴起的主张,而国力削弱,社会混乱;秦国实行商鞅的主张而国家富足,力量强大。吴起、商鞅的主张已被证明是正确的,可是吴起被肢解,商鞅被车裂,是因为没碰上好世道和遇到好君主而产生的祸患。'遭遇如何是不能肯定的,祸患是不能排除的。放弃保全自己和顺心如意的道路而不顾一切地去干冒险的事,替您设想,我认为这是不可取的。"韩非说:"我明白您的话了。整治天下的权柄,统一民众的法度,是很不容易施行的。但之所以要废除先王的礼治,而实行我的法治主张,是由于我抱定了这样的主张,即立法术、设规章,是有利于广大民众的做法。我之所以不怕昏君乱主带来的祸患,而坚持考虑用法度来统一民众的利益,是因为这是仁爱明智的行为。害怕昏君乱主带来的祸患,逃避死亡的危险,只知道明哲保身而看不见民众的利益,那是贪生而卑鄙的行为。我不愿选择贪生而卑鄙的做法,不敢毁坏仁爱明智的行为。您有爱护我的心意,但实际上却又大大伤害了我。"

定法第四十三

【原文】

问者曰:"申不害、公孙鞅,此二家之言孰急于国?"

【译文】

问话的人说:"申不害和商鞅,这两家的学说哪一家对治理国家更急需?"

【原文】

应之曰:"是不可程也。人不食,十日则死;大寒之隆,不衣亦死。谓之衣食孰急于人,则是不可一无也,皆养生之具也。今申不害言术,而公孙鞅为法。术者,因任而授官,循名而责实,操杀生之柄,课群臣之能者也,此人主之所执也。法者,宪令着于官府,刑罚必于民心,赏存乎慎法,而罚加乎奸令者也,此臣之所师也。君无术则弊于上,臣无法则乱于下,此不可一无,皆帝王之具也。"

【译文】

韩非回答他说:"这是不能比较的。人不吃饭,十天就会饿死;在极寒冷天气下,不穿衣服也会冻死。若问衣和食哪一种对人更急需,则是缺一不可的,都是维持生命所必需的条件。现在申不害提倡运用术而商鞅主张实行法。所谓术,就是依据才能授予官职,按照名位责求实际功效,掌握生杀大权,考核群臣的能力。这是君主应该掌握的。所谓法,就是由官府明文公布,赏罚制度深入民心,对于谨慎守法的人给予奖赏,而对于触犯法令的人进行惩罚。这是臣下应该遵循的。君主没有术,就会在上面受蒙蔽;臣下没有法,就会在下面闹乱子;所以术和法缺一不可,都是称王天下必须具备的东西。"

【原文】

问者曰:"徒术而无法,徒法而无术,其不可何哉?"对曰:"申不害,韩昭侯之佐也。韩者,晋之别国也。晋之故法未息,而韩之新法又生;先君之令未收,而后君之令又下。申不害不擅其法,不一其宪令则奸多故。利在故法前令则道之,利在新法后令则道之,利在故新相反,前后相勃。则申不害虽十使昭侯用术,而奸臣犹有所谲其辞矣。故托万乘之劲韩,七十年而不至于霸王者,虽用术于上,法不勤饰于官之患也。公孙鞅之治秦也,设告相坐而责其实,连什伍而同其罪,赏厚而信,刑重而必,是以其民用力劳而不休,逐敌危而不却,故其国富而兵强。然而无术以知奸,则以其富强也资人臣而已矣。"

【译文】

问话的人说:"只用术而不用法,或只用法而不用术,这样都不行,情形究竟如何呢?"韩非回答说:"申不害是韩昭侯的辅佐大臣,韩国是从晋国分出来的两个国家。晋国的旧法没有废除,而韩国的新法又已公布;晋君的旧法令没有收回,而韩君的新法令又已下达。申不害不专一地推行新法,不统一韩国的法令,奸邪的事就增多了。所以奸人认为旧法令对自己有利,就依照旧法令行事;认为新法令对自己有利,就依照新法令行事;他们从旧法和新法的矛盾、前后政令的对立中取利,那么申不害即使频繁地让韩昭侯运用术,奸臣仍然有办法进行诡辩。所以,申不害凭借兵力雄厚的强韩,经过十七年的努力还没有成就霸业,就是因为君主虽然在上面用术,但没有在官吏中经常整顿法令,结果带来了害处。商鞅治理秦国,设立告奸和连坐的制度来考察犯罪的实情,使什伍之家同受罪责,该厚赏就一定厚赏,该重罚就一定重罚。因此秦国人民努力耕作,劳累了也不休息;追击敌人,再危险也不退却,结果使秦国国富民强,但是没用术来识别奸臣,那不过是用秦国的富强帮助群臣罢了。"

【原文】

及孝公、商君死,惠王即位,秦法未败也,而张仪以秦殉韩、魏。惠王死,武王即位,甘茂以秦殉周。武王死,昭襄王即位,穰侯越韩、魏而东攻齐,五年而秦不益尺土之地,乃城其陶邑之封,应侯攻韩八年,成其汝南之封;自是以来,诸用秦者皆应、穰之类也。故战胜则大臣尊,益地则私封立,主无术以知奸也。商君虽十饰其法,人臣反用其资。故乘强秦之资,数十年而不至于帝王者,法不勤饰于官,主无术于上之患也。

【译文】

等到秦孝公、商鞅死后,秦惠王继位,秦国的变法措施没有废除,而张仪把秦国的力量牺牲在逼迫韩、魏的事件上。惠王死后,秦武王继位,甘茂把秦国的力量牺牲在与周打仗上。武王死,秦昭襄王继位,穰侯越过韩、魏两国向东攻打齐国,经过五年,秦国没有增加一尺土地,而穰侯却增加了陶邑的封地。应侯范睢攻打韩国达八年之久,给他自己增加了汝南的封地。打那时以后,许多在秦国执政的人,都是应侯、穰侯一类的人物。所以打了胜仗,大臣就尊贵起来;扩大地盘,就建立了私人的封地。这是君主不能用术去了解奸邪的缘故。商鞅纵然频繁地整顿法令,臣下反而利用了他变法的成果。所以凭借强秦雄厚的实力,几十年还没有成就帝王霸业,就是因为官府虽然不断地整顿法令,但君主在上面不能用术,结果带来了害处。

【原文】

问者曰:"主用申子之术、而官行商君之法,可乎?"

【译文】

问话的人说:"君主使用申不害的术,而官府实行商鞅的法,这样可以吗?"

【原文】

对曰:"申子未尽于法也。申子言:'治不踰官,虽知弗言'。治不踰官,谓之守职也可;知而弗言,'是不谓过也。人主以一国目视,故视莫明焉;以一国耳听,故听莫聪焉。今知而弗言,则人主尚安假借矣?商君之法曰:'斩一首者爵一级,欲为官者为五十石之官;斩二首者爵二级,欲为官者为百石之官。'官爵之迁与斩首之功相称也。今有法曰:斩首者令为医匠,则屋不成而病不已。夫匠者,手巧也;而医者,齐药也;而以斩首之功为之,则不当其能。今治官者,智能也;今斩首者,勇力之所加也。以勇力之所加、而治智能之官,是以斩首之功为医匠也。故曰:二子之于法术,皆未尽善也。"

【译文】

韩非回答说:"申不害的术不够完善,商鞅的法也不够完善。申不害说:'办事不超越自己的职权范围,越权的事即使知道了也不说。'办事不超越职权范围,可以说是守职;知道了不说,'这是不告发罪过。'君主用全国人的眼睛去看,所以没有比他看得更清楚的;用全国人的耳朵去听,所以没有比他听得更清楚的。假如知道了都不报告,那么君主还靠什么来做自己的耳目呢?商鞅的法令规定:'杀死一个敌人小头目,升爵一级,想做官的给年俸五十石的官;杀死两个敌人小头目的,升爵两级,想做官的给年俸一百石的官。'官职和爵位的提升跟杀敌立功的多少是相当的。如果有法令规定:'让杀敌立功的人去做医生或工匠。'那么他房屋也盖不成,病也治不好。工匠是有精巧手艺的,医生是会配制药物的,如果用杀敌立功的人来干这些事,那就与他们的才能不相适应。现在做官的人,要有智慧和才能;而杀敌立功的人,靠的是勇气和力量,如果让靠勇气和力量的人去担任需要智慧和才能的官职,那就等于让杀敌立功的人去当医生、工匠一样。所以说:申不害的术和商鞅的法,都还没有达到很完善的地步。"

说疑第四十四

【原文】

凡治之大者,非谓其赏罚之当也。赏无功之人,罚不辜之民,非所谓明也。赏有功,罚有罪,而不失其人,方在于人者也,非能生功止过者也。是故禁奸之法,太上禁其心,其次禁其言。今世皆曰"尊主安国者,必以仁义智能",而不知卑主危国者之必以仁义智能也。故有道之主,远仁义,去智能,服之以法。是以誉广而名威,民治而国安,知用民之法也。凡术也者,主之所以执也;法也者,官之所以师也。然使郎中日闻道于郎门之外,以至于境内日见法,又非其难者也。

【译文】

治国的大事,不仅仅指的是赏罚得当。赏无功的人,罚无罪的人,不能称作明察。赏有功的人,罚有罪的人,且全无遗漏,作用仅仅局限在个别人身上,并不能起鼓励立功和禁止犯罪的作用。因此,禁止奸邪的办法,首要的是禁止奸邪的思想,其次是禁止奸邪的言论,再次是禁止奸邪的行为。现在世上的人都说"给君主带来尊崇,国家带来安定的,必然要靠仁义'智能",却不知道导致君主卑下、国家危乱的,必定是因为仁义智能。所以掌握法术的君主,摒弃仁义,废除智能,用法来使人服从,因此声誉远播而名震四海。百姓太平而国家安定,在于君主懂得使用民众的方法。一般而论,术是君主应该掌握的,法是官吏应该遵循的。既然这样,那么派遣侍从官员每天把法治的道理传达到官门之外,直到境内的民众每天都看到法令,也不是一件困难的事。

【原文】

昔者有扈氏有失度,讙兜氏有孤男,三苗有成驹,桀有侯侈,纣有崇侯虎,晋有优施,此六人者,亡国之臣也。言是如非,言非如是,内险以贼其外,小谨以征其善,称道往古,使良事沮,善禅其主,以集精微,乱之以其所好,此夫郎中左右之类者也。往世之主,有得人而身安国存者,有得人而身危国亡者,得人之名一也,而利害相千万也,故人主左右不可不慎也。为人主者诚明于臣之所言,则别贤不肖如黑白矣。

【译文】

过去有扈氏有个臣子叫失度,讙兜氏有个臣子叫孤男,三苗有个臣子叫成驹，夏桀有个臣子侯侈，商纣有个臣子叫崇侯虎，晋国有个臣子叫优施，这六个人都是导致国家灭亡的臣子。他们把是说成非，把非说成是，内心阴险毒辣，外表小心谨慎，用以表明自己善良；称颂远古，使好事变坏；善于控制君主，收集君主隐微的意向，以投合君主的爱好来扰乱君主，这些都是郎中官和左右侍从一类的人。以往的君主，有的得到大臣后身安国存，有的得到大臣后身危国亡，得到大臣这一点是相同的；但利弊相差极大，所以君主对于左右近臣不能不加倍小心。做君主的确实能明察臣子说的话，那么区别贤与不贤的人就像区别黑白那样清楚了。

【原文】

若夫许由、续牙、晋伯阳、秦颠颉、卫侨如、狐不稽、重明、董不识、卞随、务光、伯夷、叔齐，此十二人者，皆上见利不喜，下临难不恐，或与之天下而不取，有莘辱之名，则不乐食谷之利。夫见利不喜，上虽厚赏无以劝之；临难不恐，上虽严刑无以威之；此之谓不令之民也。此十二人者，或伏死于窟穴，或槁死于草木，或饥饿于山谷，或沉溺于水泉。有民如此，先古圣王皆不能臣，当今之世，将安用之？

【译文】

至于许由、续牙、晋伯阳、秦颠颉、卫侨如、狐不稽、重明、董不识、卞随、务光、伯夷、叔齐，这十二个人，都是见利不动心，临危不惧的。有的给他天下都不接受，一旦遇到劳苦和屈辱，就不愿要官府的俸禄。见利不动心的人，即使君主厚赏，也不能勉励他；临危不惧的人，即使君主重罚，也不能镇服他，这叫作不服从命令的人。这十二个人，有的隐居而死在山洞里，有的枯槁而死在荒野上，有的在深山里饿死，有的投水自尽。有了这样的人，古代的圣王都不能让他们做臣，当今之世，又用他们派何用场？

【原文】

若夫关龙逄、王子比干、随季梁、陈泄冶、楚申胥、吴子胥，此六人者，皆疾争强谏以胜其君。言听事行，则如师徒之势；一言而不听，一事而不行，则陵其主以语，待之以其身，虽死家破，要领不属，手足异处，不难为也。如此臣者，先古圣王皆不能忍也，当今之时，将安用之？

【译文】

至于夏桀时的关龙逄，商纣时的王子比干、随国的季梁、陈国的泄冶、楚国的申胥、吴国的伍子胥，这六个人，都凭激烈争辩或强行劝谏来压服君主。如果君主采用他们的主张处理政事，就会出现如同师徒之间的不平等关系；君主对他们如果有一句话语不听从，一件事情不照办，他们就用强硬的措施来侮辱君主,豁出命来等待处理;即使家破人亡,腰斩两段,手脚异处,做来也不畏惧。像这样的臣子,古代的圣王都不能容忍,当今之世,又怎么用他们呢?

【原文】

若夫齐田恒、宋子罕、鲁季孙如意、晋侨如、卫子南劲、郑太宰欣、楚白公、周单荼、燕子之,此九人者之为其臣也,皆朋党比周以事其君,隐正道而行私曲,上逼君,下乱治,援外以挠内、亲下以谋上,不难为也。如此臣者,唯圣王智主能禁之,若夫昏乱之君,能见之乎?

【译文】

至于齐国的田恒、宋国的子罕、鲁国的季孙如意、晋国的孙侨如、卫国的子南劲、郑国的太宰欣、楚国的白公胜、周国的单荼、燕国的子之,这九个人作为臣子,他们的行事,都是结党营私来侍奉君主,不走正道而大搞谋私的勾当,对上威逼君主,对下破坏国家安定,勾结外国势力来扰乱国内政事,拉拢下属来对付君主,做来毫无顾忌,像这样的臣子,只有圣王明主才能予以控制,至于昏君乱主,能看得出来吗?

【原文】

若夫后稷、皋陶、伊尹、周公旦、太公望、管仲、隰朋、百里奚、蹇叔、舅犯、赵衰、范蠡、大夫种、逢同、华登,此十五人者为其臣也,皆夙兴夜寐,卑身贱体,竦心白意,明刑辟、治官职以事其君,进善言、信道法而不敢矜其善,有成功立事而不敢伐其劳,不难破家以便国,杀身以安主,以其主为高天泰山之尊,而以其身为壑谷釜洿之卑,主有明名广誉于国,而身不难受壑谷釜洿之卑。如此臣者,虽当昏乱之主尚可致功,况于显明之主乎?此谓霸王之佐也。

【译文】

至于后稷、皋陶、伊尹、周公旦、太公望、管仲、隰朋、百里奚、蹇叔、舅犯、赵衰、范蠡、文种、逢同、华登,这十五个人作为臣子,他们的行事,都是早起晚睡,自谦自卑,恭敬地表白自己的心意;严明地执行刑法、优异地干好职事来侍奉自己的君主,进献好的建议、通晓统治法术而不敢自我夸耀,立了功成了事也不敢自表劳苦;为了国家利益,不惜家庭残破,为了君主安全,不惜献出生命;把君主看成上天和泰山一样尊贵,把自身看成谷底和河床一样低下;君主在全国有美好的名声和广泛的声誉,而自己安于接受谷底和河床一样低下的地位。像这样的臣子,即使遇到昏君乱主仍可建立功业,何况遇到贤明君主呢?这就叫作霸王的助手啊。

【原文】

若夫周滑之、郑王孙申、陈公孙宁、仪行父、荆芊尹申亥、随少师、越种干、吴王孙额、晋阳成泄、齐竖刁、易牙,此十二人者之为其臣也,皆思小利而忘法义,进则掩蔽贤良以阴暗其主,退则挠乱百官而为祸难,皆辅其君、共其欲,苟得一说于主,虽破国杀众不难为也。有臣如此,虽当圣王尚恐夺之,而况昏乱之君,其能无失乎?有臣如此者,皆身死国亡,为天下笑。故周威公身杀,国分为二;郑子阳身杀,国分为三;陈灵公身死于夏征舒氏;荆灵王死于干溪之上;随亡于荆;吴并于越;智伯灭于晋阳之下;桓公身死七日不收。故曰,谄谀之臣,唯圣王知之,而乱主近之,故至身死国亡。

【译文】

至于西周的滑之、郑国的公孙申、陈国的公孙宁、仪行父、楚国的芊尹申亥、随国的少师、越国的种干、吴国的王孙额、晋国的阳成泄、齐国的竖刁、易牙等,这十二个人作为臣子,都是见小利而忘法纪,进则埋没贤良去蒙蔽君主,退则扰乱百官而兴祸作乱;都辅佐他们的君主,迎合君主的欲望,假如能取得君主的一点欢心,即使败坏国家、残杀民众,也不难办到。像这样的臣子,即使是圣明君王也怕被夺权,何况昏君乱主,能不失去权柄吗?有这些臣子的君主,都身死国亡,被天下人耻笑,所以周威王被杀,国家分成两半;郑君子阳被杀,国家一分为三,陈灵公死于夏征舒之手,楚灵王死在乾溪之上,随国被楚国所灭,吴国被越国吞并,智伯被消灭在晋阳城下,桓公死后七天不得收殓。所以说:阿谀奉承的臣子,只有圣明君主才能识别,而昏君乱主却去亲近他们,因而落到身死国亡的地步。

【原文】

圣王明君则不然,内举不避亲,外举不避雠。是在焉从而举之,非在焉从而罚之。是以贤良遂进而奸邪并退,故一举而能服诸侯。其在记曰:"尧有丹朱,而舜有商均,启有五观,商有太甲,武王有管、蔡",五王之所诛者,皆父兄子弟之亲也,而所杀亡其身残破其家者何也?以其害国伤民败法类也。观其所举,或在山林薮泽岩穴之间,或在囹圄缧绁缠索之中,或在割烹刍牧饭牛之事。然明主不羞其卑贱也,以其能为可以明法,便国利民,从而举之,身安名尊。

【译文】

圣王明君就不是这样,选拔臣子时,对内不回避自己的亲属,对外不排除自己的仇敌。正确的,就据以任用;错误的,就据以处罚。因此,贤良的人就得到进用,而奸邪之臣都被斥退,所以一举就能使诸侯臣服。在历史典籍的记载中，尧时有儿子丹朱，舜时有儿子商均，夏启时有儿子太康等五人，商汤时有孙子太甲，武王时有弟弟管叔、蔡叔。这五个帝王惩罚的，都是自己的父兄子弟一类的亲属，为什么要使他们家破人亡受到惩罚呢？因为他们祸国殃民，败坏法治。请看圣王选拔的人，有的隐居在山林洞穴之中，有的囚禁在监狱桎梏之中，有的从事宰割烹调、割草放牧、喂牛等活计，然而明君不嫌弃他们地位卑贱，因为他们的才能，可以彰明法度，有利于国计民生，据此选拔他们，君主地位得以巩固，声望得以提高。

【原文】

乱主则不然，不知其臣之意行，而任之以国。故小之名卑地削，大之国亡身死，不明于用臣也。无数以度其臣者，必以其众人之口断之。众之所誉，从而说之；众之所非，从而憎之。

【译文】

昏君乱主却不是这样，他们不了解臣子的思想行为，却把国家大权委任给他们，所以轻者君主名望下降、国土丧失，重者国家灭亡、君主身死，根源就在于不懂得任用臣子。不能用法术来衡量臣子，必然根据众人的议论来判断他们的好坏。众人称赞，就跟着喜爱；众人诽谤，就跟着憎恶。

【原文】

故为人臣者破家残眭，内构党与、外接巷族以为誉，从阴约结以相固也，虚相与爵禄以相劝也。曰："与我者将利之，不与我者将害之。"众贪其利，劫其威，彼诚喜，则能利己，忌怒，则能害己。众归而民留之，以誉盈于国，发闻于主，主不能理其情，因以为贤。彼又使谲诈之士，外假为诸侯之宠使，假之以舆马，信之以瑞节，镇之以辞令，资之以币帛，使诸侯淫说其主，微挟私而公议。所为使者，异国之主也，所为谈者，左右之人也。主说其言而辩其辞，以此人者天下之贤士也。内外之于左右，其讽一而语同，大者不难卑身尊位以下之，小者高爵重禄以利之。夫奸人之爵禄重而党与弥众，又有奸邪之意，则奸臣愈反而说之，曰："古之所谓圣君明王者，非长幼弱也及以次序也。以其构党与，聚巷族，偪上弑君而求其利也。"彼曰："何知其然也？"因曰："舜偪尧，禹偪舜，汤放桀，武王伐纣，此四王者，人臣弑其君者也，而天下誉之。察四王之情，贪得人之意也；度其行，暴乱之兵也。然四王自广措也，而天下称大焉；自显名也，而天下称明焉。则威足以临天下，利足以盖世，天下从之。"又曰："以今时之所闻田成子取齐，司城子罕取宋，太宰欣取郑，单氏取周，易牙之取卫，韩、魏、赵三子分晋，此六人，臣之弑其君者也。"奸臣闻此，蹙然举耳以为是也。故内构党与，外攗巷族，观时发事，一举而取国家。且夫内以党与劫弑其君,外以诸侯之权矫易其国,隐敦适,持私曲,上禁君,下挠治者,不可胜数也。是何也？则不明于择臣也。记曰："周宣王以来,亡国数十,其臣弑其君而取国者众矣。"然则难之从内起,与从外作者相半也。能一尽其民力,破国杀身者,尚皆贤主也。若夫转法易位,全众传国,最其病也。

【译文】

所以做臣子的不惜破家费财,在朝廷内结成同党、在朝廷外勾结地方势力来制造声誉,用暗中订立盟约来加强勾结,用口头上封官许愿来给予鼓励,说什么"顺从我的就能得到好处,不顺从我的只能得到祸害"。众人贪图奸臣给的利益,又迫于他的威势,从而认为他真能对我高兴,就会让我得到好处;对我猜忌恼怒,就会伤害我。众人都归附他,民众也靠拢他,把一片赞美声传遍全国,上达到君主那里。君主又不能弄清楚实情,因此认为他是贤人。奸臣又会派出诡诈的人,在外充当别国宠信的使者,把马车借给他,给他瑞节使人相信,教他外交辞令使他庄重,用贵重的礼物资助他,让他作为外国使者来游说本国君主,暗中夹带为奸臣说话的私心而议论公事。为谁做使者呢,是为别国的君主;为谁讲话呢,是为君主左右的奸臣。君主喜欢使者的话,认为他讲得头头是道,从而认为他称赞的奸臣是天下的贤士。国家内外对于君主左右的那个奸臣,都异口同声地暗示君主,重者要君主甘愿卑身让位而居其下,轻者赏赐高爵厚禄使奸臣得利。奸臣位高禄厚,党羽越聚越多,又有篡夺君权的野心,其他党羽就变本加厉地迎合他的心意,劝他说:"古代的所谓圣明君主,并不是父子兄弟依次传授王位;而是依靠在朝廷内结成同党,在朝廷外勾结地方势力,威逼和杀害君主而谋求大利。"奸臣问:"怎么知道是这样的？"党羽就说:"舜逼迫尧,禹逼迫舜,汤放逐桀,武王讨伐纣。这四个王,都是作为臣子而杀了自己的君主,天下却都称赞他们。考察四个王的思想,是出于贪得天下的野心;衡量他们的行为,是使用了暴乱的武力。然而这四个王虽说自顾扩充势力,天下的人却称赞他们了不起;自顾显耀名声,天下的人却称赞他们很高明。这样,威势足以凌驾天下,利益足以压倒一世,天下人都顺从他们。"又说:"根据现在知道的,田成子夺取齐国,司城子罕夺取宋国,太宰欣夺取郑国,单氏夺取周国,易牙夺取卫国,韩、赵、魏三家分晋,这八个人,都是臣子杀死自己的君主而立的。"奸臣听到这些话,急忙竖起耳朵点头称是。所以在朝廷内结成同党,在朝廷外勾结地方势力,窥测时机,发动政变,一举而夺取国家政权。再说,对内利用党羽挟持或杀害君主,对外利用诸侯势力来颠覆自己的国家,背离正道,心怀阴谋,对上钳制君主,对下扰乱法治,这样的奸臣,是数不清的。这是什么原因呢?就在于君主不懂得选择臣子。史书记载说:"周宣王以来,亡国的就有几十个,其中臣子杀死君主而夺取国家政权的有。"那么祸乱从国内产生和从国外兴起的各占一半。能集中民力抵抗祸乱,即使国破身死,还都算是贤明的君主,至于改变法令,君臣易位,把整个国家和全体民众拱手交给别人,这才是最大的错误。

【原文】

为人主者,诚明于臣之所言,则虽罼弋驰骋,撞钟舞女,国犹且存也。不明臣之所言,虽节俭勤劳,布衣恶食,国犹自亡也。赵之先君敬侯,不修德行,而好纵欲,适身体之所安,耳目之所乐,冬日罼弋,夏浮淫,为长夜,数日不废御觞,不能饮者以筒灌其口,进退不肃、应对不恭者斩于前。故居处饮食如此其不节也,制刑杀戮如此其无度也,然敬侯享国数十年,兵不顿于敌国,地不亏于四邻,内无君臣百官之乱,外无诸侯邻国之患,明于所以任臣也。燕君子哙,邵公奭之后也,地方数千里,持戟数十万,不安子女之乐,不听钟石之声,内不湮污池台榭,外不罼弋田猎,又亲操耒耨以修畎亩,子哙之苦身以忧民如此其甚也,虽古之所谓圣王明君者,其勤身而忧世不甚于此矣。然而子哙身死国亡,夺于子之,而天下笑之,此其何故也?不明乎所以任臣也。

【译文】

做君主的,假如真能洞察臣子的言论,那么即使打猎骑马,沉溺女乐,国家还是可保全的;不能洞察臣子的言论,即使节俭勤劳,布衣粗食,国家仍是要灭亡的。赵国的前代君主敬侯,不修德行,而喜欢尽情享乐,满足于身体安适,耳目快乐,冬天射箭打猎,夏天泛舟游玩,不分昼夜地饮酒,一连几天都不放下酒杯,不会喝酒的用竹筒对着嘴巴往里灌,进退不严肃,回答不恭敬的,就在席前杀死。请看,起居饮食像这样没有节制,处罚杀戮像这样没有标准,但是敬侯在位几十年,军队不曾被敌国挫败,土地不曾被四邻侵占,内部没有群臣百官闹事,外面没有邻国侵略的祸患,这些都是因为懂得如何任用臣子啊。燕王哙是召公奭的后裔,拥有方圆几千里国土,几十万士兵。他不沉溺于女色,不听妙音佳乐,在宫内不兴建深池高台,在宫外不射箭打猎,还亲自拿着农具来整治田地。子哙甘受劳苦来为民操心达到了这样的程度,即使古代所说的圣王明君,他们不辞辛劳而为国操心,也是不会在子哙上的,但是子哙却身死国亡,君位被子之篡夺,自身被天下人耻笑。这是什么原因呢?就是因为不懂得如何任用臣子啊!

【原文】

故曰：人臣有五奸，而主不知也。为人臣者，有侈用财货赂以取誉者，有务庆赏赐予以移众者，有务朋党徇智尊士以擅逼者，有务解免赦罪狱以事威者，有务奉下直曲、怪言伟服瑰称、以眩民耳目者。此五者明君之所疑也，而圣主之所禁也。去此五者，则噪诈之人不敢北面谈立，文言多、实行寡、而不当法者不敢诬情以谈说。是以群臣居则修身，动则任力，非上之令、不敢擅作疾言诬事，此圣王之所以牧臣下也。彼圣主明君，不适疑物以窥其臣也。见疑物而无反者，天下鲜矣。故曰：孽有拟适之子，配有拟妻之妾，廷有拟相之臣，臣有拟主之宠，此四者国之所危也。故曰：内宠并后，外宠贰政，枝子配适，大臣拟主，乱之道也。故周记曰："无尊妾而卑妻，无孽适子而尊小枝，无尊嬖臣而匹上卿，无尊大臣以拟其主也。"四拟者破，则上无意、下无怪也。四拟不破，则陨身灭国矣。

【译文】

所以说：臣子中有五种奸邪行为，而君主却不曾识别。做臣子的，有滥用财物行贿来骗取声誉的，有致力于奖赏赐予来拉拢民众的，有致力于结党营私网罗智士来胡作非为的，有凭借免除赋役、赦免罪犯来提高声威的，有致力于迎合下属而颠倒是非和用危言耸听、奇装异服、漂亮称号来惑乱人们视听的。这五种人，是明君所疑虑、圣君所禁止的，去掉这五种人，那么诡辩和奸诈的人就不敢在君主面前乱说乱动了；而好话说得多、实事做得少，行为不合法令的人，就不敢歪曲事实来夸夸其谈了。因此，群臣闲居时就会加强自身修养，办事时就会尽力守职；没有君主的命令不敢自作主张，乱说乱动，这是圣明君主用来驾驭臣子的办法。那些圣明的君主，并不局限于在可疑的事上观测臣子。发见到可疑的事而不反过来联系到其他事，弄清真相的，是天下少见的。所以说：庶子中有和嫡子行事一样的人，配偶中有和正妻尊荣相等的妾，朝廷中有和国相权势相同的大臣，臣子中有和君主地位相似的宠臣，这四种情况，是使国家陷于危险的根源。所以说：内廷的宠妃与王后并列，外朝宠臣和君主争权，庶子和嫡子匹敌，大臣和君主相似，都是通向祸乱的必由之路。所以《周记》上说："不要抬高妾的身价而压低正妻的地位，不要降低嫡子的地位而抬高庶出者的身份，不要推重宠臣而使他们与上卿匹敌，不要因为尊敬大臣而使他的权势与君主相当。"上述四种混淆上下关系的做法一旦被摧毁，君主就没有顾忌，臣下就没有邪行；这四种做法要是不被摧毁，便会以君主身死、国家灭亡而告终。

诡使第四十五

【原文】

圣人之所以为治道者三：一曰利，二曰威，三曰名。夫利者所以得民也，威者所以行令也，名者上下之所同道也。非此三者，虽有不急矣。今利非无有也而民不化，上威非不存也而下不听从，官非无法也而治不当名。三者非不存也，而世一治一乱者何也？夫上之所贵与其所以为治相反也。

【译文】

圣人用来作为治理国家的措施有三种：第一是利禄，第二是威权，第三是名称。利禄是用来赢得民众的，威利是用来推行政令的，名称是君臣共同遵行的准则。除了这三种，即使还有别的措施，也不是急需的了。现在利禄不是没有，民众却不受君主感化；威权不是不存在，民众却不去服从；官府不是没有法令，但办事时却没有严格按照明文规定。这三种措施不是不存在，但社会有时安定，有时混乱，为什么呢？是因为君主推崇的东西和他用来治理国家的措施相违背。

【原文】

夫立名号所以为尊也，今有贱名轻实者，世谓之高。设爵位所以为贱贵基也，而简上不求见者，世谓之贤。威利所以行令也，而无利轻威者，世谓之重。法令所以为治也，而不从法令、为私善者，世谓之忠。官爵所以劝民也，而好名义、不进仕者，世谓之烈士。刑罚所以擅威也，而轻法、不避刑戮死亡之罪者，世谓之勇夫。民之急名也甚，其求利也如此，则士之饥饿乏绝者，焉得无岩居苦身以争名于天下哉？故世之所以不治者，非下之罪，上失其道也。常贵其所以乱，而贱其所以治，是故下之所欲，常与上之所以为治相诡也。

【译文】

设立名位称号，本是用来表示尊贵的，而现在有人轻视名位和实权，世俗却称赞他们高尚。设立爵位等级，本是用来作为区别贵贱基本标准的，但是对君主傲慢而不愿求见的人，世俗却称赞他们贤明。威利是用来推行政令的，而对于那些无视利禄和轻视权威的人，世俗却称赞他们庄重。法令是用来治理国家的，但对于那些不遵从法令而为私门效劳的人，世俗却称赞他们忠诚。官爵是用来勉励民众的，但对于那些追求声誉而不肯做官的人，世俗却称赞他们是有气节的人。刑罚是用来独揽威严的，但对于那些无视法令、不怕刑杀的亡命之徒，世俗却称赞他们是勇士。民众急于追求名声，超过了追求实利，这样，一些沦落到饥饿贫困境地的士人，哪能不隐居深山折磨自己以便在天下挣得名声呢？所以，社会得不到安宁的原因，不是下面的罪过，而是君主失去了治国的原则。君主常常尊重那些造成祸乱的行为，而轻视那些能使社会安定的措施，因此下层人士向往的，就经常和君主应该用来治国的措施背道而驰。

【原文】

今下而听其上，上之所急也。而惇悫纯信、用心怯言，则谓之窭。守法固、听令审，则谓之愚。敬上畏罪，则谓之怯。言时节，行中适，则谓之不肖。无二心私学，听吏从教者，则谓之陋。难致谓之正。难予谓之廉。难禁谓之齐。有令不听从谓之勇。无利于上谓之愿。少欲宽惠行德谓之仁。重厚自尊谓之长者。私学成群谓之师徒。闲静安居谓之有思。损仁逐利谓之疾。险躁佻反复谓之智。先为人而后自为，类名号，言、泛爱天下，谓之圣。言大本称而不可用，行而乖于世者，谓之大人。贱爵禄，不挠上者，谓之杰。下渐行如此，入则乱民，出则不便也。上宜禁其欲、灭其迹而不止也，又从而尊之，是教下乱上以为治也。

【译文】

现在让臣子听从君主，是君主的当务之急。但对于忠厚老实、纯朴诚信、做事专心、说话谨慎的行为，却被说成是贫陋无礼。严格遵守法度，认真听从政令，却被说成是愚笨。尊敬君主，害怕犯罪，却被说成是胆小。言论适合时宜而有分寸，行为符合法治而恰如其分，却被说成是没有出息。对君主没有二心而不从事私学，听从官吏而遵循教化，却被说成是浅薄。不接受君主的召唤，却被称为正直。不接受君主的赏赐，却被称为清廉。不接受君主的制约，却被称为平等。有令不听从，却被称为勇敢。对君主毫无益处，却被称为厚道。缺乏上进精神，为人与世无争，善于行德施惠，却被称为仁义。为人持重而妄自尊大，却被称为长者。私立学派，结帮成群，却被称为师徒道统。沉默寡言，安于现状，无所事事，却被称为善于思考问题。损害道义，追逐私利，却被称为机灵。凶险浮躁，反复无常，却被称为聪明。主张先人后己，对官爵高低同等看待，宣扬泛爱天下的，却被称为圣人。鼓吹一般原则、根本规律，理论虽站得住而实际不可用，干起事来悖于社会常法的，却被称为伟人。轻视爵位俸禄，不服从君主统治的，却被称为俊杰。臣下习染这种风气到如此地步，在内就会扰乱民众，出外就会不利于祖国。君主本该禁止他们的欲望，废除他们的非法活动，这样尚且阻挡不住，还要去推波助澜尊重他们，这是教导臣下犯上作乱，以为是天下大治。

【原文】

凡所治者刑罚也，今有私行义者尊。社稷之所以立者安静也，而噪险逸谀者任。四封之内所以听从者信与德也，而陂知倾覆者使。令之所以行、威之所以立者恭俭听上，而岩居非世者显。仓廪之所以实者耕农之本务也，而綦组锦绣刻划为末作者富。名之所以成、城池之所以广者战士也，今死士之孤饥饿乞于道，而优笑酒徒之属乘车衣丝。赏禄所以尽民力易下死也，今战胜攻取之士劳而赏不沾，而卜筮视手理狐虫为顺辞于前者日赐。上握度量所以擅生杀之柄也，今守度奉量之士欲以忠婴上而不得见，巧言利辞行奸轨以幸偷世者数御。据法直言、名刑相当、循绳墨、诛奸人所以为上治也而愈疏远，谄施顺意从欲以危世者近。习悉租税、专民力所以备难充仓府也，而士卒之逃事状匿附托有威之门以避徭赋、而上不得者万数。夫陈善田利宅所以战士卒也，而断头裂腹播骨乎平原野者，无宅容身，身死田夺；而女妹有色、大臣左右无功者，择宅而受，择田而食。赏利一从上出，所以擅制下也，而战介之士不得职，而闲居之士尊显。上以此为教，名安得无卑？位安得无危？夫卑名危位者，必下之不从法令、有二心无私学、反逆世者也，而不禁其行，不破其群，以散其党，又从而尊之，用事者过矣。上世之所以立廉耻者，所以属下也；今士大夫不羞污泥丑辱而宦，女妹私义之门不待次而宦。赏赐之所以为重也，而战斗有功之士贫贱，而便辟优徒超级。名号诚信，所以通威也，而主掩障。近习女谒并行，百官主爵迁人，用事者过矣。大臣官人与下先谋比周，虽不法行，威利在下则主卑而大臣重矣。

【译文】

总的说来，君主用来治理国家靠的是刑罚，而现在自行其是的人却得到尊重。国家得以维系靠的是社会安定，而现在浮躁凶险、搬弄是非、阿谀奉承的人却受到任用。全国民众服从君主而令行禁止，靠的是信义和德行，但现在那些狡猾奸诈而惯于诬陷倾轧的人却得到使用。法令得以实行，威严得以树立，靠的是臣下恭敬虔诚地听从君主，但现在那些隐居深山、攻击现实的人却声名显赫。粮仓得以充实，靠的是把农耕作为本业，但现在那些从事纺织、刺绣、雕刻之类末业的人反而富裕。名望得以树立，地域得以扩大，靠的是打仗的士兵；现在阵亡战士的孤儿却饥饿不堪，到处流浪乞讨，而那些优伶酒徒却高车大马穿锦衣绣。赏赐俸禄是用来换取民众为君主卖命的，现在有战功的人劳而无赏，而那些在君主跟前占卜、看手相、弄神作鬼、巧言奉承的人却经常得到赏赐。君主掌握法律条令是为了控制生杀大权，但现在奉公守法的人想用逆耳的忠言向君主进谏却得不到接见，而那些花言巧语、内外行奸、在社会上侥幸投机的人却经常得到晋见。根据法令直言不讳，名实相符，遵循有关规定，铲除奸邪的人，为的是帮助君主治理国家，但君主却越发要加以疏远；而那些逢迎取媚、顺从君主的意愿和欲望而危害国家的人却成了亲信。征收租税，集中民力，是为了防备国难、充实仓库，而士兵逃避耕战，躲藏起来，依附于权门贵族来偷免得役赋税，结果使君主失去了劳力，这样的人竟数以万计。拿出好的田地房屋作为赏赐，是为了鼓励士兵奋勇作战的，而一方面，那些身首异处、尸骨抛散在荒野上的战士，活着没有房子容身，死后田地还要被夺去；另一方面，有姿色的少女、没有功劳的大臣和亲信们，却挑选好的房屋和田地尽情享受。赏赐一律由君主颁发，是为了便于驾驭臣下的，但披甲野战的士兵得不到赏赐和职位；游手好闲的所谓学者却得以显贵。君主拿了这些反常现象作为教化，名声怎能不卑下，权位怎能不危险？使君主名声卑下、权位危险的人，一定就是那些不服从法令，怀有二心而专搞私学，反叛现实社会的人。假如不禁止他们的行为，不解散他们的群党，还要去尊重他们，那就是当权者的过错了。君主树立廉耻标准，是用来劝勉臣下的。现在士大夫却不以肮脏卑鄙的勾当为耻而做官，有裙带关系和私人交情的人不按官阶次第而升官。赏赐是用来使人尊贵的，但现在英勇作战的有功之士却贫贱不堪，而那些诌媚逢迎的人和优伶酒徒却得以越级做官。名号和功业相符合关系到君主的威势和尊严，然而现实是君主受到蒙蔽，近臣宫女同时弄权，各个部门都能给人定爵和提升官吏。这些反常现象表明当权者措施已经严重失当了。大臣任人为官，先与亲信密谋策划，植党营私，尽管他们不按法律行事，但赏罚大权已被臣下操纵了，结果君主地位就变得卑贱而大臣权势就变重了。

【原文】

夫立法令者以废私也，法令行而私道废矣。私者所以乱法也。而士有二心私学、岩居窖处、托伏深虑，大者非世，细者惑下；上不禁，又从而尊之，以名化之以实，是无功而显，无劳而富也。如此，则士之有二心私学者，焉得无深虑、勉知诈、与诽谤法令以求索，与世相反者也。凡乱上反世者，常士有二心私学者也。故《本言》曰："所以治者法也，所以乱者私也；法立，则莫得为私矣。"故曰：道私者乱，道法者治。上无其道，则智者有私词，贤者有私意。上有私惠，下有私欲，圣智成群，造言作辞，以非法措于上。上不禁塞，又从而尊之,是教下不听上、不从法也。是以贤者显名而居,奸人赖赏而富。贤者显名而居,奸人赖赏而富,是以上不胜下也。

【译文】

确立法令的目的是为了废止私行。法令得以贯彻,私行就必被废止。私行是扰乱法令的罪魁。现在那些怀有二心专搞私学、隐居山林、老谋深算的士人,重则诽谤现实,轻则造谣惑众。君主不加以禁止,还要进一步用美名抬高他们,用实利提拔他们,结果就是使无功者显贵,无劳者富有。这样一来,怀有二心专搞私学的士人怎能不挖空心思、玩弄智巧和诽谤法令,去拼命追求那些和当代政治背道而驰的东西呢?大凡危害君主统治、反对现实社会的,常常就是那些身怀异心大搞私学的人。所以《本言》说:"国家安定靠的是法,国家混乱恨于在私。法立起来的话,就没有人再行私了。"所以说,倾向于私行的,社会必然混乱;倾向于法的,社会一定大治。君主不用法治,聪明的人就有违法言论,贤能的人就有违法企图。君主有法外的恩惠,下面就有非法的欲望,圣人和智者就会成群结队地制造谣言和诡辩,用非法手段对付君主。君主不严加禁止,反而对这些人大加尊崇,那就是教育下属不听从君主、不服从法令。结果就造成了贤人以显赫的名声处在高位、奸人依赖赏赐而富裕起来的现象。贤人以显赫的名声处在高位,奸人依赖赏赐而富裕起来,正因如此,君主便再也控制不住臣下了。

六反第四十六

【原文】

畏死难,降北之民也,而世尊之曰贵生之士;学道立方,离法之民也,而世尊之曰文学之士;游居厚养,牟食之民也,而世尊之曰有能之士;语曲牟知,伪诈之民也,而世尊之曰辩智之士;行剑攻杀,暴憿之民也,而世尊之曰磏勇之士;活贼匿奸,当死之民也,而世尊之曰任誉之士;此六民者,世之所誉也。赴险殉诚,死节之民,而世少之曰失计之民也;寡闻从令,全法之民也,而世少之曰朴陋之民也;力作而食,生利之民也,而世少之曰寡能之民也;嘉厚纯粹,整谷之民也,而世少之曰愚戆之民也;重命畏事,尊上之民也,而世少之曰怯慑之民也;挫贼遏奸,明上之民也,而世少之曰谄谗之民也;此六民者,世之所毁也。奸伪无益之民六,而世誉之如彼;耕战有益之民六,而世毁之如此；此之谓六反。布衣循私利而誉之，世主听虚声而礼之，礼之所在，利必加焉。百姓循私害而訾之，世主壅于俗而贱之，贱之所在，害必加焉。故名赏在乎私恶当罪之民，而毁害在乎公善宜赏之士，索国之富强，不可得也。

【译文】

害怕死亡，逃避危难，本是投降败逃的人；世俗却称誉他们是珍惜生命的雅士。学做神仙，设立方术，本是违反法治的人；世俗却称誉他们是大有学问的文士。游手好闲，给养丰厚，本是社会的寄生虫；世俗却称誉他们是有能耐的人。歪理诡辩，玩弄智巧，本是虚伪巧诈的人；世俗却称誉他们是辩士智士。行侠舞剑，喜斗好杀，本是凶暴而冒险的人；世俗却称誉他们是刚强威武的勇士。包庇大盗，隐藏坏人，本是该判死刑的人；世俗却称誉他们是仗义舍身的名士。这六种人，是社会舆论所赞美的。奔赴国难，献身君主，本是舍生取义的人；世俗却贬斥他们是失多得少的人。见闻很少，服从命令，本是保全法令的人；世俗却贬斥他们是浅薄愚昧的人。尽心耕作，自食其力，本是创造财富的人；世俗却贬斥他们是没有才能的人。品德优异，单纯朴实，本是正派善良的人；世俗却贬斥他们是蠢笨呆板的人。重视命令，谨慎办事，本是尊重君主的人；世俗却贬斥他们是胆小怕事的人。打击贼人，止住奸人，本是提醒君主的人；世俗却贬斥他们是奉承讨好的人。这六种人，是社会舆论所诋毁的。奸诈虚伪而无益于国家的六种人，社会上是那样地赞美他们；努力耕战而有益于国家的六种人，社会上却这样地诋毁他们，这就叫作六反。平民从私利出发称赞前六种人，当代的君主听到虚名而尊重这些人，而得到尊重的，一定会得到好处。百姓从私害出发诋毁后六种人，当代的君主受世俗蒙蔽而鄙视他们，而受到鄙视的，一定会受到迫害。结果声誉和赏赐归于私下干坏事、应当判罪的人，而诋毁和迫害却给了为国家做好事、应当奖赏的人。这样还想求得国家的富强，是不可能的事。

【原文】

古者有谚曰："为政、犹沐也，虽有弃发、必为之。"爱弃发之费，而忘长发之利，不知权者也。夫弹痤者痛，饮药者苦，为苦惫之故，不弹痤、饮药，则身不活、病不已矣。今上下之接，无子父之泽，而欲以行义禁下，则交必有郄矣。且父母之于子也，产男则相贺，产女则杀之。此俱出父母之怀衽，然男子受贺，女子杀之者，虑其后便、计之长利也。故父母之于子也，犹用计算之心以相待也，而况无父子之泽乎！今学者之说人主也，皆去求利之心，出相爱之道，是求人主之过父母之亲也，此不熟于论恩诈而诬也，故明主不受也。圣人之治也，审于法禁，法禁明着则官法；必于赏罚，赏罚不阿则民用。官官治则国富,国富则兵强,而霸王之业成矣。

【译文】

古代有句谚语说:"执政好比洗头一样,即使会有一些头发掉落,仍是必须洗头的。"看重掉头发的损耗而忘记促使头发生长的好处,是不懂得权衡利弊的人。针刺痈疮是痛的,吃药是苦的;因为苦痛的缘故就不刺痈和吃药,就救不了命,治不了病。现在君臣相交,没有父子间的恩泽,却想用施行仁义去控制臣下,那么君臣之间的交往必定会出现裂痕。况且父母对于子女,生了男孩就互相祝贺,生了女孩就把她杀了。子女都出自父母的怀抱,然而是男孩就受到祝贺,是女孩就杀了的原因,是考虑到今后的利益,从长远利益打算的。所以父母对于子女,尚且用计算利弊相对待,何况是对于没有父子间恩泽的人呢?现在学者游说君主,都要君主抛弃求利的打算,而采用相爱的原则,这是要求君主有超过父母对于子女的亲情,也就属于不善于谈论恩泽问题的谎言和欺诈了,所以明君是不接受的。圣人治理国家,一是能详细地考察法律禁令,法律禁令彰明了,官府事务就会得到妥善治理。二是能坚决地实行赏罚,赏罚不出偏差,民众就会听从使唤。民众听从使唤,官府事务得到妥善处理,国家就富强;国家富强,兵力就强盛。结果,统一天下的大业也就随之完成了。

【原文】

霸王者,人主之大利也。人主挟大利以听治,故其任官者当能,其赏罚无私。使士民明焉尽力致死、则功伐可立而爵禄可致,爵禄致而富贵之业成矣。富贵者,人臣之大利也。人臣挟大利以从事,故其行危至死,其力尽而不望。此谓君不仁,臣不忠,则不可以霸王矣。

【译文】

统一天下,是君主最大的利益。君主怀着统一天下的目的来治理国家,所以他根据能力任用官员,实行赏罚没有私心。要让士人民众明白,为国家尽力拼死,功劳就可建立,爵禄就可获得;获得爵禄,富贵的事业就完成了。富贵是臣子最大的利益。臣子怀着取得富贵的目的来办事,所以他们会冒着生命危险办事,竭尽全力,死而无怨。这叫作君主不讲仁爱,臣下不讲忠心,就可以因此统一天下了。

【原文】

夫奸必知则备,必诛则止;不知则肆,不诛则行。夫陈轻货于幽隐,虽曾、史可疑也;悬百金于市,虽大盗不取也。不知则曾、史可疑于幽隐,必知则大盗不取悬金于市。故明主之治国也众其守、而重其罪,使民以法禁而不以廉止。母之爱子也倍父,父令之行于子者十母;吏之于民无爱,令之行于民也万父。母积爱而令穷,吏用威严而民听从,严爱之筴亦可决矣。且父母之所以求于子也,动作则欲其安利也,行身则欲其远罪也;君上之于民也,有难则用其死,安平则尽其力。亲以厚爱关子于安利而不听,君以无爱利求民之死力而令行。明主知之,故不养恩爱之心而增威严之势。故母厚爱处,子多败,推爱也;父薄爱教笞,子多善,用严也。

【译文】

奸人在一定能被察觉的情况下,才会戒惧;在一定要受惩罚的情况下,才不敢再犯。在不能被察觉的情况下,他就会放肆;在不会受惩罚的情况下,他就要横行。把廉价的东西放在冷僻之处,即使是曾参、史鳝这样有修养的人也有偷窃的嫌疑;把百金放置在闹市中,即使出名的盗贼也不敢取走。不被察觉,曾参、史鳝就可能在暗处干坏事,一定察觉,大盗就不敢在闹市上取走放置的百金。所以明君治理国家,多设耳目,重罚罪犯,使民众由于法令而受到约束,不靠廉洁的品德而停止作恶。母亲爱护子女要倍于父亲,然而父亲严令子女的效果更十倍于母亲;官吏对于民众没有爱心,然而对于民众发号施令,其效果更要万倍于父亲。母亲过分宠爱子女,命令就行不通;官吏运用刑罚的威严,命令就能让人服从。采用威严的策略好,还是仁爱的策略好,由此也就可以决断了。况且父母寄希望于子女的,行动上是想让他们安全有利,做人上是想他们不去犯罪。君主对于民众,危难时就要他们拼死作战,安定时就要他们尽力耕作。父母怀着深厚的爱,把子女安排在安全有利的环境中,但子女却不听父母的话;君主在不用爱与利的条件下要求民众为自己出死力,命令却能行得通。明君懂得这些,所以不培养仁爱之心而加强威严之势。所以母亲对子女厚爱,子女多数不好,是因为宠爱的结果;父亲不偏爱,常用体罚,子女多数很好,是因为严厉的结果。

【原文】

今家人之治产也,相忍以饥寒,相强以劳苦,虽犯军旅之难,饥馑之患,温衣美食者,必是家也;相怜以衣食,相惠以佚乐,天饥岁荒,嫁妻卖子者,必是家也。故法之为道,前苦而长利;仁之为道,偷乐而后穷。圣人权其轻重,出其大利,故用法之相忍,而弃仁人之相怜也。学者之言,皆曰轻刑,此乱亡之术也。凡赏罚之必者,劝禁也。赏厚、则所欲之得也疾,罚重、则所惠之禁也急。夫欲利者必恶害,害者,利之反也,反于所欲,焉得无恶。欲治者必恶乱,乱者,治之反也。是故欲治甚者,其赏必厚矣;其恶乱甚者,其罚必重矣。今取于轻刑者,其恶乱不甚,其欲治又不甚也,此非特无术也,又乃无行。

是故决贤不肖愚知之美,在赏罚之轻重。且夫重刑者,非为罪人也。

【译文】

现在普通人家治理产业,用忍受饥寒来相互勉励,用吃苦耐劳来相互督促,即使遭到战争的灾难,荒年的祸患,仍然能吃饱穿暖的,一定是这种人家;用吃好穿好来相互爱怜,用安逸享乐来相互照顾,遇到灾荒年月,卖妻卖儿的,一定是这种人家。所以把法作为治国原则,虽在开始时艰苦,日后定得长远益处;把仁作为治国原则,虽有一时的快乐,日后必定困苦交迫。圣人权衡法和仁的轻重,选择利益最大的一方,所以用法来相互强制,而抛弃仁人的相互怜爱。学者的话都说要减轻刑罚,这是乱国亡身的方法。大凡赏罚坚决,是为了鼓励立功和禁止犯罪。赏赐优厚,想要的东西就会迅速得到;刑罚重,厌恶的东西就能很快禁止。要想得到利益的人必然厌恶祸害,祸害是和利益相反的东西。违反自己的欲望,怎能不厌恶呢?要想治理好国家的人必然厌恶动乱,动乱是安定的反面。因此迫切希望治理好国家的人,赏赐一定优厚;非常厌恶动乱的人,刑罚一定很重。现在主张轻刑的人,不太厌恶动乱,也不太想治理好国家。这种人不但不懂策略,也不懂道理。因此判断一个人贤与不贤、笨与智的方法,在于他对赏罚轻重的看法。况且重刑,不单是为的惩罚人。

【原文】

明主之法,揆也。治贼,非治所揆也;治所揆也者,是治死人也。刑盗,非治所刑也;治所刑也者,是治胥靡也。故曰重一奸之罪而止境内之邪,此所以为治也。重罚者,盗贼也;而悼惧者,良民也;欲治者奚疑于重刑!若夫厚赏者,非独赏功也,又劝一国。受赏者甘利,未赏者慕业,是报一人之功而劝境内之众也,欲治者何疑于厚赏!今不知治者皆曰:"重刑伤民,轻刑可以止奸,何必于重哉?"此不察于治者也。夫以重止者,未必以轻止也;以轻止者,必以重止矣。是以上设重刑者而奸尽止,奸尽止则此奚伤于民也?

【译文】

明君的法度是供人度量行为的准则。惩治大盗,不只是惩治大盗本身;如果只是惩治大盗本身,那不过是惩治了一个死囚。对小偷用刑,不只是惩治小偷本身;如果只是惩治小偷本身,那不过是惩治了一个苦役犯。所以说:严惩一个坏人的罪行来禁止境内的奸邪,这才是惩治的目的。受到重罚的是盗贼,因而害怕犯罪的是良民。想治理好国家的人对重刑还有什么可顾忌的呢!至于优厚的赏赐,不只是奖赏功劳,还可以勉励全国民众。受到赏赐的乐于得利,未得赏赐的羡慕受赏者的功业。这是酬劳一个人的功业而勉励了国内民众。想治理好国家的人对厚赏还有什么可顾忌的呢！现在不懂治国的人都说："重刑会伤害民众,如果轻刑已能制止奸邪了,何苦定要实行重刑呢？"这是不懂得治理国家的言论。用重刑能制止的,用轻刑未必能制止；用轻刑能制止的,用重刑一定能制止。因此君主设置重刑的条件下,奸邪全能得到制止；奸邪全能得到制止,这怎么会伤害民众呢？

【原文】

所谓重刑者,奸之所利者细,而上之所加焉者大也；民不以小利蒙大罪,故奸必止者也。所谓轻刑者,奸之所利者大,上之所加焉者小也；民慕其利而傲其罪,故奸不止也。故先圣有谚曰："不踬于山,而踬于垤。"山者大,故人顺之,垤微小,故人易之也。今轻刑罚,民必易之。犯而不诛,是驱国而弃之也；犯而诛之,是为民设陷也。是故轻罪者,民之垤也。是以轻罪之为民道也,非乱国也则设民陷也,此则可谓伤民矣！

【译文】

所谓重刑,是要使奸人得到的利益小,而君主给予的惩罚重。人们不想因小利而蒙受大罪,所以奸邪必被制止。所谓轻刑,是要使奸人得到的利益大,而君主给予的惩罚轻。人们向往大利而不怕犯罪,所以奸邪制止不了。所以先圣有句谚语说："人不会被高山绊倒,却会被小土堆绊倒。"山大,所以人们会小心遵循；土堆小,所以人们粗心大意。要是实行轻刑,民众一定忽视它。民众犯了罪而不处罚,等于驱使国人犯罪而抛弃他们；让人犯了罪再加以惩罚,等于给民众设置了陷阱。因此,轻刑正如会使民众不经意而摔跤的小土堆。因而把轻刑作为治理民众的原则,不是导致国家混乱,就是为民众设置陷阱,这才叫伤害民众啊！

【原文】

今学者皆道书策之颂语,不察当世之实事,曰："上不爱民,赋敛常重,则用不足而下恐上,故天下大乱。"此以为足其财用以加爱焉,虽轻刑罚可以治也。此言不然矣。凡人之取重赏罚,固已足之后也。虽财用足而厚爱之,然而轻刑犹之乱也。夫当家之爱子,财货足用,财货足用则轻用,轻用则侈泰；亲爱之则不忍,不忍则骄恣；侈泰则家贫,骄恣则行暴,此虽财用足而爱厚,轻利之患也。凡人之生也,财用足则隳于用力,上治懦则肆于为非；财用足而力作者神农也,上治懦而行修者曾、史也；夫民之不及神农、曾、史亦已明矣。老聃有言曰："知足不辱,知止不殆。"夫以殆辱之故而不求于足之外者老聃也。今以为足民而可以治,是以民为皆如老聃也。故桀贵在天子而不足于尊,富有四海之内而不足于宝。君人者虽足民,不能足使为君,天子而桀未必为天子为足也,则虽足民,何可以为治也?故明主之治国也,适其时事以致财物,论其税赋以均贫富,厚其爵禄以尽贤能,重其刑罚以禁奸邪,使民以力得富,以事致贵,以过受罪,以功致赏而不念慈惠之赐,此帝王之政也。

【译文】

　　现在的学者都称引典籍中歌功颂德的话,而不考察当代的实际情况,说什么:"君主不爱民众,赋税总是很重,于是民众因用度不足而怨恨君主,所以导致天下大乱。"这是认为使百姓财用富足并施加仁爱,即使减轻刑罚,国家也可以治理好。这话就不对了。大凡受到严惩的人,本来就是在财用富足后才犯罪的;即使财用富足后君主加以厚爱,并进而使用轻刑,还是会走向混乱的。母亲溺爱子女,提供的财货足够他们花用了;财货足够花用,他们就会滥用;一旦滥用,就会挥霍无度。溺爱子女,就不能坚决加以约束;不能坚决加以约束,就会使他们骄横放纵。挥霍无度,家境就会贫困;骄横放纵,行为就会暴虐。这就是财用富足并加以厚爱、使用轻刑造成的祸患。大凡人的本性,财用富足了,就会懒于劳作;君主软弱了,就会放肆地干坏事。财用富足还努力劳作的,只有古代的神农;君主治国手段软弱而自己行为保持美好的,只有曾参、史䲡。民众比不上神农、曾参、史䲡是很清楚的。老子有话说:"知道满足就不会受到耻辱,知道适可而止就不会有危险。"因为危险和耻辱的缘故,在满足之后不再要求什么的人,只有老子。现在认为使民众富足就可以治理好国家,这是把民众都看作老子了。所以夏桀贵为天子而不满足于自己的尊贵,富有四海而不满足于自己的财宝。做君主的纵然使民众富足,但不能使他们富足得像天子一样,而夏桀也未必以天子为满足;那么纵然使民众富足,又怎么能用来作为治国的原则呢?所以,明君治理国家,顺应时务来获得财物,确定赋税来调节贫富;厚赏爵禄使人们竭尽才能,加重刑罚来禁止奸邪;使民众依靠出力得到富裕,依靠功业获得尊贵。因犯罪受到惩罚,因立功获得奖赏,而不考虑仁慈恩惠的赏赐,这是通往帝王大业的政治措施。

【原文】

　　人皆寐,则盲者不知,皆嘿,则喑者不知。觉而使之视,问而使之对,则喑盲者穷矣。不听其言也,则无术者不知;不任其身也,则不肖者不知;听其言而求其当,任其身而责其功,则无术不肖者穷矣。夫欲得力士而听其自言,虽庸人与乌获不可别也,授之以鼎俎则罢健效矣。故官职者,能士之鼎俎也,任之以事,而愚智分矣。故无术者得于不用,不肖者得于不任,言不用而自文以为辩,身不任而自饰以为高,世主眩其辩、滥其高而尊贵之,是不须视而定明也,不待对而定辩也,喑盲者不得矣。明主听其言必责其用,观其行必求其功,然则虚旧之学不谈,矜诬之行不饰矣。

【译文】

人都睡着了,就不知道谁是瞎子;都不说话,就不知道谁是哑巴。睡醒后让他们看东西,提问题让他们来回答,那么哑巴、瞎子就原形毕露了。不听他言语,没有本领的人就不能发现;不让他任职,没有德才的人就不能发现。听他说话而责求他有相应行动,让他任职而责求他能把事办成,那么没有本领、德才不好的人就原形毕露了。要想得到大力士,却光凭自己介绍,普通人和乌获就无法加以区别。把巨鼎大案交给他们举,是疲弱还是勇健就表现出来了。所以官职是试验人们才能的巨鼎大案,让他们办事,是愚蠢还是聪明就区别出来了。所以没有本领的人从君主不检查自己言论中取利,德才不好的人从君主不任用自己办事中取利。君主不检查他的言论,他就自吹善辩;君主不任用他办事,他就自命高明。当代君主迷惑于他的善辩,轻易相信他的高明,从而尊重他们;这是不等看东西就断定他眼明,不等说话就判定他口才好,这样,哑巴和瞎子就无从得知了。明君听取言论一定要责求实用,观察行为一定要责求功效,这样,虚伪陈腐的学说就没有人再谈了,虚妄自大的行为就掩饰不住了。

八说第四十七

【原文】

为故人行私谓之不弃,以公财分施谓之仁人,轻禄重身谓之君子,枉法曲亲谓之有行,弃官宠交谓之有侠,离世遁上谓之高傲,交争逆令谓之刚材,行惠取众谓之得民。不弃者吏有奸也,仁人者公财损也,君子者民难使也,有行者法制毁也,有侠者官职旷也,高傲者民不事也,刚材者令不行也,得民者君上孤也。此八者匹夫之私誉,人主之大败也。反此八者,匹夫之私毁,人主之公利也。人主不察社稷之利害,而用匹夫之私誉,索国之无危乱,不可得矣。

【译文】

为老朋友行私被称为不遗故旧,把公家财产分送给人被称为仁爱的人,轻视利禄看重自身被称为君子,违反法制偏袒亲属被称为品行好,放弃官职看重私交被称为侠义,逃避现实避开君主被认为清高傲世,私斗不休违抗禁令被称为刚直好汉,施行恩惠笼络民众被称为得民心。不遗故旧,官吏就会行奸;做仁爱的人,国家财富就有损失;做君子,民众就不听使唤;品行好,法制就遭到破坏;讲侠义,官职就会出现空缺;清高傲世,民众就不侍奉君主;做刚直好汉,法令就不能推行;得民心,君主就会遭到孤立,这八种名声,是个人的私誉,君主的大祸。与这八种相反的,则是个人的恶名,君主的公利。君主不考察对于国家的利害关系,而采纳个人的私誉,要想国家没有危乱,是不可能做到了。

【原文】

任人以事,存亡治乱之机也。无术以任人,无所任而不败。人君之所任,非辩智则修洁也。任人者,使有势也;智士者未必信也;为多其智,因惑其信也;以智士之计,处乘势之资而为其私急,则君必欺焉。为智者之不可信也,故任修士;者,使断事也,修士者未必智;为洁其身,因惑其智;以愚人之所惛,处治事之官而为其所然,则事必乱矣。故无术以用人,任智则君欺,任修则君事乱,此无术之患也。明君之道,贱德义贵,下必坐上,决诚以参,听无门户,故智者不得诈欺。计功而行赏,程能而授事,察端而观失,有过者罪,有能者得,故愚者不任事。智者不敢欺,愚者不得断,则事无失矣。

【译文】

任用什么人办事,是国家存亡治乱的关键。没有政治手腕而用人,没有一次任用不是失败的。君主要任用的人,不是有口才、有智巧,就是品行好。任用人,是使他有权有势。聪明人未必可靠,只因为赞赏他的智辩,就以为他们可靠而加以任用。凭聪明人具有的计谋,再加上处在有权有势的地位而去干私人急事,君主就一定会受到欺骗。因为聪明人不可靠,所以君主可能去任用那些老好人,叫他们处理政事。老好人未必有智谋,仅由于觉得他们品德纯洁,就以为他们有智谋。这种人以愚夫的糊涂,处在治理国家政事的官位上,自以为是地处理问题,政事必然要被搞乱。所以没有政治手腕而用人,任命聪明人的话,君主就受欺骗;任用老好人的话,君主的政事就被搞乱。这就是没有政治手腕导致的祸患。明君的治国原则是,地位低的能够议论地位高的;官吏有罪,下属不告发则同罪;用检验的方法判明事情的真相;不偏听偏信,所以聪明人无法弄诈行欺。按功行赏,量才授职,分析事情的起因来考察官吏的过失,有过错的人给予处罚,有才能的人给予赏赐,所以愚蠢的人就不能担任政事了。聪明人不敢行骗,愚蠢的人不得决断,政事就没有失误了。

【原文】

察士然后能知之,不可以为令,夫民不尽察。贤者然后能行之,不可以为法,夫民不尽贤。杨朱、墨翟,天下之所察也,干世乱而卒不决,虽察而不可以为官职之令。鲍焦、华角,天下之所贤也,鲍焦木枯,华角赴河,虽贤不可以为耕战之士。故人主之察,智士尽其辩焉;人主之所尊,能士尽其行焉。今世主察无用之辩,尊远功之行,索国之富强,不可得也。博习辩智如孔、墨,孔、墨不耕耨,则国何得焉?修孝寡欲如曾、史,曾、史不战攻,则国何利焉?匹夫有私便,人主有公利。不作而养足,不仕而名显,此私便也。息文学而明法度,塞私便而一功劳,此公利也。错法以道民也而又贵文学,则民之所师法也疑。赏功以劝民也而又尊行修,则民之产利也惰。夫贵文学以疑法,尊行修以贰功,索国之富强,不可得也。

【译文】

只有明察的人才能通晓的东西,不可用来作为法令,因为民众不都是明察的。只有贤能的人才能做到的事情,不可用来作法律,因为民众不都是贤能的。杨朱、墨翟是天下公认明察的人,但他们想整顿乱世,终究却找不到解决的办法;他们的学说虽属明察,却并不能作为官方的法令。鲍焦、华角是天下公认贤能的人。鲍焦抱木而死,华角投河自尽,他们虽属贤能,却并不能成为耕作打仗的人。所以,君主要加以明察的,智士就在这方面竭尽巧辩;君主要予以推崇的,能人就在这方面全力去干。当代君主把没有实际功效的行为认为可尊,而想求得国家的富强,这是不可能的事。像孔子、墨子那样知识渊博、机智巧辩的人,但他们不从事耕作,国家能得到什么好处呢?像曾参、史䲡那样讲究孝道、清心寡欲的人,但他们不参加打仗,国家能得到什么利益呢?个人有私利,君主有公利。不耕作而给养充足,不做官而声名显赫,这是私利;废除私学而彰明法度,堵塞私利而一概按功行赏,这是公利。一方面设置法令来引导民众,另一方面却又推崇私学,民众就会对遵守法令产生怀疑;一方面奖赏功劳,来鼓励民众,另一方面却又崇尚修身养性,民众就会懒于耕战。推崇私学而使法令受到怀疑,崇尚修身养性而使论功行赏出现双重标准,要想求得到国家的富强是不可能的。

【原文】

揖笏干戚,不适有方铁铦;登降周旋,不逮日中奏百;狸首射侯,不当强弩趋发;干城距冲,不若堙穴伏橐。古人亟于德,中世逐于智,当今争于力。古者寡事而备简,朴陋而不尽,故有珧铫而推车者。古者人寡而相亲,物多而轻利易让,故有揖让而传天下者。然则行揖让,高慈惠,而道仁厚,皆推政也。处多事之时,用寡事之器,非智者之备也;当大争之世而循揖让之轨,非圣人之治也。故智者不乘推车,圣人不行推政也。

【译文】

朝用笏板和仪仗兵器,敌不过大刀长矛;讲究升降转身繁琐礼仪,其效用难以和日行百里的士卒训练相提并论;奏着《狸首》乐章而演习射靶的仪式,比不上硬弓劲射的真功夫;捍卫城邑、抗拒冲车的防御战术,比不上通过地道水灌烟熏的进攻战术。古代的人在道德上竞争,中世的人在智谋上角逐,现在的人在力量上较量。古时候事少而设施简单,器具粗陋而不完善,所以有蚌壳做的除草农具和简陋的手推车。古时候人少而互相亲爱,物品丰富而轻视财利、容易谦让,所以有拱手把天下让给别人的做法。既然如此,那么他们行礼谦让,推崇仁慈恩惠,称道仁义忠厚,就都属于原始的政治措施了。处在多事的时代,却仍用少事时代的简陋器具,这不是聪明人该奉行的路线;处在大争的社会,却仍遵循礼让不止的老规矩,这不是圣人治理国家的方法。所以聪明人不坐古代的手推车,圣人不采用手推车式的原始政治。

【原文】

法所以制事,事所以名功也。法有立而有难,权其难而事成则立之;事成而有害,权其害而功多则为之。无难之法,无害之功,天下无有也。是以拔千丈之都,败十万之众,死伤者军之乘,甲兵折挫,士卒死伤,而贺战胜得地者,出其小害计其大利也。夫沐者有弃发,除者伤血肉,为人见其难,因释其业,是无术之事也。先圣有言曰:"规有摩,而水有波,我欲更之,无奈之何!"此通权之言也。是以说有必立而旷于实者,言有辞拙而急于用者,故圣人不求无害之言,而务无易之事。人之不事衡石者,非贞廉而远利也,石不能为人多少,衡不能为人轻重,求索不能得,故人不事也。明主之国,官不敢枉法,吏不敢为私,货赂不行,是境内之事尽如衡石也。此其臣有奸者必知,知者必诛。是以有道之主,不求清洁之吏,而务必知之术也。

【译文】

法律是用来制约事务的,事务是用来显示功效的。设立法制如有困难,考虑到虽有困难但能成事,则应予设立;事务既成而有害处,考虑到虽有害处但功大于过,则应予实施。不遇到困难的法制,不伴随害处的事功,天下是没有的。因此攻克周长千丈的大都城,击败十万之众的敌军,尽管我方伤亡人数达到三分之一,武器装备严重受损,士卒伤亡惨重;但仍然要庆贺打了胜仗,获得疆土。其原因正在于考虑到了代价小而获利大。洗头总有脱发,开刀总会流血伤肉;要是有人看到这点难处,就放弃洗头治病,便是不懂得权衡利弊的人。先圣说过这样的话:"圆规再精确也会存在误差,水面再平静也会存在波纹。我想改变这种状况,是没有办法的!"这是通晓权衡利弊的说法。因此主张有言之成理但不切实际的,言论有词句笨拙但能立即付诸实施的。所以圣人不强求挑不出毛病的言论,而致力于那些无可更易的事务。人们不在衡器、量器上打主意,并不是因为他们正直廉洁,不追求财利,而是因为量器本身不能给人增多或减少财物,衡器本身不能给人加重或减轻财物,对它们有要求并不能得到什么,所以人们不去多打主意。明君的国家,官员不敢违反法禁,吏属不敢谋取私利,人们不用财物进行贿赂活动,这样,国内的事务就会都像衡器、量器一样公正无私了。这样,大臣中干坏事的就一定会被察觉,察觉了的就一定给予惩罚。所以懂得法治的君主,不寻求廉洁的官吏,而致力于一定能察觉臣下奸邪行为的方法。

【原文】

慈母之于弱子也,爱不可为前。然而弱子有僻行,使之随师;有恶病,使之事医。不随师则陷于刑,不事医则疑于死。慈母虽爱,无益于振刑救死。则存子者非爱也,子母之性,爱也。臣主之权,筴也。母不能以爱存家,君安能以爱持国?明主者,通于富强则可以得欲矣。故谨于听治,富强之法也。

明其法禁,察其谋计。法明则内无变乱之患,计得则外无死虏之祸。故存国者,非仁义也。仁者,慈惠而轻财者也;暴者,心毅而易诛者也。慈惠则不忍,轻财则好与。心毅则憎心见于下,易诛则妄杀加于人。不忍则罚多宥赦,好与则赏多无功。憎心见则下怨其上,妄诛则民将背叛。故仁人在位,下肆而轻犯禁法,偷幸而望于上;暴人在位,则法令妄而臣主乖,民怨而乱心生。故曰:仁暴者,皆亡国者也。

【译文】

慈母对于幼子的爱是任何其他的爱都无法超过的。但是孩子有不良行为,就得让他受老师管教;有了重病,就得让他就医治疗。不受老师管教,就会犯法受刑;不就医治疗,就会临近死亡。母子之间的天性,是爱;君臣之间忧虑的,是近利远害。母亲尚且不能用爱来保全家庭,君主怎能用爱来维护国家呢?明君通晓富国强兵的办法,就可以达到自己的目的。所以慎重地处理政事,就是富国强兵的方法。君主应该严明法令,明察计谋。法令严明,内部就没有动荡叛乱的祸患;计谋得当,对外就没有国破为虏的灾难。所以保全国家不是靠的仁义道德。讲究仁义道德,也就是要博爱慈惠并轻视财利;为人暴戾,也就是心地残忍并轻易杀伐。博爱慈惠,就不会下狠心;轻视财利,就乐善好施。心地残忍,憎恶态度就会在下属面前暴露;轻易杀伐,就会胡乱地屠戮无辜。不下狠心,就会赦免许多该受处罚的人;乐善好施,就会赏赐许多没有功劳的人。憎恶态度表露出来,就会使臣民怨恨君主;胡乱地屠戮无故,民众就会背叛君主。所以仁人处在君位上,臣下就会胡作非为而轻易犯法,以侥幸的心理希望得到君主的恩惠;暴人处在君位上,法令就会妄行,君臣就会离心离德,民众就会怨声载道而产生叛乱心理。所以说:仁爱和残暴,二者都能导致国家灭亡。

【原文】

不能具美食而劝饿人饭,不为能活饿者也;不能辟草生粟而劝贷施赏赐,不能为富民者也。今学者之言也,不务本作而好末事,知道虚圣以说民,此劝饭之说。劝饭之说,明主不受也。

【译文】

不能提供丰盛食品而去劝饥饿的人吃饭,不算是能救活饥饿的人的人;不能开荒种地生产粮食而去劝君主施舍赏赐,不能算作造福民众的人。当今学者高谈阔论,其主张不是要致力于耕作而是要追求仁政,只知道称引虚假的圣人来取悦民众,这就等于是凭空劝人吃饭之类的说教了。凭空劝人吃饭的说教,明君是不接受的。

【原文】

书约而弟子辩,法省而民讼简。是以圣人之书必著论,明主之法必详事。尽思虑,揣得失,智者之所难也;无思无虑,挈前言而责后功,愚者之所易也。明主虑愚者之所易,以责智者之所难,故智虑力劳不用而国治也。

【译文】

书的内容太简约,弟子就会发生争论;法律条文太省略,民众就会争论不休而轻慢不拘。因此圣人著书一定观点鲜明,明君立法一定详尽规定所要裁断的事情。竭尽思虑,估量得失,聪明人也感到困难;不动脑筋,根据已有的法律条例来责求当前事务的功效,愚笨的人也容易做到。明君采用愚笨的人也容易做到的途径,不采用聪明人也感到困难的途径,所以不用费心费力,国家就可以治理好。

【原文】

酸甘咸淡,不以口断而决于宰尹,则厨人轻君而重于宰尹矣。上下清浊,不以耳断而决于乐正,则瞽工轻君而重于乐正矣。治国是非,不以术断而决于宠人,则臣下轻君而重于宠人矣。人主不亲观听,而制断在下,托食于国者也。

【译文】

酸甜咸淡究竟如何,如果不亲自用嘴品尝而取决于主管饭食的官员,厨师们就会轻视君主而尊重小官了。音乐的高低清浊,如果不亲自去听作出判断而取决于主管乐队的官吏,奏乐的盲人们就会轻视君主而尊重乐官了。治国的是非得失,如果不通过政治手段来判断而取决于宠臣,臣下就会轻视君主而尊重宠臣了。君主不亲自了解政事,而让臣下来决断一切,自己就会变成寄食在国内的客人了。

【原文】

使人不衣不食而不饥不寒,又不恶死,则无事上之意。意欲不宰于君,则不可使也。今生杀之柄在大臣,而主令得行者,未尝有也。虎豹必不用其爪牙而与鼷鼠同威,万金之家必不用其富厚而与监门同资。有土之君,说人不能利,恶人不能害,索人欲畏重己,不可得也。

【译文】

假使人们不吃不穿而不饿不冷,又不怕死,就没有侍奉君主的愿望了。意愿不受君主控制,君主就无法加以支使。如果让生杀大权落到大臣手里,而君命仍得贯彻执行的,那是从来没有过的。虎豹不用它的爪牙,就会和小家鼠的威风无异;拥有万贯家财的人不使用他雄厚的资产,就会跟看门人一样贫穷。拥有国土的君主，喜欢某人而不能给他好处，憎恶某人而不能给他处罚；要想求得别人畏惧并尊重自己，是不可能的。

【原文】

人臣肆意陈欲曰侠，人主肆意陈欲曰乱；人臣轻上曰骄，人主轻下曰暴。行理同实，下以受誉，上以得非，人臣大得，人主大亡。

【译文】

臣子随心所欲被说成是侠，君主随心所欲被说成是乱；臣下轻慢君主被说成是骄，君主轻视臣下被说成是暴。这两种行为实质是相同的，但臣下因此受到称誉，君主因此遭到诽谤。臣子得到很多好处，君主却要蒙受重大损失。

【原文】

明主之国，有贵臣无重臣。贵臣者，爵尊而官大也；重臣者，言听而力多者也。明主之国，迁官袭级，官爵受功，故有贵臣。言不度行，而有伪必诛，故无重臣也。

【译文】

在明君的国家里，有贵臣而没有重臣。所谓贵臣，就是爵位尊贵而职务高的官员；所谓重臣，就是主张被君主采用、势力又大的臣子。在明君的国家里，升官晋级，赐予爵位，根据都在于他们的功劳，所以就有贵臣出现。而对于那些言行不一、弄虚作假的人，必然地给予重罚，所以就没有重臣存在。

八经第四十八

一 因情

【原文】

凡治天下，必因人情。人情者，有好恶，故赏罚可用；赏罚可用则禁令可立而治道具矣。君执柄以处势，故令行禁止。柄者，杀生之制也；势者，胜众之资也。废置无度则权渎，赏罚下共则威分。是以明主不怀爱而听，不留说而计。故听言不参则权分乎奸，智力不用则君穷乎臣。故明主之行制也天，其用人也鬼。天则不非，鬼则不困。势行教严逆而不违，毁誉一行而不议。故赏贤罚暴，举善之至者也；赏暴罚贤，举恶之至者也；是谓赏同罚异。赏莫如厚，使民利之；誉莫如美，使民荣之；诛莫如重，使民畏之；毁莫如恶，使民耻之。然后一行其法，禁诛于私。家不害功罪，赏罚必知之，知之道尽矣。

【译文】

凡要治理天下，必须依据人情。人之常情，有喜好和厌恶两种趋性，因而赏和罚可据以使用；赏和罚可据以使用，法令就可据以建立起来，治国政策也就进而完备了。君主掌握政柄并据有势位，所以能够令行禁止。政柄是决定生杀的本权，势位是制服众人的基础。废除什么，建立什么，如果无章可循，政权就不神圣了；如果和臣下共掌赏罚大权，君主的威势就分散了。因此，明君不带偏爱去听取意见，不抱成见去谋划事情。所以听取意见不加验证的话，权力就会被奸臣分割；不能使大家尽心竭力，君主就会受臣下困窘。所以明君行使权力时像天一样光明正大，任用臣下时像鬼一样神妙莫测。光明正大，就不会遭到反对；神妙莫测，就不会陷入困境。君主运用权势，管教严厉，臣民即使有抵触情绪，也不敢违背；毁誉褒贬的标准始终如一，不容有妄自非议的余地。所以奖赏贤人，惩罚暴行，是鼓励做好事的极致；奖赏暴行，惩罚贤人，是鼓励干坏事的极致：这就是奖赏和自己意见相同的，惩罚和自己意见不同的。赏赐最好是优厚一些，使民众觉得有利；赞扬最好是美好一些，使民众感到荣耀；惩罚最好是严重一些，使民众感到害怕；贬斥最好是残酷一些，使民众感到羞耻。然后坚决把法制贯彻下去，禁止臣下私行诛罚,不让他们破坏赏功罚罪的制度。该赏该罚,君主一定要清楚;清楚的话,治国方略就完备了。

二 主道

【原文】

力不敌众,智不尽物。与其用一人,不如用一国。故智力敌而群物胜,揣中则私劳,不中则在过。下君尽己之能,中君尽人之力,上君尽人之智。是以事至而结智,一听而公会。听不一则后悖于前,后悖于前则愚智不分;不公会则犹豫而不断,不断则事留。自取一,则毋堕壑之累。故使之讽,讽定而怒。是以言陈之日,必有筴籍,结智者事发而验,结能者功见而。谋成败,成败有征,赏罚随之。事成则君收其功,规败则臣任其罪。君人者合符犹不亲,而况于力乎?事智犹不亲,而况于悬乎?故非用人也不取同,同则君怒。使人相用则君神,君神则下尽。下尽下,则臣、上不因君而主道毕矣。

【译文】

仅靠一个人的力量,是不能胜过众人的;仅靠一个人的智慧,是不能尽知万物的。君主与其靠自己的智慧和力量,不如用一国人的智慧和力量,所以就能敌得过众人的智力而胜过万物。君主遇事只靠自己猜度的话,即使对了,也要花费自己精力;一旦错了,就要自己承担责任。下等的君主竭尽自己的才能,中等的君主竭尽别人的力量,上等的君主竭尽别人的智慧。因此遇到事情时,就要集中众人的智慧,一一听取大家的议论,然后把大家的意见集中起来。如果君主不一一听取大家的议论,臣下后来发表的意见就可能悖于原先的看法,这样君主就不能分清臣下的愚智。如果君主不把大家的意见都集中起来,自己就会犹豫不决,犹豫不决的话,事情也就得不到及时处理。君主有主见地采取一种中肯意见,就不会有掉入臣下所设的陷阱里的危险。所以,要让臣下提出建议,然后威严地责令他完成。因此群臣发表言论时,一定要有记录。出谋划策的人,等事情发生后,君主要加以检验;有贡献能力的人,等功效表现出来后,君主要对成败进行分析。成败经过核实,随之进行奖赏或惩罚。事情成功了,君主就收取他们的功劳;谋划失败了,臣下就承担其中的罪责。做君主的,对合符验身这样容易做的事还不亲自去做,何况是要动手操劳的事呢?君主对用智费心的事还不亲自去做,何况是要百般推测的事呢?所以君主用人时,不取彼此意见相同的人;

意见相同,君主就要严厉地加以斥责。使臣下都相互制约而同为君主所用,那么君主就能神妙莫测,臣下也就会竭尽自己的智能;臣下竭尽智能,就不会向上钻君主的空子,而君主驾驭臣下的方略也就完备了。

三起乱

【原文】

知臣主之异利者王,以为同者劫,与共事者杀。故明主审公私之分,审利害之地,奸乃无所乘。乱之所生六也:主母、后姬、子姓、弟兄、大臣、显贤。任吏责臣,主母不放。礼施异等,后姬不疑。分势不贰,庶适不争。权籍不失,兄弟不侵。下不一门,大臣不拥。禁赏必行,显贤不乱。臣有二因,谓外内也。外曰畏,内曰爱。所畏之求得,所爱之言听,此乱臣之所因也。外国之置诸吏者,结诛亲昵重帑,则外不籍矣。爵禄循功,请者俱罪,则内不因矣。外不籍,内不因,则奸宄塞矣。官袭节而进,以至大任,智也。其位至而任大者,以三节持之,曰质、曰镇、曰固。亲戚妻子,质也。爵禄厚而必,镇也。参伍贵帑,固也。贤者止于质,贪饕化于镇,奸邪穷于固。忍不制则下上,小不除则大诛,而名实当则径之。生害事,死伤名,则行饮食;不然,而与其雠;此谓除阴奸也。医曰诡,诡曰易。易功而赏,见罪而罚,而诡乃止。是非不泄,说谏不通,而易乃不用。父兄贤良播出曰游祸,其患邻敌多资。僇辱之人近习曰狎贼,其患发忿疑辱之心生。藏怒持罪而不发曰增乱,其患徼幸妄举之人起。大臣两重、提衡而不踦曰卷祸,其患家隆劫杀之难作。脱易不自神曰弹威,其患贼夫酖毒之乱起。此五患者,人主之不知,则有劫杀之事。废置之事,生于内则治,生于外则乱。是以明主以功论之内,而以利资之外,故其国治而敌乱。即乱之道,臣憎则起外若眩,臣爱则起内若药。

【译文】

君主懂得君臣之间利益不同的,才能称王于天下;认为利益相同,就要被臣下所挟制;与臣下共掌大权;就会被臣下所杀害。所以明君详察公私之分与各自利害之所在,奸臣就无机可乘。动乱产生于六种人:君主的母后、君主的妻妾、君主的子孙、君主的兄弟、大臣和有名的贤人。任用官吏,督责臣下,太后就不敢放肆;礼仪上区分不同的等级,妻和妾的界限就不会混淆;权势不分给庶子,庶子就不会与嫡子争夺;权位不丧失,君主的兄弟就不敢侵犯;臣民不被私门控制,权臣也就不敢蒙蔽君;禁令和赏赐坚决施行,有名的贤人就不敢暗中作乱。臣子有两种凭借,这就是国外势力和宫中亲信。国外势力是君主害怕的,宫中亲信是君主宠爱的。君主对国外的要求总是给予满足,对亲信的主张总是言听计从,这就是乱臣所要利用的。外国暗中安插官吏的情况一旦发生,君主就要追查和惩办与之关系密切并接受贿赂的人,臣子就不敢借助于外国势力了。君主按照功劳赏赐爵禄,对于无功而请求爵禄的人,连同替他请求的人一起办罪,左右侍从也就不会成为臣子作乱的凭借了。外国势力无从借助,官中亲信无从利用,那么内奸和外奸作乱的途径就都被堵塞了。官吏逐级提拔,一直到担任重大的职务,才是明智的用人方法。对于职位很高并担任重大职务的人,要用三种不同办法来加以控制:一是质,一是镇,一是固。厚待他们的亲戚妻子而严加看管,叫作质;给予丰厚的爵禄而且一定实行,叫作镇;检验言论,督责实效,叫作固。贤者因有人质抵押而不敢妄自行动,贪婪的人因受奖赏抚慰而消除野心,奸邪的人因有种种约束而无计可施。宽容而不予制裁,臣下就会侵犯君主;小的奸邪不除掉,势必要导致大的诛罚。可见罪名和罪行相符时就该严加处置。留着这些人要坏事,杀掉又会败坏名声,就通过饮食毒死他,否则就交给他的仇敌杀掉他。这叫作除阴奸。蒙蔽也就是诡诈,诡诈也就是变化无常。君主能够见功行赏,见罪行罚,奸臣就不敢诡诈。君主不把对是非的判断泄露出去,也不将臣下的谏说互相透露,奸臣随机应变手段也就不敢使用。君主的父兄和有才能的人逃亡在外叫作游祸,它的危害在于给敌人增加了力量。君主与受过刑罚的人亲昵叫作狎贼,它的危害在于这种人的忿恨和凝结在心头的耻辱会发作。君主隐藏自己的愤怒而不发作,掌握了臣下的罪行而不揭露,叫作增乱;它的危害在于怀着侥幸心理而轻举妄动的人会起来活动。君主同时重用两个大臣,二者权势相当,叫作卷祸,它的危害在于私家势力强大,劫杀君主的灾难会发生。君主随随便便而不能表现出神妙莫测,叫作弹威,它的危害在于后纪用毒酒害死夫君的乱子会出现。这五种祸患,君主如果不能察觉,就有被劫杀的灾难。官吏的任免,由自己决定则治,由外国势力控制则乱。因此,明君在国内讲求事功,而从国外取得利益,所以本国安定而敌国混乱。导致危乱的途径是:臣下被君主憎恶,就借助外国势力,使君主像得了头晕病一样;臣下被君主宠爱,就借助君主的左右亲信,使君主像吃了暗中下的毒药一样。

四立道

【原文】

　　参伍之道:行参以谋多,揆伍以责失;行参必拆,揆伍必怒。不拆则渎上，不怒则相和。拆之征足以知多寡，怒之前不及其众。观听之势，其征在比周而赏异也。诛毋谒而罪同。言会众端，必揆之以地，谋之以天，验之以物，参之以人。四征者符，乃可以观矣。参言以知其诚，易视以改其泽。执见以得非常。一用以务近习，重言以惧远使，举往以悉其前，即迩以知其内，疏置以知其外，握明以问所暗，诡使以绝黩泄，倒言以尝所疑，论反以得阴奸，设谏以纲独为，举错以观奸动，明说以诱避过，卑适以观直谄，宣闻以通未见，作斗以散朋党，深一以警众心，泄异以易其虑。似类则合其参，陈过则明其固，知罪辟罪以止威，阴使时循以省衰，渐更以离通比，下约以侵其上，相室约其廷臣，廷臣约其官属，兵士约其军吏，遣使约其行介，县令约其辟吏，郎中约其左右，后姬约其宫媛，此之谓条达之道。言通事泄则术不行。

【译文】

　　检验考察的途径是：通过严格核查来谋取功效，通过交互衡量来追究过失。严格检验，必须对臣下的言行进行解剖；交互衡量，必须对臣下的过错加以斥责。不进行解剖，坏人就会轻慢君主；不加以斥责，臣下就会朋党为奸。进行解剖的结论足以看出臣下事功的多少；严加责罚之前，不要把意图泄露给众人。观察臣下行为和听取臣下意见的一般情况是：臣下有紧密勾结的迹象，君主就奖赏那些与之离异的人；臣下知道奸情而不告发，君主就将他和坏人治同样的罪。对于言论，要汇合各方面的情况，一定要根据地利加以衡量，参照天时加以思考，运用物理加以验证，适应人情加以分析。这四方面的情况都符合了，就可以了解是非了。分析臣下的言论，用以了解他对君主是否忠诚；从不同角度观察臣下，从而了解他各方面的表现；掌握亲眼目睹的情况，以便了解臣下的反常行为。一人专职，使亲近宠幸的臣子有事可干；反复强调，让出使远方的使者感到畏惧。列举往事来了解臣下的旧况，留在身边来了解臣下的内情，派到远地来探知臣下的表现。掌握表面现象来探问暗中情况，运用诡使方法来杜绝侮慢行为；用正话反说来探明自己疑惑的事，从反面考察来了解隐蔽的奸邪活动；设置谏官来纠正大臣的独断，列举错误来观察奸臣的动静。公开说明，引导臣下避免过错；谦恭下士，核察臣下是直是谄。宣布已了解的事情以便揭露未被发现的坏人坏事，促使坏人内部争斗以使他们自行瓦解。深入探究一件事情的真相，使众人有所警戒；故意泄露不同的想法，使坏人改变企图。遇到类似情况，要通过检验弄明真相；列举臣下过失，要指明他的根本毛病。知道臣下的罪过，就要对他的罪过用刑，以便禁止他的私威；暗中派使者时时巡查各地官吏，以便了解他们是否忠诚。逐步更换官吏，以便离散勾结在一起的奸党。君主和臣下约定，要他们告发上级：针对相国，就和廷臣约定；针对廷臣，就和他属下的官吏约定；针对军吏，就和兵士约定；针对派遣的使者，就和他的随从人员约定；针对县令，就和他任命的属吏约定；针对郎中，就和他的侍从约定；针对后姬，就和官女约定。这就叫作条达之道。假如把臣下的告密和要办的事情泄露了出去，君主考察臣下的政治手段也就无法施行了。

五类柄

【原文】

明主，其务在周密。是以喜见则德偿，怒见则威分。故明主之言隔塞而不通，周密而不见。故以一得十者下道也，以十得一者上道也。明主兼行上下，故奸无所失。伍、官、连、县而邻，谒过赏，失过诛。上之于下，下之于上，亦然。是故上下贵贱相畏以法，相诲以和。民之性，有生之实，有生之名。为君者有贤知之名，有赏罚之实。名实俱至，故福善必闻矣。

【译文】

明君最要紧的事情，在于周而无缺、密而不露。因此，如果君主的喜爱表现出来，臣下就会据以行赏，从而窃取恩德；如果君主的愤怒表现出来，臣下就会据以行罚，从而瓜分威势。所以明君的言论深蕴固藏而不表露，紧锁密闭而不外泄。所以用一人察得十人的阴谋活动，是统治下层的途径；用十人察得一人的阴谋活动，是揭露上面的途径。明君上下兼用，所以坏人不会有所遗漏。伍、间、连、县各层组织的人像邻居一样处于互相监督之中；告发坏人就赏，不告发坏人就罚。上级对下级，下级对上级，也是这样。所以上面和下面、贵者和贱者，在法制面前都互相畏惧，在公益面前都互相劝勉。人性要求，既有生的实惠，又有生的名声。做君主的，既有贤智的名声，又有赏罚的实权。名和实都得到满足，所以大福大善必得流芳。

六参言

【原文】

听不参则无以责下，言不督乎用则邪说当上。言之为物也以多信，不然之物，十人云疑，百人然乎，千人不可解也。呐者言之疑，辩者言之信。奸之食上也,取资乎众,籍信乎辩,而以类饰其私。人主不餍忿而待合参,其势资下也。有道之主,听言、督其用,课其功,功课而赏罚生焉,故无用之辩不留朝。任事者知不足以治职,则放官收。说大而夸则穷端,故奸得而怒。无故而不当为诬,诬而罪,臣言必有报,说必责用也,故朋党之言不上闻。凡听之道,人臣忠论以闻奸,博论以内一,人主不智则奸得资。明主之道,己喜则求其所纳,己怒则察其所构;论于已变之后,以得毁誉公私之征。众谏以效智故,使君自取一以避罪。故众之谏也,败、君之取也。无副言于上以设将然,今符言于后以知谩诚语。明主之道,臣不得两谏,必任其一语;不得擅行,必合其参;故奸无道进矣。

【译文】

君主听话不进行检验,就无法责求臣下;不考察言论是否有用,臣下就会用邪说迎合君主。言语这种东西,重复得多了,容易使人信以为真。对本不真实的东西,听十个人说,自己就会产生疑惑;听一百个人说,自己就会倾向于相信;听一千个人说,自己就会确信不疑了。口才笨拙的人说的话使人心疑,善于辩说的人说的话使人信任。奸臣危害君主,得力于人多;凭借辩说而取得信任,用类似的事例来掩饰奸私。君主不盛怒斥责而等待参验,势必会助长臣下行奸。懂得治国道理的君主在听取臣下的话时,会督察它的作用,考核它的功效,根据功效来确定赏罚,所以无用的辩说不会留于朝廷之内。担任公职办事的人,如果智慧不足以胜任,就罢官。对说话大而不当、浮夸不实的,要追根究底,这样就能察觉坏人并严加斥责。无故而言行不符,就是行骗;臣下行骗,就要治罪。对臣下的言论一定采取对应措施,对臣下的主张一定要求带来效用,所以朋党的观点就不敢对君主陈说。听言的方法,总是要让臣下老实地谈论,君主可以从中了解奸情;总是要让臣下广泛地议论,君主得以采纳一种意见。君主如果不明智,坏人就会钻空子。明君听言的原则是,对于使自己高兴的话,就要求兑现;对于自己恼怒的话,就追究根源;等到情况有了发展变化之后再下结论,以便获取臣下是诽谤还是赞扬、是为公还是为私的真凭实据。采用几种说法进说来玩弄智巧,诱使君主自己从中采取一种意见来逃避罪责;所以让臣子同时进献几种说法是不可行的。君主所取的,是不要让臣下在一种意见之外又附加另一种意见,企图摆出一种"可能""或许"的圈套;而应使谏言跟以后的事实相符合,据此准确判明谏言的诚实与欺诈。明君所要采用的方略是,绝对不容许臣下作模棱两可的进说,一定要他们挑出一种;绝不容许他们妄自行动,一定要就其言求其功,这样奸臣的进路就给堵死了。

七听法

【原文】

官之重也,毋法也;法之息也,上闇也。上闇无度则官擅为,官擅为故奉重,无前则征多,征多故富。官之富重也,乱功之所生也。明主之道,取于任,贤于官,赏于功;言程、主喜俱必利,不当、主怒俱必害,则人不私父兄而进其仇雠。势足以行法,奉足以给事,而私无所生,故民劳苦而轻官。任事也毋重,使其宠必在爵;处官者毋私,使其利必在禄;故民尊爵而重禄。爵禄所以赏也,民重所以赏也则国治。刑之烦也,名之缪也,赏誉不当则民疑。民之重名与其重赏也均。赏者有诽焉,不足以劝;罚者有誉焉,不足以禁。明主之道,赏必出乎公利,名必在乎为上。赏誉同轨,非诛俱行,然则民无荣于赏之内。有重罚者必有恶名,故民畏。罚所以禁也,民畏所以禁则国治矣。

【译文】

官吏权势大,是由于没有法度;法度不起作用,是因为君主昏暗。君主昏暗没有章程,官吏就胡作非为;官吏胡作非为,结果俸禄就会无限地增加;俸禄无限地增加,征收的租税就多;租税征收多了,官吏就越发富裕。官吏富裕,权势又大,是由混乱的政事所造成的。明君治国总是挑用能办事情的人,赞扬忠于职守的人,奖赏有功劳的人。大臣推荐的人要是合乎标准,君主就喜欢,推荐者和被推荐者都一定得到赏赐;推荐的人不合乎标准,君主就恼怒,推荐者和被推荐者都一定受到处罚。这样,进言的人就不敢徇袒自己的父兄而愿意推荐有才能的仇人了。君主给臣下的权势足以执行法令,俸禄足以保证办好公事,而私利无从产生。所以民众虽然劳苦,但并不感到官府赋税重。不要让任事的人权势太重,而要使他们得到的宠赏只表现在爵位上;不要让当官的人谋取私利,而要使他们的利益只表现在俸禄上。所以臣民尊重爵位而看重俸禄。爵禄是君主用来奖赏臣民的,臣民重视君主用来奖赏的爵禄,国家就能治理好。刑罚烦乱,赐名有误,奖赏和赞扬不当,就会使臣民怀疑,因为臣民对赞扬和赏赐同样重视。对受赏的人有所非议,就不能鼓励立功;对受罚的人有所赞扬,就不能禁止奸邪。明君的做法总是:受奖赏一定因为他对国家有功,受赞扬一定是因为他为君主效劳。奖赏和赞扬一致,贬斥和处罚并行;既然如此,民众虽然受到赏赐也不感到荣耀。

受到重罚的人必有恶名,所以民众害怕。刑罚是用来禁止奸邪的;臣民害怕刑罚,国家就治理好了。

八 主威

【原文】

行义示则主威分,慈仁听则法制毁。民以制畏上,而上以势卑下,故下肆很触而荣于轻君之俗则主威分。民以法难犯上,而上以法挠慈仁,故下明爱施而务赇纹之政,是以法令隳。尊私行以贰主威,行赇纹以疑法,听之则乱治,不听则谤主,故君轻乎位而法乱乎官,此之谓无常之国。明主之道,臣不得以行义成荣,不得以家利为功。功名所生,必出于官法;法之所外,虽有难行,不以显焉;故民无以私名。设法度以齐民,信赏罚以尽民能,明诽誉以劝沮,名号、赏罚、法令三隅,故大臣有行则尊君,百姓有功则利上,此之谓有道之国也。

【译文】

君主如果表彰个人品德,就会分散自己威势;如果听信仁慈说教,就会败坏法律制度。臣民因为有法制而畏惧君主,君主却压低自己的权势对待臣下;结果臣下就敢于放肆地触犯法令,把轻视君主的习惯作为荣耀;这样一来,君主的威势就分散了。臣民因为有法制约束而难于违抗君主,君主却听信仁慈说教去扰乱法治的推行,结果臣民就会公开追求施舍,热衷于枉法贿赂的腐败政治;这样一来,法令就被败坏了。尊崇臣下的私行而分散君主的威势,施行贿赂而动摇法制;君主听之任之就要扰乱法,加以制止就要受到诽谤,因而君主地位被人看轻,政府法制被人败坏;这就形成了所谓没有法度的国家。明君的治国原则是,不允许臣下靠个人品行得到荣誉,不允许臣下因私家利益得到功名;功名的取得,必须根据国家的法制。在法制规定之外,即使有着别人难以具备的品行,也不能得到表彰,所以臣民就没有因私利而得到名声的。设立法度来统一民众,用赏罚有信来发挥民众的作用,用明确称誉和贬斥的标准来鼓励好事和禁止坏事。名号、赏罚、法令是三位一体的。所以大臣有所作为的话,就在于尊君;民众有了功劳的话,就在于利君。这就叫作有法度的国家。

五蠹第四十九

【原文】

上古之世，人民少而禽兽众，人民不胜禽兽虫蛇，有圣人作，构木为巢以避群害，而民悦之，使王天下，号曰有巢氏。民食果蓏蚌蛤，腥臊恶臭而伤害腹胃，民多疾病，有圣人作，钻燧取火以化腥臊，而民说之，使王天下，号之曰燧人氏。中古之世，天下大水，而鲧、禹决渎。近古之世，桀、纣暴乱，而汤、武征伐。今有构木钻燧于夏后氏之世者，必为鲧、禹笑矣。有决渎于殷、周之世者，必为汤、武笑矣。然则今有美尧、舜、汤、武、禹之道于当今之世者，必为新圣笑矣。是以圣人不期修古，不法常可，论世之事，因为之备。宋人有耕田者，田中有株，兔走，触株折颈而死，因释其耒而守株，冀复得兔，兔不可复得，而身为宋国笑。今欲以先王之政，治当世之民，皆守株之类也。

【译文】

在上古时代，人口稀少，鸟兽众多，人民受不了禽兽虫蛇的侵害。这时候出现了一位圣人，他发明在树上搭窝棚的办法，用来避免遭到各种伤害；人们因此很爱戴他，推举他来治理天下，称他为有巢氏。当时人民吃的是野生的瓜果和蚌蛤，腥臊腐臭，伤害肠胃，许多人得了疾病。这时候又出现了一位圣人，他发明钻木取火的方法烧烤食物，除掉腥臊臭味；人们因而很爱戴他，推举他治理天下，称他为燧人氏。到了中古时代，天下洪水泛滥，鲧和他的儿子禹先后负责疏通河道，排洪治灾。近古时代，夏桀和殷纣的统治残暴昏乱，于是商汤和周武王起兵讨伐。如果到了夏朝，还有人用在树上搭窝棚居住和钻木取火的办法生活，那一定会被鲧、禹耻笑了；如果到了殷周时代，还有人要把挖河排洪作为要务的话，那就一定会被商汤、武王所耻笑。既然如此，那么在今天要是还有人推崇尧、舜、禹、汤、武王的政治并加以实行的人，定然要被现代的圣人耻笑了。因此，圣人不期望照搬古法，不死守陈规旧俗，而是根据当前社会的实际情况，进而制定相应的政治措施。有个宋人在田里耕作，田中有一个树桩，一只兔子奔跑时撞在树桩上碰断了脖子死了。从此这个宋人便放下手中的农具，守在树桩旁边，希望再捡到死兔子。他当然不可能再得到兔子，自己倒成了宋国的一个笑话。现在假使还要用先王的政治来治理当代的民众，那就无疑属于守株待兔之类的人了。

【原文】

古者丈夫不耕,草木之实足食也;妇人不织,禽兽之皮足衣也。不事力而养足,人民少而财有余,故民不争。是以厚赏不行,重罚不用而民自治。今人有五子不为多,子又有五子,大父未死而有二十五孙,是以人民众而货财寡,事力劳而供养薄,故民争,虽倍赏累罚而不免于乱。

【译文】

在古代,男人不用耕种,野生的果实足够吃的;妇女不用纺织,禽兽的皮足够穿的。不用费力而供养充足。人口少而财物有余,所以人们之间用不着争夺。因而不实行厚赏,不实行重罚,而民众自然安定无事。现在人们养有五个儿子并不算多,每个儿子又各有五个儿子,祖父还没有死就会有二十五个孙子。因此,人口多了,而财物缺乏;费尽力气劳动,还是不够吃用。所以民众互相争夺,即使加倍地奖赏和不断地惩罚。结果仍然免不了要发生混乱。

【原文】

尧之王天下也,茅茨不翦,采椽不斲,粝粢之食,藜藿之羹,冬日麑裘,夏日葛衣,虽监门之服养,不亏于此矣。禹之王天下也,身执耒臿以为民先,股无胈,胫不生毛,虽臣虏之劳不苦于此矣。以是言之,夫古之让天子者,是去监门之养而离臣虏之劳也,古传天下而不足多也。今之县令,一日身死,子孙累世絜驾,故人重之;是以人之于让也,轻辞古之天子,难去今之县令者,薄厚之实异也。夫山居而谷汲者,膢腊而相遗以水;泽居苦水者,买庸而决窦。故饥岁之春,幼弟不饟;穰岁之秋,疏客必食;非疏骨肉爱过客也,多少之实异也。是以古之易财,非仁也,财多也;今之争夺,非鄙也,财寡也;轻辞天子,非高也,势薄也;争土橐,非下也,权重也。故圣人议多少、论薄厚为之政,故罚薄不为慈,诛严不为戾,称俗而行也。故事因于世,而备适于事。

【译文】

尧统治天下的时候,住的是没经修整的茅草房,连栋木椽子都不曾刨光;吃的是粗粮,喝的是野菜汤;冬天披块小鹿皮,夏天穿着麻布衣。就是现在看门奴仆的生活,也不比这差。禹统治天下的时候,亲自拿着锹锄带领人们干活,累得大腿消瘦,小腿上的汗毛都磨没了,就是奴隶们的劳役也不比这苦。这样说来,古代把天子的位置让给别人,不过是逃避看门奴仆般的供养,摆脱奴隶样的繁重苦劳罢了;所以把天下传给别人也并不值得赞美。如今的县令,一旦死了,他的子孙世世代代总有高车大马,所以人们都很看重。因此,人们对于让位这件事,可以轻易地辞掉古代的天子,却难以舍弃今天的县官;原因即在其间实际利益的大小很不一样。居住在山上要到谷底打水的人，逢年过节用水作为礼品互相赠送；居住在洼地饱受水涝灾害的人，却要雇人来挖渠排水。所以在荒年青黄不接的时候，就连自己的幼弟来了也不肯管饭；在好年成的收获季节，即使是疏远的过客也总要招待吃喝。不是有意疏远自己的骨肉而偏爱过路的客人，而是因为存粮多少的实际情况不同。因此古人轻视财物，并不是因为仁义，而是由于财多；今人互相争夺，并不是因为卑鄙，而是由于财少。古人轻易辞掉天子的职位，并不是什么风格高尚，而是因为权势很小；今人争夺官位或依附权势，也不是什么品德低下，而是因为权大势重。所以圣人要衡量财物多少、权势大小的实况制定政策。刑罚轻并不是仁慈，刑罚重并不是残暴，适合社会状况行动就是了。因此，政事要根据时代变化，措施要针对社会事务。

【原文】

古者文王处丰、镐之间，地方百里，行仁义而怀西戎，遂王天下。徐偃王处汉东，地方五百里，行仁义，割地而朝者三十有六国，荆文王恐其害己也，举兵伐徐，遂灭之。故文王行仁义而王天下，偃王行仁义而丧其国，是仁义用于古不用于今也。故曰：世异则事异。当舜之时，有苗不服，禹将伐之，舜曰："不可。上德不厚而行武，非道也。"乃修教三年，执干戚舞，有苗乃服。共工之战，铁铦矩者及乎敌，铠甲不坚者伤乎体，是干戚用于古不用于今也。故曰：事异则备变。上古竞于道德，中世逐于智谋，当今争于气力。齐将攻鲁，鲁使子贡说之，齐人曰："子言非不辩也，吾所欲者土地也，非斯言所谓也。"遂举兵伐鲁，去门十里以为界。故偃王仁义而徐亡，子贡辩智而鲁削。以是言之，夫仁义辩智，非所以持国也。去偃王之仁，息子贡之智，循徐、鲁之力使敌万乘，则齐、荆之欲不得行于二国矣。

【译文】

古代周文王地处丰、镐一带，方圆不过百里，他施行仁义的政策感化了西戎。进而统治了天下。徐偃王统治着汉水东面的地方，方圆有五百里，他也施行仁义的政策，有三十六个国家向他割地朝贡。楚文王害怕徐国会危害到自己，便出兵伐徐灭了徐国。所以周文王施行仁义得了天下，而徐偃王施行仁义却亡了国；这证明仁义只适用于古代而不适用于今天。所以说，时代不同了，政事就会随之不同。在舜当政的时候，苗族不驯服，禹主张用武力去讨伐，舜说："不行。我们推行德教还不够深就动用武力，不合乎道理。"于是便用三年时间加强德教，拿着盾牌和大斧跳舞，苗族终于归服了。到了共工打仗的时候，武器短的会被敌人击中，铠甲不坚固的便会伤及身体；这表明拿着盾牌和大斧跳舞的德政方法只能用于古代而不能用于当今。所以说:情况变了,措施也要跟着改变。上古时候人们在道德上竞争高下,中古时候人们在智谋上角逐优劣,当今社会人们在力量上较量输赢。齐国准备进攻鲁国,鲁国派子贡去说服齐人。齐人说:"你的话说得不是不巧妙,然而我想要的是土地,不是你所说的这套空话。"于是出兵攻打鲁国,把齐国的国界推进到距鲁国都城只有十里远的地方。所以说徐偃王施行仁义而徐亡了国,子贡机智善辩而鲁失了地。由此说来,仁义道德、机智善辩之类,都不是用来保全国家的正道。如果当初抛弃徐偃王的仁义,不用子贡的巧辩,而是依靠徐、鲁两国的实力,去抵抗有万辆兵车的强敌,那么齐、楚的野心也就不会在这两个国家里得逞了。

【原文】

夫古今异俗,新故异备,如欲以宽缓之政治急世之民,犹无辔策而御駻马,此不知之患也。今儒、墨皆称先王兼爱天下,则视民如父母。何以明其然也?曰:"司寇行刑,君为之不举乐;闻死刑之报,君为流涕。"此所举先王也。夫以君臣为如父子则必治,推是言之,是无乱父子也。人之情性,莫先于父母,皆见爱而未必治也,虽厚爱矣,奚遽不乱?今先王之爱民,不过父母之爱子,子未必不乱也,则民奚遽治哉!且夫以法行刑而君为之流涕,此以效仁,非以为治也。夫垂泣不欲刑者仁也,然而不可不刑者法也,先王胜其法不听其泣,则仁之不可以为治亦明矣。

【译文】

古今社会风俗不同,新旧政治措施也不一样。如果想用宽大和缓的政策去治理剧变时代的民众,就好比没有缰绳和鞭子却要去驾驭烈马一样,这就会产生不明智的祸害。现在,儒家和墨家都称颂先王,说他们博爱天下一切人,就如同父母爱子女一样。用什么证明先王如此呢?他们说:"司寇执行刑法的时候,君主为此停止奏乐;听到罪犯被处决的报告后,君主难过得流下眼泪。"这就是他们所赞美的先王。如果认为君臣关系能像父子关系一样,天下必能治理得好,由此推论开去,就不会存在父子之间发生纠纷的事了。从人类本性上说,没有什么感情能超过父母疼爱子女的,然而大家都一样疼爱子女,家庭却未必就和睦。君主即使深爱臣民,何以见得天下就不会发生动乱呢?何况先王的爱民不会超过父母爱子女,子女不一定不背弃父母,那么民众何以就能靠仁爱治理好呢?再说按照法令执行刑法,而君主为之流泪;这不过是用来表现仁爱罢了,却并非用来治理国家的。流泪而不想用刑,这是君主的仁爱;然而不得不用刑,这是国家的法令。先王首先要执行法令，并不会因为同情而废去刑法，那么不能用仁爱来治理国家的道理也就明白无疑了。

【原文】

且民者固服于势，寡能怀于义。仲尼，天下圣人也，修行明道以游海内，海内说其仁、美其义，而为服役者七十人，盖贵仁者寡，能义者难也。故以天下之大，而为服役者七十人，而仁义者一人。鲁哀公，下主也，南面君国，境内之民莫敢不臣。民者固服于势，诚易以服人，故仲尼反为臣，而哀公顾为君。仲尼非怀其义，服其势也。故以义则仲尼不服于哀公，乘势则哀公臣仲尼。今学者之说人主也，不乘必胜之势，而务行仁义则可以王，是求人主之必及仲尼，而以世之凡民皆如列徒，此必不得之数也。

【译文】

况且人们一向就屈服于权势，很少能被仁义感化的。孔子是天下的圣人，他修养身心，宣扬儒道，周游列国，可是天下赞赏他的仁、颂扬他的义并肯为他效劳的人才七十来个。可见看重仁的人少，能行义的人实在难得。所以天下这么大，愿意为他效劳的只有七十人，而倡导仁义的只有孔子一个。鲁哀公是个不高明的君主，面南而坐，统治鲁国，国内的人没有敢不服从的。民众总是屈服于权势，权势也确实容易使人服从；所以孔子反倒做了臣子，而鲁哀公却成了君主。孔子并不是服从鲁哀公的仁义，而是屈服于他的权势。因此，要讲仁义，孔子就不会屈服于哀公；要讲权势，哀公却可以使孔子俯首称臣。现在的学者们游说君主，不是要君主依靠可以取胜的权势，而致力于宣扬施行仁义就可以统治天下。这就是要求君主一定能像孔子那样，要求天下民众都像孔子门徒。这在事实上是肯定办不到的。

【原文】

今有不才之子，父母怒之弗为改，乡人谯之弗为动，师长教之弗为变。夫以父母之爱，乡人之行，师长之智，三美加焉，而终不动其胫毛，不改；州部之吏，操官兵、推公法而求索奸人，然后恐惧，变其节，易其行矣。故父母之爱不足以教子，必待州部之严刑者，民固骄于爱、听于威矣。故十仞之城，楼季弗能踰者，峭也；千仞之山，跛牂易牧者，夷也。故明王峭其法、而严其刑也。布帛寻常，庸人不释；铄金百溢，盗跖不掇。不必害则不释寻常，必害手则不掇百溢，故明主必其诛也。是以赏莫如厚而信，使民利之；罚莫如重而必，使民畏之；法莫如一而固，使民知之。故主施赏不迁，行诛无赦。誉辅其赏，毁随其罚，则贤不肖俱尽其力矣。

【译文】

现在假定有这么一个不成材的儿子,父母对他发怒,他并不悔改;乡邻们加以责备,他无动于衷;师长教训他,他也不改变。拿了父母的慈爱、乡邻的帮助、师长的智慧这三方面的优势同时加在他的身上,而他却始终不受感动,丝毫不肯改邪归正。直到地方上的官吏拿着武器,依法执行公务,而搜捕坏人的时候,他这才害怕起来,改掉旧习,变易恶行。所以父母的慈爱不足以教育好子女,必须依靠官府执行严厉的刑法;这是由于人们总是受到慈爱就娇纵,见到威势就屈服的缘故。因此,七丈高的城墙,就连善于攀高的楼季也不能越过,而陡峭千丈高的大山,就是瘸腿的母羊也可以被赶上去放牧,因为坡度平缓,所以明君总要严峻立法并严格用刑。十几尺布帛,一般人见了也舍不得放手;熔化着的百镒黄金,即使是盗跖也不会伸手去拿,不一定受害的时候,十几尺的布帛也不肯丢掉;肯定会烧伤手时,就是百镒黄金也不敢去拿。所以明君一定要严格执行刑罚。因此,施行奖赏最好是丰厚而且兑现,使人们有所贪图;进行刑罚最好严厉而且肯定,使人们有所畏惧;法令最好是一贯而且固定,使人们都能明白。所以君主施行奖赏不随意改变,执行刑罚不轻易赦免,对受赏的人同时给予荣誉,对受罚的人同时给予谴责。这样一来,不管贤还是不贤的人,都会尽力而为了。

【原文】

今则不然,以其有功也爵之,而卑其士官也;以其耕作也赏之,而少其家业也;以其不收也外之,而高其轻世也;以其犯禁也罪之,而多其有勇也。毁誉、赏罚之所加者相与悖缪也,故法禁坏而民愈乱。今兄弟被侵必攻者廉也,知友被辱随仇者贞也,廉贞之行成,而君上之法犯矣。人主尊贞廉之行,而忘犯禁之罪,故民程于勇而吏不能胜也。不事力而衣食则谓之能,不战功而尊则谓之贤,贤能之行成而兵弱而地荒矣。人主说贤能之行,而忘兵弱地荒之祸,则私行立而公利灭矣。

【译文】

现在就不是这样。正是因为他有功劳才授予他爵位的,却又鄙视他做官;因为他从事耕种才奖赏他,却又看不起他经营家业;因为他不肯为公干事才疏远他,却又推崇他不羡慕世俗名利;因为他违犯禁令才给他定罪,却又称赞他勇敢。是毁是誉,是赏是罚,执行起来竟如此自相矛盾;所以法令遭到破坏,民众更加混乱。现在假如自己的兄弟受到侵犯就一定帮他反击的人,被认为是正直;知心的朋友被侮辱就跟随着去报仇的人,被认为是忠贞。这种正直和忠贞的风气形成了,而君主的法令却被冒犯了。君主推崇这种忠贞正直的品行，却忽视了他们违犯法令的罪责，所以人们敢于逞勇犯禁，而官吏制止不住。对于不从事耕作就有吃有穿的人，说他有本事；对于没有军功就获得官爵的人，说他有才能，这种本事和才能养成了，就会导致国家兵力衰弱、土地荒芜了。君主赞赏这种本事和才能，却忘却兵弱地荒的祸害；结果谋私的行为就会得逞，而国家的利益就要落空。

【原文】

儒以文乱法，侠以武犯禁，而人主兼礼之，此所以乱也。夫离法者罪，而诸先生以文学取；犯禁者诛，而群侠以私剑养。故法之所非，君之所取；吏之所诛，上之所养也。法趣上下四相反也，而无所定，虽有十黄帝不能治也。故行仁义者非所誉，誉之则害功；文学者非所用，用之则乱法。楚之有直躬，其父窃羊而谒之吏，令尹曰："杀之。"以为直于君而曲于父，报而罪之。以是观之，夫君之直臣，父之暴子也。鲁人从君战，三战三北，仲尼问其故，对曰："吾有老父，身死莫之养也。"仲尼以为孝，举而上之。以是观之，夫父之孝子，君之背臣也。故令尹诛而楚奸不上闻，仲尼赏而鲁民易降北。上下之利若是其异也，而人主兼举匹夫之行，而求致社稷之福，必不几矣。

【译文】

儒家利用文献扰乱法纪，游侠使用武力违犯禁令，而君主却都要加以礼待，这就是国家混乱的根源。犯法的本该判罪，而那些儒生却靠着文章学说得到任用；犯禁的本该处罚，而那些游侠却靠着充当刺客得到豢养。所以，法令反对的，成了君主重用的；官吏处罚的，成了权贵豢养的。法令反对和君主重用，官吏处罚和权贵豢养，四者互相矛盾，而没有确立一定标准，即使有十个黄帝，也不能治好天下。所以对于宣扬仁义的人不应当加以称赞，如果称赞了，就会妨害功业；对于从事文章学术的人不应当加以任用，如果任用了，就会破坏法治。楚国有个叫直躬的人，他的父亲偷了人家的羊，他便到令尹那儿告发，令尹说："杀掉他。"认为他对君主虽算正直而对父亲却属不孝，结果判了他死罪。由此看来，君主的忠臣倒成了父亲的逆子。鲁国有个人跟随君主去打仗，屡战屡逃；孔子向他询问原因，他说："我家中有年老的父亲，我死后就没人养活他了。"孔子认为这是孝子，便推举他做了官。由此看来，父亲的孝子恰恰是君主的叛臣。所以令尹杀了直躬，楚国的坏人坏事就没有人再向上告发了；孔子奖赏逃兵，鲁国人作战就要轻易地投降逃跑。君臣之间的利害得失是如此不同，而君主却既赞成谋求私利的行为，又想求得国家的繁荣富强，这是肯定没指望的。

【原文】

古者苍颉之作书也，自环者谓之私，背私谓之公，公私之相背也，乃苍颉固以知之矣。今以为同利者，不察之患也。然则为匹夫计者，莫如修行义而习文学。行义修则见信，见信则受事；文学习则为明师，为明师则显荣；此匹夫之美也。然则无功而受事，无爵而显荣，为有政如此，则国必乱，主必危矣。故不兼容之事，不两立也。斩敌者受赏，而高慈惠之行；拔城者受爵禄，而信廉爱之说；坚甲厉兵以备难，而美荐绅之饰；富国以农，距敌恃卒，而贵文学之士；废敬上畏法之民，而养游侠私剑之属。举行如此，治强不可得也。国平养儒侠，难至用介士，所利非所用，所用非所利。是故服事者简其业，而游学者日众，是世之所以乱也。

【译文】

古时候，苍颉创造文字，把围着自己绕圈子的叫作"私"。与"私"相背的叫作"公"。公和私相反的道理，是苍颉就已经知道了的。现在还有人认为公私利益相同，这是犯了没有仔细考察的错误。那么为个人打算的话，没有什么比修好仁义、熟悉学术的办法更好了。修好仁义就会得到君主信任，得到君主信任就可以做官；熟悉学术就可以成为高明的老师，成了高明的老师就会显荣。对个人来说，这是最美的事了。然而没有功劳的就能做官，没有爵位就能显荣，形成这样的政治局面，国家就一定陷入混乱，君主就一定面临危险了。所以，互不相容的事情，是不能并存的。杀敌有功的人本该受赏，却又崇尚仁爱慈惠的行为；攻城大功的人本该授予爵禄，却又信奉兼爱的学说；采用坚固的铠甲、锋利的兵器来防备战乱，却又提倡宽袍大带的服饰；国家富足靠农民，打击敌人靠士兵，却又看重从事于文章学术事业的儒生；不用那些尊君守法的人，而去收养游侠刺客之类的人。如此理政，要想使国家太平和强盛是不可能的。国家太平的时候收养儒生和游侠，危难来临的时候要用披坚执锐的士兵；国家给予利益的人并不是国家所要用的人，而国家所要用的人又得不到任何好处。结果从事耕战的人荒废了自己的事业，而游侠和儒生却一天天多了起来，这就是社会陷于混乱的原因所在。

【原文】

且世之所谓贤者，贞信之行也。所谓智者，微妙之言也。微妙之言，上智之所难知也。今为众人法，而以上智之所难知，则民无从识之矣。故糟糠不饱不务梁肉，短褐不完者不待文绣。夫治世之事，急者不得，则缓者非所务也。今所治之政，民闲之事，夫妇所明知者不用，而慕上知之论，则其于治反矣。故微妙之言，非民务也。若夫贤良贞信之行者，必将贵不欺之士。

不欺之士者,亦无不欺之术也。布衣相与交,无富厚以相利,无威势以相惧也,故求不欺之士。今人主处制人之势,有一国之厚,重赏严诛,得操其柄,以修明术之所烛,虽有田常、子罕之臣,不敢欺也,奚待于不欺之士?今贞信之士不盈于十,而境内之官以百数,必任贞信之士,则人不足官,人不足官则治者寡而乱者众矣。故明主之道,一法而不求智,固术而不慕信,故法不败,而群官无奸诈矣。

【译文】

　　况且社会上所说的贤,是指忠贞不欺的行为;所说的智,是指深奥玄妙的言辞。那些深奥玄妙的言辞,就连最聪明的人也难以理解。现在制定民众都得遵守的法令,却采用那些连最聪明的人也难以理解的言辞,那么民众就无从弄懂了。所以,连糟糠都吃不饱的人,是不会追求精美饭菜的;连粗布短衣都穿不上的人,是不会期望华丽衣衫的。治理社会事务,如果紧急的还没有办好,那么可从缓的就不必忙着去办。现在用来治理国家的政治措施,凡属民间习以为常的事,或普通人明知的道理不加采用,却去希求连最聪明的人都难以理解的说教,其结果只能是适得其反了。所以那些深奥玄妙的言辞,并不是人民所需要的。至于推崇忠贞信义的品行,必将尊重那些诚实不欺的人;而诚实不欺的人,也没有什么使人不行欺诈的办法。平民之间彼此交往,没有大宗钱财可以互相利用,没有大权重势可以互相威胁,所以才要寻求诚实不欺的人。如今君主处于统治地位,拥有整个国家的财富,完全有条件掌握重赏严罚的权力,可以运用法术来观察和处理问题;那么即使有田常、子罕一类的臣子也是不敢行欺的,何必寻找那些诚实不欺的人呢?现今的忠贞信义之士不满十个。而国家需要的官吏却数以百计;如果一定要任用忠贞信义之士。那么合格的人就会不足需要;合格的人不足需要,那么能够把政事治理好的官就少,而会把政事搞乱的官就多了。所以明君的治国方法,在于专实行法治,而不寻求有智的人;牢牢掌握使用官吏的权术,而不欣赏忠信的人。这样,法治就不会遭到破坏,而官吏们也不敢胡作非为了。

【原文】

　　今人主之于言也,说其辩而不求其当焉;其用于行也,美其声而不责其功焉。是以天下之众,其谈言者务为辩而不周于用,故举先王言仁义者盈廷,而政不免于乱;行身者竞于为高而不合于功,故智士退处岩穴、归禄不受,而兵不免于弱,政不免于乱,此其故何也?民之所誉,上之所礼,乱国之术也。

【译文】

现在君主对于臣下的言论，喜欢悦耳动听而不管是否恰当；对于臣下的行事，仅欣赏他的名声而不责求做出成效。因此天下很多人说起话来总是花言巧语，却根本不切合实用，结果弄得称颂先王、高谈仁义的人充满朝廷，而政局仍不免于混乱；立身处世的人竞相标榜清高，不去为国家建功立业。结果有才智的人隐居山林，推辞俸禄而不接受，而兵力仍不免于削弱，政局不免于混乱，这究竟是怎么造成的呢？因为民众所称赞的，君主所优待的，都是些使国家混乱的做法。

【原文】

今境内之民皆言治，藏商、管之法者家有之，而国愈贫，言耕者众，执耒者寡也；境内皆言兵，藏孙、吴之书者家有之，而兵愈弱，言战者多，被甲者少也。故明主用其力，不听其言；赏其功，必禁无用；故民尽死力以从其上。夫耕之用力也劳，而民为之者，曰：可得以富也。战之为事也危，而民为之者，曰：可得以贵也。今修文学、习言谈，则无耕之劳、而有富之实，无战之危、而有贵之尊，则人孰不为也？是以百人事智而一人用力，事智者众则法败，用力者寡则国贫，此世之所以乱也。

【译文】

现在全国的民众都在谈论如何治国，每家每户都藏有商鞅和管仲的法典，国家却越来越穷，原因就在于空谈耕作的人太多，而真正拿起农具种地的人太少。全国的民众都在谈论如何打仗，每家每户都藏有孙子和吴起的兵书，国家的兵力却越来越弱；原因就在于空谈打仗的人太多，而真正穿起铠甲上阵的人太少。所以明君只使用民众的力量，不听信高谈阔论；奖赏人们的功劳，坚决禁止那些无用的言行，这样民众就会拼命为君主出力。耕种是需要花费气力吃苦耐劳的事情，而民众却愿意去干，因为他们认为可以由此得到富足。打仗是十分危险的事情，而民众却愿意去干，因为他们认为可以由此获得显贵。如今只要擅长文章学术，能说会道，无需有耕种的劳苦就可以获得富足的实惠，无需冒打仗的危险便可以得到尊贵的官爵，那么人们谁不乐意这样干呢？结果就出现了一百个人从事于智力活动，却只有一个人致力于耕战事业的状况。从事于智力活动的人多了，法治就要遭到破坏；致力于耕战事业的人少了，国家就会变得贫穷。这就是社会所以混乱的原因。

【原文】

故明主之国，无书简之文，以法为教；无先王之语，以吏为师；无私剑之捍，以斩首为勇。是境内之民，其言谈者必轨于法，动作者归之于功，为勇者尽之于军。是故无事则国富，有事则兵强，此之谓王资。既畜王资而承敌国之衅，超五帝，侔三王者，必此法也。

【译文】

因此，在明君的国家里，不用有关学术的文献典籍，而以法令为教本；禁绝先王的言论，而以官吏为老师；没有游侠刺客的凶悍，而只以杀敌立功为勇敢。这样，国内民众的一切言论都必须遵循法令，一切行动都必须归于为国立功，一切勇力必须用到从军打仗上。正因如此，太平时期国家就富足，战争时期兵力就强盛，这便奠定了称王天下的资本。既拥有称王天下的资本，又善于利用敌国的弱点，建立超过五帝、赶上三王的功业，一定得采用这种办法。

【原文】

今则不然，士民纵恣于内，言谈者为势于外，外内称恶以待强敌，不亦殆乎！故群臣之言外事者，非有分于从衡之党，则有仇雠之忠，而借力于国也。从者，合众弱以攻一强也；而衡者，事一强以攻众弱也；皆非所以持国也。今人臣之言衡者皆曰："不事大则遇敌受祸矣。"事大未必有实，则举图而委，效玺而请兵矣。献图则地削，效玺则名卑，地削则国削，名卑则政乱矣。事大为衡未见其利也，而亡地乱政矣。人臣之言从者皆曰："不救小而伐大则失天下，失天下则国危，国危而主卑。"救小未必有实，则起兵而敌大矣。救小未必能存，而交大未必不有疏，有疏则为强国制矣。出兵则军败，退守则城拔，救小为从未见其利，而亡地败军矣。是故事强则以外权士官于内，救小则以内重求利于外，国利未立，封土厚禄至矣；主上虽卑，人臣尊矣；国地虽削，私家富矣。事成则以权长重，事败则以富退处。人主之于其听说也，于其臣，事未成则爵禄已尊矣；事败而弗诛，则游说之士，孰不为用矰缴之说而徼幸其后？故破国亡主以听言谈者之浮说，此其故何也？是人君不明乎公私之利，不察当否之言，而诛罚不必其后也。皆曰"外事大可以王，小可以安。"夫王者，能攻人者也；而安，则不可攻也。强，则能攻人者也；治，则不可攻也。治强不可责于外，内政之有也。今不行法术于内，而事智于外，则不至于治强矣。

【译文】

现在却不是这样，儒士、游侠在国内恣意妄为，纵横家在国外大造声势，内外形势尽行恶化，就这样来对付强敌，不是太危险了吗？所以那些谈论外交问题的臣子们，不是属于合纵或连衡中的哪一派，就是怀有借国家力量来报私仇的隐衷。所谓合纵，就是联合众多弱小国家去攻打一个强大国家；所谓连衡，就是依附于一个强国去攻打其他弱国，这都不是保全国家的好办法。现在那些主张连衡的臣子都说："不依附大国，一遇强敌就得遭殃。"侍奉大国不一定有什么实际效应，倒必须先献出本国地图，呈上政府玺印，这样才得以请求军事援助。献出地图，本国的版域就缩小了；呈上玺印，君主的声望就降低了，版域缩小，国家就削弱了；声望降低，政治上就混乱了。侍奉大国实行连衡，还来不及看到什么好处，却已丧失了国土，搞乱了政治。那些主张合纵的臣子都说："不救援小国去进攻大国，就失了各国的信任；失去了各国的信任，国家就面临危险；国家面临危险，君主地位就降低了。"援救小国不一定什么实惠可言，倒要起兵去和大国为敌。援救小国未必能使它保存下来，而进攻大国未必就不失误，一有失误，就要被大国控制了。出兵的话，军队就要吃败仗；退守的话，城池就会被攻破。援救小国实行合纵，还来不及看到什么好处，却已使国土被侵吞，军队吃败仗。所以，侍奉强国，只能使那些搞连衡的人凭借外国势力在国内捞取高官；援救小国，只能使那些搞合纵的人凭借国内势力从国外得到好处。国家利益没有确立起来，而臣下倒先把封地和厚禄都弄到手了。尽管君主地位降低了，而臣下反而抬高了；尽管国家土地削减了，而私人却变富了。事情如能成功，纵横家们就会依仗权势长期受到重用；事情失败的话，纵横家们就会凭借富有引退回家享福。君主如果听信臣下的游说，事情还没办成就已给了他们很高的爵位俸禄，事情失败得不到处罚，那么，那些游说之士谁不愿意用猎取名利的言辞不断去进行投机活动呢？所以国破君亡局面的出现，都是因为听信了纵横家的花言巧语造成的。这是什么缘故呢？这是因为君主分不清公私利益，不考察言论是否正确，事败之后也没有坚决地实行处罚。纵横家们都说："进行外交活动，收效大的可以统一天下，收效小的也可以保证安全。"所谓统一天下，指的是能够打败别国；所谓保证安全，指的是本国不受侵犯。兵强就能打败别国，国安就不可能被人侵犯。而国家的强盛和安定并不能通过外交活动取得，只能靠搞好内政。现在不在国内推行法术，却要一心在外交上动脑筋，就必然达不到国家安定富强的目的了。

【原文】

鄙谚曰："长袖善舞，多钱善经商。"此言多资之易为工也。故治强易为谋，弱乱难为计。故用于秦者十变而谋希失，用于燕者一变而计希得，非用于秦者必智，用于燕者必愚也，盖治乱之资异也。故周去秦为从，期年而举；卫离魏为衡，半岁而亡。

【译文】

乡间谚语说:"长袖善舞,多钱善贾。"这就是说,物质条件越好越容易取得功效。所以国家安定强盛,谋事就容易成功;国家衰弱混乱,计策就难以实现。所以用于秦国的计谋,即使改变十次也很少失败;用于燕国的计谋,即使改变一次也很难成功。这并不是被秦国任用的人智慧必高,被燕国任用的人脑子必笨,而是因为这两个国家的治乱条件大不相同。所以西周背弃秦国参与合纵,只一年工夫就被吞灭了;卫国背离魏国参与连衡,仅半年工夫就被消灭了。

【原文】

是周灭于从,卫亡于衡也。使周、卫缓其从衡之计,而严其境内之治,明其法禁,必其赏罚,尽其地力以多其积,致其民死以坚其城守,天下得其地则其利少,攻其国则其伤大,万乘之国、莫敢自顿于坚城之下,而使强敌裁其弊也,此必不亡之术也。舍必不亡之术而道必灭之事,治国者之过也。智困于内而政乱于外,则亡不可振也。

【译文】

这就是说合纵灭了西周,连衡亡了卫国。假使西周和卫国不急于听从合纵连横的计谋,而将国内政治严加整顿,明定法律禁令,信守赏罚制度,努力开发土地来增加积累,使民众拼死去坚守城池,那么,别的国家即使夺得了他们的土地,好处也不多,而进攻这个国家吧,伤亡却很大。拥有万乘兵车的大国不敢自我拖累在坚城之下,从而促使强敌自己去衡量其中的害处,这才是保证本国必然不会灭亡的办法。丢掉这种必然不会亡国的办法,却去搞势必会招致亡国的事情,这是治理国家的人的过错。外交努力陷于困境,内政建设陷于混乱,那么国家的灭亡就无法挽救了。

【原文】

民之故计,皆就安利如辟危穷。今为之攻战,进则死于敌,退则死于诛则危矣。弃私家之事而必汗马之劳,家困而上弗论则穷矣。穷危之所在也,民安得勿避。故事私门而完解舍,解舍完则远战,远战则安。行货赂而袭当涂者则求得,求得则私安,私安则利之所在,安得勿就?是以公民少而私人众矣。夫明王治国之政,使其商工游食之民少而名卑,以寡趣本务而趋末作。今世近习之请行则官爵可买,官爵可买则商工不卑也矣;奸财货贾得用于市则商人不少矣。聚敛倍农而致尊过耕战之士,则耿介之士寡而高价之民多矣。

【译文】

人们的习惯想法,都是追求安逸和私利而避开危险和穷苦。如果让他们去打仗,前进会被敌人杀死,后退要受军法处置,就处于危险之中了。放弃个人的家业,承受作战的劳苦,家里有困难而君主不予过问,就置于穷困之中了。穷困和危险交加,民众怎能不逃避呢?所以他们投靠私门贵族,求得免除兵役,兵役免除了就可以远离战争,远离战争也就可以得到安全了。用钱财贿赂当权者就可以达到个人欲望,欲望一旦达到也就得到了实际利益。平安有利的事情明摆在那里,民众怎能不去追求呢?这样一来,为公出力的人就少了,而依附私门的人就多了。明君治理国家的政策,总是要使工商业者和游手好闲的人尽量减少,而且使其名位卑下,以免从事农耕的人少而致力于工商业的人多。现在社会上向君主亲近的侍臣行贿托情的风气很流行,这样官爵就可以用钱买到;官爵可以用钱买到,那么工商业者的地位就不会低贱了;投机取巧非法获利的活动可以在市场上通行,那么商人就不会少了。他们搜刮到的财富超过了农民收入的几倍,他们获得的尊贵地位也远远超过从事耕战的人,结果刚正不阿的人就越来越少,而经营商业的人就越来越多。

【原文】

是故乱国之俗,其学者则称先王之道,以籍仁义,盛容服而饰辩说,以疑当世之法而贰人主之心。其言古者,为设诈称,借于外力,以成其私而遗社稷之利。其带剑者,聚徒属,立节操,以显其名而犯五官之禁。其患御者,积于私门,尽货赂而用重人之谒,退汗马之劳。其商工之民,修治苦窳之器,聚弗靡之财,蓄积待时而侔农夫之利。此五者,邦之蠹也。人主不除此五蠹之民,不养耿介之士,则海内虽有破亡之国,削灭之朝,亦勿怪矣。

【译文】

因此,造成国家混乱的风气是:那些著书立说的人称引先王之道来宣扬仁义道德,讲究仪容服饰而文饰巧辩言辞,用以扰乱当今的法令,从而动摇君主的决心;那些纵横家们,弄虚作假,招摇撞骗,借助于国外势力来达到私人目的,进而放弃了国家利益;那些游侠刺客,聚集党徒,标榜气节,以图显身扬名,结果触犯国家禁令;那些逃避兵役的人,大批依附权臣贵族,肆意行贿,而借助于重臣的请托,逃避从军作战的劳苦;那些工商业者,制造粗劣器具,积累奢侈资财,囤积居奇,待机出售,希图从农民身上牟取暴利。上述这五种人,都是国家的蛀虫。君主如果不除掉这五种像蛀虫一样的人,不广罗刚直不阿的人,那么天下即使出现破败沦亡的国家,地削名除的朝廷,也不足为怪了。

显学第五十

【原文】

世之显学，儒、墨也。儒之所至，孔丘也。墨之所至，墨翟也。自孔子之死也，有子张之儒，有子思之儒，有颜氏之儒，有孟氏之儒，有漆雕氏之儒，有仲良氏之儒，有孙氏之儒，有乐正氏之儒。自墨子之死也，有相里氏之墨，有相夫氏之墨，有邓陵氏之墨。故孔、墨之后，儒分为八，墨离为三，取舍相反、不同，而皆自谓真孔、墨，孔、墨不可复生，将谁使定世之学乎？孔子、墨子俱道尧、舜，而取舍不同，皆自谓真尧、舜，尧、舜不复生，将谁使定儒、墨之诚乎？殷、周七百余岁，虞、夏二千余岁，而不能定儒、墨之真，今乃欲审尧、舜之道于三千岁之前，意者其不可必乎！无参验而必之者、愚也，弗能必而据之者、诬也。故明据先王，必定尧、舜者，非愚则诬也。愚诬之学，杂反之行，明主弗受也。

【译文】

世上最出名的学派是儒家和墨家。儒家的代表人物是孔丘，墨家的代表人物是墨翟。自从孔子死后，有子张儒学，有子思儒学，有颜氏儒学，有孟氏儒学，有漆雕氏儒学，有仲良氏儒学，有孙氏儒学，有乐正氏儒学。自从墨子死后，有相里氏墨学，有相夫氏墨学，有邓陵氏墨学。所以孔子、墨子死后，儒家分为八派，墨家分为三派，他们对孔、墨学说的取舍相互矛盾，各有不同，却都称是得了孔、墨的真传，孔、墨两人不能复活，叫谁来判断社会上这些学派的真假呢？孔子、墨子全都称道尧、舜，但他们的取舍又大不相同，却都自称得到了真正的尧舜之道。尧和舜不能复活，该叫谁来判定儒、墨两家的真假呢？自儒家所称道的殷周之际到现在七百多年，自墨家所推崇的虞夏之际到现在两千多年，就已经不能判断儒、墨所讲的是否真实了；现在还要去考察三千多年前尧舜的思想，想来更是无法确定的吧！不用事实加以检验就对事物作出判断，那就是愚蠢；不能正确判断就引为根据，那就是欺骗。所以，宣称依据先王之道，武断地肯定尧舜的一切，不是愚蠢，就是欺骗。对于这种愚蠢欺骗的学说，杂乱矛盾的行为，明君是不能接受的。

【原文】

墨者之葬也，冬日冬服，夏日夏服，桐棺三寸，服丧三月，世主以为俭而礼之。儒者破家而葬，服丧三年，大毁扶杖，世主以为孝而礼之。夫是墨子之俭，将非孔子之侈也；是孔子之孝，将非墨子之戾也。今孝戾、侈俭俱在儒、墨，而上兼礼之。

【译文】

墨家的葬礼主张，冬天死就穿冬天的衣服，夏天死就穿夏天的衣服，只要三寸厚的桐木棺材，守丧三个月就行了，当今君主认为这是节俭，很尊崇他们。儒家主张倾家荡产地大办葬礼，守丧需经三年，要悲痛到身体受损伤、扶杖而行的程度，当今君主认为这是尽孝，很尊崇他们。要是赞成墨子的节俭，那就应该反对孔子的奢侈；要是赞成孔子的尽孝，那就应该反对墨子的暴戾。现在是尽孝和暴戾、奢侈和节俭同时存在于儒、墨两家的学说之中，而君主却都要加以尊礼。

【原文】

漆雕之议，不色挠，不目逃，行曲则违于臧获，行直则怒于诸侯，世主以为廉而礼之。宋荣子之议，设不斗争，取不随仇，不羞囹圄，见侮不辱，世主以为宽而礼之。夫是漆雕之廉，将非宋荣之恕也；是宋荣之宽，将非漆雕之暴也。今宽廉、恕暴俱在二子，人主兼而礼之。自愚诬之学、杂反之辞争，而人主俱听之，故海内之士，言无定术，行无常议。夫冰炭不同器而久，寒暑不兼时而至，杂反之学不两立而治，今兼听杂学缪行同异之辞，安得无乱乎？听行如此，其于治人又必然矣。

【译文】

漆雕氏的主张是脸上不露出屈服顺从的表情，眼里不显出怯懦逃避的神色；自己错了，即使对奴仆也要避让；自己做得对，即使对于诸侯也敢于抗争，当今君主认为这是为人耿直而加以尊礼。宋荣子的主张则是完全不要斗争，绝对不要报仇，坐进监狱不感羞愧，被人欺侮不觉耻辱，当今君主认为这是为人能宽恕而加以尊崇。要是赞成漆雕氏的为人耿直，那就应该反对宋荣子的为人随和；要是赞成宋荣子的宽容，那就应该反对漆雕氏的凶暴。现在是宽容与耿直、随和与凶暴同时存在于这两个人的主张中，而君主对他们都要加以尊礼，显然属于愚蠢骗人的学说、杂乱相反的论争，而君主却都要听信不疑，结果世上的人，说话没有一定标准，办事没有固定主张。要知道，冰和炭是不能长久放在同一个器皿中的，寒冷和暑热不能同时到来，杂乱相反的学说不能兼收并蓄而治理好国家。现在君主对于那种杂乱、荒谬和矛盾百出的言行全都听信，怎么能不造成混乱呢？听话、行事这个样子，君主在治理民众方面也就必然如此了。

【原文】

今世之学士语治者多曰："与贫穷地以实无资。"今夫与人相若也,无丰年旁入之利而独以完给者,非力则俭也。与人相若也,无饥馑疾疚祸罪之殃独以贫穷者,非侈则惰也。侈而惰者贫,而力而俭者富。今上征敛于富人以布施于贫家,是夺力俭而与侈惰也。而欲索民之疾作而节用,不可得也。

【译文】

如今的学者一谈起国家治理问题,总是说:"给贫穷的人一些土地,以充实他们匮乏的资财。"现在的情况是,和别人的条件差不多,没有碰上丰年,没有额外收入的利益,但有的人却能做到自给自足,这不是由于勤劳,就是由于节俭的缘故。和别人的条件差不多,不存在荒年、大病、横祸、犯罪等问题,却独有他陷入贫穷,这不是由于奢侈,就是由于懒惰的缘故。奢侈和懒惰的人会贫穷,而勤劳和节俭的人能富足。现在君主向富足的人家征收财物去散给贫穷的人家,这是夺来勤俭节约者的财物而送给奢侈懒惰的人。这样还想督促民众努力耕作,省吃俭用,就根本办不到了。

【原文】

今有人于此,义不入危城,不处军旅,不以天下大利易其胫一毛,世主必从而礼之,贵其智而高其行,以为轻物重生之士也。夫上所以陈良田大宅、设爵禄,所以易民死命也,今上尊贵轻物重生之士、而索民之出死而重殉上事,不可得也。藏书策、习谈论、聚徒役、服文学而议说,世主必从而礼之,曰:"敬贤士、先王之道也。"夫吏之所税,耕者也;而上之所养,学士也。耕者则重税,学士则多赏,而索民之疾作而少言谈,不可得也。立节参民,执操不侵,怨言过于耳必随之以剑,世主必从而礼之,以为自好之士。夫斩首之劳不赏,而家斗之勇尊显,而索民之疾战距敌而无私斗,不可得也。国平则养儒侠,难至则用介士,所养者非所用,所用者非所养,此所以乱也。且夫人主于听学也,若是其言、宜布之官而用其身,若非其言、宜去其身而息其端。今以为是也而弗布于官,以为非也而不息其端,是而不用,非而不息,乱亡之道也。

【译文】

假定这里有个人,坚决不进入危险地区,不参军打仗,不愿拿天下的大利来换自己小腿上的一根毫毛,当代君主一定会进而优待他,看重他的见识,赞扬他的行为,认为是轻视财物爱惜生命的人。君主所以把良田和宽大的住宅拿出来作为赏赐,设置官爵和俸禄,为的就是换取民众去拼死效命,现在君主既然尊重那些轻视财物爱惜生命的人,再想要求民众出生入死为国事作出牺牲,就根本不可能了。收藏书册,讲究辩说,聚徒讲学,从事文章学术事业来高谈阔论进行游说,对于这些人,当代君主一定会进而优待他,说什么"尊敬贤士是先王的制度"。官吏们征税的对象是种田的人,而君主供养的却是那些著书立说的学士。对于种田的人征收重税,对于学士却给予厚赏,这样,再想督责民众努力耕作而少说空话,是根本不可能的。讲求气节,标榜高明,坚持操守而不容侵犯,听到怨恨自己的话,马上拔剑而起,对于这样的人,当代君主一定会礼遇他,以为这是爱惜自我的人。对战场广杀敌人的人不予奖赏,对那些逞勇报私仇的人反要使之尊贵,这样要想求得民众奋勇杀敌而不去私斗,是根本不可能的。国家太平时供养儒生和侠客,危难到来时用战士打仗。所供养的人不是所要用的人,所要用的人不是所供养的人,这就是发生祸乱的原因。再说,君主在听取一种学说的时候,如果认为是对的,就应该正式向官府公布,并任用倡导的人;如果认为是错误的,就应该驱逐他们,并制止他们的言论。现在是认为正确的,却不在官府予以公布;认为错误的,又不从根本上加以禁止。对的不采纳,错的不禁止,这是导致国家混乱和灭亡的做法。

【原文】

澹台子羽,君子之容也,仲尼几而取之,与处久而行不称其貌。宰予之辞,雅而文也,仲尼几而取之,与处而智不充其辩。故孔子曰:"以容取人乎,失之子羽;以言取人乎,失之宰予。"故以仲尼之智而有失实之声。今之新辩滥乎宰予,而世主之听眩乎仲尼,为悦其言,因任其身,则焉得无失乎?是以魏任孟卯之辩而有华下之患,赵任马服之辩而有长平之祸;此二者,任辩之失也。夫视锻锡而察青黄,区冶不能以必剑;水击鹄雁,陆断驹马,则臧获不疑钝利。发齿吻形容,伯乐不能以必马;授车就驾而观其末涂,则臧获不疑驽良。观容服,听辞言,仲尼不能以必士;试之官职,课其功伐,则庸人不疑于愚智。故明主之吏,宰相必起于州部,猛将必发于卒伍。夫有功者必赏,则爵禄厚而愈劝;迁官袭级,则官职大而愈治。夫爵禄大而官职治,王之道也。

【译文】

澹台子羽有着君子的仪表,孔子信以为真君子,就收他为徒,同他相处时间长了,却发现他的品行和他的容貌很不相称。宰予说起话来非常文雅,孔子相信他是真文雅。就收他为徒,同他相处时间一长,却发现他的智力远不及他的口才。因此孔子说:"按照容貌取人吧,在子羽身上行不通;按照言谈取人吧,在宰予身上行不通。"看来,即使凭借孔子那样的聪明,也还有看人失实的结论。现在流行起来的巧辩大大超过了宰予，而当代君主听起话来又比孔子还要眩惑。因为喜欢他的言论，就去任用他这个人，这怎么能不出差错呢？因此，魏国听信孟卯的花言巧语，结果带来了华阳之战的惨败；赵国听信赵括的纸上谈兵，结果造成了长平之战的大祸。这两件事，都是任用能说会道的人而铸成了大错。如果炼铜造剑时只看所掺的锡和火色，就是欧冶也不能断定剑的好坏；可是用这把剑到水上砍死鹄雁，在陆上劈杀驹马，那么，就是臧获也不会把剑的利钝搞错。如果只是打开马口看牙齿，以及观察外形，就是伯乐也不能判断马的好坏；可是让马套上车，看马究竟能跑多远，就是臧获也不会把马的优劣搞错。如果只看一个人的相貌、服饰，只听他说话议论，就是孔子也不能断定这个人能力怎样；可是在官职上一试验，用办事成效一考察，就是庸人也不会怀疑他是愚蠢还是聪明了。所以，明主手下的官吏、宰相定是从地方官中选拔上来的，猛将一定是从士兵队伍中挑选出来的。有功劳的人必定给予奖赏，那么俸禄越优厚，他们就越受鼓励；不断地升官晋级，那么官职越高他们就越能办事。高官厚禄，公务大治，是称王天下的正道。

【原文】

盘石千里，不可谓富；象人百万，不可谓强。石非不大，数非不众也，而不可谓富强者，盘不生粟，象人不可使距敌也。今商官技艺之士亦不垦而食，是地不垦与盘石一贯也。儒侠毋军劳、显而荣者则民不使，与象人同事也。夫祸知盘石象人，而不知祸商官儒侠为不垦之地、不使之民，不知事类者也。

【译文】

拥有巨石千里，不能算富有；拥有俑人百万，不能算强大。石头不是不大，俑人数目也不是不多，但不能说是富强的原因在于：巨石上不能生产粮食，而俑人不能用来抗击敌人。现在经商谋官和凭技艺牟利的人都是不靠种田吃饭的，这样土地得不到耕种，和巨石毫无二致；儒生和游侠没有军功，却得以显贵和出名，那就是使不动的人，和俑人的作用一样。现在只知道把巨石和俑人看成祸害，却不知道经商谋官和儒生游侠也是有地不垦、不能使用，同样是个祸害，那就是不懂得据事类推的人了。

【原文】

故敌国之君王虽说吾义，吾弗入贡而臣；关内之侯虽非吾行，吾必使执禽而朝。是故力多则人朝，力寡则朝于人，故明君务力。夫严家无悍虏，而慈母有败子，吾以此知威势之可以禁暴，而德厚之不足以止乱也。

【译文】

因此,实力抗衡的别国君主尽管喜欢我们的仁义,我们却并不能叫他进贡称臣;关内侯虽然反对我们的行为,我们却肯定能让他拿着礼物来朝拜。可见力量大就有人来朝拜,力量小就得去朝拜别人,所以明君务求发展实力。在严厉的家庭中不会有强悍不驯的奴仆,在慈母的娇惯下却会出败家子。我由此得知威严和权势能够禁暴,而道德再好也不足以制止混乱。

【原文】

夫圣人之治国,不恃人之为吾善也,而用其不得为非也。恃人之为吾善也,境内不什数;用人不得为非,一国可使齐。为治者用众而舍寡,故不务德而务法。夫必恃自直之箭,百世无矢;恃自圜之木,千世无轮矣。自直之箭、自圜之木,百世无有一,然而世皆乘车射禽者何也?隐栝之道用也。虽有不恃隐栝而有自直之箭、自圜之木,良工弗贵也,何则?乘者非一人,射者非一发也。不恃赏罚而恃自善之民,明主弗贵也,何则?国法不可失,而所治非一人也。故有术之君,不随适然之善,而行必然之道。

【译文】

圣人治理国家,不是依赖人们自觉为自己办事的善行,要的是那种人们不敢做坏事的局面。要是靠人们自觉地为自己办事的善行,国内找不出十几、几十个;要是形成人们不敢做坏事的局面,就可以使全国整齐一致。治理国家的人需要采用多数人都得遵守的措施,不能用只有少数人才能做到的办法,因此不应该推崇德治,而应该实行法治。定要依靠自然挺直的箭杆,几千年也造不出箭来;定要依靠自然长成的圆木,几万年也造不成车轮。自然长成的直杆和圆木,既然千年万载也没有一个,那为什么大家还都能有车坐、还都能射箭打猎呢?因为应用了加工木材的工具和方法。虽然也有不经过加工就自然适用的直杆和圆木,但好工匠是不看重的。为什么呢?因为要坐车的不是一个人,射箭打猎也不是只发一箭。虽然也有不靠赏罚就能自行去做好事的人,但明君是不看重的。为什么呢?因为国法不可丧失,而所要统治的也不是一个人。所以有办法的君主,不随和偶然的天生善行,而推行必然的政治措施。

【原文】

今或谓人曰:"使子必智而寿",则世必以为狂。夫智、性也,寿、命也,性命者,非所学于人也,而以人之所不能为说人,此世之所以谓之为狂也。谓之不能,然则是谕也。夫谕、性也。以仁义教人,是以智与寿说也,有度之主弗受也。故善毛嫱、西施之美,无益吾面,用脂泽粉黛则倍其初。言先王之仁义，无益于治，明吾法度，必吾赏罚者亦国之脂泽粉黛也。故明主急其助而缓其颂，故不道仁义。

【译文】

如果对别人说："我让你一定又聪明又长寿。"那么，大家肯定会认为这是说谎骗人。因为一个人的智力，是先天造成的；一个人的寿限，是命里注定的。这种天性和命定的东西，不是能从别人那里学来的。用不能做到的事去讨好人家，所以大家才说他说谎骗人。向人家说那些无法做到的事，这便是奉承，而奉承是一种本性。用仁义教人，就跟用智力和寿命取悦别人一样，实行法治的君主是不能接受的。光是称赞毛嫱、西施的美丽，并不能使自己变得好看；用脂泽粉黛化妆一番，就能比原来漂亮几倍。空谈先王的仁义，对于治理国家没有什么好处；彰明自己国家的法度，在国内坚决实行赏罚，也就如同能使国家富强起来的脂泽粉黛。所以明君急切地追求有效的手段，而不去理睬虚妄的颂扬，所以不讲什么仁义道德。

【原文】

今巫祝之祝人曰："使若千秋万岁。"千秋万岁之声聒耳，而一日之寿无征于人，此人所以简巫祝也。今世儒者之说人主，不善今之所以为治，而语已治之功；不审官法之事，不察奸邪之情，而皆道上古之传，誉先王之成功。儒者饰辞曰："听吾言则可以霸王。"此说者之巫祝，有度之主不受也。故明主举实事，去无用；不道仁义者故，不听学者之言。

【译文】

如今的巫祝为人祈祷时总是说："愿你长生千秋，万寿无疆！"这种千秋万岁的声音在耳边喋喋不休，可是使人多活一天的应验也没有，这就是人们看不起巫祝的原因。现在世上的儒家游说君主时，不谈现在如何才能治理好国家，反而说一些过去治理国家取得的功绩；不去考察官府法令这样的事务，不了解奸诈邪恶的实情，却都去称道上古流传的美谈和先王成就的功业。儒家侈谈什么："要是听从我的主张，就可以称王称霸。"这就是游说者中的巫祝，实行法治的君主是不能接受的。所以，明君办实事，去无用，不空谈什么仁义道德，也不听信学者的言论。

【原文】

今不知治者必曰："得民之心。"欲得民之心而可以为治，则是伊尹、管仲无所用也，将听民而已矣。民智之不可用，犹婴儿之心也。夫婴儿不剔首则腹痛，不揕痤则寖益，剔首、揕痤必一人抱之，慈母治之，然犹啼呼不止，婴儿子不知犯其所小苦致其所大利也。今上急耕田垦草以厚民产也，而以上为酷；修刑重罚以为禁邪也，而以上为严；征赋钱粟以实仓库、且以救饥馑备军旅也，而以上为贪；境内必知介，而无私解，并力疾斗所以禽虏也，而以上为暴。此四者所以治安也，而民不知悦也。夫求圣通之士者，为民知之不足师用。昔禹决江浚河而民聚瓦石，子产开亩树桑郑人谤訾。禹利天下，子产存郑，皆以受谤，夫民智之不足用亦明矣。故举士而求贤智，为政而期适民，皆乱之端，未可与为治也。

【译文】

现在，不懂得治理国家的人一定会说："要得民心。"如果得民心就可以治理好国家，那么伊尹、管仲就没有用处了，只要听任民众就一了百了了。民众的认识就像婴儿的心智一样，是不能信从的。婴儿不剃头就会肚痛，不剖疮就逐渐加重；而要给婴儿剃头和剖疮，必须由一个人抱着，由慈母给他处理，即使这样他还会哭喊不止，因为婴儿并不知道给他吃点小苦会带来大的好处。如今君主加紧督促开荒种田，为的是增加民众的收入，却被认为太残酷；制定刑法，加重惩罚，为的是禁止奸邪，却被认为太严厉；征收钱粮的赋税，为的是把它们用于救济灾荒、供养军队，却被认为太贪婪；使国内民众必须知道披甲上阵，而不准私自免除兵役，为的是征服敌人，却被认为太凶狠。上述四项措施，本是为了治国安民，可是民众却不欢迎。君主所以要寻求圣明通达的人，就是因为民众的认识是不能信从和作为标准的。当初大禹疏通江河，而民众却用瓦石去填塞；子产提倡开荒种桑，而郑国民众却要责骂。大禹使天下人获得利益，子产使郑国得以保全，但都受到人们的诽谤，可见民众的认识显然是靠不住的。所以选拔人才时希图得到贤人智士，治理国家时指望顺应民众心理，都是造成混乱的根源，是不可能用来治理好国家的。

忠孝第五十一

【原文】

天下皆以孝悌忠顺之道为是也，而莫知察孝悌忠顺之道而审行之，是以天下乱。皆以尧、舜之道为是而法之，是以有弑君，有曲于父。尧、舜、汤、武，或反君臣之义，乱后世之教者也。尧为人君而君其臣，舜为人臣而臣其君，汤、武为人臣而弑其主、刑其尸，而天下誉之，此天下所以至今不治者也。

【译文】

天下的人都认为孝悌忠顺之道是正确的，却没有什么人知道进一步对孝悌忠顺之道加以认真考察，然后再去慎重实行，因此天下混乱。天下的人都认为尧舜之道正确而加以效法，因此才发生杀死君主、背叛父亲的事情。尧、舜、汤、武或许正是违反君臣之间道义、扰乱后世教令的人物。尧本来是君主，却把自己的臣子推尊为君主；舜本来是臣子，却把自己的君主贬为臣子；商汤、周武作为臣子却杀死自己的君主，还宰割了君主的尸体。对此，天下的人却都加以称赞，这就是天下至今不能得到治理的原因所在。

【原文】

夫所谓明君者，能畜其臣者也；所谓贤臣者，能明法辟、治官职以戴其君者也。今尧自以为明而不能以畜舜，舜自以为贤而不能以戴尧，汤、武自以为义而弑其君长，此明君且常与，而贤臣且常取也。故至今为人子者有取其父之家，为人臣者有取其君之国者矣。父而让子，君而让臣，此非所以定位一教之道也。

【译文】

所谓明君，应该是能够控制臣子的人；所谓贤臣，应该是能够彰明法律、治好官务来拥戴君主的人。现在的情形则是，尧自以为明智，却不能对舜加以控制；舜自以为贤能，却不能对尧尽心拥戴；商汤、周武自以为仗义，却杀了自己的君主。这就是自称为明君的却常常失位，而自称为贤臣的却常常篡权的情形。所以直到现在还有做儿子的夺取父亲家业、做臣子的夺取君主权力的事情发生。照此看来，父亲把家业让给儿子，君主把王位让给臣下，绝不是什么确定名位统一教令的正确途径。

【原文】

臣之所闻曰："臣事君，子事父，妻事夫，三者顺则天下治，三者逆则天下乱，此天下之常道也，明王贤臣而弗易也。"则人主虽不肖，臣不敢侵也。今夫上贤任智无常，逆道也；而天下常以为治，是故田氏夺吕氏于齐，戴氏夺子氏于宋，此皆贤且智也，岂愚且不肖乎？是废常、上贤则乱，舍法、任智则危。故曰："上法而不上贤。"

【译文】

我听说："臣子服事君主，儿子服事父亲，妻子服事丈夫，这三种秩序理顺以后，天下就能得到治理；如果违背了这三种秩序，天下就会混乱。这是天下的正常法则，就是明君、贤臣也不能变更。"既然这样，那么即使君主不够贤明，臣子也不敢侵犯。现在尊尚贤人、任用智者没有一定之规，是悖逆之道，一般人却总认为是治国之道。正因如此，在齐国田氏得以夺取吕氏政权，在宋国戴氏得以夺取子氏政权。这些人都是有才能又有智慧的人，哪里是既愚蠢又不贤的人呢？由此看来，废弃常道去尊尚贤人就会发生混乱，舍弃法制而任用智者就会产生危险。所以说：要尊尚法制而不能尊尚贤人。

【原文】

记曰："舜见瞽瞍，其容造焉。孔子曰：当是时也，危哉！天下岌岌，有道者、父固不得而子，君固不得而臣也。臣曰：孔子本未知孝悌忠顺之道也。然则有道者，进不为臣主，退不为父子耶？父之所以欲有贤子者，家贫则富之，父苦则乐之；君之所以欲有贤臣者，国乱则治之，主卑则尊之。今有贤子而不为父，则父之处家也苦；有贤臣而不为君，则君之处位也危。然则父有贤子，君有贤臣，适足以为害耳，岂得利哉！焉所谓忠臣不危其君，孝子不非其亲？今舜以贤取君之国，而汤、武以义放弑其君，此皆以贤而危主者也，而天下贤之。古之烈士，进不臣君，退不为家，是进则非其君，退则非其亲者也。且夫进不臣君，退不为家，乱世绝嗣之道也。是故贤尧、舜、汤、武而是烈士，天下之乱术也。瞽瞍为舜父而舜放之，象为舜弟而杀之。放父杀弟，不可谓仁；妻帝二女而取天下，不可谓义。仁义无有，不可谓明。"诗云："普天之下，莫非王土，率土之滨，莫非王臣。"信若诗之言也，是舜出则臣其君，入则臣其父、妾其母、妻其主女也。故烈士内不为家，乱世绝嗣；而外矫于君，朽骨烂肉，施于土地，流于川谷，不避蹈水火，使天下从而效之，是天下遍死而愿夭也，此皆释世而不治是也。

【译文】

古代记载说，舜面对父亲瞽瞍的朝见，表现出局促不安的样子。孔子说:"在那种时候,真危险啊,天下危险之极!对于道德高尚的人来说,父亲的确不能再把舜当儿子看待,而君主诚然不该再把瞽瞍当臣子看待。"我认为,孔子本就不懂什么孝悌忠顺之道。照他的说法来看,难道道德高尚的人,在朝廷就不能做君主的臣子,到家来就不能做父亲的儿子吗?做父亲的之所以希望有贤惠的儿子,是因为家人贫穷时他能使家人富足,父亲痛苦时他能使父亲高兴。做君主的之所以希望有贤能的臣下,是因为国家混乱时他能够加以治理,君主卑下时他能够加以尊崇。如有了贤子却不管父亲,那么父亲居家够痛苦的;有了贤臣却不管君主,那么君主权位也够危险的。既然如此,那么父亲有贤子、君主有贤臣倒恰好成为祸害了,哪里还能得到什么好处呢!所谓忠臣,应该不使君主处于危境;所谓孝子,应该不对亲人进行反叛。现在的情形是,舜靠着贤能夺取了君主的国家,而商汤、周武靠着道义放逐、杀害了他们各自的君主。他们都是因为贤能而危害君主的人,天下却进而赋予他们以贤能的名声。古代刚烈的人士,进不臣服君主,退不治家养亲,他们也就是进则反对君主、退则反对亲长的人。进一层说,进不向君主称臣,退又不治家养亲,就是扰乱社会、断子绝孙的行径。因此,既要称颂尧、舜、汤、武贤能,又要肯定刚烈的人士,就成了扰乱天下的手段。瞽瞍是舜的父亲,却被舜流放了;象是舜的弟弟,却被舜杀死了。舜流放父亲、杀害弟弟,不能称为仁;把君主的两个女儿娶来做妻子,从而取得天下,不能称为义;仁、义全然没有,不能称为明智。《诗经》上说:"普天之下的土地没有不是君主的,四海之内的人们没有不是君主臣民的。"假使真像《诗经》上说的那样,舜倒会上朝把君主当臣子,回家把父亲当臣下,把母亲当奴婢,把君主的两个女儿娶做妻子。所以,刚烈人士的行为是:对内不为家庭着想,扰乱社会,断绝后代;在外跟君主作对,即使尸骨腐烂,散在野地,流入河谷,赴汤蹈火也不怕。如果让天下的人都仿效他们,这就会造成天下到处出现死人的事,而大家都不怕早死。他们都是置社会于不顾而不想把它治理好的人。

【原文】

世之所为烈士者,虽众独行,取异于人,为恬淡之学而理恍惚之言。臣以为恬淡,无用之教也;恍惚,无法之言也。言出于无法,教出于无用者,天下谓之察。臣以为人生必事君养亲,事君养亲不可以恬淡;之人必以言论忠信法术,言论忠信法术不可以恍惚。恍惚之言,恬淡之学,天下之惑术也。孝子之事父也,非竞取父之家也;忠臣之事君也,非竞取君之国也。夫为人子而常誉他人之亲曰:"某子之亲,夜寝早起,强力生财以养子孙臣妾",是诽谤其亲者也。为人臣常誉先王之德厚而愿之,是诽谤其君者也。非其亲者知谓之不孝,而非其君者天下此贤之,此所以乱也。故人臣毋称尧、舜之贤,毋誉汤、武之伐,毋言烈士之高,尽力守法,专心于事主者为忠臣。

【译文】

社会上所称道的烈士是这样的人,他们脱离众人,自行其是;标新立异,与众不同;提倡清心寡欲的学说,研究飘忽不定的言辞。我认为,清心寡欲是毫无用处的说教,飘忽不定是无视法制的谬论。对于这种无视法治的谬论和毫无用处的说教,天下的人却认为是明察。我认为,人生在世一定要事君养亲,而要事君养亲就不能是清心寡欲;治理民众一定要提倡忠诚、守法的言论,要提倡忠诚、守法的言论,就不能是飘忽不定。飘忽不定的言辞,清心寡欲的学说,都是天下的骗术。孝子侍奉父亲,不是为了争夺父亲的事业;忠臣侍奉君主,不是为了篡夺君主的国家。如果做儿子的常常称赞别人的父亲,说什么:"某人的父亲,起早睡晚,努力发财致富用来养活子孙奴婢。"这就等于是在诽谤自己的父亲了。做臣子的常常称颂先王德厚,并表示倾慕,这就等于是在诽谤自己的君主了。做儿子的非议父亲,人们懂得把他叫作不孝;而做臣子的非议君主,天下人却都去称赞,这就是天下混乱的根源。所以,做臣子的不称颂尧舜的贤德,不赞美商汤周武的功劳,不谈论刚烈人士的清高,而努力维护法令,专心一意地侍奉君主,才是真正的忠臣。

【原文】

古者黔首悗密蠢愚,故可以虚名取也。今民儇诇智能,欲自用,不听上,上必且劝之以赏然后可进,又且畏之以罚然后不敢退。而世皆曰:"许由让天下,赏不足以劝;盗跖犯刑赴难,罚不足以禁。臣曰:未有天下而无以天下为者许由是也,已有天下而无以天下为者尧、舜是也;毁廉求财,犯刑趋利,忘身之死者,盗跖是也。此二者殆物也,治国用民之道也不以此二者为量。治也者,治常者也;道也者,道常者也。殆物妙言,治之害也。天下太平之士,不可以赏劝也;天下太平之士,不可以刑禁也。然为太上士不设赏,为太下士不设刑,则治国用民之道失矣。"

【译文】

古代的民众勤勉而愚蠢,因此可以用虚名来骗取。现在的民众奸诈而聪颖,总想自己有所作为,不肯听从君主命令。君主一定要用赏赐的办法加以劝勉,然后才能使他们进取;同时又要用刑罚的办法加以恫吓,然后才能使他们不敢后退。而世上的人却都说:"许由把统治天下的权力都推掉了,说明赏赐不足以勉励;盗跖触犯刑律而奔赴危难,说明惩罚不足以禁止。"我认为：没有天下而不把天下当作一回事的，许由就属于这号人；已有天下而不把天下当作一回事的，尧舜就属于这号人；败坏廉洁去谋求财富，触犯刑律去追求私利，不顾个人死活的，盗跖就属于这号人。这些都是危险的行为。治理国家统治人民的方式是不能把这些作为标准的。统治措施是针对一般情况的，政治方式是指导正常行为的。危险的行为和微妙的言论，都是治理社会的大害。天下那些极端廉直的人士，是不可以用赏赐来劝勉的；天下那些极端凶恶的人，是不可以用刑罚来禁止的。但是，如果因为有极端廉直的人存在就不设立奖赏，因为有极端凶恶的人存在就不设立刑罚，那也就把治理国家和使用民众的准则丢掉了。

【原文】
故世人多不言国法而言从横。诸侯言从者曰："从成必霸"，而言横者曰"横成必王"，山东之言从横未尝一日而止也，然而功名不成，霸王不立者，虚言非所以成治也。王者独行谓之王，是以三王不务离合而正，五霸不待从横而察，治内以裁外而已矣。

【译文】
因而社会上许多人不谈国法而谈纵横。那些讲合纵的国家说："只要合纵成功，就一定可以称霸。"而讲连横的国家却说："只要连横成功，就一定可以称王。"山东六国大谈纵横不曾有一天停下来过，然而并没有成就功名和称王称霸，因为凭着空话是不能达到大治的。当君王的能独断专行才称得上王，所以夏、商、周三代开国君王不致力于纵横捭阖的方略就能匡正天下，春秋五霸不搞纵横捭阖的方略就能明察天下，他们不过是在治理好内政的基础上来自如地制定对外政策罢了。

人主第五十二

【原文】

　　人主之所以身危国亡者,大臣太贵,左右太威也。所谓贵者,无法而擅行,操国柄而便私者也。所谓威者,擅权势而轻重者也。此二者,不可不察也。夫马之所以能任重引车致远道者,以筋力也。万乘之主、千乘之君所以制天下而征诸侯者,以其威势也。威势者,人主之筋力也。今大臣得威,左右擅势,是人主失力,人主失力而能有国者,千无一人。虎豹之所以能胜人执百兽者,以其爪牙也,当使虎豹失其爪牙,则人必制之矣。今势重者,人主之爪牙也,君人而失其爪牙,虎豹之类也。

【译文】

　　君主之所以会遇到身危国亡的情况,是因为大臣过分显贵,近侍过分逞威。所谓显贵,就是无视法令而独断专行,掌握国家大权来谋取私利。所谓逞威,就是独揽权势而为所欲为。对这两种人,不能不加以明察。马之所以能负重拉车达到远方,凭的是肌肉力量;大、中国家的君主之所以能统治天下讨伐诸侯,凭的是威势,威势也就是君主的肌肉力量。如今大臣得势,亲信擅权,即是君主失去了威力;君主失去威力而仍能保有国家的,一千人中也没有一个。虎豹之所以能胜人以及擒拿其他各种野兽,靠的是它有尖爪利牙,假使去掉尖爪利牙,人就一定能制服它了。现在,权势正是君主的尖爪利牙,要是统治别人而丢失权势,便同虎豹去掉尖爪利牙一样。宋桓公把他的"爪牙"丢给了子罕,齐简公把他的"爪牙"丢给了田常,又不早点夺回来,终致身死国亡。现在不懂得法术的君主都明知宋桓公、齐简公有过错,却不能觉察他们失误的根源,是不懂得君主失去权势跟虎豹失去爪牙两事相类。

【原文】

　　且法术之士,与当途之臣,不兼容也。何以明之?主有术士,则大臣不得制断,近习不敢卖重,大臣左右权势息,则人主之道明矣。今则不然,其当途之臣得势擅事以环其私,左右近习朋党比周以制疏远,则法术之士奚时得进用,人主奚时得论裁?故有术不必用,而势不两立,法术之士焉得无危?故君人者非能退大臣之议,而背左右之讼,独合乎道言也;则法术之士安能蒙死亡之危而进说乎？此世之所以不治也。明主者，推功而爵禄，称能而官事，所举者必有贤，所用者必有能，贤能之士进，则私门之请止矣。夫有功者受重禄，有能者处大官，则私剑之士安得无离于私勇而疾距敌，游宦之士焉得无挠于私门而务于清洁矣？此所以聚贤能之士，而散私门之属也。今近习者不必智，人主之于人也或有所知而听之，入因与近习论其言，听近习而不计其智，是与愚论智也。其当途者不必贤，人主之于人或有所贤而礼之，入因与当途者论其行，听其言而不用贤，是与不肖论贤也。故智者决策于愚人，贤士程行于不肖，则贤智之士羞时得用，而主之明塞矣。昔关龙逢说桀而伤其四肢，王子比干谏纣而剖其心，子胥忠直夫差而诛于属镂。此三子者，为人臣非不忠，而说非不当也。然不免于死亡之患者，主不察贤智之言，而蔽于愚不肖之患也。今人主非肯用法术之士，听愚不肖之臣，则贤智之士、孰敢当三子之危而进其智能者乎？此世之所以乱也。

【译文】

况且，法术之士与当权大臣是互不相容的。何以证明？君主如能任用法术之士，大臣就不能专制独断，近侍也不敢卖弄威势；大臣和近侍的权势消除后，君主的治国原则就得以体现。现在却不是这样，那些当权大臣掌握权柄、把持政务来营求私利；左右亲信结成朋党、紧密勾结来挟制关系疏远的人，那么法术之士何时能得到选拔任用，君主何时能加以论断裁决？所以，法术主张不一定被采用，又与权臣势不两立，主张法术的人怎能没有危险？所以，做君主的如果不能排除大臣的议论，摒弃左右的诬告，独自作出符合原则的判断，那么法术之士哪能冒死亡的危险而向君主进说呢？这是国家得不到治理的症结所在。英明的君主，按照功劳封爵赏禄，衡量才能进官任事，选拔的人必定有好的品德，任用的人必定有优秀才干。贤能的人得以进用，私门的请托就行不通了。有功劳的人得到优厚的俸禄，有能力的人处在重要职位上，那么寄养在私门的侠士怎么能不抛掉私勇而去奋力抵抗敌人，靠游说谋官的人又怎么能不离开私门而务求保持高风亮节呢？这就是聚集贤能人才而离散私门党徒的途径。现在的情形是：君主近侍不一定有智慧，而君主对于某人，有时欣赏他的智慧而听取了他的意见，回头又同近侍谈论来者的言论。听信近侍的话，却不先衡量一下他的智力水平，这就成了同愚蠢的人论定有智慧的人。当权的人不一定贤良，而君主对于某人，有时欣赏他的贤良而加以礼遇，回头又同当权的人论定来者的品行。听信当权者的话，而不用贤良的人，这就成了同无德无才的人论定有德有才的人。所以有智慧的人，其主张倒要由愚蠢的人来决断；有德有才的人，其品行倒要由无德无才的人来衡量。这样一来,品德好、有智慧的人便没有机会得到任用,而君主的眼睛就被蒙住了。过去关龙逢劝说夏桀,结果四肢都被肢解了;王子比干劝谏商纣,结果心脏都被剖开了;伍子胥忠诚吴王夫差,结果死于属镂剑下。这三个人,做臣子不是不忠,建议不是不恰当,但是最终不免于死亡的祸患,原因就在君主不明察贤士和智者的主张,而受蠢才和恶人的蒙蔽。现在,君主如果不肯任用法术之士,而要听从没有智慧、没有德才的臣子的话,那么品德好、智慧高的法术之士,谁还敢冒着关龙逢、比干、伍子胥三人那样的危险,去进献自己的智慧和才能呢?这就是社会动乱的根源。

饬令第五十三

【原文】

饬令则法不迁,法平则吏无奸。法已定矣,不以善言售法。任功则民少言,任善则民多言。行法曲断,以五里断者王,以九里断者强,宿治者削。

【译文】

整饬法令,法令就不会随意改变;法令公正,官吏就无从成奸。法令既经确定,就不要因为善良言论来损害法令。按功劳来任用,民众就务实;按善言来任用,民众就会崇尚空谈。执行法令,实行乡里断案制度。以五个乡里为断案单位的国家,能够称王天下;以九个乡里为断案单位的国家,能够强盛起来;而案子得不到及时处理的国家就会削弱。

【原文】

以刑治,以赏战,厚禄以用术。行都之过,则都无奸市。物多末众,农弛奸胜,则国必削。民有余食,使以粟出,爵必以其力,则震不怠。三寸之管毋当,不可满也。授官爵、出利禄不以功,是无当也。国以功授官与爵,此谓以成智谋,以威勇战,其国无敌。国以功授官与爵,则治见者省,言有塞,此谓以治去治,以言去言。以功与爵者也故国多力,而天下莫之能侵也。兵出必取,取必能有之;案兵不攻必当。朝廷之事,小者不毁,效功取官爵,廷虽有辟言,不得以相干也,是谓以数治。以力攻者,出一取十;以言攻者,出十丧百。国好力,此谓以难攻;国好言,此谓以易攻。其能,胜其害,轻其任,而道坏余力于心,莫负乘宫之责于君,内无伏怨,使明者不相干,故莫讼;使士不兼官,故技长;使人不同功,故莫争。言此谓易攻。

【译文】

要用刑罚来治理国家,用赏赐来鼓励作战,实行厚禄制度,注意政治策略。巡查都邑中的违法行为,都邑中就没有违法买卖。奢侈物品多,工商业者多,农事放松,奸邪势盛,国家就必定削弱。民众有了余粮,就让他们用粮食捐取官爵;官爵的取得一定得凭自己的力量,农事就不会懈怠了。三寸长的竹管如果没有底子,是装不满的;授给官爵和俸禄如果不根据功劳,也就像没有底子的竹管一样。国家根据功劳授予官和爵,这叫作用成绩来集中智谋,用威势来鼓励勇敢作战,而这样的国家是无敌的。国家根据功劳授予官和爵,治国就能省事,空话就被杜绝,这叫作以简明法治排除繁琐人治,以法律条文排除无用言论,因为是按功劳授予官爵的。正因如此,国家就实力雄厚,天下就没有哪个能侵犯了。出兵一定有所攻取,攻取以后一定能够长期占有;按兵不动的话,国家也必定富强。朝廷政事,小的方面也不准诽谤,只有立功才能取得官爵。朝廷上即使有人说坏话,也不能干扰这种做法,这叫作用规章制度治国。凭实力进攻敌人,出一份力可取得十分的成果;凭空话进攻敌人。出十分力会受到百分的损失。国家崇尚实力,这叫作从难处君王着眼准备进攻;国家崇尚空谈,这叫作从易处着眼准备进攻。

【原文】

重刑少赏,上爱民,民死赏。多赏轻刑,上不爱民,民不死赏。利出一空者,其国无敌;利出二空者,其兵半用;利出十空者民不守。重刑明民大制使人则上利。行刑、重其轻者,轻者不至,重者不来,此谓以刑去刑。罪重而刑轻,刑轻则事生,此谓以刑致刑,其国必削。

【译文】

刑罚重,赏赐轻,这是君主爱护臣民,臣民就拼死立功求赏;赏赐重,刑罚轻,这是君主不爱护臣民,臣民就不会拼死立功求赏。赏赐的惟一来源在于君主,这个国家就无敌于天下;赏赐的来源一分为二,军队就只有半数听用;赏赐出于十个地方,民众就保不住了。用重刑促使民众明白取舍,用大法驱使人们为国尽力,对君主就有利。执行刑罚时,对轻罪要重罚,这样人们就轻罪不敢犯,重罪更不敢碰。这叫作"以刑除刑"。要是对重罪用轻刑的话,刑罚轻了,犯法的事就容易发生,这叫作"以刑招刑",而这样的国家必致削弱。

心度第五十四

【原文】

圣人之治民,度于本,不从其欲,期于利民而已。故其与之刑,非所以恶民,爱之本也。刑胜而民静,赏繁而奸生,故治民者,刑胜、治之首也,赏繁、乱之本也。夫民之性,喜其乱而不亲其法。故明主之治国也,明赏则民劝功,严刑则民亲法。劝功则公事不犯,亲法则奸无所萌。故治民者,禁奸于未萌;而用兵者,服战于民心。禁先其本者治,兵战其心者胜。圣人之治民也,先治者强,先战者胜。夫国事务先而一民心,专举公而私不从,赏告而奸不生,明法而治不烦,能用四者强,不能用四者弱。夫国之所以强者,政也;主之所以尊者,权也。故明君有权有政,乱君亦有权有政,积而不同,其所以立异也。故明君操权而上重,一政而国治。故法者,王之本也;刑者,爱之自也。

【译文】

圣人治理民众,是从根本上考虑问题的,并不以满足民众欲望为转移,他只希望给民众带来实际利益罢了。所以当君主对民众施用刑罚的时候,他并不是憎恨民众,而是从爱护他们的根本利益出发的。刑罚严峻,民众就安宁;赏赐太滥,奸邪就滋生。所以治理起民众来,刑罚严峻是国家太平的首务,赏赐太滥是国家混乱的根源。民众的本性是喜欢赏赐而不喜欢刑罚,所以明君治理国家时,明定奖赏,民众就努力立功;刑罚严厉,民众就服从法令。民众努力立功,政府的事务就不受侵扰;民众服从法令,奸邪就无从产生。所以治理民众,要把奸邪禁止在尚未发生之时;用兵作战,要使一切服从打仗的要求深入民心。禁令能先治本的才有效,用兵能服民心的才能胜。圣人治理民众,因为先治本,所以能强大;因为先服心,所以能取胜。国家大事放在首位,才能统一民心;专行公务才能杜绝私欲;奖赏告奸,奸邪就不会产生;明定法度,政务就不会烦乱。能做到这四点的,国家就强盛;不能做到这四点的,国家就衰弱。国家之所以强大,靠的是政治措施;君主之所以尊贵,靠的是权力。所以,明君有权力和政治措施,昏君也有权力和政治措施,结果渐显不同,是因为各自确立的原则有别。所以明君掌握权势而地位尊贵,统一政纲而国家太平。所以,法令是称王天下的根本,刑罚是爱护民众的根本。

【原文】

夫民之性,恶劳而乐佚,佚则荒,荒则不治,不治则乱而赏刑不行于天下者必塞。故欲举大功而难致而力者,大功不可几而举也;欲治其法而难变其故者,民乱,不可几而治也。故治民无常,唯治为法。法与时转则治,治与世宜则有功。故民朴,而禁之以名则治,世知、维之以刑则从。时移而治不易者乱,能治众而禁不变者削。故圣人之治民也,法与时移而禁与能变。

【译文】

民众的本性是好逸恶劳,安逸就要荒废,荒废就治理不好,治理不好就要混乱,如果赏罚不能在全国实行,国家事业就必定得不到发展。所以想要建立大功而难于吸引民众力量,大功是不可能期望成就的;想要搞好法治却难于改变旧俗,民众的混乱局面是不可能期望治理好的。所以治理民众没有一成不变的常规,只有法度才是治世的法宝。法度顺应时代变化就能治理国家,统治方式适合社会情况就能收到成效。所以,民众质朴的话,只要用褒贬进行控制就可以治理好;社会开化的话,只有用刑罚加以束缚才能使人驯服。时代有了发展而统治方式一成不变的,社会必然危乱;智能普遍提高而禁令规定一成不变的,国家必被削弱。所以圣人治理民众,法制和历史时期同步发展,禁令和智能水平同步变更。

【原文】

能越力于地者富,能起力于敌者强,强不塞者王。故王道在所闻,在所塞。塞其奸者必王,故王术不恃外之不乱也,恃其不可乱也。恃外不乱而治立者削,恃其不可乱而行法者兴。故贤君之治国也,适于不乱之术。贵爵则上重,故赏功爵任而邪无所关。好力者其爵贵,爵贵则上尊,上尊则必王。国不事力而恃私学者,其爵贱,爵贱则上卑,上卑者必削。故立国用民之道也,能闭外塞私而上自恃者,王可致也。

【译文】

能在农耕方面充分发挥力量的社会就富裕,能在战争领域充分调动力量的国家就强盛,而富强得以持续发展的,就可以称王天下。所以称王天下的途径在于开创什么,阻止什么,能够阻止奸邪行为的,必能称王天下。所以称王天下的方略不是依靠外部不乱,而是依靠自身的不可扰乱。指望外部不乱而立国治民,国家就会削弱;指望自身的不可扰乱而推行法治,国家才能兴盛。所以贤明君主治理国家时,立足于不可扰乱的方略。民众以爵位为尊贵,君主权势就重。所以赏赐有功的人,把爵位赐给胜任的人,坏人就无可乘之机。专心发展实力的国家,爵位就会贵重起来;爵位贵重起来,君主就会受到尊敬;君主受到尊敬,就一定能称王天下。不事耕战而依赖私学的国家,爵位就要被人看得轻贱;爵位被人看得轻贱,君主的威望就要降低;君主威望降低的话,国家必致削弱。所以立国用民的一般法则在于:能够禁闭外势、阻塞私行而着眼于自强自力,就可以达到称王天下的目的。